해커스 텝스 중급 청해 200% 활용법

무료 텝스 온라인 실전모의고사 이용하기

방법

해커스인강(HackersIngang.com) 접속 ▶ 상단의 [텝스 → MP3/자료 → 온라인 모의고사] 클릭해 이용하기

무료 받아쓰기&쉐도잉 워크북 이용하기

방법

해커스인강(HackersIngang.com) 접속 ▶ 상단의 [텝스 → MP3/자료 → 무료 MP3/자료] 클릭해 다운받기

무료 단어암기자료(단어암기장 및 단어암기 MP3) 이용하기

방법

해커스인강(HackersIngang.com) 접속 ▶ 상단의 [텝스 → MP3/자료 → 무료 MP3/자료] 클릭해 다운받기

🎧 무료 교재 MP3 이용하기

방법

해커스인강(HackersIngang.com) 접속 ▶ 상단의 [텝스 → MP3/자료 → 문제풀이 MP3] 클릭해 다운받기

* QR코드로 [교재 MP3] 바로 가기 ▶

해커스 텝스 중급 청해

David Cho

해커스 어학연구소

시험에 나올 문제를 미리 풀어보고 싶을 땐?

해커스텝스(HackersTEPS.com)에서
텝스 적중예상특강 보기!

해커스 텝스 중급 청해

서문

━━━━━━━○━━━━━━━

《해커스 텝스 중급 청해》는 텝스 청해의 중급 실력을 완성하고 나아가 상급 실력으로 발돋움하기 위한 중급용 학습서입니다.

《해커스 텝스 중급 청해》는 중급 학습자들이 실제 시험에 출제되는 문제를 유형별로 체계적으로 학습함으로써 보다 수준 높은 청해 실력을 쌓을 수 있도록 구성되어 있습니다. 본 교재는 텝스 출제 경향을 철저히 분석하여 세심하게 반영한 지문 및 문제로 구성되었습니다. 또한 다양한 문제 유형을 가장 확실하게 풀어낼 수 있는 전략을 제공하고, 출제 경향을 분석 반영한 문제를 풍부하게 수록하여 텝스 청해 영역에 효과적으로 대비할 수 있도록 하였습니다. 제시된 학습 플랜에 따라 꾸준히 학습하면 실력 향상을 기대하실 수 있을 뿐만 아니라, 실생활에서의 영어 활용에도 큰 도움이 될 것이라 확신합니다.

더불어, 텝스 전문 커뮤니티 해커스텝스 사이트(HackersTEPS.com)에서 교재 학습 중 궁금한 점을 다른 학습자들과 나누고, 다양한 무료 텝스 학습 자료를 함께 이용한다면, 학습 효과를 더욱 높일 수 있을 것입니다. 또한, 실시간으로 공유하는 텝스 시험 정보를 통해 보다 효과적으로 시험에 대비할 수 있을 것입니다. 또한 강의를 들으면서 공부하고 싶은 학습자들은 해커스인강 사이트(HackersIngang.com) 에서 유명 강사님들의 해설 강의와 함께 학습할 수 있습니다.

《해커스 텝스 중급 청해》를 통해 학습자들이 텝스 청해 고수의 위치로 성큼 올라서고, 나아가 더 커다란 목표에 도달하는 과정에서 함께하기를 바랍니다.

David Cho

CONTENTS

책의 특징 6
책의 구성 8
텝스 시험 소개 12
파트별 문제 유형 14
학습 플랜 18
성향별 학습 방법 20

Part 1 & 2

대화 상황

Chapter 01 회사 28
Chapter 02 여가 34
Chapter 03 학교 40
Chapter 04 여행 46
Chapter 05 쇼핑·외식 52
Chapter 06 교통·의료 58
Chapter 07 가정 64

질문 유형

Chapter 08 의문사 의문문 70
Chapter 09 일반 의문문 76
Chapter 10 평서문 82

빈출 상황별 표현 88

해커스 텝스 중급 청해

Part 3

문제 유형

Chapter 01 중심 내용 문제	102
Chapter 02 세부 정보 문제	108
Chapter 03 추론 문제	114

빈출 상황별 어휘   120

Part 4 & 5

문제 유형

Chapter 01 중심 내용 문제	134
Chapter 02 세부 정보 문제	142
Chapter 03 추론 문제	150

빈출 토픽별 어휘   158

Mini Test

Mini Test	167
Mini Test 1	168
Mini Test 2	170
Mini Test 3	172
Mini Test 4	174
Mini Test 5	176
Mini Test 6	178
Mini Test 7	180

Actual Test   183

정답·해석·해설 [책 속의 책]

 무료 텝스 온라인 실전모의고사
 받아쓰기 & 쉐도잉 워크북
 무료 단어암기장 & 단어암기 MP3

해커스인강 (HackersIngang.com)

책의 특징

01 **중급에서 상급으로 도약하기 위한 텝스 청해 학습서**
이 책은 기초를 다진 학습자들이 중급 실력을 완성하고, 나아가 상급 실력으로 발돋움하기 위한 중급용 텝스 청해 교재입니다. 실제 시험과 동일한 난이도의 지문과 문제로 교재를 구성하여 학습자들이 텝스 청해에 익숙해질 수 있도록 하였습니다.

02 **텝스 시험 분석 반영**
텝스 시험 청해 영역을 철저히 연구, 분석하여 교재에 반영하였고, 이 분석을 근거로 한 청해 표현과 어휘, 전략을 제시하였습니다. 따라서 학습자들이 책의 내용을 따라 공부하면서 텝스 시험에 충분히 대비할 수 있도록 하였습니다.

03 **텝스 청해 4주 완성**
텝스 청해 영역을 4주 학습 분량으로 구성하여, 학습 플랜에 따라 체계적으로 학습할 수 있도록 하였습니다. 학습 플랜을 따라 꾸준히 학습하면 중급 수준의 실력을 완성할 수 있도록 하였습니다.

04 **풍부한 양의 실전 문제 수록**
각 챕터별로 실제 시험에 출제되는 모든 유형의 문제를 풍부하게 수록하여 실전 문제를 충분히 연습할 수 있도록 하였으며, 이를 통해 실질적인 텝스 청해 실력 향상이 가능하게 하였습니다.

05 **청해 빈출 표현 및 어휘 수록**
청해 각 파트별로 빈출 표현 및 어휘를 세부 대화 상황 및 토픽별로 엄선하였고, 각 파트가 끝나는 부분에서 이를 충분히 반복하여 학습할 수 있도록 하였습니다.

해커스 텝스 중급 청해

06 Mini Test 7회분과 실전 모의고사 1회분 수록
학습한 내용을 실전에 적용할 수 있는 Mini Test 7회분과 실전과 동일한 구성 및 내용을 갖춘 텝스 실전 모의고사를 교재에 수록하였습니다. Mini Test와 모의고사를 풀어봄으로써 시험 응시 전 자신의 실력을 미리 평가하고 점검할 수 있도록 하였습니다.

07 상세한 해설과 정확한 해석 수록
청해 문제 풀이 전략을 적용한 상세한 해설, 정확한 해석, 필수 어휘 등을 제공합니다. 친절한 해설집을 통해 보다 수월하게 실력을 키워갈 수 있을 것입니다.

08 텝스 온라인 모의고사 무료 제공 - HackersIngang.com
실전과 동일한 구성 및 내용을 갖춘 텝스 온라인 모의고사를 해커스인강 사이트(HackersIngang.com)에서 무료로 제공하고 있습니다. 이 무료 온라인 모의고사를 통해 학습자들이 시험 응시 전 자신의 실력을 미리 평가하고 점검할 수 있도록 하였습니다.

09 받아쓰기 & 쉐도잉 워크북과 단어암기장 & 단어암기 MP3 무료 제공 - HackersIngang.com
효과적인 텝스 청해 실력 향상을 위한 받아쓰기 & 쉐도잉 워크북을 해커스인강 사이트(HackersIngang.com)에서 무료로 다운로드 받을 수 있습니다. 또한, 교재에서 학습한 문제에 포함된 단어를 효과적으로 복습하고 암기할 수 있도록 정리한 단어암기장과 이를 녹음한 단어암기 MP3 파일을 해커스인강 사이트(HackersIngang.com)에서 무료로 다운로드 받을 수 있습니다.

10 텝스 학습 자료 무료 제공 - HackersTEPS.com
실시간 토론과 정보공유의 장인 해커스텝스 사이트(HackersTEPS.com)를 통해 매일매일 올라오는 텝스 문제를 풀어보고, 시험에 대한 정보를 공유하여 궁금한 것에 대해 토론할 수 있습니다. 또한 영어 회화나 AP 뉴스 받아쓰기 등 방대한 학습 자료를 통해 시험 준비뿐만 아니라 전반적인 영어 실력도 향상시킬 수 있습니다.

책의 구성

Part 1 & 2

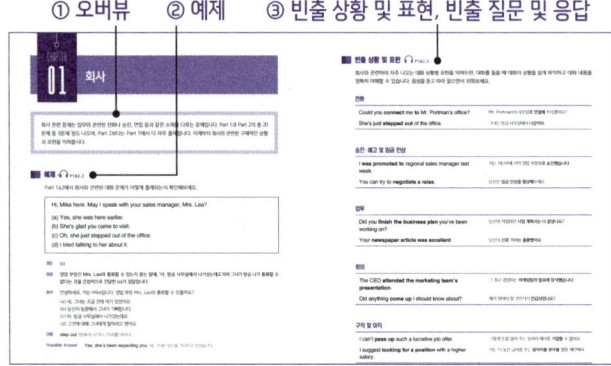

① 오버뷰
해당 챕터에서 다룰 대화 상황별 소재 및 질문 유형과 문제 출제 빈도를 소개하고 있습니다.

② 예제
본격적인 학습에 앞서 텝스에 출제되는 Part 1&2 문제를 확인할 수 있도록 예제를 보여주고 있습니다.

③ 빈출 상황 및 표현, 빈출 질문 및 응답
Part 1&2에 자주 등장하는 상황별 표현과 질문 유형 및 응답을 정리하여 설명하고 있습니다.

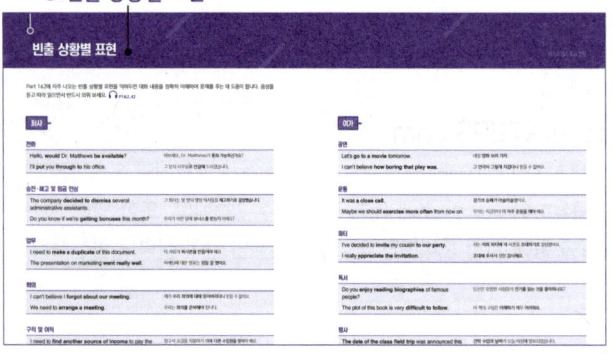

④ Hackers Test
본문에서 배운 내용을 실전 문제를 통해 점검할 수 있습니다.

⑤ Dictation
Hackers Test에 나온 문제들을 두 번 더 듣고 받아써 보면서 청해 실력을 향상시킬 수 있습니다.

⑥ 빈출 상황별 표현
Part 1&2에 자주 등장하는 상황별 표현을 충분히 익히고 학습할 수 있습니다.

Part 3

① 오버뷰   ② 빈출 질문 유형   ③ 예제

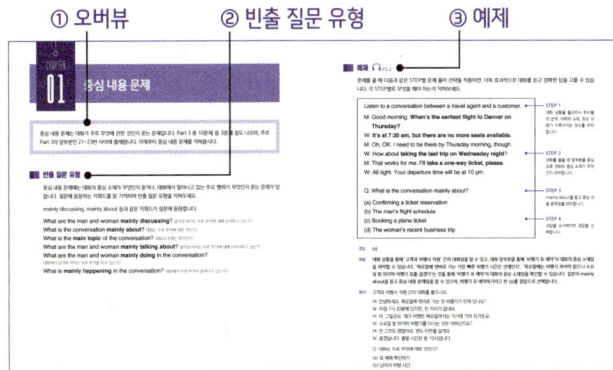

① 오버뷰
해당 챕터에서 다룰 문제 유형과 출제 빈도를 소개하고 있습니다.

② 빈출 질문 유형
Part 3에 자주 출제되는 질문 유형을 키워드와 함께 제시하고 있습니다.

③ 예제
Part 3의 문제 유형에 따른 STEP별 문제 풀이 전략을 제시하고 이를 문제에 적용하여 풀어보는 과정을 보여주고 있습니다.

④ Hackers Test   ⑤ Dictation

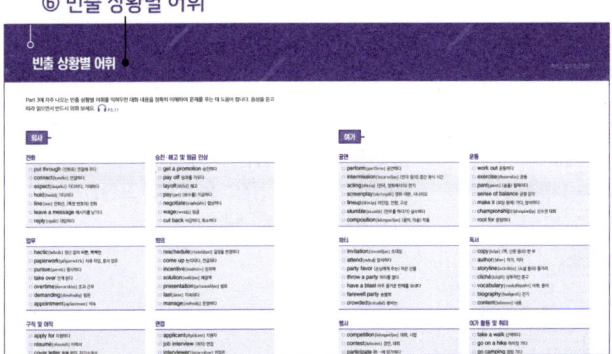

④ Hackers Test
본문에서 배운 내용을 실전 문제를 통해 점검할 수 있습니다.

⑤ Dictation
Hackers Test에 나온 문제들을 두 번 더 듣고 받아써 보면서 청해 실력을 향상시킬 수 있습니다.

⑥ 빈출 상황별 어휘

⑥ 빈출 상황별 어휘
Part 3에 자주 등장하는 상황별 어휘를 충분히 익히고 학습할 수 있습니다.

책의 구성

■ Part 4 & 5

① 오버뷰　② 빈출 질문 유형　③ 예제

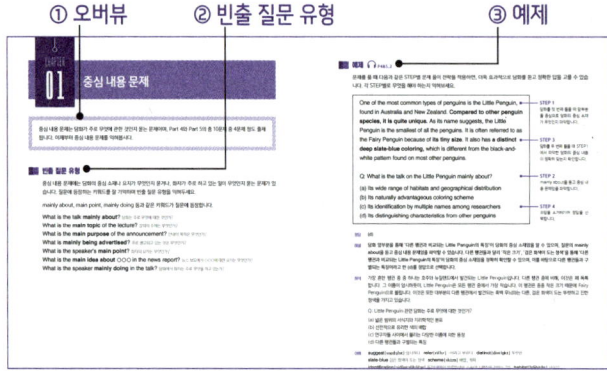

① 오버뷰
해당 챕터에서 다룰 문제 유형과 출제 빈도를 소개하고 있습니다.

② 빈출 질문 유형
Part 4&5에 자주 출제되는 질문 유형을 키워드와 함께 제시하고 있습니다.

③ 예제
Part 4&5의 문제 유형에 따른 STEP별 문제 풀이 전략을 제시하고 이를 문제에 적용하여 풀어보는 과정을 보여주고 있습니다.

④ Hackers Test　⑤ Dictation

④ Hackers Test
본문에서 배운 내용을 실전 문제를 통해 점검할 수 있습니다.

⑤ Dictation
Hackers Test에 나온 문제들을 두 번 더 듣고 받아써 보면서 청해 실력을 향상시킬 수 있습니다.

⑥ 빈출 토픽별 어휘

⑥ 빈출 토픽별 어휘
Part 4&5에 자주 등장하는 토픽별 표현을 충분히 익히고 학습할 수 있습니다.

Mini Test

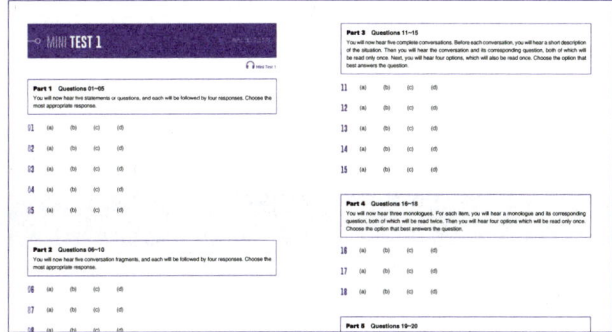

실전 유형이 반영된 Mini Test를 풀어보면서 앞에서 학습한 내용을 확인하고 실전에 대비할 수 있습니다.

Actual Test

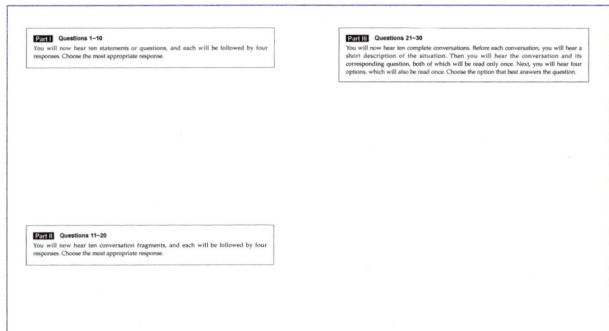

본문에서 배운 내용을 실전 문제를 통해 점검할 수 있습니다.

정답·해석·해설

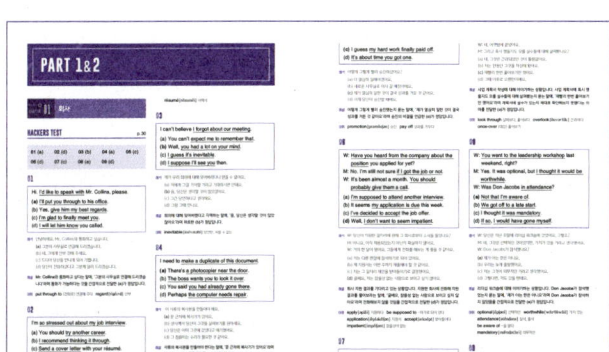

상세한 해설, 정확한 해석, 문제에 등장한 필수 어휘를 통해, 더 완벽하게 학습을 마무리할 수 있습니다.

텝스 시험 소개

■ TEPS란 무엇인가요?

TEPS란 Test of English Proficiency developed by Seoul National University의 약자로, 서울대학교 언어교육원에서 개발하고 TEPS 관리위원회에서 주관하는 국내 개발 영어 인증 시험입니다. 실제 활용하는 영어 능력을 평가하므로, 기업체 및 공사, 고시 및 대학 입시 등 각종 자격 요건 평가 시험으로 활용되고 있습니다.

■ TEPS는 어떻게 구성되어 있나요?

영역	파트	내용	문항 수	시간	배점
청해	Part 1	질의 응답 (하나의 문장을 듣고 이어질 응답 고르기)	10	40분	240점
	Part 2	짧은 대화 (3턴의 주고받는 대화를 듣고 이어질 응답 고르기)	10		
	Part 3	긴 대화 (6~8턴의 주고받는 대화를 듣고 질문에 알맞은 답 고르기)	10		
	Part 4	담화문 (한 명의 화자가 말하는 긴 내용을 듣고 질문에 알맞은 답 고르기) (1지문 1문항)	6		
	Part 5	긴 담화문 (한 명의 화자가 말하는 긴 내용을 듣고 질문에 알맞은 답 고르기) (1지문 2문항)	4		
어휘	Part 1	구어체 (대화문의 빈칸에 가장 적절한 어휘 고르기)	10	25분	60점
	Part 2	문어체 (단문의 빈칸에 가장 적절한 어휘 고르기)	20		
문법	Part 1	구어체 (대화문의 빈칸에 가장 적절한 답 고르기)	10		60점
	Part 2	문어체 (단문의 빈칸에 가장 적절한 답 고르기)	15		
	Part 3	대화 및 문단 (어법상 틀리거나 어색한 부분 고르기)	5		
독해	Part 1	빈칸 채우기 (빈칸에 가장 적절한 답 고르기)	10	40분	240점
	Part 2	흐름 찾기 (한 단락의 글에서 내용 흐름상 어색한 부분 고르기)	2		
	Part 3	내용 이해 (지문을 읽고 질문에 가장 적절한 답 고르기) (1지문 1문항)	13		
	Part 4	내용 이해 (지문을 읽고 질문에 가장 적절한 답 고르기) (1지문 2문항)	10		
14개 파트			135문항	105분	600점

* 각 문항의 난이도에 따른 반응 패턴을 근거로 평가하는 문항 반응 이론 적용

◼ 시험은 어떻게 접수하나요?

텝스 시험은 인터넷 접수와 방문 접수가 가능합니다.

- 인터넷 접수: www.teps.or.kr로 접속합니다. 사진 파일을 미리 준비해야 하고, 응시료는 신용카드 또는 계좌이체로 결제할 수 있습니다.
- 방문 접수: www.teps.or.kr의 시험 접수 → 접수처 안내에서 가까운 접수처를 확인한 후 방문하여 접수합니다. 3*4 사진 한 장과 응시료가 필요합니다.

◼ 시험 당일에는 무엇을 지참해야 하나요?

텝스 시험 당일에는 다음과 같은 준비물을 지참해야 합니다. 시험 전, 반드시 체크해 보세요.

- ☐ 규정 신분증 (주민등록증, 운전면허증, 청소년증 등이 인정되며, 자세한 신분증 규정은 www.teps.or.kr에서 확인하세요!)
- ☐ 컴퓨터용 사인펜 (연필은 사용할 수 없어요!)
- ☐ 수정 테이프 (수정액을 가져가면 안 돼요!)
- ☐ 아날로그 손목시계 (전자식 시계를 가져가면 안 돼요!)
- ☐ 수험표 (검사하지 않으므로 반드시 소지하지 않아도 괜찮아요!)

◼ 시험일 팁! 이것만은 알고 가세요!

1. 고사장 가기 전
    - 체크리스트를 확인하여 시험에 필요한 준비물을 챙기고, 규정된 입실 시간에 늦지 않도록 유의합니다.

2. 고사장 입구에서
    - 수험표에 기재된 수험 번호가 적힌 고사실을 확인합니다.

3. 시험 전
    - 모든 영역의 시험이 끝날 때까지 휴식 시간이 없으므로 화장실은 미리 다녀옵니다.

4. 시험 시
    - 답안을 마킹할 시간이 따로 없으므로 풀면서 바로 마킹합니다.
    - 연필이나 볼펜으로 먼저 마킹한 후 사인펜으로 마킹하면 OMR 카드에 오류가 날 수 있으니 주의합니다.
    - 정해진 영역을 푸는 시간에 다른 영역의 문제를 풀면 부정 행위로 간주되므로 주의합니다.
    - 대부분의 영역이 앞에는 쉬운 문제가, 뒤에는 어려운 문제가 나오므로 앞 부분을 빨리 풀어 시간을 확보합니다.
    - 문항 난이도, 변별도 및 영역별 특정 가중치에 따라 문항 배점이 다르므로, 어려운 문제를 많이 맞히면 높은 점수를 받을 확률이 더 높습니다.
    - 청해 시험 시 문제지의 빈 공간에 조금씩 필기하는 것은 괜찮습니다.

5. 시험 후
    - 해커스텝스 사이트 (HackersTEPS.com)의 텝스자유게시판에서 유저들과 정답을 확인해보고, 맞은 개수를 해커스 텝스 점수 환산기에 입력해서 예상 점수를 알아봅니다.

파트별 문제 유형

📘 청해(Listening Comprehension)

텝스 청해 영역의 Part 1~3는 각각 10문항, Part 4는 6문항, Part 5는 4문항을 풀도록 구성되어 있습니다. Part 1~4는 각 대화나 담화마다 하나의 문제가 출제되며, Part 5는 한 담화에 두 문제가 출제됩니다. 순수하게 들어서 이해한 것만을 평가하기 위해 문제와 보기 모두 시험지에 인쇄되어 있지 않습니다.

PART 1 하나의 문장을 듣고 이어질 응답 고르기 1번~10번 (10문항)

Part 1은 화자의 말을 듣고 그 말에 가장 적절한 응답을 4개의 보기 중에서 고르는 유형입니다. 내용은 일상적인 생활 영어 표현으로 되어 있습니다. 짧지만 한 번만 들려주기 때문에 그만큼 상황 판단을 빨리하여 적절한 응답을 찾아내야 합니다.

> W: Where can I find the Asian history books?
> M: _____.
>
> (a) We might be getting new stock today.
> (b) The librarian should still be on duty.
> (c) Check the third aisle on your left.
> (d) You can borrow up to three of them.
>
> 정답 (c)

PART 2 3턴의 주고받는 대화를 듣고 이어질 응답 고르기 11번~20번 (10문항)

Part 2는 짧은 대화를 듣고 마지막 화자의 말에 대한 알맞은 응답을 4개의 보기 중에서 고르는 유형입니다. Part 1과 마찬가지로 일상적인 대화 내용이며 대화와 보기는 한 번만 들려줍니다.

> M: Hi. Is Anne at home?
> W: Yes, but she's feeling a bit under the weather.
> M: Oh, I see. Can she come to the phone?
> W: _____.
>
> (a) Sure, you can always try calling back later.
> (b) She's asleep, but I can take a message.
> (c) She was going to inform you about that.
> (d) Well, I guess I can talk to her for you.
>
> 정답 (b)

해커스 텝스 중급 청해

PART 3 6~8턴의 주고받는 대화를 듣고 질문에 알맞은 답 고르기 21번~30번 (10문항)

Part 3는 두 사람이 주고받는 긴 대화를 듣고 1개의 질문에 답하는 유형입니다. 대화 상황 → 대화 → 질문 → 보기 순으로 한 번만 들려주기 때문에 처음부터 끝까지 주의 깊게 들어야 합니다.

Listen to two people discuss an upcoming holiday.

W: When does your summer vacation start?
M: Next week. I'm going to visit my uncle in Tennessee.
W: I've only been there once. The mountain scenery is beautiful.
M: Yeah. It's been a while since my last visit.
W: How long will you be staying there?
M: I'm not sure. Probably just a couple days.

Q: Which is correct according to the conversation?

(a) The woman is looking for a place to stay in the summer.
(b) The woman wants to go somewhere near mountains.
(c) The man has been living with his uncle since last year.
(d) The man will be in Tennessee for a short time.

정답 (d)

파트별 문제 유형

PART 4 한 명의 화자가 말하는 긴 내용을 듣고 질문에 알맞은 답 고르기 (1지문 1문항) 31번~36번 (6문항)

Part 4는 한 명의 화자가 말하는 광고, 안내, 강의 등의 담화를 듣고 담화 내용에 관련된 1개의 질문에 답하는 유형입니다. 담화 → 질문 → 담화 → 질문 → 보기 순으로 들려줍니다. 담화와 질문을 두 번 들려주지만 어휘 수준이 높고 내용이 길기 때문에 약간 어렵게 느껴질 수 있습니다. 담화를 처음 들을 때에는 무엇에 대한 담화인지 파악하며 듣고, 담화를 두 번째 들을 때에는 두 질문의 정답의 단서가 될 부분을 집중해서 들어야 합니다.

> One of the most famous ancient Greek sculptures in the world is the Venus de Milo, which is known for its missing arms. Upon its discovery in 1820, the sculpture was fragmented and only pieces of its arms were found. It was shipped to France and reassembled. However, the people involved in its reconstruction chose not to include the arms because, due to a disparity in the quality of their craftsmanship, they were not thought to have been part of the artist's original creation.
>
> Q: What is the lecture mainly about?
>
> (a) The reason why the statue has no upper limbs
> (b) The reconstruction of a famous monument
> (c) A major purpose of creating sculptures
> (d) A significant work of classical Greek art
>
> 정답 (a)

PART 5 한 명의 화자가 말하는 긴 내용을 듣고 질문에 알맞은 답 고르기 (1지문 2문항) 37번~40번 (4문항)

Part 5는 한 명의 화자가 말하는 광고, 안내, 강의 등의 담화를 듣고 담화 내용에 관련된 2개의 질문에 답하는 유형입니다. 담화 → 첫 번째 질문 → 두 번째 질문 → 담화 → 첫 번째 질문 → 첫 번째 보기 → 두 번째 질문 → 두 번째 보기 순으로 들려줍니다. 담화와 질문을 두 번 들려주지만 어휘 수준이 높고 Part 4보다 내용이 길기 때문에 가장 어렵다고 느껴질 수 있습니다. 담화를 처음 들을 때에는 무엇에 대한 담화인지 파악하며 듣고, 담화를 두 번째 들을 때에는 두 질문의 정답의 단서가 될 부분을 집중해서 들어야 합니다.

The demands of the modern workplace often force people to adopt unhealthy lifestyles. For instance, fewer adults have time to cook, so they rely on easy-to-prepare packaged foods instead. Consequently, they sometimes fall short of their daily nutritional needs and take dietary supplements in an attempt to compensate. While many people consider this a viable temporary solution, doctors maintain that having a well-balanced diet is preferable. There are several reasons for this position. First of all, healthy foods contain far more nutrients than dietary supplements like multivitamins do. In addition, the human body processes the synthetic nutrients in supplements less easily than natural ones. Therefore, eating a variety of nutritious foods each day is the best way to remain healthy.

Q: What is the speaker's main point?
(a) Nutrition requirements vary from person to person.
(b) Store-bought food is full of unhealthy additives.
(c) Modern eating habits may be detrimental to health.
(d) Doctors provide clear nutritional guidelines.   정답 (c)

Q: What can be inferred from the talk?
(a) All nutrients can be processed easily.
(b) Multivitamins may lead to an imbalance of nutrition.
(c) Synthetic vitamins cause digestion problems over time.
(d) Dietary supplements are less effective than natural vitamins.   정답 (d)

학습 플랜

4주 완성 학습 플랜

	1일	2일	3일	4일	5일
1주	Part 1&2 Ch 01 (p.28-33)	Part 1&2 Ch 02 (p.34-39)	Part 1&2 Ch 03 (p.40-45)	Part 1&2 Ch 04 (p.46-51)	Part 1&2 Ch 05 (p.52-57)
2주	Part 1&2 Ch 06 (p.58-63)	Part 1&2 Ch 07 (p.64-69)	Part 1&2 Ch 08~10 빈출 상황별 표현 (p.70-94)	Part 3 Ch 01~02 (p.102-113)	Part 3 Ch 03 빈출 상황별 어휘 (p.114-126)
3주	Part 4&5 Ch 01~02 (p.134-149)	Part 4&5 Ch 03 빈출 토픽별 어휘 (p.150-165)	Mini Test 1 (p.168-169)	Mini Test 2 (p.170-171)	Mini Test 3 (p.172-173)
4주	Mini Test 4 (p.174-175)	Mini Test 5 (p.176-177)	Mini Test 6 (p.178-179)	Mini Test 7 (p.180-181)	Actual Test (p.183-187)

해커스 텝스 중급 청해

8주 완성 학습 플랜

	1일	2일	3일	4일	5일
1주	Part 1&2 Ch 01 (p.28-29)	Part 1&2 Ch 01 (p.30-33)	Part 1&2 Ch 02 (p.34-35)	Part 1&2 Ch 02 (p.36-39)	Part 1&2 Ch 03 (p.40-41)
2주	Part 1&2 Ch 03 (p.42-45)	Part 1&2 Ch 04 (p.46-47)	Part 1&2 Ch 04 (p.48-51)	Part 1&2 Ch 05 (p.52-53)	Part 1&2 Ch 05 (p.54-57)
3주	Part 1&2 Ch 06 (p.58-59)	Part 1&2 Ch 06 (p.60-63)	Part 1&2 Ch 07 (p.64-65)	Part 1&2 Ch 07 (p.66-69)	Part 1&2 Ch 08 (p.70-75)
4주	Part 1&2 Ch 09 (p.76-81)	Part 1&2 Ch 10 (p.82-87)	빈출 상황별 표현 (p.88-94)	Part 3 Ch 01 (p.102-103)	Part 3 Ch 01 (p.105-107)
5주	Part 3 Ch 02 (p.108-110)	Part 3 Ch 02 (p.111-113)	Part 3 Ch 03 (p.114-116)	Part 3 Ch 03 (p.117-119)	빈출 상황별 어휘 (p.120-126)
6주	Part 4&5 Ch 01 (p.134-136)	Part 4&5 Ch 01 (p.137-141)	Part 4&5 Ch 02 (p.142-144)	Part 4&5 Ch 02 (p.145-149)	Part 4&5 Ch 03 (p.150-152)
7주	Part 4&5 Ch 03 (p.153-157)	빈출 토픽별 어휘 (p.158-165)	Mini Test 1 (p.168-169)	Mini Test 2 (p.170-171)	Mini Test 3 (p.172-173)
8주	Mini Test 4 (p.174-175)	Mini Test 5 (p.176-177)	Mini Test 6 (p.178-179)	Mini Test 7 (p.180-181)	Actual Test (p.183-187)

성향별 학습 방법

**혼자 공부할 때
더 집중이 잘되는 당신!**

개별 학습형
- 교재와 해커스텝스 사이트 등을 적극적으로 활용하여 실력을 쌓습니다.
- 계획을 세워 공부하고, 한 번 세운 계획은 절대 미루지 않습니다.

**여러 사람과 함께
토론하며 공부할 때
더 이해가 잘되는 당신!**

스터디 학습형
- 팀원끼리 스터디 원칙을 정해 놓고 문제 토론도 하고 시험도 칩니다.
- 스터디 시작 전에 미리 공부할 분량을 정해 해당 부분을 각자 예습합니다.
- 너무 긴 잡담으로 인하여 휴식 시간이 늘어지지 않도록 하며, 틀린 문제에 대한 벌금 제도 등은 학습에 건전한 자극이 될 수 있습니다.

**선생님의 강의를 들으며
확실하게 공부하는 것을
선호하는 당신!**

학원 학습형
- 학원 강의를 듣고, 반별 게시판을 적극 활용해 공부합니다.
- 선생님과 상호 작용을 통해 모르는 것을 바로 바로 해결합니다.
- 결석하지 않겠다는 의지를 가지고 수업에 임하며 반드시 복습합니다.

**때와 장소에 구애 받지 않고
공부하길 원하는 당신!**

동영상 학습형
- 해커스인강의 선생님께 질문하기 코너를 적극 활용합니다.
- 시간에 구애 받지 않고 학습할 수 있지만, 시작 전에 공부 시간과 계획을 미리 정해두고 꼭 지키도록 합니다.
- 인터넷 접속 시 절대 다른 사이트의 유혹에 빠지지 않도록 합니다.

해커스 텝스 중급 청해

교재 | 날짜별로 계획하여 학습 → Test·Dictation으로 확인 → 틀린 문제는 오답 노트 작성하여 복습
HackersTEPS.com | 교재/무료MP3 > 정보나눔터 > 교재 Q&A에서 궁금증 해결 → 텝스 > 텝스 무료학습 > 매일텝스풀기·매일텝스어휘에서 연습
HackersIngang.com | MP3/자료 > 텝스 > 무료 MP3/자료에서 단어암기장과 단어암기 MP3를 다운로드 받아 암기

교재 | 스터디 전 오늘 학습 부분 예습 → 팀원끼리 쪽지 시험(단어, 문제 등) → 시간을 정하여 실전과 같은 느낌으로 Test 풀기 → 헷갈리는 문제나 틀린 문제는 토론하여 해결 → Dictation으로 학습 부분 복습
HackersTEPS.com | 교재/무료MP3 > 정보나눔터 > 교재 Q&A에서 궁금증 해결 → 텝스 > 텝스 무료학습 > 매일텝스풀기·매일텝스어휘에서 연습
HackersIngang.com | MP3/자료 > 텝스 > 무료 MP3/자료에서 단어암기장과 단어암기 MP3를 다운로드 받아 암기

교재 | 수업에 빠짐없이 참여 → 의문점은 선생님께 질문하여 해결 → 틀린 문제는 오답 노트 작성하여 복습
Hackers.ac | 반별 게시판에서 선생님 및 함께 수업을 듣는 다른 학생들과 적극적인 상호 작용
HackersTEPS.com | 교재/무료MP3 > 정보나눔터 > 교재 Q&A에서 궁금증 해결 → 텝스 > 텝스 무료학습 > 매일텝스풀기·매일텝스어휘에서 연습
HackersIngang.com | MP3/자료 > 텝스 > 무료 MP3/자료에서 단어암기장과 단어암기 MP3를 다운로드 받아 암기

교재 | 날짜별로 계획하여 학습 → Test·Dictation으로 확인 → 틀린 문제는 오답 노트 작성하여 복습
HackersIngang.com | 강의를 보면서 몰랐던 부분 확실히 학습 → 핵심 내용 노트 정리 → 게시판에 모르는 부분 질문 → MP3/자료 > 텝스 > 무료 MP3/자료에서 단어암기 MP3를 다운로드 받아 암기
HackersTEPS.com | 교재/무료MP3 > 정보나눔터 > 교재 Q&A에서 궁금증 해결 → 텝스 > 텝스 무료학습 > 매일텝스풀기·매일텝스어휘에서 연습

시험에 나올 문제를 미리
풀어보고 싶을 땐?

해커스텝스(HackersTEPS.com)에서
텝스 적중예상특강 보기!

해커스 텝스 중급 청해

PART 1 & 2

대화 상황

Chapter 01 회사
Chapter 02 여가
Chapter 03 학교
Chapter 04 여행
Chapter 05 쇼핑·외식
Chapter 06 교통·의료
Chapter 07 가정

질문 유형

Chapter 08 의문사 의문문
Chapter 09 일반 의문문
Chapter 10 평서문

빈출 상황별 표현

PART 1&2 소개 및 학습 전략

Part 1&2 소개

PART 1 1번부터 10번까지 총 10문제로, 한 문장을 듣고 그에 대한 응답으로 가장 적절한 것을 4개의 보기 중에서 고르는 형식입니다. 이 때 제시되는 문장과 보기는 한 번만 들려주므로 반드시 집중해서 들어야 합니다.

PART 2 11번부터 20번까지 총 10문제로, 남녀가 주고 받는 3턴(A-B-A)의 대화를 듣고 마지막 화자가 한 말에 대한 응답으로 가장 적절한 것을 4개의 보기 중에서 고르는 형식입니다. 이 때 제시되는 대화와 보기는 한 번만 들려주므로 반드시 집중해서 들어야 합니다.

Part 1&2 유형 분류

Part 1&2는 대화의 상황과 질문의 종류에 따라 자주 등장하는 표현 및 전형적인 응답 방식이 있으므로 Part 1&2에 출제되는 문제들을 대화 상황과 질문 유형으로 분류하여 학습해 봅시다.

대화 상황
- 회사
- 여가
- 학교
- 여행
- 쇼핑·외식
- 교통·의료
- 가정

질문 유형
- 의문사 의문문
- 일반 의문문
- 평서문

Part 1&2 학습 전략

01 간접 응답을 익혀둡니다.
Part 1&2에는 '그렇다', '아니다'의 의미를 우회적으로 표현하거나, '모르겠다', '상관없다'고 하는 것과 같은 간접 응답이 정답으로 자주 출제됩니다. 따라서 이러한 간접 응답의 종류와 대표적인 예를 익혀두는 것이 중요합니다.

02 주요 동사 및 조동사 관련 표현을 익혀둡니다.
Part 1&2에는 대화와 보기에 주요 동사 관련 숙어나 조동사 표현이 자주 나올 뿐만 아니라, 그 의미를 알아야 정답을 고를 수 있는 문제가 많이 출제됩니다. 따라서 자주 쓰이는 조동사 표현의 의미를 많이 외워두는 것이 중요합니다.

03 대화 상황별로 자주 나오는 표현을 익혀둡니다.
Part 1&2에는 대화 상황에 따라 자주 나오는 표현이 있습니다. 따라서 각 상황별로 빈출 표현을 익혀두면 대화 내용을 정확하게 이해하면서 정답을 쉽게 고를 수 있습니다.

04 질문 유형별로 전형적인 응답 방식을 익혀둡니다.
Part 1&2에는 질문 유형에 따라 전형적으로 응답하는 방식이 있습니다. 따라서 각 질문 유형과 응답 방식을 함께 묶어 익혀두면 정답을 쉽게 고를 수 있습니다.

05 오답 유형을 익혀둡니다.
Part 1&2에는 전형적으로 등장하는 오답 유형이 있습니다. 따라서 자주 출제되는 오답 유형을 익혀두면 오답을 소거하면서 정답을 쉽게 고를 수 있습니다.

Part 1&2에 출제되는 오답 유형 분석  P1&2_1

Part 1&2는 대화에 나온 단어나 문맥을 함정으로 사용한 오답이 주로 출제됩니다. 이러한 오답에 속지 않기 위해서 자주 출제되는 오답 유형을 익혀봅시다.

01 의미가 관련된 단어를 사용한 오답

대화에 나왔던 단어의 의미와 관련하여 연상되는 단어를 함정으로 사용한 오답이 출제됩니다.

Didn't you think Louis's **party** was really fun? (a) I'm waiting for an **invitation**. (b) Yes, I certainly had a ball.	Louis의 파티가 정말 재미있었다고 생각하지 않나요? (a) 초대장을 기다리고 있어요. (b) 네, 정말 즐거운 시간을 보냈어요.

정답　(b)

오답 분석　(a)는 대화에 나온 party(파티)와 관련된 invitation(초대장)을 함정으로 사용한 오답입니다.

02 그럴듯한 응답으로 시작한 오답

그럴듯한 말로 시작해 정답처럼 들리지만 그 뒤의 내용이 대화에 맞지 않는 오답이 출제됩니다.

I'm off to the aquarium. Do you want to come with me? (a) I'd love to, but I can't go. (b) **All right**. I'll try the seafood.	저 수족관으로 출발해요. 저랑 같이 가실래요? (a) 그러고 싶지만, 갈 수가 없어요. (b) 좋아요. 저는 해산물을 먹을게요.

정답　(a)

오답 분석　(b)는 All right(좋아)으로 시작해 정답처럼 들리지만 그 뒤의 내용이 대화에 맞지 않는 오답입니다.

03 같은 단어를 사용한 오답

대화에 나왔던 것과 같은 단어를 함정으로 사용한 오답이 출제됩니다.

M: Do you have a **birthday** gift for Ellen? W: Oh, no. I forgot to buy one. M: I bought her a scarf. We can say it's from both of us. (a) Sure. That's a great idea. (b) Actually, it's not my **birthday**.	M: Ellen에게 줄 생일 선물이 있나요? W: 아, 아니요. 선물 산다는 것을 잊어버렸어요. M: 제가 스카프를 샀어요. 우리가 함께 그것을 샀다고 이야기하면 돼요. (a) 물론이에요. 그거 좋은 생각이네요. (b) 실은, 제 생일이 아니에요.

정답　(a)

오답 분석　(b)는 대화에 나온 birthday(생일)를 반복하여 함정으로 사용한 오답입니다.

04 대명사를 사용한 오답

대화에 나왔던 사람이나 사물에 해당하는 대명사를 함정으로 사용한 오답이 출제됩니다.

W: I have no idea how to operate my new **DVD player**. M: Didn't you read the manual that came with it? W: Yes, but I still can't get it to work. (a) Turn **it** off when you're done. (b) OK, let me take a crack at it.	W: 저의 새 DVD 플레이어를 작동하는 방법을 전혀 모르겠어요. M: 함께 들어 있던 설명서를 읽지 않았나요? W: 읽었어요, 그런데 여전히 작동시키지 못하겠어요. (a) 당신이 다하면 그것의 전원을 끄세요. (b) 좋아요, 제가 한 번 시도해 볼게요.

정답 (b)

오답 분석 (a)는 대화에 나온 DVD player(DVD 플레이어)에 해당하는 대명사인 it을 함정으로 사용한 오답입니다.

05 대화의 마지막 화자가 이어서 할만한 말을 사용한 오답

대화의 마지막 문장을 말한 사람이 이어서 할만한 말을 함정으로 사용한 오답이 출제됩니다.

M: What's been keeping you busy these days? W: Everything. I have too much on my plate right now. M: **You mentioned you were working on an art exhibition.** (a) **I'd like to drop by some time.** (b) It launched two days ago.	M: 요즘 무엇 때문에 그렇게 바쁜 거예요? W: 전부요. 전 지금 해야 할 일이 너무 많아요. M: 미술 전시회 일을 하고 있다고 하셨죠? (a) 언젠가 들르고 싶네요. (b) 이틀 전에 개최했어요.

정답 (b)

오답 분석 (a)는 대화의 마지막 문장에서 미술 전시회 일을 하고 있다고 했는지 물은 사람이 이어서 할만한 말을 함정으로 사용한 오답입니다.

CHAPTER 01 회사

회사 관련 문제는 업무와 관련된 전화나 승진, 면접 등과 같은 소재를 다루는 문제입니다. Part 1과 Part 2의 총 20문제 중 3문제 정도 나오며, Part 2보다는 Part 1에서 더 자주 출제됩니다. 이제부터 회사와 관련된 구체적인 상황과 표현을 익혀봅시다.

예제 🎧 P1&2_2

Part 1&2에서 회사와 관련된 대화 문제가 어떻게 출제되는지 확인해보세요.

> Hi, Mike here. May I speak with your sales manager, Mrs. Lea?
>
> (a) Yes, she was here earlier.
> (b) She's glad you came to visit.
> (c) Oh, she just stepped out of the office.
> (d) I tried talking to her about it.

정답 (c)

해설 영업 부장인 Mrs. Lea와 통화할 수 있는지 묻는 말에, '아, 방금 사무실에서 나가셨는데요'라며 그녀가 방금 나가 통화할 수 없다는 것을 간접적으로 전달한 (c)가 정답입니다.

해석 안녕하세요, 저는 Mike입니다. 영업 부장 Mrs. Lea와 통화할 수 있을까요?
(a) 네, 그녀는 조금 전에 여기 있었어요.
(b) 당신이 방문해서 그녀가 기뻐합니다.
(c) 아, 방금 사무실에서 나가셨는데요.
(d) 그것에 대해 그녀에게 말하려고 했어요.

어휘 step out (방에서) 나가다, (자리를) 비우다

Possible Answer Yes, she's been expecting you. 네, 그녀는 당신을 기다리고 있었습니다.

빈출 상황 및 표현 🎧 P1&2_3

회사와 관련하여 자주 나오는 대화 상황별 표현을 익혀두면, 대화를 들을 때 대화의 상황을 쉽게 파악하고 대화 내용을 정확히 이해할 수 있습니다. 음성을 듣고 따라 읽으면서 외워보세요.

전화

Could you **connect** me **to** Mr. Portman's office?	Mr. Portman의 사무실로 연결해 주시겠어요?
She's just **stepped out** of the office.	그녀는 방금 사무실에서 나갔어요.

승진·해고 및 임금 인상

I **was promoted to** regional sales manager last week.	저는 지난주에 지역 영업 부장으로 승진했습니다.
You can try to **negotiate a raise**.	당신은 임금 인상을 협상해보세요.

업무

Did you **finish the business plan** you've been working on?	당신이 작업하던 사업 계획서는 다 끝냈나요?
Your **newspaper article was excellent**.	당신의 신문 기사는 훌륭했어요.

회의

The CEO **attended the marketing team's presentation**.	그 최고 경영자는 마케팅팀의 발표에 참석했습니다.
Did anything **come up** I should know about?	제가 알아야 할 무언가가 언급되었나요?

구직 및 이직

I can't **pass up** such a lucrative job offer.	그렇게 돈을 많이 주는 일자리 제의를 거절할 수 없어요.
I suggest **looking for a position** with a higher salary.	저는 더 높은 급여를 주는 일자리를 찾아볼 것을 제안해요.

면접

My **interview has been rescheduled** for next Tuesday afternoon.	제 면접이 다음 주 화요일 오후로 일정이 변경되었어요.
I'm so **stressed out about my job interview**.	저는 면접 때문에 너무 스트레스를 받아요.

HACKERS TEST

해커스 텝스 중급 청해

질문을 듣고 가장 적절한 응답을 고르세요. 🎧 P1&2_4

PART 1

01   (a)   (b)   (c)   (d)

02   (a)   (b)   (c)   (d)

03   (a)   (b)   (c)   (d)

04   (a)   (b)   (c)   (d)

05   (a)   (b)   (c)   (d)

PART 2

06   (a)   (b)   (c)   (d)

07   (a)   (b)   (c)   (d)

08   (a)   (b)   (c)   (d)

09   (a)   (b)   (c)   (d)

정답 p.2

DICTATION

음성을 들으며 빈칸에 들어갈 내용을 받아써 보세요. (음성은 두 번씩 들려줍니다.) 🎧 P1&2_5

PART 1

01 (a) (b) (c) (d)

Hi. _____ Mr. Collins, please.
(a) _____.
(b) Yes, _____.
(c) _____.
(d) _____ you called.

02 (a) (b) (c) (d)

I'm _____.
(a) You should _____.
(b) _____.
(c) _____ with your résumé.
(d) _____.

03 (a) (b) (c) (d)

I can't believe _____.
(a) You can't _____.
(b) Well, _____.
(c) _____.
(d) _____ then.

04 (a) (b) (c) (d)

I need to _____.
(a) There's _____.
(b) _____.
(c) You said _____.
(d) Perhaps _____.

05 (a) (b) (c) (d)

_____ so quickly?
(a) _____.
(b) _____.
(c) I guess _____.
(d) _____.

PART 2

06 (a) (b) (c) (d)

W: _____ you applied for yet?
M: No. I'm still not sure _____.
W: It's been almost a month. _____.

(a) _____.
(b) It seems _____ this week.
(c) _____ the job offer.
(d) Well, _____.

07   (a) (b) (c) (d)

M: _____ you've been working on?
W: Yes, _____.
M: And _____ you might've made?

(a) Yes, _____.
(b) _____ for a while.
(c) _____.
(d) _____ since then.

08   (a) (b) (c) (d)

W: _____ last weekend, right?
M: Yes. It was optional, but _____.
W: Was Don Jacobs _____ ?

(a) _____.
(b) _____.
(c) I thought _____.
(d) _____, _____.

09   (a) (b) (c) (d)

M: How was _____ ?
W: It was productive and _____.
M: _____ from the tech services _____ ?

(a) They were _____.
(b) _____.
(c) _____.
(d) _____.

CHAPTER 02 여가

여가 관련 문제는 공연 관람, 운동 등과 같은 소재를 다루는 문제입니다. Part 1과 Part 2의 총 20문제 중 3문제 정도 나오며 각각 비슷한 비율로 출제됩니다. 이제부터 여가와 관련된 구체적인 상황과 표현을 익혀봅시다.

예제 🎧 P1&2_6

Part 1&2에서 여가와 관련된 대화 문제가 어떻게 출제되는지 확인해보세요.

> W: Did you have a nice time at Janet's party?
> M: Yeah, but I had to leave early.
> W: You did? How come?
>
> (a) They definitely had a great time.
> (b) Maybe I could ride with you.
> (c) I am on a strict curfew.
> (d) It was packed when I arrived.

정답 (c)

해설 파티에 대해 이야기하는 상황입니다. 파티에서 일찍 나온 이유를 묻는 말에, '난 엄격한 귀가 시간을 지켜야 하거든'이라며 이유를 설명한 (c)가 정답입니다.

해석 W: Janet의 파티에서 좋은 시간 보냈니?
M: 응, 그런데 난 일찍 나와야 했어.
W: 그랬어? 왜?
(a) 그들은 분명히 즐거운 시간을 보냈어.
(b) 아마 너와 같이 타고 갈 수도 있어.
(c) 난 엄격한 귀가 시간을 지켜야 하거든.
(d) 내가 도착했을 때 사람들로 가득 차 있었어.

어휘 **definitely**[défənitli] 분명히, 틀림없이   **curfew**[kə́ːrfju:] 귀가 시간, 통행금지 시간   **packed**[pækt] 가득 찬

Possible Answer   I had a report to finish by today. 오늘까지 끝내야 할 보고서가 있었거든.

■ 빈출 상황 및 표현 P1&2_7

여가와 관련하여 자주 나오는 대화 상황별 표현을 익혀두면, 대화를 들을 때 대화의 상황을 쉽게 파악하고 대화 내용을 정확히 이해할 수 있습니다. 음성을 듣고 따라 읽으면서 외워보세요.

공연

What do you say we **watch a concert** tonight?	오늘 밤에 콘서트 보는 건 어때요?
It definitely **left a lot to be desired**.	그건 정말 아쉬운 점이 많았어요.

운동

I heard you almost **got first place** in the race.	당신이 경주에서 거의 1등 할 뻔 했다고 들었어요.
Can you **make it to the game** tomorrow?	내일 경기에 올 수 있나요?

파티

We must **select a venue** for the company Christmas party.	우리는 회사 크리스마스 파티를 위한 장소를 선정해야 해요.
What do you say we **head to** Tom's **house party** later?	나중에 Tom의 하우스 파티에 가는 건 어때요?

독서

I've **gotten so much reading done** this month.	이번 달에 정말 독서를 많이 했어요.
I was **disappointed by the ending** of that novel.	저는 그 소설의 결말에 실망했어요.

행사

I **can't wait for** your **wedding**.	당신의 결혼식이 너무 기다려져요.
You seemed to **have it together** during your recital.	당신은 연주회에서 훌륭히 해낸 것 같아요.

여가 활동 및 취미

Would you like to **take a walk**?	산책하러 갈래요?
I'm **not** really **into outdoor activities**.	저는 야외 활동을 별로 좋아하지 않아요.

HACKERS TEST

해커스 텝스 중급 청해

질문을 듣고 가장 적절한 응답을 고르세요. 🎧 P1&2_8

PART 1

01 (a) (b) (c) (d)

02 (a) (b) (c) (d)

03 (a) (b) (c) (d)

04 (a) (b) (c) (d)

05 (a) (b) (c) (d)

PART 2

06 (a) (b) (c) (d)

07 (a) (b) (c) (d)

08 (a) (b) (c) (d)

09 (a) (b) (c) (d)

정답 p.4

DICTATION

음성을 들으며 빈칸에 들어갈 내용을 받아써 보세요. (음성은 두 번씩 들려줍니다.) 🎧 P1&2_9

PART 1

01 (a) (b) (c) (d)

I'm glad _____.
(a) Yeah, _____.
(b) Well, _____.
(c) I've _____.
(d) I'll _____.

02 (a) (b) (c) (d)

_____ tomorrow?
(a) I wanted to, _____.
(b) Thank you for _____.
(c) _____.
(d) I'll try, _____.

03 (a) (b) (c) (d)

_____ tomorrow.
(a) You _____.
(b) _____.
(c) All right. _____.
(d) Well, _____.

04 (a) (b) (c) (d)

_____ Muay Thai lessons.

(a) I know. _____ for me.
(b) I always knew _____.
(c) _____ in just a moment.
(d) _____. She had a blast.

05 (a) (b) (c) (d)

_____ the art exhibit.

(a) I'm sorry _____.
(b) Well, _____.
(c) The museum _____.
(d) But _____.

PART 2

06 (a) (b) (c) (d)

W: _____ this month.
M: Really? _____.
W: You just _____.

(a) _____.
(b) You _____.
(c) I _____.
(d) _____.

07 (a) (b) (c) (d)

M: _____ the new opera?
W: Yes. _____ last weekend.
M: _____?
(a) He _____.
(b) _____ then.
(c) It _____.
(d) _____ with work.

08 (a) (b) (c) (d)

W: Wow. _____ the recital.
M: Well, I chose something _____.
W: I see. I'm worried that _____ with my selection.
(a) No, _____ my recital piece.
(b) _____ you should be fine.
(c) Your performance _____.
(d) That's only _____.

09 (a) (b) (c) (d)

M: Whew! _____ two miles and _____.
W: It's been too long _____.
M: _____ from now on.
(a) We've _____.
(b) Sure. _____.
(c) Right, _____.
(d) Well, _____.

CHAPTER 03 학교

학교 관련 문제는 수업, 성적 등과 같은 소재를 다루는 문제입니다. Part 1과 Part 2의 총 20문제 중 1~2문제 정도 나오며, Part 1보다는 Part 2에서 더 자주 출제됩니다. 이제부터 학교와 관련된 구체적인 상황과 표현을 익혀봅시다.

예제 P1&2_10

Part 1&2에서 학교와 관련된 대화 문제가 어떻게 출제되는지 확인해보세요.

> Were you able to submit your book report?
>
> (a) Oh, I forgot it was due today.
> (b) Sure, I'd be glad to hand it in for you.
> (c) Actually, I think we're in the same class.
> (d) I didn't manage to take down notes.

정답   (a)

해설   독후감을 제출했는지 묻는 말에, '이런, 오늘까지라는 걸 잊고 있었어'라며 독후감을 아직 제출하지 않았음을 간접적으로 전달한 (a)가 정답입니다.

해석   독후감 제출했니?
(a) 이런, 오늘까지라는 걸 잊고 있었어.
(b) 물론이지, 기꺼이 너 대신 그것을 제출해줄게.
(c) 사실, 우리는 같은 수업을 듣는 것 같아.
(d) 필기를 하지 못했어.

어휘   book report 독후감   due [dju:] (언제) ~하기로 되어 있는   hand in 제출하다   take down ~을 적다

Possible Answer   Yes, I already hand it in. 응, 이미 제출했어.

빈출 상황 및 표현 🎧 P1&2_11

학교와 관련하여 자주 나오는 대화 상황별 표현을 익혀두면, 대화를 들을 때 대화의 상황을 쉽게 파악하고 대화 내용을 정확히 이해할 수 있습니다. 음성을 듣고 따라 읽으면서 외워보세요.

수업

The subject matter of this class is **over my head**.	이 수업의 주제는 제가 이해하기 너무 어려워요.
Have many other students already **registered for this class**?	다른 많은 학생들이 벌써 이 수업에 등록했나요?

성적

Did you **make the dean's list**?	너는 성적 우수자 명단에 올랐니?
I was surprised by **how poorly you did on the final exam**.	네가 기말 시험을 얼마나 못 봤는지 보고 놀랐단다.

시험

I really should **get back to studying** for my midterms.	난 정말 중간고사를 위해 다시 공부하러 가야 해.
I can't risk **flunking a test** again.	또 다시 시험에 떨어질 순 없어요.

전공

My parents want me to **take up medicine** in college.	제 부모님은 제가 대학교에서 의학 공부를 하기 바라세요.
I recommend that you **reconsider your choice of major**.	나는 네가 전공 선택에 대해 다시 생각해보기를 권해.

과제 및 교재

I can't **wrap** this **up** by tomorrow's presentation.	저는 내일 발표 때까지 이것을 끝마칠 수 없어요.
Did you **bring the books** that I let you borrow?	내가 빌려준 책 가져왔어?

행사

Did you **audition for a role** in the school play?	학교 연극에서의 배역을 위한 오디션을 봤어?
Tom is planning to **run for student council** this year.	Tom이 올해 학생회에 출마할 계획이래.

Chapter 03 학교

HACKERS TEST

질문을 듣고 가장 적절한 응답을 고르세요. 🎧 P1&2_12

PART 1

01   (a)   (b)   (c)   (d)

02   (a)   (b)   (c)   (d)

03   (a)   (b)   (c)   (d)

04   (a)   (b)   (c)   (d)

05   (a)   (b)   (c)   (d)

PART 2

06   (a)   (b)   (c)   (d)

07   (a)   (b)   (c)   (d)

08   (a)   (b)   (c)   (d)

09   (a)   (b)   (c)   (d)

정답 p.6

DICTATION

해커스 텝스 중급 청해

음성을 들으며 빈칸에 들어갈 내용을 받아써 보세요. (음성은 두 번씩 들려줍니다.) 🎧 P1&2_13

PART 1

01   (a)   (b)   (c)   (d)

Who are you _____?

(a) It's _____.
(b) John _____.
(c) You didn't _____.
(d) I'm _____.

02   (a)   (b)   (c)   (d)

I really _____.

(a) My _____.
(b) Sure. _____.
(c) I'm glad _____.
(d) _____.

03   (a)   (b)   (c)   (d)

_____ this semester?

(a) _____.
(b) _____.
(c) It's _____.
(d) I thought _____.

Chapter 03 학교

04 (a) (b) (c) (d)

Are you confident _____?

(a) Please _____.
(b) I guess _____.
(c) _____ to review them.
(d) My _____.

05 (a) (b) (c) (d)

You _____.

(a) Well, _____.
(b) That's _____.
(c) Yes, _____.
(d) _____.

PART 2

06 (a) (b) (c) (d)

W: My parents _____.
M: If you're not OK with that, _____.
W: Yeah, but _____.

(a) That's great. _____.
(b) I decided to just _____.
(c) You should _____.
(d) I'm sure _____.

07 (a) (b) (c) (d)

M: _____. Is anything wrong?
W: I'm _____.
M: _____ take a look at them?

(a) All right. _____.
(b) Well, _____.
(c) Next time, _____.
(d) You're _____.

08 (a) (b) (c) (d)

W: Did you _____?
M: Unfortunately, _____.
W: But you _____.

(a) I'm _____ next year.
(b) _____ an academic scholarship.
(c) My _____ the cut-off.
(d) _____.

09 (a) (b) (c) (d)

M: Tom is _____ this year.
W: I heard that. _____?
M: I think _____.

(a) He's _____.
(b) _____.
(c) There's _____.
(d) _____, if you ask me.

CHAPTER 04 여행

여행 관련 문제는 항공편 예약, 여행 계획 등과 같은 소재를 다루는 문제입니다. Part 1과 Part 2의 총 20문제 중 2~3문제 정도 나오며, Part 1보다는 Part 2에서 더 자주 출제됩니다. 이제부터 여행과 관련된 구체적인 상황과 표현을 익혀봅시다.

예제 🎧 P1&2_14

Part 1&2에서 여행과 관련된 대화 문제가 어떻게 출제되는지 확인해보세요.

> W: Are you doing anything this Saturday?
> M: Yeah. My family is going on a ski trip.
> W: Sounds fun. Where are you heading?
>
> (a) I've skied down that slope before.
> (b) It's so cold outside the cabin.
> (c) To a resort in Vermont.
> (d) There's lots of snow on the mountains.

정답   (c)

해설   주말 여행 계획에 대해 이야기하는 상황입니다. 가족들과 스키 여행을 어디로 가는지 묻는 말에, '버몬트에 있는 휴양지로요'라며 스키 여행을 가는 장소를 알려준 (c)가 정답입니다.

해석   W: 이번 주 토요일에 뭔가 하실 건가요?
M: 네. 저희 가족은 스키 여행을 갈 거예요.
W: 재미있겠네요. 어디로 가는데요?

(a) 전 예전에 그 슬로프에서 스키를 타봤어요.
(b) 오두막집 밖은 너무 추워요.
(c) 버몬트에 있는 휴양지로요.
(d) 산에 눈이 많이 쌓여 있어요.

어휘   **head** [hed] 가다, 향하다   **slope** [sloup] (스키장의) 슬로프, 경사면   **cabin** [kǽbin] 오두막집, 선실

Possible Answer   **We are flying to Switzerland.** 비행기를 타고 스위스로 가요.

빈출 상황 및 표현 🎧 P1&2_15

여행과 관련하여 자주 나오는 대화 상황별 표현을 익혀두면, 대화를 들을 때 대화의 상황을 쉽게 파악하고 대화 내용을 정확히 이해할 수 있습니다. 음성을 듣고 따라 읽으면서 외워보세요.

항공편

What time is your **next available flight** to Dublin?	더블린으로 가는 이용 가능한 다음 항공편은 몇 시에 있나요?
I **left my ticket** in the taxi on the way to the airport.	공항으로 오는 길에 표를 택시에 두고 내렸어요.

비행기

Mechanical problems **delayed the flight's departure** for three hours.	기계상의 문제가 비행기의 출발을 세 시간 지연시켰어요.
I'd like **an aisle seat**, please.	통로 쪽 좌석으로 주세요.

공항 이용

Going through immigration can be stressful for many travelers.	입국 심사대를 통과하는 것은 많은 여행자들에게 스트레스가 될 수 있어요.
It took over three hours for the airline to **locate my lost bags**.	항공사에서 잃어버린 제 가방을 찾는데 세 시간이 넘게 걸렸어요.

여행 계획 및 기간

I will be **leaving for the trip** in a few days.	며칠 뒤에 여행을 떠날 거예요.
It's a pity **my vacation will end soon**.	제 휴가가 곧 끝나다니 유감이에요.

여행 경험 및 제안

Have you ever been abroad before?	이전에 해외에 가본 적 있나요?
How about we travel to Belgium this summer?	이번 여름에 우리 벨기에로 여행 가는 게 어때?

호텔

May I **inquire about the room rates**?	객실 요금을 물어봐도 될까요?
Please **have housekeeping bring extra towels** to my room.	객실 관리과에 제 방에 수건을 좀 더 가져다 달라고 해주세요.

HACKERS TEST

질문을 듣고 가장 적절한 응답을 고르세요. 🎧 P1&2_16

PART 1

01 (a) (b) (c) (d)

02 (a) (b) (c) (d)

03 (a) (b) (c) (d)

04 (a) (b) (c) (d)

05 (a) (b) (c) (d)

PART 2

06 (a) (b) (c) (d)

07 (a) (b) (c) (d)

08 (a) (b) (c) (d)

09 (a) (b) (c) (d)

정답 p.8

DICTATION

음성을 들으며 빈칸에 들어갈 내용을 받아써 보세요. (음성은 두 번씩 들려줍니다.) 🎧 P1&2_17

PART 1

01 (a) (b) (c) (d)

_____ before?
(a) Sure, you can _____.
(b) Unfortunately, _____.
(c) I'll be _____ you know it.
(d) Sorry, _____.

02 (a) (b) (c) (d)

_____ Zurich this summer?
(a) _____.
(b) But _____ today.
(c) Yeah, _____.
(d) Sorry, _____.

03 (a) (b) (c) (d)

_____ to Dublin?
(a) _____.
(b) _____.
(c) _____.
(d) There are _____.

04 (a) (b) (c) (d)

Did you _____ ?

(a) _____ .
(b) Actually, _____ .
(c) Thankfully, _____ .
(d) They have _____ .

05 (a) (b) (c) (d)

Excuse me. _____ .

(a) It's _____ .
(b) You can _____ .
(c) You're only _____ .
(d) _____ .

PART 2

06 (a) (b) (c) (d)

W: _____ ?
M: _____ Mexico.
W: Nice! _____ ?

(a) _____ , _____ .
(b) _____ .
(c) _____ .
(d) _____ .

07   (a)   (b)   (c)   (d)

> M: So _____?
> W: A hiking trip. _____?
> M: _____. _____.
>
> (a) It's all right. _____.
> (b) _____.
> (c) I know. _____.
> (d) _____, then.

08   (a)   (b)   (c)   (d)

> W: Hello. _____.
> M: Sure. _____?
> W: I was _____.
>
> (a) Of course, _____.
> (b) _____.
> (c) _____.
> (d) I'm sorry. _____.

09   (a)   (b)   (c)   (d)

> M: _____ Hotel Orient. _____?
> W: I'm meeting a guest _____. _____
>   _____?
> M: Certainly. _____?
>
> (a) Beth Hedeby, _____.
> (b) _____.
> (c) I think _____.
> (d) She said _____.

CHAPTER 05 쇼핑·외식

쇼핑·외식 관련 문제는 제품 문의나 음식 주문 등과 같은 소재를 다루는 문제입니다. Part 1과 Part 2의 총 20문제 중 3~4문제 정도 나오며, Part 2보다는 Part 1에서 더 자주 출제됩니다. 이제부터 쇼핑·외식과 관련된 구체적인 상황과 표현을 익혀봅시다.

예제 🎧 P1&2_18

Part 1&2에서 쇼핑·외식과 관련된 대화 문제가 어떻게 출제되는지 확인해보세요.

> That soup tasted really awful.
>
> (a) But I'm already full.
> (b) No, I haven't eaten yet.
> (c) Yes, I couldn't agree more.
> (d) I'll get you another bowl.

정답   (c)

해설   스프가 맛이 없었다고 불평하는 말에, '네, 전적으로 동의해요'라며 스프가 맛이 없었다는 것에 동의한 (c)가 정답입니다.

해석   그 스프는 정말 맛이 없었어요.
(a) 하지만 저는 이미 배가 불러요.
(b) 아니요, 저는 아직 먹지 않았어요.
(c) 네, 전적으로 동의해요.
(d) 한 그릇 더 가져다 드릴게요.

어휘   awful[ɔ́:fəl] 맛이 없는, 끔찍한

Possible Answer   Really? It was not too bad for me. 정말이요? 저는 그렇게 나쁘지 않았어요.

빈출 상황 및 표현 🎧 P1&2_19

쇼핑·외식과 관련하여 자주 나오는 대화 상황별 표현을 익혀두면, 대화를 들을 때 대화의 상황을 쉽게 파악하고 대화 내용을 정확히 이해할 수 있습니다. 음성을 듣고 따라 읽으면서 외워보세요.

제품 문의

Where can I find the Asian history books?	아시아 역사에 관한 책들은 어디에서 찾을 수 있나요?
I'm looking for these sandals **in black**.	이 샌들을 검정색으로 찾고 있습니다.

제품에 대한 의견

What do you think of this tie?	이 넥타이 어떻게 생각해요?
The laptop I purchased last week is not **working properly**.	제가 지난주에 구매한 노트북이 제대로 작동하지 않아요.

제품 구입 및 환불

I'm sure it will **cost a pretty penny**.	돈이 상당히 들 것 같아요.
I'll **get a refund** at the store.	상점에서 환불을 받을 거예요.

제품 판매 및 배송

Do you **have any specific type in mind**?	찾으시는 종류가 따로 있으신가요?
Did you **check the tracking number**?	배송 추적 번호를 확인했나요?

외식 제안 및 음식 주문

Let's **grab an early lunch** if you want to come along.	함께 가길 원하신다면 우리 간단하게 이른 점심을 먹으러 가요.
I'd like to have a refill of coffee, please.	커피 한잔 더 주세요.

식당·음식 평가 및 계산

I **find the atmosphere very pleasant**.	분위기가 아주 좋은 것 같아요.
It's **my turn to pay**.	제가 낼 차례예요.

HACKERS TEST

해커스 텝스 중급 청해

질문을 듣고 가장 적절한 응답을 고르세요. 🎧 P1&2_20

PART 1

01 (a) (b) (c) (d)

02 (a) (b) (c) (d)

03 (a) (b) (c) (d)

04 (a) (b) (c) (d)

05 (a) (b) (c) (d)

PART 2

06 (a) (b) (c) (d)

07 (a) (b) (c) (d)

08 (a) (b) (c) (d)

09 (a) (b) (c) (d)

정답 p.10

DICTATION

음성을 들으며 빈칸에 들어갈 내용을 받아써 보세요. (음성은 두 번씩 들려줍니다.) 🎧 P1&2_21

PART 1

01 (a) (b) (c) (d)

_____?
(a) Sorry, _____.
(b) It's the _____.
(c) I'm _____.
(d) No, _____.

02 (a) (b) (c) (d)

_____.
(a) _____, then.
(b) That's because _____.
(c) _____ in this store.
(d) I agree. _____.

03 (a) (b) (c) (d)

Erin, _____?
(a) _____, but _____.
(b) _____ when I see them.
(c) _____.
(d) _____ if you'd like.

Chapter 05 쇼핑·외식　**55**

04 (a) (b) (c) (d)

> _____ Spun Magazine _____ ?
> (a) I believe _____.
> (b) Yes, _____.
> (c) _____.
> (d) _____.

05 (a) (b) (c) (d)

> _____ ?
> (a) About 200 _____.
> (b) _____.
> (c) _____.
> (d) _____.

PART 2

06 (a) (b) (c) (d)

> W: Welcome to the Daily Diner. _____ ?
> M: _____, please.
> W: OK. _____ ?
>
> (a) No, _____.
> (b) _____.
> (c) _____.
> (d) _____, thank you.

07 (a) (b) (c) (d)

M: Hello. _____?
W: Hi, I'm _____.
M: There are _____. _____?

(a) _____.
(b) No, thanks. _____.
(c) No, _____.
(d) _____.

08 (a) (b) (c) (d)

W: I'm sorry, but _____.
M: What? _____?
W: _____.

(a) _____.
(b) _____.
(c) They simply _____.
(d) _____.

09 (a) (b) (c) (d)

M: _____ tonight.
W: It's my pleasure. _____.
M: _____?

(a) _____.
(b) _____.
(c) Before 9:30, _____.
(d) _____.

CHAPTER 06 교통·의료

교통·의료 관련 문제는 길 안내나 병의 증상 등과 같은 소재를 다루는 문제입니다. Part 1과 Part 2의 총 20문제 중 3문제 정도 나오며, Part 2보다는 Part 1에서 더 자주 출제됩니다. 이제부터 교통·의료와 관련된 구체적인 상황과 표현을 익혀봅시다.

예제 P1&2_22

Part 1&2에서 교통·의료와 관련된 대화 문제가 어떻게 출제되는지 확인해보세요.

> W: Have you ever broken a bone?
> M: I had a wrist fracture when I was little.
> W: Did you need to have surgery on it?
>
> (a) Yes, but it healed within six weeks.
> (b) It probably won't be anything serious.
> (c) I lost my balance on a snowboard.
> (d) You need to see a doctor for that.

정답 (a)

해설 부상에 대해 이야기하는 상황입니다. 어렸을 때 골절된 손목을 수술해야 했는지 묻는 말에, '네, 하지만 6주 안에 치유됐어요' 라며 수술 경과를 알려준 (a)가 정답입니다.

해석 W: 뼈가 부러져 본 적 있어요?
M: 제가 어렸을 때 손목이 골절된 적이 있어요.
W: 손목을 수술해야 했나요?

(a) 네, 하지만 6주 안에 치유됐어요.
(b) 아마도 심각한 것은 아닐 거예요.
(c) 스노보드를 타다가 균형을 잃었어요.
(d) 그것에 대해 의사의 진찰을 받아 볼 필요가 있어요.

어휘 wrist[rist] 손목, 팔목 fracture[fræktʃər] 골절 surgery[sə́ːrdʒəri] 수술 heal[hiːl] 치유되다 serious[síəriəs] 심각한 balance[bǽləns] 균형

Possible Answer No, it was not that serious. 아니요, 그렇게 심각하지 않았어요.

빈출 상황 및 표현 🎧 P1&2_23

교통·의료와 관련하여 자주 나오는 대화 상황별 표현을 익혀두면, 대화를 들을 때 대화의 상황을 쉽게 파악하고 대화 내용을 정확히 이해할 수 있습니다. 음성을 듣고 따라 읽으면서 외워보세요.

길 안내

Do you know if there's a post office **nearby**?	근처에 우체국이 있는지 아시나요?
Which subway line do I take to get to your house?	당신의 집에 가려면 지하철 몇 호선을 타야 합니까?

교통 및 수리 관련 문제

It depends on **how heavy the traffic is**.	교통 체증이 얼마나 심한지에 달렸어요.
My car is **being repaired** at the service center today.	제 차는 오늘 정비소에서 수리를 받고 있어요.

대중 교통

Has the bus **turned up** yet?	버스가 이미 도착했나요?
The subway is **an inexpensive way to commute to work**.	지하철은 직장으로 통근하는 저렴한 방법이에요.

법규 위반 및 면허 시험

I heard Nora **was arrested for drunk driving**.	Nora가 음주 운전으로 체포되었다고 들었어요.
I failed the driving test because I was too nervous.	저는 너무 겁을 먹어서 운전 면허 시험에서 떨어졌어요.

병의 증상 및 부상

I'm **a bit nauseous**, and I **feel light-headed**.	저는 속이 좀 메스껍고, 머리가 어지러워요.
I had a wrist fracture when I was little.	제가 어렸을 때 손목이 골절된 적이 있어요.

진료 및 입원

I have an appointment with Dr. Lea.	Lea 의사 선생님과 진료 약속이 있습니다.
How did your father's cardiac **operation go**?	당신 아버지의 심장 수술은 어떻게 되었나요?

HACKERS TEST

질문을 듣고 가장 적절한 응답을 고르세요. 🎧 P1&2_24

PART 1

01 (a) (b) (c) (d)

02 (a) (b) (c) (d)

03 (a) (b) (c) (d)

04 (a) (b) (c) (d)

05 (a) (b) (c) (d)

PART 2

06 (a) (b) (c) (d)

07 (a) (b) (c) (d)

08 (a) (b) (c) (d)

09 (a) (b) (c) (d)

정답 p.12

DICTATION

해커스 텝스 중급 청해

음성을 들으며 빈칸에 들어갈 내용을 받아써 보세요. (음성은 두 번씩 들려줍니다.) 🎧 P1&2_25

PART 1

01 (a) (b) (c) (d)

_____ Ms. Meyer's office is?
(a) _____.
(b) Yes, _____.
(c) No, _____.
(d) Sorry, _____.

02 (a) (b) (c) (d)

Excuse me. _____?
(a) _____.
(b) No, _____.
(c) _____.
(d) _____.

03 (a) (b) (c) (d)

Ben's uncle _____.
(a) I wonder _____.
(b) _____.
(c) _____.
(d) _____.

Chapter 06 교통·의료

04 (a) (b) (c) (d)

_____?
(a) Well, _____.
(b) _____.
(c) _____.
(d) _____.

05 (a) (b) (c) (d)

_____ tomorrow.
(a) You can _____.
(b) I knew _____.
(c) _____.
(d) _____.

PART 2

06 (a) (b) (c) (d)

W: _____ right now.
M: Really? _____?
W: Probably _____.

(a) _____.
(b) _____.
(c) _____.
(d) _____.

07 (a) (b) (c) (d)

M: _____, ma'am?
W: May I ask _____?
M: _____.

(a) I _____.
(b) I _____.
(c) _____.
(d) _____.

08 (a) (b) (c) (d)

W: _____ Dr. Tyler.
M: _____. _____?
W: Well, _____.

(a) _____.
(b) _____.
(c) I'm afraid _____.
(d) _____.

09 (a) (b) (c) (d)

M: _____ at this train station.
W: _____. Everyone's _____.
M: Why don't more people _____?

(a) They _____.
(b) Yeah. _____.
(c) Well, _____.
(d) _____.

정답 p.12

Chapter 06 교통·의료

CHAPTER 07 가정

가정 관련 문제는 집안일, 이사 등과 같은 소재를 다루는 문제입니다. Part 1과 Part 2의 총 20문제 중 2문제 정도 나오며, Part 1보다는 Part 2에서 더 자주 출제됩니다. 이제부터 가정과 관련된 구체적인 상황과 표현을 익혀봅시다.

예제 🎧 P1&2_26

Part 1&2에서 가정과 관련된 대화 문제가 어떻게 출제되는지 확인해보세요.

> Would you mind keeping down the noise?
>
> (a) I'd be glad to keep it for you.
> (b) That's OK. You're not bothering us.
> (c) Sorry. I didn't realize we were disturbing you.
> (d) I wouldn't mind going with you.

정답   (c)

해설   소리 좀 낮춰달라고 요청하는 말에, '죄송해요. 저희가 당신을 방해하고 있는지 몰랐어요'라며 사과한 (c)가 정답입니다.

해석   소리 좀 낮춰 주시겠어요?
(a) 당신을 위해 제가 그것을 보관하고 있을게요.
(b) 괜찮아요. 당신은 저희를 귀찮게 하고 있지 않아요.
(c) 죄송해요. 저희가 당신을 방해하고 있는지 몰랐어요.
(d) 전 당신과 함께 가도 상관없어요.

어휘   keep down 낮추다, 억제하다   bother[bάðər] 귀찮게 하다, 방해하다   realize[ríəlàiz] 알다, 깨닫다
disturb[distə́ːrb] 방해하다

Possible Answer   I'm so sorry, I'll do that right away. 정말 죄송해요, 바로 그렇게 할게요.

빈출 상황 및 표현 🎧 P1&2_27

가정과 관련하여 자주 나오는 대화 상황별 표현을 익혀두면, 대화를 들을 때 대화의 상황을 쉽게 파악하고 대화 내용을 정확히 이해할 수 있습니다. 음성을 듣고 따라 읽으면서 외워보세요.

집안일

Please **mop the kitchen floor** before you leave this afternoon.	오늘 오후에 나가기 전에 부엌 바닥을 대걸레로 청소해 주세요.
I'm really **sick of doing the dishes** after every meal.	매번 식사 후에 설거지하는 것이 정말 지겨워요.

집

I'm happy that you could finally **make it to our house**.	당신이 마침내 우리 집에 와줘서 기뻐요.
The curtains you chose **go well with the wallpaper**.	당신이 선택한 커튼은 벽지와 잘 어울려요.

이사

Are you **all set to move into your new apartment**?	당신은 새 아파트로 이사 갈 준비가 다 되었나요?
I **moved out of** that house a month ago.	그 집에서 한달 전에 이사 나왔어요.

자녀

Children are not a priority for me right now.	아이는 당장 저에게 우선사항이 아니에요.
Make sure to be **back by midnight**.	자정까지 꼭 돌아오도록 해.

경조사

My parents will **celebrate their wedding anniversary** next Saturday.	제 부모님은 다음 주 토요일에 그들의 결혼 기념일을 축하하실 거예요.
My father **has been deceased** for several years.	제 아버지는 돌아가신 지 몇 년 되었어요.

이웃

One of my neighbors is **good at gardening**.	제 이웃 중 한 명은 정원을 가꾸는 일에 능숙해요.
Please tell your children to **stay out of my yard**.	당신 아이들에게 제 마당에서 나가 달라고 말해주세요.

Chapter 07 가정

HACKERS TEST

질문을 듣고 가장 적절한 응답을 고르세요. 🎧 P1&2_28

PART 1

01 (a) (b) (c) (d)

02 (a) (b) (c) (d)

03 (a) (b) (c) (d)

04 (a) (b) (c) (d)

05 (a) (b) (c) (d)

PART 2

06 (a) (b) (c) (d)

07 (a) (b) (c) (d)

08 (a) (b) (c) (d)

09 (a) (b) (c) (d)

정답 p.14

DICTATION

해커스 텝스 중급 청해

음성을 들으며 빈칸에 들어갈 내용을 받아써 보세요. (음성은 두 번씩 들려줍니다.) 🎧 P1&2_29

PART 1

01 (a) (b) (c) (d)

Is it true that Lisa _____?

(a) Yeah, _____.
(b) _____.
(c) _____.
(d) No, _____.

02 (a) (b) (c) (d)

_____?

(a) I think _____.
(b) _____.
(c) _____.
(d) _____.

03 (a) (b) (c) (d)

Did you _____?

(a) _____. _____.
(b) We still _____.
(c) I really _____.
(d) Yes. _____.

Chapter 07 가정

04 (a) (b) (c) (d)

Your kids _____ today.
(a) _____.
(b) _____.
(c) _____.
(d) _____.

05 (a) (b) (c) (d)

How did your family _____?
(a) _____.
(b) _____.
(c) _____.
(d) _____ they've done that.

PART 2

06 (a) (b) (c) (d)

W: Hey, Michael, _____?
M: Sure. _____?
W: _____.

(a) Actually, _____.
(b) _____.
(c) All right. _____.
(d) Sorry. _____.

07 (a) (b) (c) (d)

M: _____? _____!
W: Oh no, _____?
M: Yes. _____, so I rushed right over.

(a) _____.
(b) _____.
(c) _____.
(d) Actually, _____.

08 (a) (b) (c) (d)

W: Thanks for the wine! _____.
M: Don't mention it. _____.
W: Let me find a corkscrew. _____?

(a) OK. _____.
(b) Yes, _____.
(c) Well, _____.
(d) Actually, _____.

09 (a) (b) (c) (d)

M: Hi, Linda. _____ Josh _____.
W: Oh, of course. _____.
M: Thanks, Linda. _____.

(a) I raised him _____.
(b) _____.
(c) _____.
(d) Let me know _____.

의문사 의문문

의문사 의문문은 의문사를 이용하여 묻는 질문에 알맞게 답하는 문제로, Part 1과 Part 2에서 각각 2~3문제 정도 출제됩니다. 이제부터 의문사 의문문 문제에 대해 자세히 익혀봅시다.

예제 🎧 P1&2_30

Part 1&2에서 의문사 의문문 문제가 어떻게 출제되는지 확인해보세요.

> W: How's your floral business downtown doing?
> M: Demand is down. I'm thinking of relocating it.
> W: Really? Where do you plan to go?
>
> (a) A merger with a garden supply store.
> (b) I'll try something online.
> (c) Probably to the suburbs.
> (d) It's just the right season.

정답 (c)

해설 남자의 꽃 가게에 대해 이야기하는 상황입니다. Where(어디)를 이용하여 꽃 가게를 이전할 장소를 묻는 말에, '아마 교외로 갈 것 같아요'라고 응답한 (c)가 정답입니다.

해석
W: 시내에서 하는 꽃 사업은 어때요?
M: 수요가 줄었어요. 이전할까 생각 중이에요.
W: 정말요? 어디로 갈 계획이에요?
 (a) 정원 용품 가게와 합병이에요.
 (b) 온라인으로 무언가를 시도해 볼 거예요.
 (c) 아마 교외로 갈 것 같아요.
 (d) 딱 알맞은 계절이에요.

어휘 floral[flɔ́:rəl] 꽃의 downtown[dàuntáun] 시내에 demand[dimǽnd] 수요 relocate[rìloukéit] 이전시키다
merger[mə́:rdʒər] 합병 suburb[sʌ́bə:rb] 교외

Possible Answer I'm not sure, I haven't decided yet. 잘 모르겠어요, 아직 결정하지 않았어요.

빈출 질문 및 응답 🎧 P1&2_31

의문사 의문문과 관련하여 자주 나오는 질문과 응답을 익혀두면, 질문을 들을 때 응답을 미리 예상하고 정답을 쉽게 고를 수 있습니다. 음성을 듣고 따라 읽으면서 외워보세요.

의문사에 해당하는 정보를 묻는 의문사 의문문
What(무엇), How(어떻게) 등의 의문사를 이용하여 각각의 의문사에 해당하는 정보를 묻습니다.

What · Which
What(무엇) · Which(어떤)를 이용하여 취미, 선택 등 다양한 정보를 물을 때는 질문 내용에 알맞은 정보로 답하는 응답이 주로 출제됩니다.

Q: **What** do you usually do in your spare time? [취미]
A: I really like playing video games.
여가 시간에는 주로 뭐하세요?
저는 비디오 게임 하는 것을 정말 좋아해요.

Q: **Which** do you think is better to buy, a car or a motorcycle? [선택]
자동차와 오토바이 중에 어떤 것을 사는 게 더 좋다고 생각하세요?
A: Well, motorcycles are cheaper but cars are safer to drive.
글쎄요, 오토바이가 더 싸긴 하지만 자동차가 운전하기는 더 안전하죠.

How
How(어떻게; 얼마나)를 이용하여 방법을 물을 때는 구체적인 내용을 설명하는 응답이, 정도를 물을 때는 시간이나 거리로 답하는 응답이 주로 출제됩니다.

Q: **How** did you spend your vacation? [방법]
A: I went to Mexico with my family. [구체적 내용]
휴가는 어떻게 보내셨나요?
가족들과 멕시코에 갔었어요.

Q: **How often** do you shop for groceries? [정도]
A: Usually once a week. [시간]
얼마나 자주 장을 보러 가시나요?
보통 일주일에 한 번이요.

[주의] How come(왜)을 이용하여 이유를 묻기도 합니다.
Q: **How come** you were absent yesterday? [이유]
A: I was sick, so I went to the hospital.
왜 어제 결석했나요?
아팠어요, 그래서 병원에 갔었어요.

Why · Where · When
Why(왜)를 이용하여 이유를 물을 때는 because 없이 이유를 설명하는 응답이, Where(어디)를 이용하여 장소를 물을 때는 장소나 위치, 방향으로 답하는 응답이, When(언제)을 이용하여 시점을 물을 때는 날짜나 시간으로 답하는 응답이 주로 출제됩니다.

Q: **Why** did you move out of that apartment?
A: It was too far from my office. [이유]
왜 그 아파트에서 이사 나왔나요?
제 사무실에서 너무 멀었어요.

Q: **Where** did you go for summer vacation?
A: I went on a trip around Japan for a month. [장소]
여름 휴가에 어디에 갔었나요?
한 달 동안 일본 여행을 다녀왔어요.

Q: **When** will he be back from his business trip?
A: He will be back on Monday. [날짜]
그는 출장에서 언제 돌아오나요?
그는 월요일에 돌아옵니다.

그 외의 정보를 묻는 의문사 의문문

의문사가 포함된 표현을 이용하여 상대방의 안부 및 의견을 묻거나, 상대방에게 제안을 합니다.

안부 묻기
How have you been(어떻게 지냈는지)이나 What have you been(무엇을 하며 지냈는지) 등을 이용하여 상대방의 안부를 물을 때는 근황을 이야기하거나 안부를 되묻는 응답이 주로 출제됩니다.

Q: How have you been lately?   요즘 어떻게 지냈어요?
A: I've been doing great. [근황]   저는 잘 지냈어요.
A: Very well. How about you? [되묻기]   매우 좋아요. 당신은요?

Q: What have you been up to these days?   요즘 뭐하면서 지냈어요?
A: I've been working so hard. [근황]   정말 열심히 일하고 있었어요.
A: A little of this, a little of that. What about you? [되묻기]   이것 저것 하면서 지냈어요. 당신은요?

의견 묻기
How(~이 어떤지)나 What do you think about(~에 대해 어떻게 생각하는지) 등을 이용하여 상대방의 의견을 물을 때는 그에 대해 긍정적 혹은 부정적으로 답하는 응답이 주로 출제됩니다.

Q: How was your trip to New York?   뉴욕 여행은 어땠어요?
A: It's the best trip I've ever been on. [긍정]   제가 다녀온 여행 중에 최고였어요.
A: It was too cold to go outside. [부정]   너무 추워서 밖에 나갈 수가 없었어요.

Q: What do you think about opening a restaurant together?   함께 식당을 여는 것에 대해 어떻게 생각하세요?
A: That sounds like a great idea. [긍정]   좋은 생각인 것 같아요.
A: Well, I'm not so sure about it. [부정]   글쎄요, 그것에 대해 확신이 서질 않네요.

제안하기
How about(~이 어때)이나 Why don't we·you(~하는 게 어때) 등을 이용하여 상대방에게 제안을 할 때는 그를 수락하거나 거절하는 응답이 주로 출제됩니다.

Q: How about going to a movie tomorrow?   내일 영화 보러 가는 게 어때요?
A: Ok, what time shall we meet? [수락]   좋아요, 우리 언제 만날까요?
A: I already made plans for tomorrow. [거절]   이미 내일 계획이 있어요.

Q: Why don't we go out for a change?   우리 기분 전환하러 나가는 게 어때요?
A: Ok. Let me grab my coat. [수락]   좋아요. 제 코트를 가져올게요.
A: Thanks, but I'll pass. [거절]   고맙지만, 사양할게요.

HACKERS TEST

질문을 듣고 가장 적절한 응답을 고르세요. P1&2_32

PART 1

01 (a) (b) (c) (d)

02 (a) (b) (c) (d)

03 (a) (b) (c) (d)

PART 2

04 (a) (b) (c) (d)

05 (a) (b) (c) (d)

06 (a) (b) (c) (d)

정답 p.16

DICTATION

해커스 텝스 중급 청해

음성을 들으며 빈칸에 들어갈 내용을 받아써 보세요. (음성은 두 번씩 들려줍니다.) 🎧 P1&2_33

PART 1

01 (a) (b) (c) (d)

Hey, Ruby. _____?
(a) Sure, I saw Ruby _____.
(b) _____ Natalie.
(c) _____, _____.
(d) No, _____.

02 (a) (b) (c) (d)

_____. _____?
(a) _____.
(b) This is _____.
(c) _____.
(d) _____, if you'd like.

03 (a) (b) (c) (d)

_____ instead?
(a) _____.
(b) _____.
(c) _____.
(d) _____.

PART 2

04 (a) (b) (c) (d)

M: _____ to the dry cleaner.
W: I tried, but _____.
M: So _____?
(a) _____.
(b) _____ yet.
(c) _____.
(d) _____ next time.

05 (a) (b) (c) (d)

W: Mark, _____.
M: Thanks! But _____.
W: Oh really? _____?
(a) _____.
(b) No, _____.
(c) Yes, _____ too.
(d) I didn't think _____.

06 (a) (b) (c) (d)

M: _____.
W: Yeah. I thought _____.
M: So _____?
(a) _____.
(b) _____.
(c) _____.
(d) _____.

CHAPTER 09 일반 의문문

일반 의문문 문제는 조동사나 Be동사를 이용하여 사실, 의견 등을 묻고 그에 알맞게 답하는 문제로, Part 2에서 각각 2~4문제 정도 출제됩니다. 이제부터 일반 의문문 문제에 대해 자세히 익혀봅시다.

예제 🎧 P1&2_34

Part 1&2에서 일반 의문문 문제가 어떻게 출제되는지 확인해보세요.

> Do you think my new haircut is too short?
>
> (a) It's a good idea to have it trimmed.
> (b) No, I'd rather wear it long.
> (c) I think it looks great on you.
> (d) Yes, it suits you perfectly.

정답 (c)

해설 새로 머리카락을 자른 것이 너무 짧은 것 같은지 의견을 묻는 말에, '당신에게 잘 어울리는 것 같아요'라며 짧은 머리가 잘 어울린다고 칭찬한 (c)가 정답입니다.

해석 새로 머리카락을 자른 것이 너무 짧은 것 같나요?
(a) 머리를 다듬는 것은 좋은 생각이에요.
(b) 아니, 저는 차라리 긴 머리를 하고 있는 게 더 나아요.
(c) 당신에게 잘 어울리는 것 같아요.
(d) 네, 당신에게 매우 잘 어울려요.

어휘 trim[trim] 다듬다, 손질하다 wear[wɛər] (머리를 특정한 모양으로) 하고 있다 suit[suːt] 어울리다, 맞다

Possible Answer It looks good, I prefer long hair though. 잘 어울려요, 전 긴 머리가 더 좋지만 말이에요.

빈출 질문 및 응답 🎧 P1&2_35

일반 의문문과 관련하여 자주 나오는 질문과 응답을 익혀두면, 질문을 들을 때 응답을 미리 예상하고 정답을 쉽게 고를 수 있습니다. 음성을 듣고 따라 읽으면서 외워보세요.

사실이나 의견을 묻는 일반 의문문
Do나 Have와 같은 조동사나, Be동사 등으로 시작하여 사실이나 의견을 묻습니다.

사실 묻기
Are you(~인가요)나 Have you(~한 적 있어요) 등을 이용하여 사실을 물을 때는 Yes(네)나 No(아니요) 뒤에 부연 설명을 하거나, 질문에 간접적으로 답하는 응답이 주로 출제됩니다.

Q: **Are you** going to accept that job offer in Spain?	스페인에 있는 일자리 제안을 받아들일 건가요?
A: **Yes.** It's a good opportunity. [Yes]	네. 이건 좋은 기회에요.
A: **No.** I don't want to work overseas. [No]	아니요. 저는 해외에서 일하고 싶지 않아요.
Q: **Have you** heard about Wendy's wedding?	Wendy의 결혼 소식에 대해 들어본 적 있나요?
A: I got her wedding invitation. [간접 Yes]	그녀의 결혼 청첩장을 받았어요.
A: I didn't even know she had a boyfriend. [간접 No]	그녀가 남자친구가 있는지도 몰랐어요.

의견 묻기
Do you think(~이라고 생각하세요) 등을 이용하여 의견을 물을 때는 Sure(물론이죠)나 Not really(별로요) 뒤에 부연 설명을 하거나, 질문에 간접적으로 답하는 응답이 주로 출제됩니다.

Q: **Do you think** I should buy these shoes?	제가 이 신발을 사야 한다고 생각하세요?
A: **Sure.** They suit you very well. [Yes]	물론이죠. 신발이 당신에게 정말 잘 어울려요.
A: **Not really.** You should try on other shoes. [No]	별로요. 다른 신발도 신어보세요.
Q: It looks like it will rain today, **doesn't it**?	오늘 비가 올 것 같아요, 그렇지 않나요?
A: You should take an umbrella. [간접 Yes]	우산을 챙겨가야 해요.
A: I guess it will just be cloudy. [간접 No]	저는 조금 흐리기만 할 것 같아요.

요청이나 제안을 하는 일반 의문문

Can(Could)이나 May 등으로 시작하여 상대방에게 무언가를 요청하거나, Would나 Shall(Should) 등으로 시작하여 제안을 합니다.

요청하기

Can you(~해 줄 수 있나요)나 May I(~할 수 있을까요) 등을 이용하여 요청을 할 때는 Certainly(그럼요)나 Of course(물론이죠) 등을 이용하여 그를 수락하거나, Sorry(죄송해요) 등을 이용하여 거절하는 응답이 주로 출제됩니다.

Q: **Can you** tell me where the art museum is?	미술 박물관이 어디인지 알려주실 수 있나요?
A: **Certainly.** It's right across from Merlin Park. [수락]	그럼요. Merlin 공원 바로 건너편이에요.
A: **I'm sorry,** I'm a visitor here too. [거절]	죄송해요. 저도 여기가 처음입니다.
Q: **May I** borrow your car on Sunday?	일요일에 당신의 차를 빌릴 수 있을까요?
A: **Of course.** That'll be fine. [수락]	물론이죠. 괜찮아요.
A: **Sorry,** I have to use my car on that day. [거절]	죄송해요. 그날 제가 차를 써야 해요.

제안하기

Would you like(~하실래요)나 Should I(~할까요) 등을 이용하여 제안을 할 때는 OK(좋아요)나 Sure(물론이죠) 등을 이용하여 그를 수락하거나, No(아니요)나 Well(글쎄요) 등을 이용하여 거절하는 응답이 주로 출제됩니다.

Q: **Would you like** to have another glass of wine?	와인 한 잔 더 마실래요?
A: **Sure.** It tastes really good. [수락]	물론이죠. 맛이 정말 좋네요.
A: **No,** thanks. Just one is enough. [거절]	아니요, 괜찮아요. 한 잔이면 충분해요.
Q: **Should I** pick you up after work?	퇴근 후에 당신을 데리러 갈까요?
A: **OK.** Please call me after work. [수락]	좋아요. 퇴근 후에 전화주세요.
A: **Well,** I'll catch up later. [거절]	글쎄요, 제가 나중에 뒤따라 갈게요.

HACKERS TEST

해커스 텝스 중급 청해

질문을 듣고 가장 적절한 응답을 고르세요. 🎧 P1&2_36

PART 1

01 (a) (b) (c) (d)

02 (a) (b) (c) (d)

03 (a) (b) (c) (d)

PART 2

04 (a) (b) (c) (d)

05 (a) (b) (c) (d)

06 (a) (b) (c) (d)

정답 p.17

DICTATION

음성을 들으며 빈칸에 들어갈 내용을 받아써 보세요. (음성은 두 번씩 들려줍니다.) 🎧 P1&2_37

PART 1

01 (a) (b) (c) (d)

_____?
(a) _____.
(b) _____.
(c) _____.
(d) _____.

02 (a) (b) (c) (d)

Good evening. _____?
(a) _____.
(b) No, this is _____.
(c) Great. _____.
(d) _____.

03 (a) (b) (c) (d)

_____ today?
(a) Sure, _____.
(b) _____.
(c) I don't _____.
(d) Yeah. _____.

PART 2

04 (a) (b) (c) (d)

M: I thought Tina _____.
W: _____.
M: _____?

(a) _____.
(b) _____.
(c) _____.
(d) _____.

05 (a) (b) (c) (d)

M: _____?
W: Perhaps _____.
M: _____?

(a) _____.
(b) _____.
(c) Yes, _____.
(d) No, _____.

06 (a) (b) (c) (d)

W: I heard _____ on TV.
M: Yeah, _____.
W: Is it just me or _____?

(a) Oh, _____.
(b) Yes, there's _____.
(c) _____.
(d) You can be sure _____.

CHAPTER 10 평서문

평서문은 질문이 아닌 형태로 상대방에게 의견이나 문제점 등을 말하고 그에 알맞게 답하는 문제로, Part 1과 Part 2에서 각각 4~5문제 정도 출제됩니다. 이제부터 평서문 문제에 대해 자세히 익혀봅시다.

예제 🎧 P1&2_38

Part 1&2에서 평서문 문제가 어떻게 출제되는지 확인해보세요.

> W: Pardon me. I think you're in my seat.
> M: Oh, you're right. I must have misread the number.
> W: No problem. Yours is the one near the window.
>
> (a) But I don't need another chair.
> (b) Sorry. Let me get out of your way.
> (c) That's fine. I don't mind standing up.
> (d) Well, don't just sit there.

정답   (b)

해설   남자가 여자의 자리에 잘못 앉아있는 상황입니다. 남자의 원래 자리는 창문 근처라는 객관적인 정보를 전달하는 말에, '죄송해요. 비켜 드릴게요'라고 응답한 (b)가 정답입니다.

해석   W: 실례합니다. 제 자리에 앉으신 것 같아요.
         M: 오, 그러네요. 숫자를 잘못 본 것 같아요.
         W: 괜찮아요. 당신 자리는 창문 근처예요.

         (a) 하지만 전 또 다른 의자는 필요 없어요.
         (b) 죄송해요. 비켜 드릴게요.
         (c) 괜찮아요. 저는 서 있어도 상관없어요.
         (d) 글쎄요, 그냥 거기에 앉지 마세요.

어휘   misread[misríːd] 잘못 읽다

Possible Answer   Thank you. I will go to my seat right away. 감사합니다. 바로 제 자리로 가겠습니다.

빈출 질문 및 응답 🎧 P1&2_39

평서문과 관련하여 자주 나오는 질문과 응답을 익혀두면, 질문을 들을 때 응답을 미리 예상하고 정답을 쉽게 고를 수 있습니다. 음성을 듣고 따라 읽으면서 외워보세요.

객관적인 정보 전달하기
베스트셀러 도서와 같은 객관적인 정보를 전달할 때는 정보에 동의하거나, 그에 따른 앞으로의 할 일을 이야기하는 등 정보에 따라 다양한 응답이 출제됩니다.

Q: His latest book has become a best seller.	그의 최신 도서가 베스트셀러가 되었대요.
A: It's no surprise, given his popularity. [동의]	그의 인기를 고려했을 때 놀랄 일은 아니네요.
A: I'll go look for it at a book store. [할 일]	서점에 가서 그것을 찾아봐야겠어요.

의견 말하기
친구의 미술 대회 수상에 대한 소감과 같은 의견을 말할 때는 그에 대해 동의하거나 반대하는 응답이 주로 출제됩니다.

Q: I didn't think he'd win the art contest.	그가 미술 대회에서 우승할거라고 생각하지 못했어.
A: Me neither. It's quite a surprise. [동의]	나도. 꽤 놀랐어.
A: I always knew that he had talent in the arts. [반대]	난 항상 그가 미술에 재능이 있다는 것을 알고 있었어.

부정적 감정 표현하기
일을 끝내고 공부하는 것에 대한 피곤함이나 불평과 같은 부정적 감정을 표현할 때는 그에 대해 동조하거나, 해결책을 제안하는 응답이 주로 출제됩니다.

Q: I'm too tired to study after my part-time job.	아르바이트 후에는 너무 피곤해서 공부를 못하겠어.
A: Me too. I even fell asleep in class yesterday. [동조]	나도. 나는 심지어 어제 교실에서 잠들었어.
A: What about taking a break for a while? [해결책]	잠시 쉬는 건 어때?

긍정적 감정 표현하기
여행에 대한 기대감이나 즐거움과 같은 긍정적 감정을 표현할 때는 그에 대해 동조하는 응답이 주로 출제됩니다.

Q: I can't wait to travel around Europe.	유럽 여행하는 것이 기대돼요.
A: Yes, I'm also dying to go there soon. [동조]	저도요, 저도 빨리 그곳에 꼭 가고 싶어요.
A: It'll be great to visit many countries. [동조]	많은 나라들을 방문하는 것은 좋을 거예요.

문제점 말하기
프린터기의 잉크가 다 떨어졌다는 것과 같은 문제점을 말할 때는 그에 대한 해결책을 제안하는 응답이 주로 출제됩니다.

Q: I wanted to print some handouts, but I'm out of ink. 유인물을 인쇄하고 싶은데, 잉크가 다 떨어졌어요.
A: You can use the printer in my office. [해결책] 제 사무실에 있는 프린터기를 사용해도 돼요.
A: I'll pick up some ink on my way to work. [해결책] 제가 회사 가는 길에 잉크를 가져다 드릴게요.

칭찬하기
장학금을 받아 기쁘다는 것과 같은 칭찬을 할 때는 그에 대해 감사하거나 이유를 설명하는 응답이 주로 출제됩니다.

Q: I'm so glad that you got a scholarship. 네가 장학금을 받아서 정말 기쁘다.
A: Thank you for saying so. [감사] 그렇게 말씀해 주셔서 감사해요.
A: I worked so hard to be at the top of my class. [이유] 반에서 일등하기 위해 정말 열심히 공부했어요.

요청하기
원하는 상대와 통화하고 싶다는 것과 같은 요청을 할 때는 그를 수락하거나 거절하는 응답이 주로 출제됩니다.

Q: I'd like to speak to Dr. Robbins. Dr. Robbins와 통화하고 싶습니다.
A: OK, I'll put you through. [수락] 네, 연결해 드릴게요.
A: I'm afraid he's on vacation this week. [거절] 죄송하지만 이번 주에 그는 휴가입니다.

제안하기
함께 저녁 식사하러 가자는 것과 같은 제안을 할 때는 그를 수락하거나 거절하는 응답이 주로 출제됩니다.

Q: Let's go to the new Thai restaurant for dinner. 새로 생긴 태국 식당으로 저녁 식사하러 가요.
A: OK, I've wanted to have some Thai food. [수락] 좋아요, 태국 음식을 먹고 싶었어요.
A: I can't. I already had dinner. [거절] 전 안돼요. 이미 저녁 식사를 했어요.

HACKERS TEST

해커스 텝스 중급 청해

질문을 듣고 가장 적절한 응답을 고르세요. 🎧 P1&2_40

PART 1

01 (a) (b) (c) (d)

02 (a) (b) (c) (d)

03 (a) (b) (c) (d)

PART 2

04 (a) (b) (c) (d)

05 (a) (b) (c) (d)

06 (a) (b) (c) (d)

정답 p.19

DICTATION

음성을 들으며 빈칸에 들어갈 내용을 받아써 보세요. (음성은 두 번씩 들려줍니다.)

PART 1

01 (a) (b) (c) (d)

_____ there!
(a) _____ to the store.
(b) _____.
(c) Thanks. _____.
(d) Yeah. _____.

02 (a) (b) (c) (d)

_____.
(a) I think _____.
(b) _____ starting today.
(c) But _____.
(d) _____.

03 (a) (b) (c) (d)

_____.
(a) _____.
(b) _____.
(c) Yeah, _____.
(d) No, _____.

PART 2

04 (a) (b) (c) (d)

> M: _____ already?
> W: Yes. _____. I used them _____
> _____.
> M: I'm glad _____.
>
> (a) Well, _____.
> (b) _____.
> (c) _____.
> (d) I _____.

05 (a) (b) (c) (d)

> W: Mark, _____?
> M: _____.
> W: Oh, _____?
>
> (a) Yeah, _____.
> (b) Thanks, _____.
> (c) OK, _____.
> (d) No, _____.

06 (a) (b) (c) (d)

> W: This is QT Appliance Services. _____?
> M: Hi. _____? _____
> _____ this Saturday.
> W: Yes, we do. _____.
>
> (a) OK. _____.
> (b) _____.
> (c) No problem. _____.
> (d) _____ by then.

빈출 상황별 표현

Part 1&2에 자주 나오는 빈출 상황별 표현을 익혀두면 대화 내용을 정확히 이해하여 문제를 푸는 데 도움이 됩니다. 음성을 듣고 따라 읽으면서 반드시 외워 보세요. 🎧 P1&2_42

회사

전화

Hello, **would** Dr. Matthews **be available**?	여보세요, Dr. Matthews가 통화 가능하신가요?
I'll **put** you **through to** his office.	그 분의 사무실로 연결해 드리겠습니다.

승진·해고 및 임금 인상

The company **decided to dismiss** several administrative assistants.	그 회사는 몇 명의 행정 비서들을 해고하기로 결정했습니다.
Do you know if we're **getting bonuses** this month?	우리가 이번 달에 보너스를 받는지 아세요?

업무

I need to **make a duplicate** of this document.	이 서류의 복사본을 만들어야 해요.
The presentation on marketing **went really well**.	마케팅에 대한 발표는 정말 잘 했어요.

회의

I can't believe I **forgot about our meeting**.	제가 우리 회의에 대해 잊어버리다니 믿을 수 없어요.
We need to **arrange a meeting**.	우리는 회의를 준비해야 합니다.

구직 및 이직

I need to **find another source of income** to pay the bills.	청구서 요금을 지불하기 위해 다른 수입원을 찾아야 해요.
You should consider **applying for a job** at another company.	당신은 다른 회사의 일자리에 지원하는 것을 고려해 봐야 합니다.

면접

John is **feeling** very **confident about his upcoming interview**.	John은 앞으로 있을 면접에 매우 자신 있어 해요.
How did you do at your **job interview**?	당신의 면접은 어땠나요?

여가

공연

Let's **go to a movie** tomorrow.	내일 영화 보러 가자.
I can't believe **how boring that play was**.	그 연극이 그렇게 지겹다니 믿을 수 없어요.

운동

It was **a close call**.	경기의 승패가 아슬아슬했어요.
Maybe we should **exercise more often** from now on.	우리는 지금부터 더 자주 운동을 해야 해요.

파티

I've decided to **invite** my cousin **to our party**.	저는 저희 파티에 제 사촌을 초대하기로 결심했어요.
I really **appreciate the invitation**.	초대해 주셔서 정말 감사해요.

독서

Do you **enjoy reading biographies** of famous people?	당신은 유명한 사람들의 전기를 읽는 것을 좋아하나요?
The plot of this book is very **difficult to follow**.	이 책의 구성은 이해하기 매우 어려워요.

행사

The date of the class field trip was announced this morning.	견학 수업의 날짜가 오늘 아침에 발표되었습니다.
I wish I hadn't **passed up the chance** to see the art exhibit.	그 미술 전시회를 볼 기회를 놓치지 않았다면 좋았을 텐데.

여가 활동 및 취미

Is there anywhere in particular you **want to go this weekend**?	이번 주말에 특별히 가고 싶은 곳이 있습니까?
My husband and I **share many of the same hobbies**.	제 아내와 저는 같은 취미를 많이 공유해요.

학교

수업

I'm **falling behind in** math.	저는 수학에서 뒤떨어지고 있어요.
Do I need to set up an account to **enroll in classes** online?	온라인으로 수업에 등록하기 위해 계정을 개설해야 하나요?

성적

Are you confident that you'll **get high grades** this term?	너는 이번 학기에 높은 점수를 받을 거라고 확신해?
You **received the highest mark in the class**. Great work!	네가 이 반에서 가장 높은 점수를 받았어. 잘했어!

시험

Let's **review** our class notes together **before the exam**.	시험 전에 수업 내용 필기한 것을 함께 복습해요.
Do you think Reggie will **pass** his college **entrance exam**?	넌 Reggie가 대학 입학시험을 통과할 것 같아?

전공

I can't decide whether to **major in biology or chemistry**.	생물학 또는 화학 중 무엇을 전공할지 결정하지 못했어요.
Switching majors will probably delay your graduation.	전공을 바꾸는 것은 아마 너의 졸업을 연기시킬 거야.

과제 및 교재

Could you **submit** your report **by** five o'clock today?	오늘 5시까지 보고서를 제출해 주시겠어요?
Make sure to **return the book on time**.	반드시 책을 제때에 돌려줘.

행사

How did the last **play practice** go?	마지막 연극 연습은 어땠어?
Who are you **going to the prom** with?	넌 졸업 댄스 파티에 누구랑 같이 갈 거야?

여행

항공편

I'd like one **round-trip ticket**, please.	왕복 항공권 한 장 주세요.
I'd like to **reschedule my flight**.	제 비행 시간을 바꾸고 싶습니다.

비행기

Sarah's flight to London **arrived on schedule**.	Sarah의 런던행 비행기가 예정대로 도착했어요.
I'm sorry, but there are no **first-class seats available**.	죄송하지만, 이용 가능한 일등석 좌석이 없습니다.

공항 이용

I need to **check your passport**.	당신의 여권을 확인해야 합니다.
Could you help me **carry this package inside**?	이 짐을 안으로 옮기는 것을 도와주시겠어요?

여행 계획 및 기간

Any **plans for** your **time off**?	당신의 휴가를 위한 계획이 있나요?
Are you **staying a while**?	잠시 머무르실 건가요?

여행 경험 및 제안

Did you **go anywhere during the vacation**?	당신은 휴가 동안 어디에 다녀왔나요?
Let's **take her on a trip** overseas.	그녀를 데리고 해외로 여행 가자.

호텔

I'd like to **change my reservation** to next week.	다음 주로 제 예약을 변경하고 싶어요.
Do standard rooms **include breakfast**?	일반실에 조식이 포함되어 있나요?

쇼핑·외식

제품 문의

Which floor is the electronics department **located on**?	전자제품 매장은 몇 층에 있나요?
I need some running shoes **in a size seven**.	저는 7 사이즈의 운동화가 필요해요.

제품에 대한 의견

Does this jacket **fit OK**?	이 재킷 잘 맞아요?
My digital camera **takes terrible pictures** indoors.	제 디지털 카메라는 실내에서 형편없는 사진을 찍어요.

제품 구입 및 환불

It's **beyond my budget**.	제 예산 밖이에요.
We could not **complete your purchase**.	손님의 구매를 완료할 수가 없습니다.

제품 판매 및 배송

We have them **in a variety of colors**.	저희는 그것을 다양한 색상으로 가지고 있어요.
How long does it usually **take** for a package to be delivered?	소포가 배달되려면 보통 얼마나 걸리나요?

외식 제안 및 음식 주문

Would you like to come with us **for** some drinks?	우리와 함께 술 한 잔 하러 가시겠어요?
How would you like your eggs?	달걀은 어떻게 해 드릴까요?

식당·음식 평가 및 계산

I **can't stand the taste of the coffee** in that restaurant.	저 식당의 커피 맛을 견딜 수 없어요.
Do you have any idea **how much a meal costs** at this place?	이곳의 식사가 얼마인지 아시나요?

교통 · 의료

길 안내

Could you tell me where I can find a pay phone?	공중 전화를 어디에서 찾을 수 있는지 알려주시겠어요?
What's the fastest way to the library?	도서관으로 가는 가장 빠른 길이 무엇인가요?

교통 및 수리 관련 문제

He **got into an accident** today.	그는 오늘 사고를 당했어요.
The brakes on my car **need to be fixed**.	제 차의 브레이크가 수리되어야 해요.

대중 교통

Let's just try to **hail a cab**.	그냥 택시를 잡도록 해봐요.
The expansion of the expressway will reduce traffic congestion.	고속도로의 확장은 교통 혼잡을 줄여줄 거예요.

법규 위반 및 면허 시험

May I ask why I'm being **pulled over**?	왜 제가 차를 세워야 하는지 물어봐도 될까요?
I don't think I've **practiced enough for my driving test**.	운전 면허 시험에 대비해 연습을 충분히 하지 못한 것 같아요.

병의 증상 및 부상

My eyes are **feeling a bit sore** right now.	제 눈이 지금 약간 따가워요.
Have you ever **broken a bone**?	뼈가 부러진 적 있나요?

진료 및 입원

I want to **get tested** by another physician.	다른 의사에게 검사를 받고 싶어요.
I had to **go to the hospital** last week.	지난주에 입원을 해야만 했어요.

가정

집안일

Would you mind **washing the dishes**?	설거지 좀 해주실 수 있어요?
The baby **spilled milk on the floor** again.	아이가 또 바닥에 우유를 엎질렀어요.

집

It's great that you could **drop by my place** for a visit.	당신이 방문 겸 우리 집에 들러준다면 정말 좋겠어요.
What do you think of **the design for the new kitchen**?	새 주방 설계에 대해 어떻게 생각하세요?

이사

Is it true that Lisa will be **moving out** soon?	Lisa가 곧 이사를 나간다는 게 사실이에요?
How's your new apartment since the move?	이사한 후로 당신의 새 아파트는 어떤가요?

자녀

You've always wanted to **have a baby**.	당신은 항상 아이 갖기를 원했잖아요.
You'd better **get dressed for school** now.	너 지금 학교 갈 옷을 입는 게 좋겠구나.

경조사

My sister expects over 200 people to **attend her wedding**.	제 여동생은 그녀의 결혼식에 200명 이상의 사람들이 참석할 것으로 기대해요.
I felt bad when I heard of your **grandmother's passing**.	당신의 할머니께서 돌아가셨다는 것을 들었을 때 기분이 안 좋았어요.

이웃

My neighbors are **really inconsiderate**.	제 이웃들은 정말 남을 배려할 줄 몰라요.
Would you please **move your car from my parking spot**?	제 주차 공간에서 당신의 차를 좀 옮겨주시겠어요?

www.HackersTEPS.com

시험에 나올 문제를 미리
풀어보고 싶을 땐?

해커스텝스(HackersTEPS.com)에서
텝스 적중예상특강 보기!

해커스 텝스 중급 청해

PART 3

문제 유형

Chapter 01   중심 내용 문제
Chapter 02   세부 정보 문제
Chapter 03   추론 문제

빈출 상황별 어휘

PART 3 소개 및 학습 전략

Part 3 소개

21번부터 30번까지 총 10문제로, 남녀가 주고 받는 6~7턴(A-B-A-B-A…)의 대화를 듣고 질문에 가장 적절한 답을 4개의 보기 중에서 고르는 형식입니다. 대화, 질문, 보기 모두 한 번만 들려줍니다.

Part 3 유형 분류

Part 3는 문제가 묻는 내용에 따라 각기 다른 전략이 있으므로 Part 3에 출제되는 문제들을 문제 유형별로 분류하여 학습해 봅시다.

문제 유형

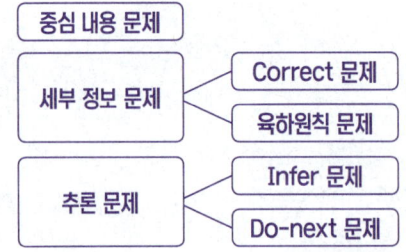

Part 3 학습 전략

01 보기의 내용을 정확히 파악하는 연습을 합니다.

Part 3는 대화의 내용을 정확히 파악해도 보기를 제대로 듣지 못하면 올바른 정답을 고를 수 없습니다. 따라서 보기의 내용을 정확히 파악하는 연습을 해 두어야 질문에 알맞은 정답을 쉽게 고를 수 있습니다.

02 Paraphrase된 문장을 이해하는 연습을 합니다.

Part 3에는 대화에 나온 내용이 paraphrase된 보기가 정답으로 많이 출제됩니다. 따라서 paraphrase된 문장을 이해하는 연습을 하면 보기의 내용을 정확히 이해할 수 있습니다.

03 문제 유형에 따른 문제 풀이 전략을 익혀둡니다.

Part 3는 중심 내용 문제, 세부 정보 문제, 추론 문제와 같은 문제 유형에 따라 문제를 푸는 방법이 달라집니다. 따라서 각 문제 유형에 따른 문제 풀이 전략을 익혀두면 정답을 쉽게 고를 수 있습니다.

04 문제를 들려주는 순서에 따라 Step별로 전략을 익혀둡니다.

Part 3에서는 '대화 상황 → 대화 → 질문 → 보기'의 순서로 문제를 들려줍니다. 따라서 이 순서에 따른 Step별 전략을 익혀두면 문제를 더욱 효과적으로 풀 수 있습니다.

05 오답 유형을 익혀둡니다.

Part 3에는 전형적으로 등장하는 오답 유형이 있습니다. 따라서 자주 출제되는 오답 유형을 익혀두면 오답을 소거하면서 정답을 쉽게 고를 수 있습니다.

Part 3에 출제되는 오답 유형 분석

Part 3에는 대화에 나온 단어나 문맥, 상황을 함정으로 사용한 오답이 주로 출제됩니다. 이러한 오답에 속지 않기 위해서 자주 출제되는 오답 유형을 익혀봅시다.

01 한두 단어가 대화의 내용과 다른 오답

일부는 대화 내용과 일치하지만, 한두 단어가 다르게 사용되어 대화의 내용과 일치하는 않는 오답이 출제됩니다.

Listen to a conversation between a customer service agent and a customer. M: Which Internet plan do you wish to sign up for? W: I use the Internet a lot, so I'd like the one with the fastest connection. M: That would be our premium plan, which costs $65 a month. W: What kind of bandwidth does that provide? M: You can surf the Web at **speeds up to 25 megabits** per second. W: All right, I'll take it. Q: Which is correct according to the conversation? (a) The man says 25 megabits is the **minimum** connection speed. (b) The woman decides to subscribe to the premium service.	고객 서비스 직원과 고객 간의 대화를 들으시오. M: 어떤 인터넷 요금제에 가입하고 싶으신가요? W: 저는 인터넷을 많이 사용해서, 연결이 가장 빠른 인터넷 요금제를 원해요. M: 그런 요금제는 저희의 프리미엄 요금제로, 한 달에 65달러의 비용이 듭니다. W: 어떤 종류의 대역폭을 제공하나요? M: 초당 25메가비트까지 속도를 내며 웹을 검색하실 수 있습니다. W: 좋아요, 그걸로 할게요. Q: 대화에 따르면 일치하는 것은 무엇인가? (a) 남자는 25메가비트가 최소 연결 속도라고 말한다. (b) 여자는 프리미엄 서비스를 가입하기로 결정한다.

정답 **(b)**

오답 분석 (a)는 대화에서 최대 25메가비트까지 속도를 낼 수 있다고 한 것과는 달리, 25메가비트가 최소 연결 속도라고 했으므로 한두 단어가 대화의 내용과 일치하지 않는 오답입니다.

02 그럴듯하지만 대화에서 언급된 적이 없는 오답

대화의 문맥, 상황과 비슷한 내용을 담고 있어 그럴듯하게 들리지만, 실제로 대화에서 언급된 적이 없는 오답이 출제됩니다.

Listen to a conversation between two acquaintances. W: Pardon me, do I know you? I feel like we've met before. M: Actually, I was thinking the same thing. Did you attend Brent High School? W: Right, I remember you now. You're Chris Evans. **You used to be on the student council**. M: Yes. Sorry, I can't seem to recall your name. W: That's OK. I wasn't a popular kid in school. I'm Jennifer Fox. M: Oh, yeah. I think we took some classes together. Q: Which is correct according to the conversation? (a) The man and woman were classmates. (b) The man was **the president of the student council**.	두 지인 간의 대화를 들으시오. W: 실례합니다, 저를 아세요? 우리 이전에 만난 적이 있는 것 같아요. M: 실은, 저도 같은 생각을 하고 있었어요. Brent 고등학교에 다니셨나요? W: 맞아요, 이제야 당신이 기억나요. 당신 Chris Evans죠. 학생회였잖아요. M: 맞아요. 미안한데, 당신 이름이 기억나지 않아요. W: 괜찮아요. 전 학교에서 인기 있는 아이는 아니었어요. 저는 Jennifer Fox에요. M: 아, 맞아요. 우리 수업을 몇 개 같이 들었던 것 같아요. Q: 대화에 따르면 일치하는 것은 무엇인가? (a) 남자와 여자는 반 친구였다. (b) 남자는 학생회 회장이었다.

정답 **(a)**

오답 분석 (b)는 남자가 학생회였다는 것에 비추어 보면 그럴듯하게 들리지만, 실제로 그가 학생회 회장이었다고 언급된 적이 없는 오답입니다.

03 남자와 여자를 바꿔 쓴 오답

내용은 대화와 일치하지만 남자와 여자가 바뀐 오답이 출제됩니다.

Listen to a conversation between two friends. M: Your book collection is impressive! I see several titles that I've been meaning to read. W: Thank you. Are you an avid reader yourself? M: Yes. I love how books can be entertaining and educational at the same time. W: Well, **I can lend you some of mine if you'd like**. M: Really? I'd appreciate that very much. W: Sure. Feel free to pick any title that interests you. Q: What is the man mainly doing in the conversation? (a) Admiring the woman's book collection (b) Offering to lend **the woman** a few books from his collection	두 친구 간의 대화를 들으시오. M: 당신의 도서 수집은 인상적이에요! 제가 읽으려고 했던 책들도 몇 권 보이네요. W: 고마워요. 당신은 책을 열심히 읽나요? M: 네. 저는 책들이 동시에 흥미롭고 교육적일 수 있다는 점이 좋아요. W: 음, 당신이 원한다면 제 책 몇 권을 빌려줄 수 있어요. M: 정말이요? 정말 감사해요. W: 물론이죠. 관심 있는 책 아무거나 골라보세요. Q: 대화에서 남자는 주로 무엇을 하고 있는가? (a) 여자의 책 수집에 감탄하고 있다. (b) 여자에게 그가 수집한 책 몇 권을 빌려주고 있다.

정답 **(a)**

오답 분석 (b)는 대화에서 소장한 책 중 몇 권을 빌려주겠다고 한 사람은 여자인데, 남자가 그렇게 하겠다고 했으므로 남자(the man)와 여자(the woman)를 바꿔 쓴 오답입니다.

04 중심 내용 문제에서 너무 세부적인 내용을 다룬 오답

중심 내용 문제에서 대화에서 언급되었지만 너무 세부적인 내용을 다루는 오답이 출제됩니다.

Listen to a conversation between a couple. W: I may have to push back our vacation to finish my thesis. M: That's OK. I haven't booked the tickets yet. W: I feel really bad. I know how much you're looking forward to it. M: It's no big deal, really. W: I should be done **in a couple of weeks**. M: Well, keep me posted so I can make the necessary arrangements. Q: What are the man and woman mainly discussing? (a) **The length of time** required to complete a thesis (b) A possible postponement of travel plans	커플 간의 대화를 들으시오. W: 저는 제 논문을 끝내기 위해 우리 휴가를 미뤄야 할 것 같아요. M: 괜찮아요. 아직 표도 예약하지 않았어요. W: 정말 미안해요. 당신이 휴가를 얼마나 기다리고 있었는지 알아요. M: 괜찮아요, 정말로. W: 몇 주안에 끝내야만 하거든요. M: 그럼, 제가 필요한 것들을 준비할 수 있도록 알려 주세요. Q: 남자와 여자가 주로 논의하고 있는 것은 무엇인가? (a) 논문을 끝내기 위해 필요한 시간 (b) 여행 계획이 연기될 가능성

정답 **(b)**

오답 분석 (a)는 대화에 나온 남자의 논문 작성과 관련해 그가 몇 주안에 끝내야 한다고 한 부분만 세부적으로 다룬 오답입니다.

CHAPTER 01 중심 내용 문제

중심 내용 문제는 대화가 주로 무엇에 관한 것인지 묻는 문제입니다. Part 3 총 10문제 중 3문제 정도 나오며, 주로 Part 3의 앞부분인 21~23번 사이에 출제됩니다. 이제부터 중심 내용 문제를 익혀봅시다.

■ 빈출 질문 유형

중심 내용 문제에는 대화의 중심 소재가 무엇인지 묻거나, 대화에서 일어나고 있는 주요 행위가 무엇인지 묻는 문제가 있습니다. 질문에 등장하는 키워드를 잘 기억하며 빈출 질문 유형을 익혀두세요.

mainly discussing, mainly about 등과 같은 키워드가 질문에 등장합니다.

What are the man and woman **mainly discussing**? 남자와 여자는 주로 무엇에 대해 논의하고 있는가?
What is the conversation **mainly about**? 대화는 주로 무엇에 대한 것인가?
What is the **main topic** of the conversation? 대화의 주제는 무엇인가?
What are the man and woman **mainly talking about**? 남자와 여자는 주로 무엇에 대해 이야기하고 있는가?
What are the man and woman **mainly doing** in the conversation?
대화에서 남자와 여자는 주로 무엇을 하고 있는가?
What is **mainly happening** in the conversation? 대화에서 주로 무엇이 일어나고 있는가?

예제

문제를 풀 때 다음과 같은 STEP별 문제 풀이 전략을 적용하면, 더욱 효과적으로 대화를 듣고 정확한 답을 고를 수 있습니다. 각 STEP별로 무엇을 해야 하는지 익혀보세요.

Listen to a conversation between a customer and a travel agent.

M: Good morning. **When's the earliest flight to Denver on Thursday?**
W: **It's at 7:20 am, but there are no more seats available.**
M: Oh, OK. I need to be there by Thursday morning, though.
W: How about **taking the last trip on Wednesday night**?
M: That works for me. **I'll take a one-way ticket, please.**
W: All right. Your departure time will be at 10 pm.

Q: What is the conversation mainly about?
(a) Confirming a ticket reservation
(b) The man's flight schedule
(c) Booking a plane ticket
(d) The woman's recent business trip

STEP 1
대화 상황을 들으면서 화자들의 관계, 대화의 소재, 또는 대화가 이루어지는 장소를 파악합니다.

STEP 2
대화를 들을 때 앞부분을 중심으로 대화의 중심 소재가 무엇인지 파악합니다.

STEP 3
mainly about을 듣고 중심 내용 문제임을 파악합니다.

STEP 4
오답을 소거해가며 정답을 선택합니다.

정답 (c)

해설 대화 상황을 통해 '고객과 여행사 직원' 간의 대화임을 알 수 있고, 대화 앞부분을 통해 '비행기 표 예약'이 대화의 중심 소재임을 파악할 수 있습니다. '목요일에 덴버로 가는 가장 빠른 비행기 시간은 언제인지', '목요일에는 비행기 좌석이 없으니 수요일 밤 마지막 비행기 표를 끊겠다'는 것을 통해 '비행기 표 예약'이 대화의 중심 소재임을 확인할 수 있습니다. 질문의 mainly about을 듣고 중심 내용 문제임을 알 수 있으며, 비행기 표 예약하기라고 한 (c)를 정답으로 선택합니다.

해석 고객과 여행사 직원 간의 대화를 들으시오.

M: 안녕하세요. 목요일에 덴버로 가는 첫 비행기가 언제 있나요?
W: 아침 7시 20분에 있지만, 빈 자리가 없네요.
M: 아, 그렇군요. 제가 어쨌든 목요일까지는 거기에 가야 되거든요.
W: 수요일 밤 마지막 비행기를 타시는 것은 어떠신지요?
M: 전 그것도 괜찮아요. 편도 티켓을 살게요.
W: 알겠습니다. 출발 시간은 밤 10시입니다.

Q: 대화는 주로 무엇에 대한 것인가?
(a) 표 예매 확인하기
(b) 남자의 비행 시간
(c) 비행기 표 예약하기
(d) 여자가 최근에 다녀온 출장

어휘 one-way 편도 departure[dipá:rtʃər] 출발 book[buk] 예약하다 confirm[kənfə́:rm] 확인하다
reservation[rèzərvéiʃən] 예약 business trip 출장

HACKERS TEST

해커스 텝스 중급 청해

음성을 들으며 질문에 가장 적절한 답을 고르세요. 🎧 P3_3

01   (a)   (b)   (c)   (d)

02   (a)   (b)   (c)   (d)

03   (a)   (b)   (c)   (d)

04   (a)   (b)   (c)   (d)

05   (a)   (b)   (c)   (d)

06   (a)   (b)   (c)   (d)

정답 p.21

DICTATION

음성을 들으며 빈칸에 들어갈 내용을 받아써 보세요. (음성은 두 번씩 들려줍니다.) 🎧 P3_4

01 (a) (b) (c) (d)

Listen to a conversation between _____.

M: Are you all right? _____.

W: Well, _____.

M: _____?

W: Probably. _____.

M: _____. _____.

W: OK, I will. _____.

Q: What is the _____ of the conversation?

(a) _____
(b) The man's _____
(c) The woman's _____
(d) _____

02 (a) (b) (c) (d)

Listen to a conversation between _____.

W: _____, Leo.

M: Me too. So _____?

W: _____. I went to a theme park. _____?

M: It was fantastic. _____.

W: Oh, _____.

M: But _____.

Q: What are the man and woman _____?

(a) _____
(b) _____
(c) _____
(d) _____

03 (a) (b) (c) (d)

Listen to a conversation between _____.
M: _____, Nadine?
W: No, _____. What about you?
M: _____, but _____.
W: _____.
M: Well, _____.
W: Yeah. _____.

Q: What are the man and woman _____?

(a) _____
(b) _____
(c) _____
(d) _____

04 (a) (b) (c) (d)

Listen to a conversation on _____.
W: _____ in math.
M: Well, _____.
W: _____? _____ next term.
M: Sure. _____.
W: OK. So _____?
M: _____. Let's meet at the library.

Q: What is the woman _____ in the conversation?

(a) _____
(b) _____
(c) _____
(d) _____

05 (a) (b) (c) (d)

Listen to a conversation between _____.

M: I don't think _____. My sedan _____ _____.

W: That's not a problem _____.

M: _____?

W: _____, but _____.

M: All right. I'll _____, then.

W: You don't need to. _____.

Q: What is _____ in the conversation?

(a) The man is _____.
(b) The woman is _____ at her place.
(c) The man is _____.
(d) The woman is _____.

06 (a) (b) (c) (d)

Listen to a conversation between _____.

W: Hey, Ernie. _____, right?

M: _____. _____?

W: _____. Is that a good idea?

M: Sure, but _____.

W: Well, _____, so I'll probably _____.

M: _____.

Q: What is the _____ of the conversation?

(a) _____
(b) _____
(c) _____
(d) _____

세부 정보 문제

세부 정보 문제는 대화의 구체적인 내용을 정확하게 이해했는지 묻는 문제입니다. Part 3 총 10문제 중 5문제 정도 나오며, 주로 Part 3의 중간 부분인 24~28번 사이에 출제됩니다. 이제부터 세부 정보 문제를 익혀봅시다.

빈출 질문 유형

세부 정보 문제에는 대화의 내용과 일치하는 것을 묻는 Correct 문제와, 의문사를 이용하여 대화에서 언급된 세부 내용에 대해 묻는 육하원칙 문제가 있습니다. 질문에 등장하는 키워드를 잘 기억하며 빈출 질문 유형을 익혀두세요.

Correct 문제

correct, correct about과 같은 키워드가 질문에 등장합니다.

Which is **correct** according to the conversation? 대화에 따르면 일치하는 것은 무엇인가?
Which is **correct about** the man according to the conversation?
대화에 따르면 남자에 대해 일치하는 것은 무엇인가?
Which is **correct about** the concert according to the conversation?
대화에 따르면 콘서트에 대해 일치하는 것은 무엇인가?

육하원칙 문제

What이나 Why와 같은 의문사 및 관련 핵심어구가 질문에 등장합니다.

What did the man **buy** for his parents? 남자는 그의 부모님을 위해 무엇을 샀는가?
Why did the woman **change her dental appointment**? 여자는 왜 그녀의 치과 진료 예약을 변경하였는가?

■ 예제

문제를 풀 때 다음과 같은 STEP별 문제 풀이 전략을 적용하면, 더욱 효과적으로 대화를 듣고 정확한 답을 고를 수 있습니다. 각 STEP별로 무엇을 해야 하는지 익혀보세요.

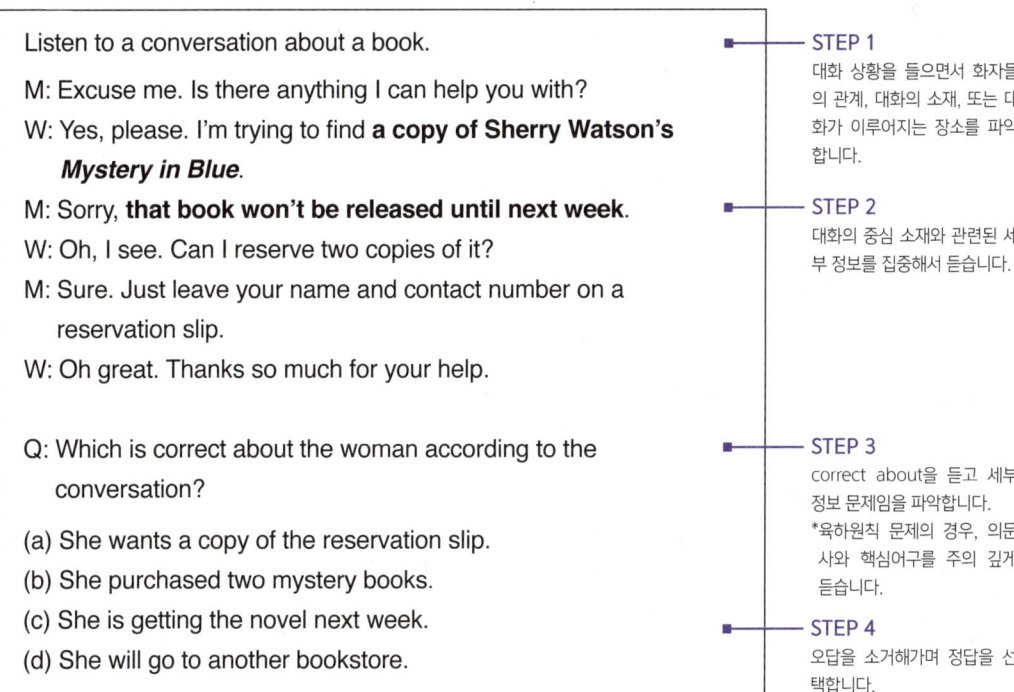

정답 (c)

해설 대화 상황을 통해 '책에 대한 대화'임을 알 수 있고, 대화 앞부분을 통해 '책 구입'이 대화의 중심 소재임을 파악할 수 있습니다. 대화의 중심 소재인 '책 구입'과 관련된 세부 정보 중 '그 책은 다음 주가 되어서야 출간될 것이다'라는 내용을 바탕으로 여자가 다음 주가 되어서야 그 책을 구할 수 있음을 확인할 수 있습니다. 질문의 correct about을 듣고 세부 정보 문제임을 알 수 있으며, 여자가 그 소설책을 다음 주에 받을 것이라고 한 (c)를 정답으로 선택합니다.

해석 책에 대한 대화를 들으시오.

M: 실례합니다. 제가 도와드릴 일이 있을까요?
W: 네, 부탁해요. Sherry Watson의 'Mystery in Blue' 책 한 부를 찾으려고 해요.
M: 죄송합니다. 그 책은 다음 주가 되어서야 출간될 거예요.
W: 오, 알겠습니다. 그 책 두 권을 예약할 수 있을까요?
M: 물론이죠. 예약 용지에 당신의 이름과 연락처만 남겨주세요.
W: 오, 좋네요. 도와주셔서 정말 감사합니다.

Q: 대화에 따르면 여자에 대해 일치하는 것은 무엇인가?

(a) 그녀는 예약 용지의 복사본을 원한다.
(b) 그녀는 두 권의 추리 소설을 구매했다.
(c) 그녀는 다음 주에 소설책을 받는다.
(d) 그녀는 다른 서점에 갈 것이다.

어휘 copy [kápi] (책, 신문 등의) 한 부, 복사본 release [rilíːs] 출간하다, 공개하다 reserve [rizə́ːrv] 예약하다
slip [slip] 용지, 종이 조각 purchase [pə́ːrtʃəs] 구매하다, 구입하다

HACKERS TEST

해커스 텝스 중급 청해

음성을 들으며 질문에 가장 적절한 답을 고르세요. 🎧 P3_6

01 (a)   (b)   (c)   (d)

02 (a)   (b)   (c)   (d)

03 (a)   (b)   (c)   (d)

04 (a)   (b)   (c)   (d)

05 (a)   (b)   (c)   (d)

06 (a)   (b)   (c)   (d)

정답 p.23

DICTATION

해커스 텝스 중급 청해

음성을 들으며 빈칸에 들어갈 내용을 받아써 보세요. (음성은 두 번씩 들려줍니다.) P3_7

01 (a) (b) (c) (d)

Listen to a conversation between _____.
M: _____ Mimi? _____.
W: Well, _____.
M: She failed? But _____.
W: Yes. She didn't expect that _____.
M: _____.
W: _____.

Q: Which is _____ according to the conversation?
(a) Mimi _____.
(b) _____ Mimi _____.
(c) _____.
(d) _____.

02 (a) (b) (c) (d)

Listen to a conversation between _____.
W: Adam _____.
M: Yeah, _____. He was worried about me _____
    _____.
W: _____, _____.
M: _____, really. I just realized that _____.
W: _____? _____.
M: Yeah, but I _____.

Q: Which is _____ according to the conversation?
(a) _____ Adam's _____.
(b) The woman thinks _____.
(c) The man _____.
(d) The man _____.

Chapter 02 세부 정보 문제 **111**

03   (a)   (b)   (c)   (d)

Listen to a conversation between _____.
M: _____? _____!
W: Really? _____?
M: _____ on Broadway!
W: Wow, that's fantastic. _____!
M: Thanks. _____?
W: _____. _____ a Broadway show _____.

Q: Which is _____ according to the conversation?

(a) _____.
(b) _____.
(c) The man _____.
(d) The man _____.

04   (a)   (b)   (c)   (d)

Listen to a conversation between _____.
W: Ron, _____ get to Carnegie Hall?
M: _____, _____.
W: _____ New York for a while.
M: _____ because of my job. _____ Jordan _____.
W: _____. _____.
M: _____ isn't easy, but _____.

Q: Which is _____ according to the conversation?

(a) _____.
(b) _____ at Carnegie Hall.
(c) _____ New York.
(d) The man will ask Jordan _____.

05 (a) (b) (c) (d)

Listen to a conversation at _____.
M: _____ here?
W: _____.
M: I see. And _____?
W: _____. _____, _____, _____.
M: _____?
W: _____ chocolate or vanilla _____.

Q: What can be _____ for _____?

(a) _____
(b) _____
(c) _____
(d) _____

06 (a) (b) (c) (d)

Listen to _____.
W: _____ on cable yesterday?
M: _____, but I heard the Lions _____.
W: Right. _____, though.
M: _____. _____ the Bears.
W: _____. _____.
M: Yeah, but the Lions _____.

Q: Which is _____ according to the conversation?

(a) The man thinks the Bears _____.
(b) The woman _____.
(c) The man _____.
(d) The woman _____ the Lions _____.

CHAPTER 03 추론 문제

추론 문제는 대화를 통해 유추할 수 있는 내용을 묻는 문제입니다. Part 3 총 10문제 중 2문제 정도 나오며, 주로 Part 3의 마지막 부분인 29~30번 사이에 출제됩니다. 이제부터 추론 문제를 익혀봅시다.

■ 빈출 질문 유형

추론 문제에는 대화의 내용을 바탕으로 대화에 직접적으로 언급되지 않은 것을 추론하는 Infer 문제와, 화자들이 다음에 할 일을 추론하는 Do-next 문제가 있습니다. 질문에 등장하는 키워드를 잘 기억하며 빈출 질문 유형을 익혀두세요.

Infer 문제

inferred, inferred about과 같은 키워드가 질문에 등장합니다.

What can be **inferred** from the conversation? 대화에서 추론할 수 있는 것은 무엇인가?
What can be **inferred about** the woman from the conversation?
대화에서 여자에 대해 추론할 수 있는 것은 무엇인가?

Do-next 문제

do next와 같은 키워드가 질문에 등장합니다.

What will the man likely **do next**? 남자는 다음에 무엇을 할 것 같은가?

예제 🎧 P3_8

문제를 풀 때 다음과 같은 STEP별 문제 풀이 전략을 적용하면, 더욱 효과적으로 대화를 듣고 정확한 답을 고를 수 있습니다. 각 STEP별로 무엇을 해야 하는지 익혀보세요.

Listen to two acquaintances discuss the man's injury.

W: ①**How's the rehabilitation for your left knee going?**
M: It's progressing nicely.
W: Are you planning to participate in the tennis tournament?
M: That's my goal. I'm really looking forward to it.
W: I know, but ②**you're still recuperating from your injury**.
M: Oh, ③**don't sweat it**. It's months away, so I'll be perfectly fine by then.

Q: What can be inferred from the conversation?

(a) The man is recovering from a previous tournament.
(b) The woman is anxious about the man's condition.
(c) The woman will compete with the man in an event.
(d) The man is a professional tennis player.

STEP 1
대화 상황을 들으면서 화자들의 관계, 대화의 소재, 또는 대화가 이루어지는 장소를 파악합니다.

STEP 2
대화의 중심 소재와 관련된 세부 정보를 집중해서 듣습니다.

STEP 3
inferred를 듣고 추론 문제임을 파악합니다.

STEP 4
오답을 소거해가며 정답을 선택합니다.

정답 (b)

해설 대화 상황을 통해 '남자의 부상에 대한 두 지인의 대화'임을 알 수 있고, 대화 앞부분을 통해 '무릎 재활'이 대화의 중심 소재임을 파악할 수 있습니다. 대화의 중심 소재인 '무릎 재활'과 관련된 세부 정보 중 ②, ③을 바탕으로 여자가 남자의 부상에 대해 걱정하고 있음을 확인할 수 있습니다. 질문의 inferred를 듣고 추론 문제임을 알 수 있으며, 여자가 남자의 건강 상태에 대해 걱정하고 있다고 추론한 (b)를 정답으로 선택합니다.

해석 두 지인이 남자의 부상에 대해 이야기하는 것을 들으시오.
W: 당신의 왼쪽 무릎 재활은 어떻게 되어가고 있나요?
M: 잘 진행되고 있어요.
W: 테니스 대회에 참가할 예정인가요?
M: 그게 제 목표에요. 전 정말 그것을 기대하고 있어요.
W: 알아요, 그런데 당신은 아직 부상에서 회복 중이잖아요.
M: 오, 불안해하지 마요. 대회가 몇 달 남았으니까, 그때쯤이면 완전히 괜찮을 거예요.

Q: 대화에서 추론할 수 있는 것은 무엇인가?
(a) 남자는 이전 대회로부터 회복 중이다.
(b) 여자는 남자의 상태에 대해 걱정하고 있다.
(c) 여자는 대회에서 남자와 경쟁할 것이다.
(d) 남자는 프로 테니스 선수이다.

어휘 rehabilitation[rì:həbìlitéiʃən] 재활 tournament[túərnəmənt] 대회, 시합 look forward to ~을 기대하다 recuperate[rikjú:pərèit] 회복하다 sweat[swet] 불안해하다, 식은땀을 흘리다 compete[kəmpí:t] 경쟁하다

HACKERS TEST

음성을 들으며 질문에 가장 적절한 답을 고르세요. 🎧 P3_9

01 (a) (b) (c) (d)

02 (a) (b) (c) (d)

03 (a) (b) (c) (d)

04 (a) (b) (c) (d)

05 (a) (b) (c) (d)

06 (a) (b) (c) (d)

정답 p.26

DICTATION

해커스 텝스 중급 청해

음성을 들으며 빈칸에 들어갈 내용을 받아써 보세요. (음성은 두 번씩 들려줍니다.) 🎧 P3_10

01 (a) (b) (c) (d)

Listen to _____.
M: _____?
W: Yes, _____. _____. Why?
M: Well, I thought _____, _____. _____?
W: Not really. _____, _____.
M: Well, _____ then _____.
W: I'm guessing _____, _____.

Q: What can be _____ from the conversation?

(a) _____.
(b) The woman _____.
(c) _____.
(d) _____.

02 (a) (b) (c) (d)

Listen to a conversation between _____.
W: _____ on our date tonight? _____.
M: No problem. _____?
W: _____?
M: Sure. _____ today.
W: Thanks. _____.
M: _____. _____.

Q: What can be _____ from the conversation?

(a) The man and woman _____.
(b) _____.
(c) The man _____.
(d) The woman _____.

Chapter 03 추론 문제 **117**

03 (a) (b) (c) (d)

Listen to a conversation between _____.
M: Mrs. Bates _____.
W: She's been like that _____.
M: Well, _____.
W: Maybe it would _____. _____
_____, after all.
M: Good idea. _____.
W: Yeah. _____.

Q: What can be _____ the man and woman from the conversation?
(a) _____.
(b) _____ Mrs. Bates' house.
(c) _____.
(d) _____ Mrs. Bates _____.

04 (a) (b) (c) (d)

Listen to a conversation between _____.
W: _____ Perkins Medical Center. _____?
M: _____.
W: All right, but _____.
M: _____? _____?
W: _____.
M: OK. _____, anyway.

Q: What can be _____ the man ?
(a) He was _____.
(b) He will meet _____.
(c) He has _____.
(d) He is going to _____.

05 (a) (b) (c) (d)

Listen to a conversation between _____.

M: _____, Bella. _____?

W: Of course, Mr. Thomas. _____?

M: _____.

W: _____, but _____.

M: _____. _____
_____.

W: I'm sorry. _____.

M: Good. I _____.

Q: What can be _____ from the conversation?

(a) Mr. Thomas _____.
(b) Bella is asking to _____.
(c) Mr. Thomas _____.
(d) Bella _____.

06 (a) (b) (c) (d)

Listen to a conversation between _____.

W: It's great _____.

M: Yeah. _____, _____.

W: Isn't it hard _____?

M: _____.

W: I've always thought _____, _____.

M: _____, but _____
_____.

Q: What can be _____ from the conversation?

(a) The man _____.
(b) _____.
(c) The woman _____.
(d) The woman _____.

Chapter 03 추론 문제

빈출 상황별 어휘

Part 3에 자주 나오는 빈출 상황별 어휘를 익혀두면 대화 내용을 정확히 이해하여 문제를 푸는 데 도움이 됩니다. 음성을 듣고 따라 읽으면서 반드시 외워 보세요. 🎧 P3_11

회사

전화
- put through (전화로) 연결해 주다
- connect [kənékt] 연결하다
- expect [ikspékt] 기다리다, 기대하다
- hold [hould] 기다리다
- line [lain] 전화선, (특정 번호의) 전화
- leave a message 메시지를 남기다
- reply [riplái] 대답하다

승진·해고 및 임금 인상
- get a promotion 승진하다
- pay off 성과를 거두다
- layoff [léiɔ̀:f] 해고
- pay [pei] (보수를) 지급하다
- negotiate [nigóuʃièit] 협상하다
- wage [weidʒ] 임금
- cut back 삭감하다, 축소하다

업무
- hectic [héktik] 정신 없이 바쁜, 빡빡한
- paperwork [péipərwə̀rk] 서류 작업, 문서 업무
- pursue [pərsú:] 종사하다
- take over 인계 받다
- overtime [óuvərtàim] 초과 근무
- demanding [dimǽndiŋ] 힘든
- appointment [əpɔ́intmənt] 약속

회의
- reschedule [ri:skédʒu:l] 일정을 변경하다
- come up 논의되다, 언급되다
- incentive [inséntiv] 장려책
- solution [səlú:ʃən] 해결책
- presentation [prì:zəntéiʃən] 발표
- last [læst] 지속되다
- manage [mǽnidʒ] 운영하다

구직 및 이직
- apply for 지원하다
- résumé [rézumèi] 이력서
- cover letter 동봉 편지, 자기소개서
- send [send] 보내다
- career [kəríər] 직업, 경력
- quit [kwit] 그만두다
- switch [switʃ] 바꾸다

면접
- applicant [ǽplikənt] 지원자
- job interview (취직) 면접
- interviewer [íntərvjù:ər] 면접관
- forte [fɔ́:rtei] 강점
- impression [impréʃən] 인상
- opportunity [ὰpərtjú:nəti] 기회
- concern [kənsə́:rn] 우려, 걱정

여가

공연
- perform [pərfɔ́ːrm] 공연하다
- intermission [ìntərmíʃən] (연극 등의) 중간 휴식 시간
- acting [ǽktiŋ] (연극, 영화에서의) 연기
- screenplay [skríːnplèi] 영화 대본, 시나리오
- lineup [láinʌ̀p] 라인업, 인원, 구성
- stumble [stʌ́mbl] (연주를 하다가) 실수하다
- composition [kàmpəzíʃən] (음악, 미술) 작품

파티
- invitation [ìnvətéiʃən] 초대장
- attend [əténd] 참석하다
- party favor (손님에게 주는) 작은 선물
- throw a party 파티를 열다
- have a blast 아주 즐거운 한때를 보내다
- farewell party 송별회
- crowded [kráudid] 붐비는

행사
- competition [kàmpətíʃən] 대회, 시합
- contest [kántest] 경연, 대회
- participate in ~에 참가하다
- hold [hould] 열다, 개최하다
- festival [féstəvəl] 축제
- ceremony [sérəmòuni] 식, 의식
- time schedule 시간 계획표

운동
- work out 운동하다
- exercise [éksərsàiz] 운동
- pant [pænt] (숨을) 헐떡이다
- sense of balance 균형 감각
- make it (모임 등에) 가다, 참석하다
- championship [tʃǽmpiənʃip] 선수권 대회
- root for 응원하다

독서
- copy [kápi] (책, 신문 등의) 한 부
- author [ɔ́ːθər] 작가, 저자
- storyline [stɔ́rilàin] (소설 등의) 줄거리
- cliché [kliːʃéi] 상투적인 문구
- vocabulary [voukǽbjulèri] 어휘, 용어
- biography [baiágrəfi] 전기
- content [kántent] 내용

여가 활동 및 취미
- take a walk 산책하다
- go on a hike 하이킹 가다
- go camping 캠핑 가다
- get one's act together 마음을 가다듬다
- absorbed in ~에 몰두한, 빠져 있는
- hang out (~에서) 많은 시간을 보내다
- for a change 기분 전환으로

학교

수업
- **schoolwork** [skú:lwə̀:rk] 학업, 학교 공부
- **subject** [sʌ́bdʒikt] 과목
- **go over** 복습하다
- **figure out** ~을 이해하다
- **catch up** 따라잡다
- **drop** [drɑp] 그만두다, 중퇴하다
- **fall behind** 뒤떨어지다, 낙오하다

성적
- **grade** [greid] 성적, 학점
- **record** [rékərd] 성적
- **report card** 성적표
- **make the grade** 필요한 수준에 이르다
- **improve** [imprú:v] 향상시키다
- **dock** [dɑk] 감하다
- **set aside** 확보하다

시험
- **examination** [igzæmənéiʃən] 시험
- **fail** [feil] (시험에) 떨어지다
- **pass** [pæs] (시험에) 합격하다, 통과하다
- **challenging** [tʃǽlindʒiŋ] 힘드는
- **cheat** [tʃi:t] 부정행위를 하다
- **cram** [kræm] 벼락치기 공부를 하다
- **flunk** [flʌŋk] 낙제하다

전공
- **major** [méidʒər] 전공
- **specialty** [spéʃəlti] 전공 분야
- **degree** [digrí:] 학위
- **choose** [tʃu:z] 선택하다
- **computer science** 컴퓨터 공학
- **biology** [baiɑ́lədʒi] 생물학
- **economics** [èkənɑ́miks] 경제학

과제 및 교재
- **assignment** [əsáinmənt] 과제
- **submit** [səbmít] 제출하다
- **deadline** [dédlàin] 기한, 마감 일자
- **due** [djú:] ~하기로 되어 있는
- **borrow** [bárou] 빌리다
- **assistance** [əsístəns] 도움, 지원
- **procrastination** [proukræstənéiʃən] 지연

행사
- **prom** [prɑm] 졸업 댄스 파티
- **graduation** [grædʒuéiʃən] 졸업식
- **election** [ilékʃən] 선거
- **speech** [spi:tʃ] 연설
- **play** [plei] 연극
- **rehearsal** [rihə́:rsəl] 리허설, 예행 연습
- **prize** [praiz] 상, 상품

여행

항공편
- airline[ɛərlàin] 항공사
- carrier[kǽriər] 항공사
- domestic flight 국내선
- international flight 국제선
- fly[flai] (비행기를) 타다
- confirm[kənfə́ːrm] ~을 확인하다
- make a reservation 예약하다

비행기
- flight[flait] 비행기
- one way 편도
- round trip 왕복 여행
- aisle[ail] 통로
- seat[siːt] 좌석
- departure[dipáːrtʃər] 출발, 떠남
- on time 정각에

공항 이용
- immigration[ìməgréiʃən] 입국 심사
- traveler[trǽvələr] 여행자
- passport[pǽspɔːrt] 여권
- luggage[lʌ́gidʒ] 수하물
- lounge[laundʒ] (공항 등의) 라운지, 대합실
- tighten[táitən] 강화하다
- security[sikjúːərəti] 보안, 경비

여행 계획 및 기간
- tour guide 여행 가이드
- company[kʌ́mpəni] 일행, 동료
- period[píəriəd] 기간
- budget[bʌ́dʒit] 경비
- go backpacking 배낭여행을 가다
- business trip 출장
- honeymoon resort 신혼 여행지

여행 경험 및 제안
- explore[ikspló:r] 답사하다
- go around 구경하다
- tourist attraction 관광 명소
- spot[spɑt] (특별한) 곳, 장소
- exotic[igzátik] 이국적인, 외국의
- local[lóukəl] 현지의
- firsthand[fə̀ːrsthǽnd] 직접 (체험에 의해서) 얻은

호텔
- reserve[rizə́ːrv] 예약하다
- under the name of ~라는 이름으로
- verify[vérəfài] 조회하다, 확인하다
- check in (호텔 등에서) 숙박 수속을 하다
- rate[reit] 요금
- concierge[kɑ̀nsiɛ́ərʒ] (호텔의) 안내원
- bellhop[bélhɑ̀p] (호텔의) 보이, 사환

쇼핑·외식

제품 문의
- goods [gudz] 제품, 상품
- stock [stɑk] (판매할 상품을 갖춰 두고) 있다
- come in (상품 등이) 들어오다
- specific [spisífik] 구체적인
- inquire [inkwáiər] 문의하다
- cost [kɔːst] 비용이 들다
- have something in mind ~을 생각하다

제품에 대한 의견
- compliment [kámpləmənt] 칭찬하다
- suit [suːt] 어울리다
- try on (옷 따위를) 입어보다
- match [mætʃ] 어울리다
- prefer [prifə́ːr] 선호하다
- rather [rǽðər] 오히려, 차라리
- trend [trend] 유행, 추세

제품 구입 및 환불
- spend [spend] 소비하다
- save [seiv] 절약하다
- reservation slip 예약 용지
- refund [rifʌ́nd] 환불하다
- return [ritə́ːrn] 반납하다
- afford [əfɔ́ːrd] (금전적) 여유가 되다
- shop around (상품을 비교하며) 가게를 돌아다니다

제품 판매 및 배송
- retail [ríːteil] (특정 가격에) 팔리다
- out of stock 품절이 되어
- commend [kəménd] 추천하다, 권하다
- package [pǽkidʒ] 소포
- tracking number 추적 번호
- destination [dèstənéiʃən] (물품의) 도착지
- contact number 연락처 전화번호

외식 제안 및 주문
- eat out 외식하다
- grab a bite to eat 간단히 먹다
- fill an order 주문에 응하다
- take an order 주문을 받다
- takeout [téikàut] 가지고 가는 음식
- serve [səːrv] 제공하다
- refill [riːfíl] 다시 채우다, 리필하다

식당·음식 평가 및 계산
- taste [teist] 맛이 ~하다
- culinary [kjúːlənèri] 요리의, 음식의
- recommend [rèkəménd] 추천하다
- atmosphere [ǽtməsfìər] 분위기
- bill [bil] 계산서
- tip [tip] ~에게 팁을 주다
- tax [tæks] 세금

교통·의료

길 안내
- route [ruːt] 노선, 경로
- distance [dístəns] 거리
- direction [dirékʃən] 방향
- locate [lóukeit] ~의 장소를 알아내다
- situated [sítʃuèitid] (특정한 장소에) 위치해 있는
- across [əkrɔ́ːs] 건너서, 가로질러
- adjacent [ədʒéisnt] 인접한

대중교통
- commute [kəmjúːt] 통근하다
- transportation [trænspərtéiʃən] 교통 기관
- vehicle [víːikl] 운송 수단, 탈 것
- money-saving 돈을 아낄 수 있는
- queue [kjuː] (무엇을 기다리는 사람의) 줄
- timetable [táimtèibl] 시간표, 일정표
- delay [diléi] 지체, 지연

병의 증상 및 부상
- sore [sɔːr] 따가운, 아픈
- have a runny nose 콧물이 흐르다
- complaint [kəmpléint] (심하지 않은) 통증
- develop [divéləp] (병, 문제가) 생기다
- rash [ræʃ] 발진
- irritation [ìrətéiʃən] 염증
- fracture [fræktʃər] 골절

교통 및 수리 관련 문제
- maintain [meintéin] 유지하다, 지키다
- overturn [òuvərtə́ːrn] 뒤집히다, 전복하다
- pick up ~을 (차에) 태우러 가다
- hitch a ride 편승하다
- extension [iksténʃən] 확장
- traffic congestion 교통 체증
- repair [ripɛ́ər] 수리하다

법규 위반 및 면허 시험
- speed limit 제한 속도
- jeopardy [dʒépərdi] 위험
- driving test 운전 면허 시험
- parallel parking 평행 주차
- practice [præktis] 연습하다
- driver's license 운전 면허증
- renew [rinjúː] 갱신하다

진료 및 입원
- enter a hospital 입원하다
- recuperate [rikjúːpərèit] 회복하다
- health condition 건강 상태
- prevent [privént] 예방하다
- rehabilitation [rìːhəbìlətéiʃən] 재활
- checkup [tʃékʌ̀p] 건강 진단
- prescription [priskrípʃən] 처방전

가정

집안일
- chore [tʃɔːr] (정기적으로 하는) 일
- housekeeping [háuskìːpiŋ] 살림, 집안 돌보는 일
- wash the dishes 그릇을 씻다, 설거지 하다
- mop [mɑp] 대걸레로 닦다
- do the laundry 빨래하다
- mow the lawn 잔디를 깎다
- appliance [apláiəns] (가정용) 기기

집
- reside [rizáid] 거주하다
- dwell [dwel] 살다
- deposit [dipázit] 보증금, 착수금
- landlord [lǽndlɔːrd] 집주인
- interior [intíːəriər] 실내 장식, 인테리어
- view [vjuː] 경관
- environment [inváiərənmənt] (주변의) 환경

이사
- pack [pæk] (짐을) 싸다
- all set 준비가 다 되어
- move in 이사를 들다
- move out 이사를 나가다
- moving van 이삿짐 트럭
- block [blɑk] (도로로 나뉘는) 구역, 블록
- convenient [kənvíːnjənt] 편리한

자녀
- sibling [síbliŋ] 형제자매
- rearing [ríəriŋ] 양육
- discipline [dísəplin] 훈육하다
- encourage [inkə́ːridʒ] 용기를 북돋우다
- scold [skould] 야단치다, 꾸짖다
- support [səpɔ́ːrt] 지지하다
- allowance [əláuəns] 용돈

경조사
- relative [rélətiv] 친척
- celebrate [séləbrèit] 축하하다, 기념하다
- occasion [əkéiʒən] (특별한) 축하, 행사
- engagement [ingéidʒmənt] 약혼
- wedding [wédiŋ] 결혼
- funeral [fjúːnərəl] 장례식
- baby shower 임신 축하 파티

이웃
- neighbor [néibər] 이웃
- neighborhood [néibərhùd] 이웃, 근처
- acquainted [əkwéintid] 안면이 있는
- drop by (~에) 들르다
- get along 사이좋게 지내다
- baby sit 아이를 봐주다
- lend a hand 돕다

www.HackersTEPS.com

시험에 나올 문제를 미리
풀어보고 싶을 땐?

해커스텝스(HackersTEPS.com)에서
텝스 적중예상특강 보기!

해커스 텝스 중급 청해

PART 4&5

문제 유형

Chapter 01 중심 내용 문제
Chapter 02 세부 정보 문제
Chapter 03 추론 문제

빈출 토픽별 어휘

PART 4&5 소개 및 학습 전략

Part 4&5 소개

Part 4&5는 한 사람이 말하는 담화를 듣고 들려주는 질문에 가장 적절한 답을 4개의 보기 중에서 고르는 형식입니다. 담화와 질문은 두 번씩 들려주지만, 보기는 질문을 두 번째 들려줄 때에만 한 번 들려줍니다.

Part 4   Part 4는 31번부터 36번까지 총 6문제로, 4~5문장의 담화 한 개당 한 문제가 출제됩니다.
Part 5   Part 5는 37번부터 40번까지 총 4문제로, 10문장 내외의 담화 한 개당 두 문제씩 출제됩니다.

Part 4&5 유형 분류

Part 4&5는 문제가 묻는 내용에 따라 각기 다른 전략이 있으므로 Part 4&5에 출제되는 문제들을 문제 유형별로 분류하여 학습해 봅시다.

문제 유형

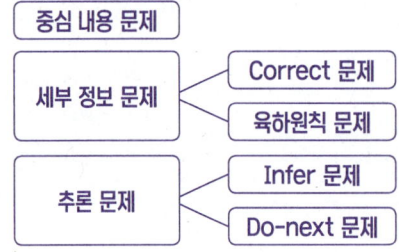

Part 4&5 학습 전략

01 보기의 내용을 정확히 파악하는 연습을 합니다.

Part 4&5는 담화의 내용을 정확히 파악해도 보기를 제대로 듣지 못하면 올바른 정답을 고를 수 없습니다. 따라서 보기의 내용을 정확히 파악하는 연습을 해 두어야 질문에 알맞은 정답을 쉽게 고를 수 있습니다.

02 Paraphrase된 문장을 이해하는 연습을 합니다.

Part 4&5에는 담화에 나온 내용이 paraphrase된 보기가 정답으로 많이 출제됩니다. 따라서 paraphrase된 문장을 이해하는 연습을 하면 보기의 내용을 정확히 이해할 수 있습니다.

03 긴 문장을 끊어 듣는 연습을 합니다.

Part 4&5에는 너무 길어 의미 파악이 쉽지 않은 문장으로 이루어진 담화가 출제됩니다. 따라서 이러한 긴 문장을 의미 단위 별로 끊어 듣는 연습을 하면 담화의 내용을 쉽고 정확하게 이해할 수 있습니다.

04 문제 유형에 따른 문제 풀이 전략을 익혀둡니다.

Part 4&5는 중심 내용 문제, 세부 정보 문제, 추론 문제와 같은 문제 유형에 따라 문제를 푸는 방법이 달라집니다. 따라서 각 문제 유형에 따른 문제 풀이 전략을 익혀두면 정답을 쉽게 고를 수 있습니다.

05 문제를 들려주는 순서에 따라 Step별로 전략을 익혀둡니다.

Part 4에서는 '담화 → 질문 → 담화 → 질문과 보기' 순서로 문제를 들려주며, Part 5에서는 '담화 → 첫 번째 질문 → 두 번째 질문 → 담화 → 첫 번째 질문과 보기 → 두 번째 질문과 보기' 순서로 문제를 들려줍니다. 따라서 이 순서를 활용한 Step별 전략을 익혀두면 문제를 더욱 효과적으로 풀 수 있습니다.

06 오답 유형을 익혀둡니다.

Part 4&5에는 전형적으로 등장하는 오답 유형이 있습니다. 따라서 자주 출제되는 오답 유형을 익혀두면 오답을 소거하면서 정답을 쉽게 고를 수 있습니다.

Part 4&5에 출제되는 오답 유형 분석

Part 4&5에는 담화에 나온 단어나 문맥, 상황을 함정으로 사용한 오답이 주로 출제됩니다. 이러한 오답에 속지 않기 위해서 자주 출제되는 오답 유형을 익혀봅시다.

01 한두 단어가 담화의 내용과 다른 오답

일부는 담화 내용과 일치하지만, 한두 단어가 다르게 사용되어 담화의 내용과 일치하지 않는 오답이 출제됩니다.

The job prospects for citizens of the European Union have gotten scarcer. Despite a reputation as Europe's leading economic power, Germany's unemployment rate is flirting with double digits. With only 12 million new jobs created since 2002 and an annual population growth rate of 3 percent, Germany's situation is representative of the continent as a whole. Analysts believe this lack of job growth resulted from the EU **prioritizing training** and education as opposed to the provision of actual jobs. Q: Which is correct according to the news report? (a) Job training is **not a concern** of the EU. (b) Germany is experiencing an elevated unemployment rate.	유럽 연합 시민들의 취업 가능성이 점점 적어지고 있습니다. 유럽의 선두 경제 강국이라는 명성에도 불구하고, 독일의 실업률은 두 자리 숫자에 육박했습니다. 2002년 이후 오직 1200만 개의 새 일자리가 창출되었고 연 인구 증가율은 3퍼센트로, 이러한 독일의 상황이 전체 유럽 대륙을 대표합니다. 이러한 일자리 증가율의 부족은 EU가 실제 일자리를 제공하는 것이 아니라 훈련이나 교육을 우선시했기 때문이라고 생각합니다. Q: 뉴스 보도에 따르면 다음 중 옳은 것은? (a) 직업 훈련은 EU의 관심사가 아니다. (b) 독일은 높은 실업률을 겪고 있다.

정답 **(b)**

오답 분석 (a)는 담화에서 EU가 직업 훈련이나 교육을 우선시했다고 한 것과 달리, 직업 훈련은 EU의 관심사가 아니라고 했으므로 한두 단어가 담화의 내용과 일치하지 않는 오답입니다.

02 그럴듯하지만 담화에서 언급된 적이 없는 오답

담화의 주제와 관련이 있거나 담화의 문맥과 비슷한 내용을 담고 있어 그럴듯하게 들리지만, 실제로 담화에서 언급된 적이 없는 오답이 출제됩니다.

Despite being heralded as a pioneer in the auto industry, Henry Ford did not enjoy immediate success in business. As a matter of fact, the first company he founded was a failure. In 1903, **he** ultimately succeeded in setting up what would **become one of the biggest names in automobile manufacturing** today. With his perseverance and good business sense, he was able to lead Ford Motor Company to prosperity. Q: What is the lecture mainly about? (a) The eventual success of Henry Ford's company (b) The significance of **Henry Ford's illustrious career**	자동차 산업의 선구자로 알려졌음에도 불구하고, Henry Ford는 즉각적인 사업 성공을 즐기지 않았습니다. 사실, 그가 설립한 첫 번째 회사는 실패작이었습니다. 1903년, 그는 마침내 오늘날 자동차 제조업에서 가장 유명한 회사 중 하나가 된 것을 설립하는데 성공했습니다. 그의 인내와 좋은 사업 감각으로, 그는 Ford Motor사가 번창할 수 있도록 이끌었습니다. Q: 강의는 주로 무엇에 관한 것인가? (a) Henry Ford의 회사의 최종적인 성공 (b) Henry Ford의 저명한 업적의 중요성

정답 **(a)**

오답 분석 (b)는 Henry Ford는 그의 인내와 좋은 사업 감각으로 Ford Motor사가 번창할 수 있도록 이끌었다는 문맥에 비추어 보면 그럴듯하게 들리지만, 실제로 그의 업적이 중요한지는 언급된 적이 없는 오답입니다.

03 담화의 내용과 반대되는 오답

담화의 일부나 전체와 반대되는 내용을 담고 있는 오답이 출제됩니다.

> Today we'll discuss one of the most influential English playwrights of the Elizabethan era, Christopher Marlowe. Although he wrote several plays, he is most widely known for penning *The Tragical History of Doctor Faustus*. **Other than one theatrical piece, all of his other works were published after his death** in 1593. Among his achievements, he was most notable for writing his plays in a form of poetry that follows a poetic meter but has unrhymed lines, which came to be a popular form known as dramatic blank verse.
>
> Q: Which is correct about Christopher Marlowe according to the lecture?
> (a) He brought about the development of a unique literary technique.
> (b) He published many of his dramatic works **during his lifetime**.

> 오늘 우리는 엘리자베스 시대에 가장 영향력 있는 영국 극작가 중 한 명인, Christopher Marlowe에 대해 논의할 것입니다. 그가 몇 개의 희곡들을 쓰긴 했지만, 그는 'The Tragical History of Doctor Faustus'를 쓴 것으로 가장 널리 알려져 있습니다. 하나의 연극 작품 외에, 그의 모든 작품들은 1593년 그가 죽은 뒤에 출판되었습니다. 그의 업적 중에서, 그는 그의 희곡을 시의 운율을 따르지만 각운을 맞추지는 않은 시의 형식으로 쓴 것으로 가장 유명한데, 이 형식은 극적 무운시라고 알려진 인기 있는 형식이 되었습니다.
>
> Q: 강의에 따르면 다음 중 Christopher Marlowe에 대해 옳은 것은?
> (a) 독특한 문학 기법의 발전을 야기했다.
> (b) 그는 그의 일생동안 많은 극작품을 출판했다.

정답 (a)

오답 분석 (b)는 담화에서 하나의 연극 작품 외에 Christopher Marlowe의 모든 작품은 그가 죽은 뒤에 출판되었다고 한 것과 달리, 그의 일생동안 많은 극작품을 출판했다고 하여 담화와 반대되는 내용을 담고 있는 오답입니다.

04 중심 내용 문제에서 너무 세부적인 내용을 다룬 오답

중심 내용 문제에서 담화에서 언급되었지만 너무 세부적인 내용을 다루는 오답이 출제됩니다.

> A computer's ability to perform multiple simultaneous operations is mostly dependent upon its random access memory, or RAM. Just as the human brain can focus on only so many thoughts at once, a computer's RAM must divide its "attention" among any number of running programs. This is the reason why having **too many programs open at one time** can sometimes cause computers to slow down.
>
> Q: What is the main topic of the lecture?
> (a) Computer **programs that run simultaneously**
> (b) The effect of multitasking on processing speed

> 한 컴퓨터가 동시에 일어나는 다양한 작업을 수행할 수 있는 능력은 대개 임의 추출 기억 장치, 즉 램에 좌우됩니다. 인간의 뇌가 동시에 일정한 수의 생각에만 집중할 수 있듯이, 컴퓨터의 램도 작동하는 수많은 프로그램들 가운데에서 '주의'를 분산시켜야 합니다. 이것이 동시에 너무 많은 프로그램들을 열어 놓는 것이 가끔 컴퓨터를 느리게 만드는 이유입니다.
>
> Q: 이 강의의 주제는 무엇인가?
> (a) 동시에 작동하는 컴퓨터 프로그램들
> (b) 다중 작업이 처리 속도에 미치는 영향

정답 (b)

오답 분석 (a)는 담화 전체의 중심 내용인 동시에 작동하는 컴퓨터 프로그램들이 컴퓨터 속도에 미치는 영향과 관련하여 동시에 작동하는 컴퓨터 프로그램들에 대한 부분만 세부적으로 다룬 오답입니다.

중심 내용 문제

중심 내용 문제는 담화가 주로 무엇에 관한 것인지 묻는 문제이며, Part 4와 Part 5의 총 10문제 중 4문제 정도 출제됩니다. 이제부터 중심 내용 문제를 익혀봅시다.

■ 빈출 질문 유형

중심 내용 문제에는 담화의 중심 소재나 요지가 무엇인지 묻거나, 화자가 주로 하고 있는 일이 무엇인지 묻는 문제가 있습니다. 질문에 등장하는 키워드를 잘 기억하며 빈출 질문 유형을 익혀두세요.

mainly about, main point, mainly doing 등과 같은 키워드가 질문에 등장합니다.

What is the talk **mainly about**? 담화는 주로 무엇에 대한 것인가?
What is the **main topic** of the lecture? 강의의 주제는 무엇인가?
What is the **main purpose** of the announcement? 안내의 목적은 무엇인가?
What is **mainly being advertised**? 주로 광고되고 있는 것은 무엇인가?
What is the speaker's **main point**? 화자의 요지는 무엇인가?
What is the **main idea about** ○○○ in the news report? 뉴스 보도에서 ○○○에 대한 요지는 무엇인가?
What is the speaker **mainly doing** in the talk? 담화에서 화자는 주로 무엇을 하고 있는가?

예제 🎧 P4&5_2

문제를 풀 때 다음과 같은 STEP별 문제 풀이 전략을 적용하면, 더욱 효과적으로 담화를 듣고 정확한 답을 고를 수 있습니다. 각 STEP별로 무엇을 해야 하는지 익혀보세요.

> One of the most common types of penguins is the Little Penguin, found in Australia and New Zealand. **Compared to other penguin species, it is quite unique.** As its name suggests, the Little Penguin is the smallest of all the penguins. It is often referred to as the Fairy Penguin because of **its tiny size**. It also has **a distinct deep slate-blue coloring**, which is different from the black-and-white pattern found on most other penguins.
>
> Q: What is the talk on the Little Penguin mainly about?
>
> (a) Its wide range of habitats and geographical distribution
> (b) Its naturally advantageous coloring scheme
> (c) Its identification by multiple names among researchers
> (d) Its distinguishing characteristics from other penguins

STEP 1
담화를 첫 번째 들을 때 앞부분을 중심으로 담화의 중심 소재가 무엇인지 파악합니다.

STEP 3
담화를 두 번째 들을 때 STEP1에서 파악한 담화의 중심 내용이 정확히 맞는지 확인합니다.

STEP 2
mainly about을 듣고 중심 내용 문제임을 파악합니다.

STEP 4
오답을 소거해가며 정답을 선택합니다.

정답 (d)

해설 담화 앞부분을 통해 '다른 펭귄과 비교되는 Little Penguin의 특징'이 담화의 중심 소재임을 알 수 있으며, 질문의 mainly about을 듣고 중심 내용 문제임을 파악할 수 있습니다. 다른 펭귄들과 달리 '작은 크기', '검은 회색이 도는 청색'을 통해 '다른 펭귄과 비교되는 Little Penguin의 특징'이 담화의 중심 소재임을 정확히 확인할 수 있으며, 이를 바탕으로 다른 펭귄들과 구별되는 특징이라고 한 (d)를 정답으로 선택합니다.

해석 가장 흔한 펭귄 종 중 하나는 호주와 뉴질랜드에서 발견되는 Little Penguin입니다. 다른 펭귄 종에 비해, 이것은 꽤 독특합니다. 그 이름이 암시하듯이, Little Penguin은 모든 펭귄 중에서 가장 작습니다. 이 펭귄은 종종 작은 크기 때문에 Fairy Penguin으로 불립니다. 이것은 또한 대부분의 다른 펭귄에서 발견되는 흑백 무늬와는 다른, 검은 회색이 도는 뚜렷하고 진한 청색을 가지고 있습니다.

Q: Little Penguin 관련 담화는 주로 무엇에 대한 것인가?
(a) 넓은 범위의 서식지와 지리학적인 분포
(b) 선천적으로 유리한 색의 배합
(c) 연구자들 사이에서 불리는 다양한 이름에 의한 동정
(d) 다른 펭귄들과 구별되는 특징

어휘 suggest [səgdʒést] 암시하다 refer [rifə́ːr] ~이라고 부르다 distinct [distíŋkt] 뚜렷한
slate-blue 검은 회색이 도는 청색 scheme [skiːm] 배합, 계획
identification [aidèntəfikéiʃən] 동정(생물의 분류학상의 소속이나 명칭을 정하는 일) habitat [hǽbitæt] 서식지
geographical [dʒìːəgrǽfikəl] 지리학적의 distribution [dìstrəbjúːʃən] 분포, 분배

HACKERS TEST

음성을 들으며 질문에 가장 적절한 답을 고르세요. 🎧 P4&5_3

PART 4

01 (a) (b) (c) (d)

02 (a) (b) (c) (d)

03 (a) (b) (c) (d)

04 (a) (b) (c) (d)

PART 5

05 (a) (b) (c) (d)

06 (a) (b) (c) (d)

정답 p.30

DICTATION

해커스 텝스 중급 청해

앞에서 배운 STEP별 문제 풀이 전략을 적용하면서 빈칸에 들어갈 내용을 받아써 보세요. (음성은 두 번씩 들려줍니다.)

🎧 P4&5_4

PART 4

01   (a)   (b)   (c)   (d)

STEP 1   담화를 첫 번째 들을 때 담화의 앞부분에 집중하기
앞부분을 중심으로 중심 내용을 파악합니다.

STEP 2   질문을 들을 때 무엇을 묻고 있는지 파악하기

Q: What is the advertisement _____?

STEP 3   담화를 두 번째 들을 때 중심 내용 확인하기
STEP 1에서 파악한 담화의 중심 내용이 정확히 맞는지 확인하며 듣습니다.

_____
_____, luxury sedan, or minivan from the Donner Auto Emporium in Concord. Only Donner Auto Emporium _____ APR _____
_____. _____,
every purchase _____
_____. So, _____. _____.

STEP 4   질문과 보기를 들을 때 정답 여부 가리며 듣기

(a) _____
(b) _____
(c) _____
(d) _____

Chapter 01 중심 내용 문제

02 (a) (b) (c) (d)

STEP 1 담화를 첫 번째 들을 때 담화의 앞부분에 집중하기
앞부분을 중심으로 중심 내용을 파악합니다.

STEP 2 질문을 들을 때 무엇을 묻고 있는지 파악하기

> Q: What is the _____ of the lecture?

STEP 3 담화를 두 번째 들을 때 중심 내용 확인하기
STEP 1에서 파악한 담화의 중심 내용이 정확히 맞는지 확인하며 듣습니다.

> _____, a popular hobby _____
> _____, _____
> _____. _____, swimmers who wished to _____
> _____
> by cutting hollow plant stems and breathing air through them, _____
> ____. _____, _____
> _____
> have been the main innovations. _____, the continuous advancement
> of science _____
> _____.

STEP 4 질문과 보기를 들을 때 정답 여부 가리며 듣기

> (a) To describe _____
> (b) _____
> (c) _____ for breathing underwater
> (d) To explain _____

03 (a) (b) (c) (d)

STEP 1 담화를 첫 번째 들을 때 담화의 앞부분에 집중하기
앞부분을 중심으로 중심 내용을 파악합니다.

STEP 2 질문을 들을 때 무엇을 묻고 있는지 파악하기

Q: What is the talk _____?

STEP 3 담화를 두 번째 들을 때 중심 내용 확인하기
STEP 1에서 파악한 담화의 중심 내용이 정확히 맞는지 확인하며 듣습니다.

_____, so _____
_____.
Although _____ you won't see for decades _____, _____
_____.
_____ in pension and retirement accounts _____, _____.

STEP 4 질문과 보기를 들을 때 정답 여부 가리며 듣기

(a) _____
(b) _____
(c) _____ in a bank account
(d) _____

04 (a) (b) (c) (d)

STEP 1 담화를 첫 번째 들을 때 담화의 앞부분에 집중하기
앞부분을 중심으로 중심 내용을 파악합니다.

STEP 2 질문을 들을 때 무엇을 묻고 있는지 파악하기

Q: What is the speaker's _____?

STEP 3 담화를 두 번째 들을 때 중심 내용 확인하기
STEP 1에서 파악한 담화의 중심 내용이 정확히 맞는지 확인하며 듣습니다.

Eco Monthly reports that _____
_____. A growing number of European countries
_____
_____. Members of the European Union _____
_____
to produce clean energy. _____
_____.

STEP 4 질문과 보기를 들을 때 정답 여부 가리며 듣기

(a) _____ in Europe.
(b) _____.
(c) Germany _____.
(d) Some nations in Europe _____.

PART 5

05 (a) (b) (c) (d)
06 (a) (b) (c) (d)

STEP 1 담화를 첫 번째 들을 때 담화의 앞부분에 집중하기
앞부분을 중심으로 중심 내용을 파악합니다.

STEP 2 질문을 들을 때 무엇을 묻고 있는지 파악하기

> 05. Q: What is the news report _____?
> 06. Q: What can be _____ from the news report?

STEP 3 담화를 두 번째 들을 때 중심 내용 확인하기
STEP 1에서 파악한 담화의 중심 내용이 정확히 맞는지 확인하며 듣습니다.

> Thousands of Americans _____
> _____. _____
> _____ on the World Wide Web, _____
> _____. _____, _____,
> access to international markets, and _____, _____.
> And they _____ of a conventional business. An owner of
> an online company does not usually need to _____
> or _____. For these reasons, _____
> _____, and
> _____ for the foreseeable future.

STEP 4 질문과 보기를 들을 때 정답 여부 가리며 듣기

> 05.
> (a) _____
> (b) _____
> (c) _____
> (d) _____
> 06.
> (a) _____.
> (b) _____.
> (c) _____.
> (d) _____.

정답 p. 30

CHAPTER 02 세부 정보 문제

세부 정보 문제는 담화의 구체적인 내용을 정확하게 이해했는지 묻는 문제이며, Part 4와 Part 5의 총 10문제 중 4~5문제 정도 출제됩니다. 이제부터 세부 정보 문제를 익혀봅시다.

■ 빈출 질문 유형

세부 정보 문제에는 담화의 내용과 일치하는 것을 묻는 Correct 문제와, 의문사를 이용하여 담화에서 언급된 세부 내용에 대해 묻는 육하원칙 문제가 있습니다. 질문에 등장하는 키워드를 잘 기억하며 빈출 질문 유형을 익혀두세요.

Correct 문제

correct, correct about과 같은 키워드가 질문에 등장합니다.

Which is **correct** according to the lecture? 강의에 따르면 일치하는 것은 무엇인가?
Which is **correct about** ○○○ according to the talk? 담화에 따르면 ○○○에 대해 일치하는 것은 무엇인가?

육하원칙 문제

What, Which, Who와 같은 의문사 및 관련 핵심어구가 질문에 등장합니다.

What is **a benefit of exercise** according to the lecture? 강의에 따르면 운동의 이점은 무엇인가?
Which city will **host a soccer tournament** in April? 어느 시가 4월에 축구 토너먼트를 개최할 것인가?
Who may **purchase their tickets** right after the announcement? 안내 직후에 누가 그들의 표를 살 수 있는가?

예제 🎧 P4&5_5

문제를 풀 때 다음과 같은 STEP별 문제 풀이 전략을 적용하면, 더욱 효과적으로 대화를 듣고 정확한 답을 고를 수 있습니다. 각 STEP별로 무엇을 해야 하는지 익혀보세요.

> Good afternoon, everyone. My name is Captain Rick and I'd like to welcome you aboard the Ocean Maiden. I have a few words about today's cruise. Our journey begins with a jaunt out to **Moosehead Island, where we will spend two hours before heading back to port in the evening**. Dinner will be served on our return as the harbor lights come into view. During our trip, I hope you'll make yourselves at home, find a nice spot to relax, and enjoy some complimentary drinks from the bar.
>
> Q: Which is correct according to the announcement?
> (a) Passengers will have their dinner at the marina.
> (b) The trip to Moosehead Island takes about two hours.
> (c) The ship will return to port at nightfall.
> (d) Drinks are available for a fee on board.

STEP 1 담화를 전체적으로 들으면서 핵심 정보를 담고 있는 키워드를 통해 담화의 중심 소재가 무엇인지 파악합니다.

STEP 2 담화의 중심 소재와 관련된 세부 정보를 집중해서 듣습니다.

STEP 3 correct를 듣고 세부 정보 문제임을 파악합니다. 육하원칙의 경우, 의문사와 핵심어구를 주의 깊게 듣습니다.

STEP 4 오답을 소거해가며 정답을 선택합니다.

정답 (c)

해설 키워드를 통해 '유람선 여행 안내'가 담화의 중심 소재임을 알 수 있으며, 질문의 correct를 듣고 세부 정보 문제임을 파악할 수 있습니다. 담화의 중심 소재인 '유람선 여행 안내'와 관련된 세부 정보 중 'Moosehead 섬에서 저녁에 항구로 돌아오기 전에 2시간을 보낼 것이다'라는 것을 바탕으로 배는 해질녘에 항구로 돌아올 것이라고 한 (c)를 정답으로 선택합니다.

해석 여러분, 안녕하십니까. 저는 Rick 선장이며 Ocean Maiden 호에 승선하신 여러분을 환영합니다. 오늘의 유람선 여행에 대해 몇 가지 드릴 말씀이 있습니다. 우리의 여행은 Moosehead 섬으로의 짧은 여행부터 시작하며, 그곳에서 우리는 저녁에 항구로 되돌아오기 전에 두 시간을 보낼 것입니다. 저녁 식사는 돌아오는 길에 항구의 불빛들이 시야에 들어올 때 제공될 것입니다. 여행하는 동안 편안하게 지내시고, 쉴 수 있는 좋은 자리도 찾으십시오. 또한 바에서 제공하는 무료 음료도 즐기시기 바랍니다.

Q: 안내에 따르면 일치하는 것은 무엇인가?
(a) 승객들은 배의 정박지에서 저녁 식사를 할 것이다.
(b) Moosehead 섬으로 가는 여행은 약 두 시간 정도 걸린다.
(c) 배는 해질녘에 항구로 돌아올 것이다.
(d) 음료는 유람선에서 요금을 내고 이용할 수 있다.

어휘 **aboard** [əbɔ́ːrd] 승선한 **jaunt** [dʒɔ́ːnt] 짧은 여행 **harbor** [hɑ́ːrbər] 항구, 항만
make oneself at home (자기 집에 있는 것처럼) 편안하게 지내다 **complimentary** [kɑ̀mpliméntəri] 무료의
marina [məríːnə] 정박지 **nightfall** [náitfɔːl] 해질녘

Chapter 02 세부 정보 문제

HACKERS TEST

해커스 텝스 중급 청해

음성을 들으며 질문에 가장 적절한 답을 고르세요. 🎧 P4&5_6

PART 4

01　(a)　(b)　(c)　(d)

02　(a)　(b)　(c)　(d)

03　(a)　(b)　(c)　(d)

04　(a)　(b)　(c)　(d)

PART 5

05　(a)　(b)　(c)　(d)

06　(a)　(b)　(c)　(d)

정답 p.32

DICTATION

해커스 텝스 중급 청해

앞에서 배운 STEP별 문제 풀이 전략을 적용하면서 빈칸에 들어갈 내용을 받아써 보세요. (음성은 두 번씩 들려줍니다.)

🎧 P4&5_7

PART 4

01 (a) (b) (c) (d)

> **STEP 1** 담화를 첫 번째 들을 때 무엇에 대한 담화인지 파악하기
> 앞부분을 중심으로 담화 전체의 키워드를 통해 중심 소재가 무엇인지 파악합니다.
>
> **STEP 2** 질문을 들을 때 무엇을 묻고 있는지 파악하기
>
> > Q: Which is _____ according to the advertisement?
>
> **STEP 3** 담화를 두 번째 들을 때 정답의 단서가 될 부분 집중해 듣기
> 담화의 중심 소재와 관련된 세부 정보를 집중해서 듣습니다.
>
> > SkinSoft _____ Beach Buddy SPF 50 sunscreen _____
> > _____. _____, _____
> > _____. _____ zinc oxide,
> > _____
> > _____, _____, _____. Beach Buddy
> > sunscreen _____, so _____
> > _____. _____ Beach Buddy now and _____
> > _____!
>
> **STEP 4** 질문과 보기를 들을 때 정답 여부 가리며 듣기
>
> > (a) The formula _____.
> > (b) Beach Buddy sunscreen _____.
> > (c) _____.
> > (d) Beach Buddy _____.

02 (a) (b) (c) (d)

STEP 1 담화를 첫 번째 들을 때 무엇에 대한 담화인지 파악하기
앞부분을 중심으로 담화 전체의 키워드를 통해 중심 소재가 무엇인지 파악합니다.

STEP 2 질문을 들을 때 무엇을 묻고 있는지 파악하기

Q: Which is _____ according to the news report?

STEP 3 담화를 두 번째 들을 때 정답의 단서가 될 부분 집중해 듣기
담화의 중심 소재와 관련된 세부 정보를 집중해서 듣습니다.

The US _____ Expo _____
_____
to the International Space Station. _____ at the
Japanese station Suteki, _____
_____.
As NASA's shuttle program _____,
_____
_____
_____.

STEP 4 질문과 보기를 들을 때 정답 여부 가리며 듣기

(a) _____.
(b) _____ Suteki.
(c) _____.
(d) _____ the International Space Station.

03 (a) (b) (c) (d)

STEP 1 담화를 첫 번째 들을 때 무엇에 대한 담화인지 파악하기
앞부분을 중심으로 담화 전체의 키워드를 통해 중심 소재가 무엇인지 파악합니다.

STEP 2 질문을 들을 때 무엇을 묻고 있는지 파악하기

Q: _____ is a _____ of the upgraded Sinux operating system?

STEP 3 담화를 두 번째 들을 때 정답의 단서가 될 부분 집중해 듣기
담화의 중심 소재와 관련된 세부 정보를 집중해서 듣습니다.

The Astro Software Company _____
_____, Sinux. _____
_____, _____
_____ called netbooks or mini-laptops. Sinux includes _____
_____ and _____
_____. _____ the Astro Software
_____.

STEP 4 질문과 보기를 들을 때 정답 여부 가리며 듣기

(a) _____.
(b) _____.
(c) _____.
(d) _____.

04   (a)   (b)   (c)   (d)

STEP 1 담화를 첫 번째 들을 때 무엇에 대한 담화인지 파악하기
앞부분을 중심으로 담화 전체의 키워드를 통해 중심 소재가 무엇인지 파악합니다.

STEP 2 질문을 들을 때 무엇을 묻고 있는지 파악하기

Q: Which is _____ propaganda according to the lecture?

STEP 3 담화를 두 번째 들을 때 정답의 단서가 될 부분 집중해 듣기
담화의 중심 소재와 관련된 세부 정보를 집중해서 듣습니다.

_____
_____
_____ Communist and Nazi ideology. _____, _____
_____. _____
_____, or _____. _____
centuries ago and _____
_____. However, _____
_____, propaganda
is still seen by many _____.

STEP 4 질문과 보기를 들을 때 정답 여부 가리며 듣기

(a) _____ Communist and Nazi ideologues.
(b) _____.
(c) _____.
(d) _____.

PART 5

05 (a) (b) (c) (d)

06 (a) (b) (c) (d)

STEP 1 담화를 첫 번째 들을 때 무엇에 대한 담화인지 파악하기
앞부분을 중심으로 담화 전체의 키워드를 통해 중심 소재가 무엇인지 파악합니다.

STEP 2 질문을 들을 때 무엇을 묻고 있는지 파악하기

05. Q: What is the _____ of the talk?
06. Q: What is notable about *Steamboat Willie*?

STEP 3 담화를 두 번째 들을 때 정답의 단서가 될 부분 집중해 듣기
담화의 중심 소재와 관련된 세부 정보를 집중해서 듣습니다.

_____
is Mickey Mouse. _____
_____ Walt Disney, _____
Mickey to life. Mickey _____ Walt Disney's animator,
Ub Iwerks, who _____.
This work, titled *Steamboat Willie,* was released in 1928 and _____
_____. _____,
and Mickey _____ in the US. _____,
Walt Disney was the _____
_____. _____ of Mickey's films until 1946.

STEP 4 질문과 보기를 들을 때 정답 여부 가리며 듣기

05.
(a) _____
(b) _____
(c) _____ of a children's film
(d) _____

06.
(a) _____ to include Mickey Mouse.
(b) _____ of Walt Disney.
(c) _____ by Ub Iwerks.
(d) _____.

CHAPTER 03 추론 문제

추론 문제는 담화를 통해 유추할 수 있는 내용을 묻는 문제이며, Part 4와 Part 5의 총 10문제 중 1~2문제 정도 출제됩니다. 이제부터 추론 문제를 익혀봅시다.

■ 빈출 질문 유형

추론 문제에는 담화의 내용을 바탕으로 담화에 직접적으로 언급되지 않은 것을 추론하는 Infer 문제와, 화자들이 다음에 할 일이나 할 말을 추론하는 Do-next, Opinion 문제 등이 있습니다. 질문에 등장하는 키워드를 잘 기억하여 빈출 질문 유형을 익혀두세요.

Infer 문제

inferred, inferred about과 같은 키워드가 질문에 등장합니다.

What can be **inferred** from the lecture? 강의에서 추론할 수 있는 것은 무엇인가?
What can be **inferred about** ○○○ from the talk? 담화에서 ○○○에 대해 추론할 수 있는 것은 무엇인가?

Do-next·Opinion 문제

do next, agree with와 같은 키워드가 질문에 등장합니다.

What will the speaker most likely **do next**? 화자는 다음에 무엇을 할 것 같은가?
Which statement would the speaker most likely **agree with**? 화자는 어느 진술에 가장 동의할 것 같은가?

예제 🎧 P4&5_8

문제를 풀 때 다음과 같은 STEP별 문제 풀이 전략을 적용하면, 더욱 효과적으로 대화를 듣고 정확한 답을 고를 수 있습니다. 각 STEP별로 무엇을 해야 하는지 익혀보세요.

> Welcome to Pisto Records' third annual open audition. As you are well aware, our company gives undiscovered talents the opportunity to make their mark in the music industry. ①**We respect their vision and creativity**, so our musicians can rest assured that ②**we won't ask them to compromise their art to cater to the demands of the general public.** ③**Our artists are granted the freedom to express their personal ingenuity** in crafting the music they wish to create.
>
> Q: What can be inferred about the speaker's record company from the talk?
>
> (a) It signs unknown talents with substantial backgrounds in music.
> (b) It directly involves the audience in the selection process.
> (c) It holds artistic integrity in higher esteem than commercial success.
> (d) It hosts auditions that are geared towards young artists.

STEP 1 담화를 전체적으로 들으면서 핵심 정보를 담고 있는 키워드를 통해 담화의 중심 소재가 무엇인지 파악합니다.

STEP 3 담화의 중심 소재와 관련된 세부 정보를 집중해서 듣습니다.

STEP 2 inferred about을 듣고 추론 문제임을 파악합니다.

STEP 4 오답을 소거해가며 정답을 선택합니다.

정답 (c)

해설 키워드를 통해 'Pisto Records사가 제공하는 음악가들의 권리'가 담화의 중심 소재임을 알 수 있으며, 질문의 inferred about을 듣고 추론 문제임을 파악할 수 있습니다. 담화의 중심 소재인 'Pisto Records사가 제공하는 음악가들의 권리'와 관련된 세부 정보 중 ①, ②를 바탕으로 상업적인 성공보다는 예술적 진실성을 더 존중한다고 추론한 (c)를 정답으로 선택합니다.

해석 Pisto Records사의 제3회 연례 공개 오디션에 오신 것을 환영합니다. 여러분도 잘 아시다시피, 저희 회사는 숨은 인재들에게 음악 산업에서 이름을 떨칠 수 있는 기회를 제공합니다. 저희는 그들의 비전과 창의성을 존중하기에, 저희 음악가들은 저희가 그들에게 자신의 예술을 일반 대중의 요구에 맞추도록 타협하라고 요구하지 않을 것임을 믿으셔도 좋습니다. 저희의 아티스트들은 그들이 만들고 싶어하는 음악을 만드는 데에 개인의 독창성을 표현할 자유가 주어집니다.

Q: 담화에서 화자의 음반 회사에 대해 추론할 수 있는 것은 무엇인가?
(a) 상당한 음악적 배경을 가진 무명의 재능 있는 사람들과 계약한다.
(b) 선발 과정에서 청중을 직접 참여시킨다.
(c) 상업적인 성공보다는 예술적 진실성을 더 존중한다.
(d) 젊은 아티스트들에게 맞는 오디션을 개최한다.

어휘 make one's mark 이름을 떨치다, 성공하다　rest assured (~임을) 믿어도 된다　compromise [kάmprəmàiz] 타협하다
cater [kéitər] 요구를 맞추다　grant [grænt] 주다　ingenuity [ìndʒənjúːəti] 독창성　craft [kræft] 만들다, 공들여 만들다
hold a person in (high) esteem ~를 (대단히) 존중하다　integrity [intégrəti] 진실성, 온전함
substantial [səbstǽnʃəl] 상당한　gear [giər] 맞게 하다, 조정하다

HACKERS TEST

해커스 텝스 중급 청해

음성을 들으며 질문에 가장 적절한 답을 고르세요. 🎧 P4&5_9

PART 4

01 (a) (b) (c) (d)

02 (a) (b) (c) (d)

03 (a) (b) (c) (d)

04 (a) (b) (c) (d)

PART 5

05 (a) (b) (c) (d)

06 (a) (b) (c) (d)

정답 p. 35

DICTATION

해커스 텝스 중급 청해

앞에서 배운 STEP별 문제 풀이 전략을 적용하면서 빈칸에 들어갈 내용을 받아써 보세요. (음성은 두 번씩 들려줍니다.)

🎧 P4&5_10

01 (a) (b) (c) (d)

STEP 1 담화를 첫 번째 들을 때 무엇에 대한 담화인지 파악하기
앞부분을 중심으로 담화 전체의 키워드를 통해 중심 소재가 무엇인지 파악합니다.

STEP 2 질문을 들을 때 무엇을 묻고 있는지 파악하기

Q: What can be _____ peptic ulcers from the lecture?

STEP 3 담화를 두 번째 들을 때 정답의 단서가 될 부분 집중해 듣기
담화의 중심 소재와 관련된 세부 정보를 집중해서 듣습니다.

_____
_____. This connection made sense because
_____
_____. On the other hand, _____
_____ because _____
_____.
_____
two Australian researchers _____,
_____, _____
_____ known as helicobacter pylori.

STEP 4 질문과 보기를 들을 때 정답 여부 가리며 듣기

(a) _____.
(b) _____.
(c) _____.
(d) _____.

02 (a) (b) (c) (d)

STEP 1 담화를 첫 번째 들을 때 무엇에 대한 담화인지 파악하기
앞부분을 중심으로 담화 전체의 키워드를 통해 중심 소재가 무엇인지 파악합니다.

STEP 2 질문을 들을 때 무엇을 묻고 있는지 파악하기

Q: What can be _____ about the Mara Triangle charity?

STEP 3 담화를 두 번째 들을 때 정답의 단서가 될 부분 집중해 듣기
담화의 중심 소재와 관련된 세부 정보를 집중해서 듣습니다.

_____
_____
to a global audience in real time. _____
_____, _____
_____
_____ to better the lives of others.
For example, the Mara Triangle charity in Kenya _____
_____
_____. Despite this, _____
_____ to thank donors. This is done though
a _____.

STEP 4 질문과 보기를 들을 때 정답 여부 가리며 듣기

(a) _____.
(b) _____.
(c) _____.
(d) _____.

03 (a) (b) (c) (d)

STEP 1 담화를 첫 번째 들을 때 무엇에 대한 담화인지 파악하기
앞부분을 중심으로 담화 전체의 키워드를 통해 중심 소재가 무엇인지 파악합니다.

STEP 2 질문을 들을 때 무엇을 묻고 있는지 파악하기

Q: Which statement would the speaker most likely _____?

STEP 3 담화를 두 번째 들을 때 정답의 단서가 될 부분 집중해 듣기
담화의 중심 소재와 관련된 세부 정보를 집중해서 듣습니다.

_____, _____, _____
_____.
Such beliefs spring from _____
_____. _____, however, _____
_____.
_____. Humans may be _____
_____, but _____
_____ on the planet _____
_____.

STEP 4 질문과 보기를 들을 때 정답 여부 가리며 듣기

(a) _____.
(b) _____.
(c) _____.
(d) _____.

04 (a) (b) (c) (d)

STEP 1 담화를 첫 번째 들을 때 무엇에 대한 담화인지 파악하기
앞부분을 중심으로 담화 전체의 키워드를 통해 중심 소재가 무엇인지 파악합니다.

STEP 2 질문을 들을 때 무엇을 묻고 있는지 파악하기

Q: What can be _____ from the talk?

STEP 3 담화를 두 번째 들을 때 정답의 단서가 될 부분 집중해 듣기
담화의 중심 소재와 관련된 세부 정보를 집중해서 듣습니다.

_____, _____
_____
_____. _____
_____
_____ regarding the current global economic landscape. _____, _____
_____ and
_____. _____, _____
_____,
they are _____.

STEP 4 질문과 보기를 들을 때 정답 여부 가리며 듣기

(a) _____.
(b) _____.
(c) _____.
(d) _____.

PART 5

05 (a) (b) (c) (d)

06 (a) (b) (c) (d)

STEP 1 담화를 첫 번째 들을 때 무엇에 대한 담화인지 파악하기
앞부분을 중심으로 담화 전체의 키워드를 통해 중심 소재가 무엇인지 파악합니다.

STEP 2 질문을 들을 때 무엇을 묻고 있는지 파악하기

> 05. Q: What is the talk _____ ?
> 06. Q: What can be _____ zebra mussels from the talk?

STEP 3 담화를 두 번째 들을 때 정답의 단서가 될 부분 집중해 듣기
담화의 중심 소재와 관련된 세부 정보를 집중해서 듣습니다.

> Zebra mussels _____
> during the mid-1980s. _____
> the Great Lakes. _____.
> Zebra mussels _____ because
> _____. A large population of _____,
> leaving little for members of other species. And, of course, _____
> _____ who _____.
> Unfortunately, _____ Zebra mussels from a body
> of water. Therefore, _____ with Zebra mussels
> _____ from being _____.

STEP 4 질문과 보기를 들을 때 정답 여부 가리며 듣기

> 05.
> (a) _____
> (b) _____
> (c) _____
> (d) _____
>
> 06.
> (a) They _____.
> (b) They _____.
> (c) They _____.
> (d) They _____.

정답 p. 35

Chapter 03 추론 문제

빈출 토픽별 어휘

Part 4&5에 자주 나오는 빈출 토픽별 어휘를 익혀두면 담화 내용을 정확히 이해하여 문제를 푸는 데 도움이 됩니다. 음성을 듣고 따라 읽으면서 반드시 외워 보세요. 🎧 P4&5_11

광고

식품
- treat [tri:t] 간식
- nutritious [njutríʃəs] 영양분이 풍부한
- come with ~와 함께 나오다
- bite [bait] 베어 물다
- available [əvéiləbl] 구할 수 있는
- contain [kəntéin] 함유하다
- supplement [sʌ́pləmənt] 보충하다

전자제품
- gadget [gǽdʒit] 도구, 장치
- be equipped with ~의 장비를 갖추다
- function [fʌ́ŋkʃən] 기능
- quality [kwάləti] 품질
- motion [móuʃən] (기계의) 작동
- predecessor [prédəsèsər] 이전 것[모델]
- digital [dídʒətl] 디지털의

생활용품
- utensil [ju:ténsəl] 가정용품
- receipt [risí:t] 영수증
- discount [dískaunt] 할인
- clearance sale 재고 정리 세일
- purchase [pə́:rtʃəs] 구입하다
- customize [kʌ́stəmàiz] 주문 제작하다
- regular price 정가

온라인 정보 이용
- information [ìnfərméiʃən] 정보
- download [dàunlóud] (데이터를) 다운로드하다
- install [instɔ́:l] 설치하다
- upgrade [ʌ̀pgréid] 개선하다
- operating system 운영 체제
- subscribe [səbskráib] 구독하다
- advertise [ǽdvərtàiz] 광고하다

여행지 및 여행 상품
- reservation [rèzərvéiʃən] 예약
- book [buk] 예약하다
- accommodation [əkàmədéiʃən] 숙박 시설
- offer [ɔ́:fər] 제공하다
- guide [gaid] 안내하다
- arrive [əráiv] 도착하다
- explore [iksplɔ́:r] 탐험하다

학원 및 교육 프로그램
- course [kɔ:rs] 교육 과정
- tuition [tjuːíʃən] 수업료
- scholarship [skάlərʃìp] 장학금
- apply [əplái] 신청하다
- enroll [inróul] 등록하다
- transcript [trǽnskript] (학생의) 성적 증명서
- registration [rèdʒistréiʃən] 등록

뉴스

사건 및 사고
- **crash** [kræʃ] (자동차 충돌) 사고
- **damage** [dǽmidʒ] 피해
- **arrest** [ərést] 체포하다
- **accuse** [əkjúːz] 고발하다
- **break out** (전쟁 등 안 좋은 일이) 발생하다
- **instigate** [ínstəgèit] 선동하다
- **collide** [kəláid] 충돌하다

사회 문제
- **gathering** [gǽðəriŋ] 집회, 모임
- **protest** [prətést] 항의하다
- **confront** [kənfrʌ́nt] (문제나 힘든 상황이) 닥치다
- **crack down** 엄중히 단속하다
- **approve** [əprúːv] 승인하다
- **impose** [impóuz] 시행하다
- **involvement** [inválvmənt] 관여, 연루

재해
- **calamity** [kəlǽməti] 재앙, 재난
- **catastrophe** [kətǽstrəfi] 참사, 재앙
- **disturbance** [distə́ːrbəns] 폐해
- **warning** [wɔ́ːrniŋ] 경보
- **struggle** [strʌgl] 분투하다, 애쓰다
- **prepare** [pripέər] 대비하다
- **suffer** [sʌ́fər] 고통 받다

경제
- **economics** [èkənámiks] 경제학
- **demand** [dimǽnd] 수요
- **reduce** [ridjúːs] 감소하다
- **productivity** [pròudʌktívəti] 생산성
- **industry** [índəstri] 산업
- **unemployment** [ʌ̀nimplɔ́imənt] 실업률
- **recession** [riséʃən] 불경기

통계
- **statistics** [stətístiks] 통계
- **proportion** [prəpɔ́ːrʃən] 비율
- **analysis** [ənǽləsis] 분석
- **figure** [fígjər] 수치
- **compile** [kəmpáil] (자료 등을) 수집하다
- **reliable** [riláiəbl] 믿을 만한
- **accurate** [ǽkjurət] 정확한

날씨
- **degree** [digríː] (온도 단위인) 도
- **freezing** [fríːziŋ] 몹시 추운
- **precipitation** [prisìpətéiʃən] 강우량
- **pressure** [préʃər] 압력
- **seasonable** [síːzənəbl] 계절에 어울리는
- **breeze** [briːz] 산들바람
- **severe** [səvíər] (태풍 등이) 격심한

안내

회사 정책
- promotion [prəmóuʃən] 승진
- retirement [ritáiərmənt] 은퇴
- recruit [rikrúːt] 모집하다
- lay off 임시 해고하다
- cooperation [kouàpəréiʃən] 협조
- division [divíʒən] (조직의) 부
- implement [ímpləmənt] 시행하다

여행 일정
- itinerary [aitínərèri] 일정
- map out a journey 여행 계획을 세우다
- arrange [əréindʒ] 예정을 세우다
- guidebook [gáidbùk] 여행 안내서
- post on ~에 게시하다, 공고하다
- in advance 미리
- postpone [poustpóun] 연기하다

행사 및 회의
- performance [pərfɔ́ːrməns] 공연
- display [displéi] 전시
- hold [hould] 개최하다
- conference [kánfərəns] 회의
- outcome [áutkʌm] 결과
- scheme [skiːm] 안, 계획
- enrollment [inróulmənt] 등록

제품 안내
- product [prádʌkt] 제품, 상품
- release [rilíːs] 발표하다, 공개하다
- feature [fíːtʃər] 특징
- development [divéləpmənt] (신제품의) 개발
- launch [lɔːntʃ] 출시하다
- manufacture [mæ̀njufǽktʃər] 생산하다
- replacement [ripléismənt] 교체

기내 방송
- cabin crew (항공기의) 승무원
- take off 이륙하다
- land [lænd] 착륙하다
- aboard [əbɔ́ːrd] 탑승하여
- attention [əténʃən] 주의, 주목
- fasten [fǽsn] 매다, 채우다
- layover [léiòuvər] 도중하차

안전 규칙
- regulation [règjuléiʃən] 규칙, 규정
- guideline [gáidlàin] 지침, 정책
- instruction [instrʌ́kʃən] 지시, 설명
- observe [əbzə́ːrv] 준수하다
- take action ~에 대해 조치를 취하다
- assure [əʃúər] 보장하다
- violate [váiəlèit] 위반하다

수리업체 이용 방법

- fix [fiks] 수리하다
- repair [ripɛ́ər] 고치다
- manufacturer [mæ̀njufǽktʃərər] 제조업체
- receive [risíːv] 받다
- utilize [júːtəlàiz] 이용하다
- receipt number 영수증 번호
- charge [tʃɑ́ːrdʒ] (요금, 값을) 청구하다

자동 전화 상품 주문

- order [ɔ́ːrdər] 주문하다
- cancel [kǽnsəl] 취소하다
- press [pres] 누르다
- deliver [dilívər] 배달하다
- payment [péimənt] 지불
- confirmation [kɑ̀nfərméiʃən] 확인
- return [ritə́ːrn] 반품하다, 되돌아가다

쇼핑몰 영업 시간

- office hours 영업 시간, 근무 시간
- closing hour 마감 시간
- limited [límitid] 제한된
- year-round 연중 무휴의, 연중 계속되는
- shipment [ʃípmənt] 수송, 배송
- regular [régjulər] 보통의, 정규의
- through [θruː] ~까지, ~ 동안 내내

고객 불편 상담

- hotline [hɑ́ːtlain] 상담 전화
- complaint [kəmpléint] 불만사항
- solve [sɑlv] 해결하다
- customer [kʌ́stəmər] 고객
- consultation [kɑ̀nsəltéiʃən] 상담
- regarding [rigɑ́ːrdiŋ] ~에 대하여
- representative [rèprizéntətiv] 대표

영업 및 서비스 일시 중단 안내

- interruption [ìntərʌ́pʃən] 중단
- temporarily [tèmpərérəli] 임시의
- announcement [ənáunsmənt] 안내
- inconvenience [ìnkənvíːnjəns] 불편
- apologize [əpɑ́lədʒàiz] 사과하다
- minimize [mínəmàiz] 최소화하다
- immediately [imíːdiətli] 즉시

메시지 및 응답 요청

- outgoing message 부재중 응답 메시지
- answering machine 자동 응답기
- brief [briːf] 간단한
- get back to ~에게 다시 전화를 하다
- respond [rispɑ́nd] 응답하다
- prompt [prɑmpt] 신속한
- emergency [imə́ːrdʒənsi] 위급, 비상

연설자 및 수상자

- introduce [ìntrədjú:s] 소개하다
- audience [ɔ́:diəns] 청중
- applause [əplɔ́:z] 박수
- reputation [rèpjutéiʃən] 평판, 명성
- award [əwɔ́:rd] 상; 수여하다
- designate [dézignèit] 지명하다
- recognize [rékəgnàiz] 인정하다

생활 정보

- practical [præktikəl] 실용적인, 유용한
- share [ʃɛər] 공유하다
- recommend [rèkəménd] 추천하다
- additional [ədíʃənl] 추가의
- offer [ɔ́:fər] 제공하다
- handle [hændl] 다루다
- be familiar with ~을 잘 아는

학교 및 회사

- organization [ɔ̀:rgənizéiʃən] 조직
- leading [lí:diŋ] 선두적인
- famed [feimd] 유명한
- set up 건립하다
- comprise [kəmpráiz] ~으로 구성되다
- competitiveness [kəmpétətivnis] 경쟁력
- independent [ìndipéndənt] 독자적인

각종 행사

- fair [fɛər] 박람회
- sponsor [spánsər] 주최 측
- hold [hould] 개최하다
- scale [skeil] 규모
- worldwide [wə́:rldwàid] 세계적인
- celebrity [səlébrəti] 유명 인사
- public [pʌ́blik] 대중

연구 결과

- research [ri:sə́:rtʃ] 연구
- finding [fáindiŋ] (조사, 연구 등의) 결과
- theory [θí:əri] 이론
- discover [diskʌ́vər] 발견하다
- turn out ~인 것으로 밝혀지다
- examine [igzǽmin] 검사하다
- researcher [risə́:rtʃər] 연구원

국가 및 문화

- tradition [trədíʃən] 전통
- establish [istǽbliʃ] 설립하다
- respect [rispékt] 존중하다
- exchange [ikstʃéindʒ] 교환
- represent [rèprizént] 대표하다
- advanced [ædvǽnst] 선진의
- well-known 잘 알려진

회의

사내 문제
- strike [straik] 파업
- matter [mǽtər] 사안, 문제
- address [ədrés] (어려운 문제 등을) 다루다
- conflict [kánflikt] 투쟁, 갈등
- resolve [rizálv] (문제 등을) 해결하다
- argue [áːrgjuː] 논쟁하다
- discuss [diskʌ́s] 논의하다

근로 환경
- union [júːnjən] 노동조합
- pension [pénʃən] 연금
- salary [sǽləri] 급여
- raise [reiz] 인상하다
- workplace [wə́ːrkplèis] 직장
- benefit [bénəfit] 혜택
- time-off 휴가

영업
- sales [seilz] 판매의
- quarter [kwɔ́ːrtər] 분기
- profit [práfit] 이익
- strategy [strǽtədʒi] 전략
- expense [ikspéns] 비용
- policy [páləsi] 방침
- expand [ikspǽnd] 확장시키다

경제
- supply [səplái] 공급
- fiscal [fískəl] 재정의
- budget [bʌ́dʒit] 예산
- outlook [áutlùk] 전망
- revive [riváiv] 회복하다
- outsource [àutsɔ́ːrs] (작업, 생산을) 외부에 위탁하다
- domestic [dəméstik] 국내의

마케팅
- contract [kántrækt] 계약
- deal [diːl] 거래
- competitor [kəmpétətər] 경쟁사
- forecast [fɔ́ːrkæst] 예측하다
- market share 시장 점유율
- consumer [kənsúːmər] 소비자
- come up with 제안하다, 제시하다

회사 정책
- security [sikjúərəti] 보안
- procedure [prəsíːdʒər] 절차
- enforce [infɔ́ːrs] 실시하다
- restrict [ristríkt] 제한하다
- permit [pərmít] 허가하다
- reward [riwɔ́ːrd] 보상하다
- conform [kənfɔ́ːrm] (규칙, 법 등에) 따르다

주장

불법 행위
- unlawful [ʌ̀nlɔ́:fəl] 불법의
- counterfeit [káuntərfìt] 위조의
- violent [váiələnt] 폭력적인
- commit [kəmít] 저지르다
- intentional [inténʃənl] 의도적인
- investigate [invéstəgèit] 조사하다
- conduct [kándʌkt] 행동

사회적 차별
- discrimination [diskrìmənéiʃən] 차별
- injustice [indʒʌ́stis] 불공평
- inequality [ìnikwáləti] 불평등
- victim [víktim] 피해자
- protection [prətékʃən] 보호
- right [rait] 권리
- desegregation [dì:segrəgéiʃən] 인종 차별 폐지

의료 시스템
- diagnosis [dàiəgnóusis] 진단
- flaw [flɔ:] 결함
- technology [teknálədʒi] 기술
- integrate [íntəgrèit] 통합시키다
- beyond [biánd] 넘어서는
- devise [diváiz] 고안하다
- various [vɛ́:əriəs] 다양한

노동자 문제
- labor [léibər] 노동자
- employer [implɔ́iər] 고용주
- conflict [kánflikt] 갈등
- shortage [ʃɔ́:rtidʒ] 부족
- appropriate [əpróuprièit] 적절한
- nationwide [néiʃənwàid] 전국적인
- foreign [fɔ́:rən] 외국의

경제교육 시스템
- curriculum [kəríkjuləm] 교육과정
- academic [ækədémik] 학교의, 학문의
- discipline [dísəplin] 훈련, 규율
- sign up 등록하다
- certificate [sərtífikət] 수료 증명서
- semester [siméstər] 학기
- improve [imprú:v] 향상시키다

정부 및 회사 정책
- pension [pénʃən] 연금
- legislation [lèdʒisléiʃən] 제정법
- deficit [défəsit] 적자
- surplus [sə́:rplʌs] 흑자
- advocate [ǽdvəkèit] 지지하다
- invest [invést] 투자하다
- authorize [ɔ́:θəràiz] 권한을 부여하다

강의

문학
- literature [lítərətʃər] 문학
- character [kǽriktər] 등장인물
- piece [pi:s] 작품
- novel [návəl] 소설
- inspire [inspáiər] 영감을 주다
- genre [ʒá:ŋrə] 장르
- term [tə:rm] 용어

예술
- architecture [á:rkətèktʃər] 건축
- sculpture [skʌ́lptʃər] 조각
- hue [hju:] 색조
- creation [kriéiʃən] 창조
- express [iksprés] 표현하다
- collect [kəlékt] 모으다, 수집하다
- antique [æntí:k] 골동품

문화 및 역사학
- custom [kʌ́stəm] 관습
- ceremony [sérəmòuni] 의식
- ritual [rítʃuəl] 종교적 의식, 의례
- sacred [séikrid] 신성한
- legend [léðʒənd] 전설
- religious [rilíðʒəs] 종교의
- worship [wə́:rʃip] 숭배하다

생물학
- biology [baiálədʒi] 생물학
- ecosystem [ékousìstəm] 생태계
- species [spí:ʃi:z] 종 (생물 분류의 기초 단위)
- evolve [iválv] 진화하다
- identification [aidèntəfikéiʃən] 식별
- mechanism [mékənìzm] 구조
- substance [sʌ́bstəns] 물질

사회 및 심리학
- social group 사회 집단
- population [pàpjuléiʃən] 인구
- relationship [riléiʃənʃip] 관계
- behavior [bihéivjər] 행동
- association [əsòusiéiʃən] 협회
- community [kəmjú:nəti] 지역 사회
- stimulate [stímjulèit] 자극하다

의학
- ailment [éilmənt] 질병
- disease [dizí:z] 질병
- operation [àpəréiʃən] 수술
- symptom [símptəm] 증상
- suffer [sʌ́fər] 고통 받다
- misdiagnose [mìsdáiəgnous] 오진하다
- rehabilitation [rì:həbìlətéiʃən] 재활

시험에 나올 문제를 미리
풀어보고 싶을 땐?

해커스텝스(HackersTEPS.com)에서
텝스 적중예상특강 보기!

해커스 텝스 중급 청해

MINI TEST

Mini Test 1
Mini Test 2
Mini Test 3
Mini Test 4
Mini Test 5
Mini Test 6
Mini Test 7

MINI TEST 1

해커스 텝스 중급 청해

 Mini Test 1

Part 1   Questions 01~05
You will now hear five statements or questions, and each will be followed by four responses. Choose the most appropriate response.

01   (a)   (b)   (c)   (d)

02   (a)   (b)   (c)   (d)

03   (a)   (b)   (c)   (d)

04   (a)   (b)   (c)   (d)

05   (a)   (b)   (c)   (d)

Part 2   Questions 06~10
You will now hear five conversation fragments, and each will be followed by four responses. Choose the most appropriate response.

06   (a)   (b)   (c)   (d)

07   (a)   (b)   (c)   (d)

08   (a)   (b)   (c)   (d)

09   (a)   (b)   (c)   (d)

10   (a)   (b)   (c)   (d)

Part 3   Questions 11~15

You will now hear five complete conversations. Before each conversation, you will hear a short description of the situation. Then you will hear the conversation and its corresponding question, both of which will be read only once. Next, you will hear four options, which will also be read once. Choose the option that best answers the question.

11   (a)   (b)   (c)   (d)

12   (a)   (b)   (c)   (d)

13   (a)   (b)   (c)   (d)

14   (a)   (b)   (c)   (d)

15   (a)   (b)   (c)   (d)

Part 4   Questions 16~18

You will now hear three monologues. For each item, you will hear a monologue and its corresponding question, both of which will be read twice. Then you will hear four options which will be read only once. Choose the option that best answers the question.

16   (a)   (b)   (c)   (d)

17   (a)   (b)   (c)   (d)

18   (a)   (b)   (c)   (d)

Part 5   Questions 19~20

You will now hear two longer monologues. For each item, you will hear a monologue and two corresponding questions, all of which will be read twice. Then you will hear four options for each question, which will be read only once. Choose the option that best answers each question.

19   (a)   (b)   (c)   (d)

20   (a)   (b)   (c)   (d)

정답 p.39

MINI TEST 2

해커스 텝스 중급 청해

 Mini Test 2

Part 1   Questions 01~05

You will now hear five statements or questions, and each will be followed by four responses. Choose the most appropriate response.

01   (a)   (b)   (c)   (d)

02   (a)   (b)   (c)   (d)

03   (a)   (b)   (c)   (d)

04   (a)   (b)   (c)   (d)

05   (a)   (b)   (c)   (d)

Part 2   Questions 06~10

You will now hear five conversation fragments, and each will be followed by four responses. Choose the most appropriate response.

06   (a)   (b)   (c)   (d)

07   (a)   (b)   (c)   (d)

08   (a)   (b)   (c)   (d)

09   (a)   (b)   (c)   (d)

10   (a)   (b)   (c)   (d)

Part 3   Questions 11~15

You will now hear five complete conversations. Before each conversation, you will hear a short description of the situation. Then you will hear the conversation and its corresponding question, both of which will be read only once. Next, you will hear four options, which will also be read once. Choose the option that best answers the question.

11   (a)   (b)   (c)   (d)

12   (a)   (b)   (c)   (d)

13   (a)   (b)   (c)   (d)

14   (a)   (b)   (c)   (d)

15   (a)   (b)   (c)   (d)

Part 4   Questions 16~18

You will now hear three monologues. For each item, you will hear a monologue and its corresponding question, both of which will be read twice. Then you will hear four options which will be read only once. Choose the option that best answers the question.

16   (a)   (b)   (c)   (d)

17   (a)   (b)   (c)   (d)

18   (a)   (b)   (c)   (d)

Part 5   Questions 19~20

You will now hear two longer monologues. For each item, you will hear a monologue and two corresponding questions, all of which will be read twice. Then you will hear four options for each question, which will be read only once. Choose the option that best answers each question.

19   (a)   (b)   (c)   (d)

20   (a)   (b)   (c)   (d)

정답 p.46

MINI TEST 3

해커스 텝스 중급 청해

 Mini Test 3

Part 1   Questions 01~05

You will now hear five statements or questions, and each will be followed by four responses. Choose the most appropriate response.

01   (a)   (b)   (c)   (d)

02   (a)   (b)   (c)   (d)

03   (a)   (b)   (c)   (d)

04   (a)   (b)   (c)   (d)

05   (a)   (b)   (c)   (d)

Part 2   Questions 06~10

You will now hear five conversation fragments, and each will be followed by four responses. Choose the most appropriate response.

06   (a)   (b)   (c)   (d)

07   (a)   (b)   (c)   (d)

08   (a)   (b)   (c)   (d)

09   (a)   (b)   (c)   (d)

10   (a)   (b)   (c)   (d)

Part 3   Questions 11~15

You will now hear five complete conversations. Before each conversation, you will hear a short description of the situation. Then you will hear the conversation and its corresponding question, both of which will be read only once. Next, you will hear four options, which will also be read once. Choose the option that best answers the question.

11   (a)   (b)   (c)   (d)

12   (a)   (b)   (c)   (d)

13   (a)   (b)   (c)   (d)

14   (a)   (b)   (c)   (d)

15   (a)   (b)   (c)   (d)

Part 4   Questions 16~18

You will now hear three monologues. For each item, you will hear a monologue and its corresponding question, both of which will be read twice. Then you will hear four options which will be read only once. Choose the option that best answers the question.

16   (a)   (b)   (c)   (d)

17   (a)   (b)   (c)   (d)

18   (a)   (b)   (c)   (d)

Part 5   Questions 19~20

You will now hear two longer monologues. For each item, you will hear a monologue and two corresponding questions, all of which will be read twice. Then you will hear four options for each question, which will be read only once. Choose the option that best answers each question.

19   (a)   (b)   (c)   (d)

20   (a)   (b)   (c)   (d)

정답 p.52

MINI TEST 4

Mini Test 4

Part 1 Questions 01~05

You will now hear five statements or questions, and each will be followed by four responses. Choose the most appropriate response.

01   (a)   (b)   (c)   (d)

02   (a)   (b)   (c)   (d)

03   (a)   (b)   (c)   (d)

04   (a)   (b)   (c)   (d)

05   (a)   (b)   (c)   (d)

Part 2 Questions 06~10

You will now hear five conversation fragments, and each will be followed by four responses. Choose the most appropriate response.

06   (a)   (b)   (c)   (d)

07   (a)   (b)   (c)   (d)

08   (a)   (b)   (c)   (d)

09   (a)   (b)   (c)   (d)

10   (a)   (b)   (c)   (d)

Part 3 Questions 11~15

You will now hear five complete conversations. Before each conversation, you will hear a short description of the situation. Then you will hear the conversation and its corresponding question, both of which will be read only once. Next, you will hear four options, which will also be read once. Choose the option that best answers the question.

11 (a)   (b)   (c)   (d)

12 (a)   (b)   (c)   (d)

13 (a)   (b)   (c)   (d)

14 (a)   (b)   (c)   (d)

15 (a)   (b)   (c)   (d)

Part 4 Questions 16~18

You will now hear three monologues. For each item, you will hear a monologue and its corresponding question, both of which will be read twice. Then you will hear four options which will be read only once. Choose the option that best answers the question.

16 (a)   (b)   (c)   (d)

17 (a)   (b)   (c)   (d)

18 (a)   (b)   (c)   (d)

Part 5 Questions 19~20

You will now hear two longer monologues. For each item, you will hear a monologue and two corresponding questions, all of which will be read twice. Then you will hear four options for each question, which will be read only once. Choose the option that best answers each question.

19 (a)   (b)   (c)   (d)

20 (a)   (b)   (c)   (d)

정답 p. 58

MINI TEST 5

해커스 텝스 중급 청해

🎧 Mini Test 5

Part 1 Questions 01~05

You will now hear five statements or questions, and each will be followed by four responses. Choose the most appropriate response.

01   (a)   (b)   (c)   (d)

02   (a)   (b)   (c)   (d)

03   (a)   (b)   (c)   (d)

04   (a)   (b)   (c)   (d)

05   (a)   (b)   (c)   (d)

Part 2 Questions 06~10

You will now hear five conversation fragments, and each will be followed by four responses. Choose the most appropriate response.

06   (a)   (b)   (c)   (d)

07   (a)   (b)   (c)   (d)

08   (a)   (b)   (c)   (d)

09   (a)   (b)   (c)   (d)

10   (a)   (b)   (c)   (d)

Part 3 Questions 11~15

You will now hear five complete conversations. Before each conversation, you will hear a short description of the situation. Then you will hear the conversation and its corresponding question, both of which will be read only once. Next, you will hear four options, which will also be read once. Choose the option that best answers the question.

11 (a) (b) (c) (d)

12 (a) (b) (c) (d)

13 (a) (b) (c) (d)

14 (a) (b) (c) (d)

15 (a) (b) (c) (d)

Part 4 Questions 16~18

You will now hear three monologues. For each item, you will hear a monologue and its corresponding question, both of which will be read twice. Then you will hear four options which will be read only once. Choose the option that best answers the question.

16 (a) (b) (c) (d)

17 (a) (b) (c) (d)

18 (a) (b) (c) (d)

Part 5 Questions 19~20

You will now hear two longer monologues. For each item, you will hear a monologue and two corresponding questions, all of which will be read twice. Then you will hear four options for each question, which will be read only once. Choose the option that best answers each question.

19 (a) (b) (c) (d)

20 (a) (b) (c) (d)

정답 p.65

MINI TEST 6

 Mini Test 6

Part 1 Questions 01~05

You will now hear five statements or questions, and each will be followed by four responses. Choose the most appropriate response.

01 (a) (b) (c) (d)

02 (a) (b) (c) (d)

03 (a) (b) (c) (d)

04 (a) (b) (c) (d)

05 (a) (b) (c) (d)

Part 2 Questions 06~10

You will now hear five conversation fragments, and each will be followed by four responses. Choose the most appropriate response.

06 (a) (b) (c) (d)

07 (a) (b) (c) (d)

08 (a) (b) (c) (d)

09 (a) (b) (c) (d)

10 (a) (b) (c) (d)

Part 3 Questions 11~15

You will now hear five complete conversations. Before each conversation, you will hear a short description of the situation. Then you will hear the conversation and its corresponding question, both of which will be read only once. Next, you will hear four options, which will also be read once. Choose the option that best answers the question.

11 (a)   (b)   (c)   (d)

12 (a)   (b)   (c)   (d)

13 (a)   (b)   (c)   (d)

14 (a)   (b)   (c)   (d)

15 (a)   (b)   (c)   (d)

Part 4 Questions 16~18

You will now hear three monologues. For each item, you will hear a monologue and its corresponding question, both of which will be read twice. Then you will hear four options which will be read only once. Choose the option that best answers the question.

16 (a)   (b)   (c)   (d)

17 (a)   (b)   (c)   (d)

18 (a)   (b)   (c)   (d)

Part 5 Questions 19~20

You will now hear two longer monologues. For each item, you will hear a monologue and two corresponding questions, all of which will be read twice. Then you will hear four options for each question, which will be read only once. Choose the option that best answers each question.

19 (a)   (b)   (c)   (d)

20 (a)   (b)   (c)   (d)

정답 p.71

MINI TEST 7

 Mini Test 7

Part 1   Questions 01~05
You will now hear five statements or questions, and each will be followed by four responses. Choose the most appropriate response.

01 (a)   (b)   (c)   (d)

02 (a)   (b)   (c)   (d)

03 (a)   (b)   (c)   (d)

04 (a)   (b)   (c)   (d)

05 (a)   (b)   (c)   (d)

Part 2   Questions 06~10
You will now hear five conversation fragments, and each will be followed by four responses. Choose the most appropriate response.

06 (a)   (b)   (c)   (d)

07 (a)   (b)   (c)   (d)

08 (a)   (b)   (c)   (d)

09 (a)   (b)   (c)   (d)

10 (a)   (b)   (c)   (d)

Part 3 Questions 11~15

You will now hear five complete conversations. Before each conversation, you will hear a short description of the situation. Then you will hear the conversation and its corresponding question, both of which will be read only once. Next, you will hear four options, which will also be read once. Choose the option that best answers the question.

11 (a)   (b)   (c)   (d)

12 (a)   (b)   (c)   (d)

13 (a)   (b)   (c)   (d)

14 (a)   (b)   (c)   (d)

15 (a)   (b)   (c)   (d)

Part 4 Questions 16~18

You will now hear three monologues. For each item, you will hear a monologue and its corresponding question, both of which will be read twice. Then you will hear four options which will be read only once. Choose the option that best answers the question.

16 (a)   (b)   (c)   (d)

17 (a)   (b)   (c)   (d)

18 (a)   (b)   (c)   (d)

Part 5 Questions 19~20

You will now hear two longer monologues. For each item, you will hear a monologue and two corresponding questions, all of which will be read twice. Then you will hear four options for each question, which will be read only once. Choose the option that best answers each question.

19 (a)   (b)   (c)   (d)

20 (a)   (b)   (c)   (d)

정답 p. 78

시험에 나올 문제를 미리
풀어보고 싶을 땐?

해커스텝스(HackersTEPS.com)에서
텝스 적중예상특강 보기!

해커스 텝스 중급 청해

ACTUAL TEST

 Actual Test

DIRECTIONS
In the Listening Comprehension Section, the content will be presented in oral rather than written form. There are five parts in this section, and you will receive separate instructions for each. Listen to the instructions carefully, and choose the best answer for each question from the available options.

Part I **Questions 1~10**

You will now hear ten statements or questions, and each will be followed by four responses. Choose the most appropriate response.

Part II **Questions 11~20**

You will now hear ten conversation fragments, and each will be followed by four responses. Choose the most appropriate response.

Part III Questions 21~30

You will now hear ten complete conversations. Before each conversation, you will hear a short description of the situation. Then you will hear the conversation and its corresponding question, both of which will be read only once. Next, you will hear four options, which will also be read once. Choose the option that best answers the question.

Part IV Questions 31~36

You will now hear six monologues. For each item, you will hear a monologue and its corresponding question, both of which will be read twice. Then you will hear four options which will be read only once. Choose the option that best answers the question.

Part V Questions 37~40

You will now hear two longer monologues. For each item, you will hear a monologue and two corresponding questions, all of which will be read twice. Then you will hear four options for each question, which will be read only once. Choose the option that best answers each question.

텝스 청해의 중급 학습서

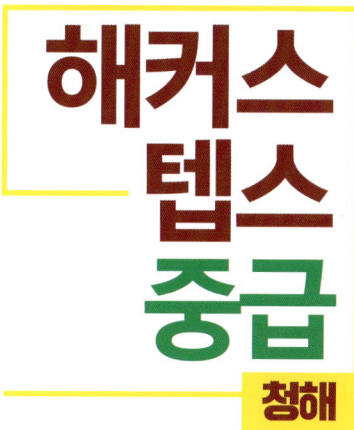

해커스 텝스 중급 청해

개정 2판 13쇄 발행 2025년 1월 6일
개정 2판 1쇄 발행 2018년 5월 8일

지은이	David Cho │ 언어학 박사, 前 UCLA 교수
펴낸곳	(주)해커스 어학연구소
펴낸이	해커스 어학연구소 출판팀

주소	서울특별시 서초구 강남대로61길 23 (주)해커스 어학연구소
고객센터	02-537-5000
교재 관련 문의	publishing@hackers.com
동영상강의	HackersIngang.com

ISBN	978-89-6542-257-0 (13740)
Serial Number	02-13-01

저작권자 ⓒ 2018, David Cho
이 책 및 음성파일의 모든 내용, 이미지, 디자인, 편집 형태에 대한 저작권은 저자에게 있습니다.
서면에 의한 저자와 출판사의 허락 없이 내용의 일부 혹은 전부를 인용, 발췌하거나 복제, 배포할 수 없습니다.

텝스 전문 포털,
해커스텝스(HackersTEPS.com)
해커스텝스

- 매달 업데이트 되는 스타강사의 **텝스 무료 적중예상특강**
- 문법, 독해, 어휘, 청해 문제를 꾸준히 풀어보는 **매일 실전 텝스 문제**
- 텝스 보카 암기 TEST 및 텝스 단어시험지 자동생성기 등 **무료 학습 콘텐츠**

외국어인강 1위,
해커스인강(HackersIngang.com)
해커스인강

- 정기 시험과 동일한 성우 음성의 **교재 MP3 무료 다운로드**
- 텝스를 분석 반영한 **온라인 실전모의고사**
- **받아쓰기 & 쉐도잉 워크북** 및 단어암기자료
- 해커스 스타강사의 **본 교재 인강**

[외국어인강 1위] 헤럴드 선정 2018년 대학생 선호브랜드 대상 '대학생이 선정한 외국어인강' 부문 1위

1위 해커스의 노하우가 담긴
해커스텝스 무료 학습 자료

[해커스어학원] 2015 대한민국 퍼스트브랜드 대상 외국어학원 부문(한국소비자포럼)

1 매일 업데이트되는 텝스 실전문제로 시험 대비
매일 텝스 풀기
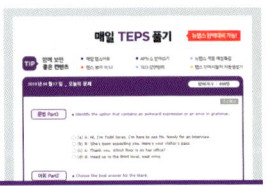

2 16년 연속 베스트셀러 1위 해커스텝스의 비법 수록
텝스 리딩 무료강의

청해 **강로사** 문법 **설미연** 독해 **손승미**

3 1위 해커스 스타 강사진의 텝스 적중예상특강으로 고득점 달성
텝스 적중예상특강

4 텝스 필수 기출 어휘 학습
매일 텝스 어휘

5 텝스 최신 기출 어휘를 꼼꼼하게 복습
해커스 텝스 기출 보카 TEST

[해커스 어학연구소] 알라딘 외국어 베스트셀러 텝스 Reading/Listening 분야 16년 연속 1위
(2008년 11월 ~ 2024년 9월, 월간 베스트 기준, READING 154회, LISTENING 191회, 구문독해 37회)

더 많은 텝스 무료자료는 해커스텝스 검색 에서 확인하세요.   해커스텝스 바로가기 ▶

텝스 청해의 중급 학습서

해커스 텝스 중급 청해

해설집

정답·해석·해설

해커스 어학연구소

해커스 텝스 중급 청해

해설집

정답·해석·해설

해커스 어학연구소

PART 1 & 2

CHAPTER 01 회사

HACKERS TEST
p.30

| 01 (a) | 02 (d) | 03 (b) | 04 (a) | 05 (c) |
| 06 (d) | 07 (c) | 08 (a) | 09 (d) | |

01

Hi. I'd like to speak with Mr. Collins, please.
(a) I'll put you through to his office.
(b) Yes, give him my best regards.
(c) I'm glad to finally meet you.
(d) I will let him know you called.

해석 안녕하세요. Mr. Collins와 통화하고 싶습니다.
(a) 그분의 사무실로 연결해 드리겠습니다.
(b) 네, 그에게 안부 전해 주세요.
(c) 드디어 당신을 만나게 되어 기쁩니다.
(d) 당신이 전화하셨다고 그분께 알려 드리겠습니다.

해설 Mr. Collins와 통화하고 싶다는 말에, '그분의 사무실로 연결해 드리겠습니다'라며 통화가 가능하다는 것을 간접적으로 전달한 (a)가 정답입니다.

어휘 put through to (전화로) 연결해 주다   regard[rigá:rd] 안부

02

I'm so stressed out about my job interview.
(a) You should try another career.
(b) I recommend thinking it through.
(c) Send a cover letter with your résumé.
(d) I could help you prepare.

해석 저는 면접 때문에 너무 스트레스를 받아요.
(a) 다른 직업에 도전해보세요.
(b) 저는 그것을 신중하게 생각해보기를 권해요.
(c) 당신의 이력서와 함께 자기 소개서를 보내세요.
(d) 제가 당신이 준비하는 것을 도와 드릴게요.

해설 면접 때문에 너무 스트레스를 받는다고 걱정하는 말에, '제가 당신이 준비하는 것을 도와 드릴게요'라며 격려한 (d)가 정답입니다.

어휘 career[kəríər] 직업, 직장   recommend[rèkəménd] 권하다
think through 신중하게 생각하다   cover letter 자기 소개서
résumé[rézumèi] 이력서

03

I can't believe I forgot about our meeting.
(a) You can't expect me to remember that.
(b) Well, you had a lot on your mind.
(c) I guess it's inevitable.
(d) I suppose I'll see you then.

해석 제가 우리 회의에 대해 잊어버리다니 믿을 수 없어요.
(a) 저에게 그걸 기억할 거라고 기대하시면 안돼요.
(b) 음, 당신은 생각할 것이 많았잖아요.
(c) 그건 당연하다고 생각해요.
(d) 그럼 그때 만나요.

해설 회의에 대해 잊어버렸다고 자책하는 말에, '음, 당신은 생각할 것이 많았잖아요'라며 위로한 (b)가 정답입니다.

어휘 inevitable[inévətəbl] 당연한, 피할 수 없는

04

I need to make a duplicate of this document.
(a) There's a photocopier near the door.
(b) The boss wants you to look it over.
(c) You said you had already gone there.
(d) Perhaps the computer needs repair.

해석 이 서류의 복사본을 만들어야 해요.
(a) 문 근처에 복사기가 있어요.
(b) 상사께서 당신이 그것을 살펴보기를 원하세요.
(c) 당신은 이미 그곳에 갔다고 얘기했어요.
(d) 그 컴퓨터는 수리가 필요한 것 같아요.

해설 서류의 복사본을 만들어야 한다는 말에, '문 근처에 복사기가 있어요'라며 복사할 수 있는 곳을 알려준 (a)가 정답입니다.

어휘 duplicate[djú:plikət] 복사본
photocopier[fóutoukàpiər] 복사기
look over ~을 살펴보다   repair[ripέər] 수리

05

How did you get a promotion so quickly?
(a) I should probably work harder.
(b) I'm moving to a new office.

(c) I guess my hard work finally paid off.
(d) It's about time you got one.

해석 어떻게 그렇게 빨리 승진하셨어요?
(a) 더 열심히 일해야겠어요.
(b) 새로운 사무실로 이사 갈 예정이에요.
(c) 제가 열심히 일한 것이 결국 성과를 거둔 것 같아요.
(d) 이제 당신이 승진할 때예요.

해설 어떻게 그렇게 빨리 승진했는지 묻는 말에, '제가 열심히 일한 것이 결국 성과를 거둔 것 같아요'라며 승진의 비결을 언급한 (c)가 정답입니다.

어휘 promotion [prəmóuʃən] 승진   pay off 성과를 거두다

06

W: Have you heard from the company about the position you applied for yet?
M: No. I'm still not sure if I got the job or not.
W: It's been almost a month. You should probably give them a call.
(a) I'm supposed to attend another interview.
(b) It seems my application is due this week.
(c) I've decided to accept the job offer.
(d) Well, I don't want to seem impatient.

해석 W: 당신이 지원한 일자리에 관해 그 회사로부터 소식을 들었나요?
M: 아니요. 아직 채용되었는지 아닌지 확실하지 않아요.
W: 거의 한 달이 됐어요. 그들에게 전화를 해보는 게 좋을 것 같아요.
(a) 저는 다른 면접에 참석하기로 되어 있어요.
(b) 제 지원서는 이번 주까지 제출해야 할 것 같아요.
(c) 저는 그 일자리 제안을 받아들이기로 결정했어요.
(d) 글쎄요, 저는 참을성 없는 사람으로 보이고 싶지 않아요.

해설 회사 지원 결과를 기다리고 있는 상황입니다. 지원한 회사에 전화해 지원 결과를 물어보라는 말에, '글쎄요, 참을성 없는 사람으로 보이고 싶지 않아요'라며 전화해보지 않을 것임을 간접적으로 전달한 (d)가 정답입니다.

어휘 apply [əplái] 지원하다   be supposed to ~하기로 되어 있다
application [æpləkéiʃən] 지원서   accept [æksépt] 받아들이다
impatient [impéiʃənt] 참을성 없는

07

M: Did you finish the business plan you've been working on?
W: Yes, I completed it last night.
M: And you looked through it for any errors you might've made?
(a) Yes, that must've been overlooked.
(b) I've been writing it for a while.
(c) I only gave it a quick once-over.
(d) It's been a while since then.

해석 M: 당신이 작업하던 사업 계획서는 다 끝냈나요?

W: 네, 어젯밤에 끝냈어요.
M: 그리고 혹시 했을지도 모를 실수들에 대해 살펴봤나요?
(a) 네, 그것은 간과되었던 것이 틀림없어요.
(b) 저는 한동안 그것을 작성해 왔어요.
(c) 재빨리 한번 훑어보기만 했어요.
(d) 그때 이후로 오랜만이에요.

해설 사업 계획서 작성에 대해 이야기하는 상황입니다. 사업 계획서에 혹시 했을지도 모를 실수들에 대해 살펴봤는지 묻는 말에, '재빨리 한번 훑어보기만 했어요'라며 계획서에 실수가 있는지 제대로 확인해보지 못했다는 의미를 전달한 (c)가 정답입니다.

어휘 look through 살펴보다, 훑어보다   overlook [òuvərlúk] 간과하다
once-over (대강) 훑어보기

08

W: You went to the leadership workshop last weekend, right?
M: Yes. It was optional, but I thought it would be worthwhile.
W: Was Don Jacobs in attendance?
(a) Not that I'm aware of.
(b) We got off to a late start.
(c) I thought it was mandatory.
(d) If so, I would have gone myself.

해석 W: 당신은 지난 주말에 리더십 워크숍에 갔어요, 그렇죠?
M: 네. 그것은 선택적인 것이었지만, 가치가 있을 거라고 생각했어요.
W: Don Jacobs가 참석했나요?
(a) 제가 아는 한은 아니요.
(b) 우리는 늦게 출발했어요.
(c) 저는 그것이 의무적인 거라고 생각했어요.
(d) 그렇다면, 저도 갔을 텐데요.

해설 리더십 워크숍에 대해 이야기하는 상황입니다. Don Jacobs가 참석했었는지 묻는 말에, '제가 아는 한은 아니요'라며 Don Jacobs가 참석하지 않았음을 간접적으로 전달한 (a)가 정답입니다.

어휘 optional [ápʃənl] 선택적인   worthwhile [wə́ːrθhwàil] 가치 있는
attendance [əténdəns] 참석, 출석
be aware of ~을 알다
mandatory [mǽndətɔ̀ːri] 의무적인

09

M: How was the departmental budget meeting?
W: It was productive and we made some progress.
M: How many people from the tech services showed up?
(a) They were the last to make a proposal.
(b) There were several from marketing.
(c) Nothing out of the ordinary happened.
(d) About the same as last time.

해석 M: 부서별 예산 회의는 어땠나요?
W: 생산적이었고 어느 정도 진전이 있었어요.
M: 기술팀에서는 몇 명의 사람이 왔었나요?
(a) 그들은 제안을 할 사람들이 절대 아니에요.
(b) 마케팅 팀에서 온 사람들이 몇 명 있었어요.
(c) 평소와 다른 일은 일어나지 않았어요.
(d) 지난번과 거의 동일한 정도요.

해설 부서별 예산 회의에 대해 이야기하는 상황입니다. 기술팀에서 몇 명의 사람이 왔었는지 묻는 말에, '지난번과 거의 동일한 정도요'라며 참석 인원을 간접적으로 전달한 (d)가 정답입니다.

어휘 departmental[dipɑ́ːrtméntl] 부서별의 budget[bʌ́dʒit] 예산
productive[prədʌ́ktiv] 생산적인 progress[prɑ́gres] 진전
proposal[prəpóuzəl] 제안

HACKERS TEST
p. 36

| 01 (a) | 02 (d) | 03 (c) | 04 (d) | 05 (b) |
| 06 (d) | 07 (c) | 08 (b) | 09 (b) | |

01

I'm glad we decided to watch that movie.
(a) Yeah, it was great.
(b) Well, enjoy your day.
(c) I've heard of that film.
(d) I'll buy some popcorn.

해석 우리가 그 영화를 보기로 결정해서 기뻐요.
(a) 맞아요, 정말 좋았어요.
(b) 그럼, 좋은 하루 되세요.
(c) 그 영화에 대해 들어봤어요.
(d) 제가 팝콘을 살게요.

해설 그 영화를 보기로 결정해서 기쁘다는 말에, '맞아요, 정말 좋았어요'라며 동의한 (a)가 정답입니다.

어휘 decide[disáid] 결심하다, 결정하다

02

Can you make it to the game tomorrow?
(a) I wanted to, but I forgot about it.
(b) Thank you for being part of the team.
(c) You really ought to come early.
(d) I'll try, but I can't promise anything.

해석 내일 경기에 올 수 있어요?
(a) 그러고 싶었는데, 깜빡했어요.
(b) 팀의 일원이 되어줘서 고마워요.
(c) 당신은 정말 빨리 와야 해요.
(d) 노력은 해보겠는데, 뭐라고 약속은 못하겠어요.

해설 내일 경기에 올 수 있는지 묻는 말에, '노력은 해보겠는데, 뭐라고 약속은 못하겠어요'라며 경기에 확실히 올 수 있을지 모르겠다는 의미를 전달한 (d)가 정답입니다.

어휘 make it 오다, 참석하다

03

The party is at 7 pm tomorrow.
(a) You don't need to buy a present.
(b) It isn't even that late yet.
(c) All right. I'll see you then.
(d) Well, I think I'd better get going.

해석 파티는 내일 오후 7시예요.
(a) 선물을 살 필요는 없어요.
(b) 아직 그렇게 늦지도 않았어요.
(c) 알았어요. 그때 뵐게요.
(d) 음, 저는 이제 가는 게 좋을 것 같아요.

해설 파티는 내일 오후 7시라는 말에, '알았어요. 그때 뵐게요'라며 내일 7시에 파티에서 보자는 의미를 전달한 (c)가 정답입니다.

어휘 had better ~하는 것이 좋다

04

I can't wait to start Muay Thai lessons.
(a) I know. It's been rather challenging for me.
(b) I always knew you'd make a great coach.
(c) The delay will be resolved in just a moment.
(d) My friend took them too. She had a blast.

해석 무에타이 수업이 너무 기다려져요.
(a) 맞아요. 그건 저에게 다소 도전적인 것이었어요.
(b) 전 당신이 훌륭한 코치가 될 거란 걸 언제나 알고 있었어요.
(c) 정체는 곧 해결될 거예요.
(d) 제 친구도 그 수업을 들었어요. 그녀는 아주 즐거운 시간을 보냈어요.

해설 무에타이 수업이 기다려진다는 말에, '제 친구도 그 수업을 들었어요. 그녀는 아주 즐거운 시간을 보냈어요'라며 무에타이 수업이 재미있을 것이라는 의미를 전달한 (d)가 정답입니다.

어휘 Muay Thai (스포츠) 무에타이 challenging[tʃǽlindʒiŋ] 도전적인
delay[diléi] 정체, 지연 resolve[rizɑ́lv] 해결하다
blast[blæst] 아주 즐거운 한때

05

I wish I hadn't passed up the chance to see the art exhibit.
(a) I'm sorry I had to call it off.
(b) Well, you didn't really miss much.

(c) The museum has a fine art collection.
(d) But I'm not familiar with that artist.

해석 그 미술 전시회를 볼 기회를 놓치지 않았더라면 좋았을 텐데요.
(a) 제가 어쩔 수 없이 취소해서 미안해요.
(b) 글쎄요, 당신이 그렇게 많은 걸 놓친 건 아니에요.
(c) 그 박물관에는 미술 소장품이 있어요.
(d) 하지만 전 그 예술가에 대해 잘 몰라요.

해설 미술 전시회를 놓친 아쉬움을 표현하는 말에, '글쎄요, 당신이 그렇게 많은 걸 놓친 건 아니에요'라며 미술 전시회에 볼 만한 것이 별로 없었다는 의미를 간접적으로 전달한 (b)가 정답입니다.

어휘 pass up (기회를) 놓치다, 포기하다   art exhibit 미술 전시회
call off 취소하다, 포기하다   fine art 미술
collection [kəlékʃən] 소장품   be familiar with ~을 잘 알다

06

W: I've gotten so much reading done this month.
M: Really? I wish I read more often.
W: You just have to set aside the time.

(a) It isn't my favorite pastime.
(b) You should take a break.
(c) I can lend you a copy.
(d) My schedule is too busy.

해석 W: 이번 달에 정말 독서를 많이 했어요.
M: 정말요? 저도 독서를 더 자주 했으면 좋겠어요.
W: 시간을 따로 확보해야 돼요.
(a) 그건 제가 가장 좋아하는 취미는 아니에요.
(b) 당신은 좀 쉬어야 해요.
(c) 제가 복사본을 빌려줄게요.
(d) 제 일정이 너무 바빠요.

해설 독서에 대해 이야기하는 상황입니다. 독서를 더 자주하려면 책 읽을 시간을 따로 확보해야 한다는 말에, '제 일정이 너무 바빠요'라며 제안한 것을 실천하기 어려움을 나타낸 (d)가 정답입니다.

어휘 set aside 확보하다, 따로 떼어두다   pastime [pǽstàim] 취미

07

M: Did you see the new opera?
W: Yes. My husband and I caught it last weekend.
M: How did the both of you find it?

(a) He has no interest in that.
(b) Feel free to join us then.
(c) It was a bit of a letdown.
(d) We've been busy with work.

해석 M: 새로 나온 오페라 봤어요?
W: 네, 제 남편과 저는 지난 주말에 그것을 봤어요.
M: 두 분은 그것을 어떻게 생각하세요?
(a) 그는 그것에 관심이 없어요.
(b) 그러면 저희와 함께 하세요.
(c) 약간 실망스러웠어요.
(d) 저희는 일하느라 바빴어요.

해설 오페라 공연 소감에 대해 이야기하는 상황입니다. 새로 나온 오페라를 어떻게 생각하는지 묻는 말에, '약간 실망스러웠어요'라며 불평한 (c)가 정답입니다.

어휘 catch [kætʃ] ~을 보다   find [faind] ~이라고 생각하다
letdown [létdàun] 실망, 기대 이하

08

W: Wow. It sounds like you're ready for the recital.
M: Well, I chose something that is a piece of cake to play.
W: I see. I'm worried that I bite off more than I could chew with my selection.

(a) No, I still have to prepare my recital piece.
(b) As long as you practice you should be fine.
(c) Your performance is scheduled for today.
(d) That's only if you eat cake beforehand.

해석 W: 우와, 당신은 연주회를 위한 준비가 다 된 것 같네요.
M: 음, 연주하기 쉬운 것으로 골랐어요.
W: 그렇군요. 저는 제가 선택한 곡이 분에 넘치는 것일까 봐 걱정이에요.
(a) 아니요, 전 아직 제 연주회 작품을 준비해야 해요.
(b) 당신이 연습만 한다면 괜찮을 거예요.
(c) 당신의 연주는 오늘로 예정되어 있어요.
(d) 당신이 미리 케이크를 먹기만 한다면 말이에요.

해설 피아노 연주회를 준비하는 상황입니다. 자신이 선택한 곡이 분에 넘치는 것일까 봐 걱정이라는 말에, '당신이 연습만 한다면 괜찮을 거예요'라며 안심시킨 (b)가 정답입니다.

어휘 recital [risáitl] 연주회, 독주회   a piece of cake 쉬운 일
bite off more than one can chew 분에 넘치는 일을 하려고 한다
as long as ~하기만 하면   beforehand [bifɔ́:rhǽnd] 미리, 벌써

09

M: Whew! We've only run two miles and I'm already panting.
W: It's been too long since we've done anything active.
M: Maybe we should exercise more often from now on.

(a) We've come too far to give up now.
(b) Sure. I don't want to be a couch potato.
(c) Right, jogging is just way too exhausting.
(d) Well, I start my workout at the crack of dawn.

해석 M: 휴! 우리 2마일 밖에 안 뛰었는데 전 벌써 헐떡거리고 있어요.

W: 우리가 뭔가 활동적인 것을 해본 지가 너무 오래 됐어요.
M: 우리 지금부터라도 더 자주 운동을 해야겠어요.
 (a) 지금 포기하기엔 너무 멀리 왔어요.
 (b) 물론이죠. 게으르고 비활동적인 사람이 되고 싶진 않아요.
 (c) 맞아요, 조깅은 너무 고단해요.
 (d) 글쎄요, 전 새벽에 운동을 시작해요.

해설 운동을 하고 있는 상황입니다. 지금부터라도 더 자주 운동을 하자고 제안하는 말에, '물론이죠. 게으르고 비활동적인 사람이 되고 싶진 않아요'라며 제안을 수락한 (b)가 정답입니다.

어휘 pant [pænt] 헐떡거리다
 couch potato 게으르고 비활동적인 사람
 exhausting [igzɔ́:stiŋ] 고단한, 기진맥진하게 만드는
 workout [wə́:rkàut] 운동　at the crack of dawn 새벽에

CHAPTER 03 학교

HACKERS TEST   p. 42

| 01 (b) | 02 (b) | 03 (c) | 04 (d) | 05 (a) |
| 06 (c) | 07 (b) | 08 (c) | 09 (d) | |

01

Who are you going to the prom with?
(a) It's something I want to do.
(b) John agreed to be my date.
(c) You didn't attend the event.
(d) I'm looking forward to it.

해석 넌 졸업 댄스 파티에 누구랑 같이 갈 거니?
 (a) 그것이 내가 하고 싶은 거야.
 (b) John이 내 졸업 댄스 파티 상대가 되는 것에 동의했어.
 (c) 너는 행사에 오지 않았잖아.
 (d) 난 그것을 기대하고 있어.

해설 졸업 댄스 파티에 누구랑 같이 갈 것인지 묻는 말에, 'John이 내 졸업 댄스 파티 상대가 되는 것에 동의했어'라며 졸업 댄스 파티에 함께 갈 사람을 언급한 (b)가 정답입니다.

어휘 prom [prɑm] (특히 미국에서 고등학교의) 졸업 댄스 파티
 look forward to ~을 기대하다

02

I really should get back to studying for my midterms.
(a) My notes are in my bag.
(b) Sure. Good luck with that.
(c) I'm glad your grades have improved.
(d) I could certainly use the help.

해석 난 정말 중간고사를 위해 다시 공부하러 가야 해.
 (a) 내 노트는 가방에 있어.
 (b) 그래. 행운을 빌어.
 (c) 네 점수가 향상되었다니 기쁘다.
 (d) 난 정말 도움이 필요해.

해설 중간고사를 위해 다시 공부하러 가야 한다는 말에, '그래. 행운을 빌어'라며 격려한 (b)가 정답입니다.

어휘 get back to ~에 돌아가다
 use [ju:z] (can, could와 함께 쓰여) ~이 필요하다

03

What is the deadline for adding courses this semester?
(a) The semester ends in December.
(b) I've already dropped that course.
(c) It's a week from tomorrow.
(d) I thought the deadline was sooner.

해석 이번 학기 수업을 추가할 수 있는 마감일이 언제죠?
 (a) 학기는 12월에 끝나요.
 (b) 전 벌써 그 수업을 뺐어요.
 (c) 내일부터 일주일 후에요.
 (d) 저는 마감일이 더 일찍인 줄 알았어요.

해설 이번 학기 수업을 추가할 수 있는 마감일이 언제인지 묻는 말에, '내일부터 일주일 후에요'라며 마감일을 알려준 (c)가 정답입니다.

어휘 deadline [dédlàin] 마감일　semester [siméstər] 학기
 drop [drɑp] 빼다, 그만두다

04

Are you confident that you'll get good grades this term?
(a) Please inform me of your scores.
(b) I guess there's always next time.
(c) Give me a moment to review them.
(d) My heart is completely set on it.

해석 넌 이번 학기에 좋은 점수를 받을 자신 있니?
 (a) 나에게 네 점수를 알려줘.
 (b) 항상 다음 기회가 있다고 생각해.
 (c) 나에게 검토할 시간을 줘.
 (d) 그렇게 하기로 내 마음을 정했어.

해설 이번 학기에 좋은 점수를 받을 자신이 있는지 묻는 말에, '그렇게 하기로 내 마음을 정했어'라며 자신의 의지를 드러낸 (d)가 정답입니다.

어휘 inform [infɔ́:rm] 알리다　completely [kəmplí:tli] 완전히
 one's heart is set on something ~하기로 정하다

05

You should consider changing your field of study.

(a) Well, I'm afraid I might regret it.
(b) That's not my area of expertise.
(c) Yes, it's time I declared my major.
(d) You've changed it twice already.

해석 당신의 연구 분야를 바꾸는 것을 고려해 보셔야 할 거예요.
(a) 글쎄요, 그것을 후회할까 봐 두려워요.
(b) 그것은 제 전문 지식 분야가 아니에요.
(c) 네, 제 전공을 분명히 해야 할 때에요.
(d) 당신은 이미 그것을 두 번이나 바꿨잖아요.

해설 연구 분야를 바꾸는 것을 고려해 보라고 제안하는 말에, '글쎄요, 그것을 후회할까 봐 두려워요'라며 연구 분야를 바꿨다가 후회할지도 모른다는 의미를 전달한 (a)가 정답입니다.

어휘 consider [kənsídər] 고려하다 regret [rigrét] 후회하다
expertise [èkspə:rtí:z] 전문 지식
declare [diklέər] 분명히 하다, 선언하다

06

W: My parents want me to take up medicine in college.
M: If you're not OK with that, discuss it with them.
W: Yeah, but I would hate to let them down.
(a) That's great. You're going to be a doctor.
(b) I decided to just keep mum about it.
(c) You should pursue the field you desire.
(d) I'm sure they must be very proud of you.

해석 W: 부모님은 내가 대학교에서 의학 공부를 하기를 원하셔.
M: 네가 원치 않는다면, 그것에 대해 부모님과 상의해봐.
W: 응, 하지만 부모님을 실망시켜 드리기 싫어.
(a) 정말 훌륭해. 너는 의사가 되겠구나.
(b) 그것에 대해 말하지 않기로 결심했어.
(c) 넌 네가 원하는 분야를 추구해 나가야 해.
(d) 그들은 분명히 너를 매우 자랑스러워 할 거야.

해설 전공에 대한 고민을 이야기하는 상황입니다. 부모님이 원하시는 의학 공부를 하고 싶지 않지만 부모님을 실망시켜 드리기 싫다는 말에, '넌 네가 원하는 분야를 추구해 나가야 해'라며 조언하는 (c)가 정답입니다.

어휘 let down 실망시키다, 기대를 저버리다 mum [mʌm] 말하지 않는
pursue [pərsú:] 추구하다, 해 나가다 field [fi:ld] 분야, 영역

07

M: You seem worn out. Is anything wrong?
W: I'm having a hard time solving these math problems.
M: What do you say if I help you take a look at them?
(a) All right. I'll check when you're done.

(b) Well, two heads are better than one.
(c) Next time, when I'm not too busy.
(d) You're definitely right about that.

해석 M: 매우 지쳐 보여. 뭔가 문제가 있니?
W: 이 수학 문제들을 푸는 데 어려움을 겪고 있어.
M: 그것들을 살펴보는 것을 내가 도와주면 어떨까?
(a) 좋아. 네가 끝내면 내가 확인할게.
(b) 음, 두 사람이 하는 것이 한 사람보다 낫겠어.
(c) 다음에, 내가 많이 바쁘지 않을 때.
(d) 그것에 대해서 네 말이 정확히 맞아.

해설 수학 문제를 풀면서 겪고 있는 어려움에 대해 이야기하는 상황입니다. 수학 문제를 살펴보는 것을 도와주겠다고 제안하는 말에, '두 사람이 하는 것이 한 사람보다 낫겠다'라며 제안을 받아들인 (b)가 정답입니다.

어휘 worn out 지친, 피곤한
have a hard time -ing ~하는 데 어려움을 겪다
solve [sɑlv] (문제 등을) 풀다 take a look 살펴보다
definitely [défənitli] 정확히, 명확히

08

W: Did you make the dean's list?
M: Unfortunately, not this semester.
W: But you seemed to be breezing through your classes.
(a) I'm planning to take that class again next year.
(b) It's tough to obtain an academic scholarship.
(c) My grade point average was below the cut-off.
(d) The dean was very considerate about it.

해석 W: 너 성적 우수자 명단에 올랐니?
M: 유감스럽게도, 이번 학기에는 아니야.
W: 하지만 넌 수업에서 아주 수월하게 해내는 것처럼 보였는데.
(a) 그 수업을 내년에 다시 들을 계획이야.
(b) 대학 장학금을 받는 건 힘들어.
(c) 내 평균 평점이 커트라인보다 낮았어.
(d) 학장님께서 이에 대해 많이 배려해 주셨어.

해설 학교 성적에 대해 이야기하는 상황입니다. 수업에서 아주 수월하게 해내는 것 같은데 왜 성적 우수자 명단에 들지 못했는지 묻는 말에, '내 평균 평점이 커트라인보다 낮았어'라며 이유를 설명한 (c)가 정답입니다.

어휘 dean's list 성적 우수자 명단
breeze through ~을 아주 수월하게 해내다
obtain [əbtéin] 받다, 구하다 scholarship [skɑ́lərʃip] 장학금
grade point average 평균 평점
considerate [kənsídərət] 배려하는

09

M: Tom is planning to run for student council this year.

W: I heard that. Which position is he eyeing?
M: I think he's campaigning for vice president.

(a) He's eligible for another term.
(b) Voting is an important right.
(c) There's still time to decide.
(d) He's a sure bet to win, if you ask me.

해석 M: Tom은 올해 학생회에 출마할 계획이래.
W: 나도 들었어. 그는 어떤 직위를 눈여겨보고 있어?
M: 그는 부회장직으로 캠페인을 벌이고 있는 것 같아.
(a) 그는 다른 학기에 자격이 있어.
(b) 투표는 중요한 권리야.
(c) 아직 결정할 수 있는 시간이 있어.
(d) 내게 묻는다면, 난 그가 이길 거라고 확신해.

해설 학교 선거에 대해 이야기하는 상황입니다. Tom이 학생회의 부회장직으로 선거 운동을 벌이고 있는 것 같다는 말에, '내게 묻는다면, 난 그가 이길 거라고 확신해'라며 Tom이 확실히 선거에 당선될 것이라는 의미를 전달한 (d)가 정답입니다.

어휘 run for ~에 출마하다 eye[ai] (관심을 가지고) 눈여겨보다
campaign[kæmpéin] 캠페인을 벌이다
eligible[élidʒəbl] 자격이 있는 right[rait] 권리

HACKERS TEST   p. 48

| 01 (b) | 02 (a) | 03 (c) | 04 (c) | 05 (b) |
| 06 (a) | 07 (d) | 08 (a) | 09 (a) |

01

Haven't you ever gone camping before?

(a) Sure, you can put up your tent there.
(b) Unfortunately, my father didn't like the outdoors.
(c) I'll be back home before you know it.
(d) Sorry, I can't go camping with you.

해석 이전에 캠핑 가본 적 없나요?
(a) 물론이죠, 그곳에 텐트를 설치할 수 있어요.
(b) 안타깝게도, 저희 아버지가 야외를 좋아하지 않으셨어요.
(c) 눈 깜짝할 사이에 집에 돌아올 거예요.
(d) 미안하지만, 저는 당신과 함께 캠핑을 갈 수 없어요.

해설 이전에 캠핑 가본 적이 없는지 묻는 말에, '안타깝게도, 저희 아버지가 야외를 좋아하지 않으셨어요'라며 캠핑에 가본 적이 없음을 간접적으로 전달한 (b)가 정답입니다.

어휘 put up 설치하다, 세우다 outdoors[autdɔ́:rz] 야외

before one knows it 눈 깜짝할 사이에

02

How about we travel to Zurich this summer?

(a) That sounds like a plan.
(b) But the heat is unbearable today.
(c) Yeah, I was just leaving.
(d) Sorry, that flight is fully booked.

해석 우리 이번 여름에 취리히로 여행 가는 게 어때요?
(a) 좋은 계획 같은데요.
(b) 그런데 오늘 열기는 참을 수가 없어요.
(c) 네, 저는 막 떠나려던 참이었어요.
(d) 죄송합니다, 그 항공편은 예약이 꽉 찼습니다.

해설 이번 여름에 취리히로 여행 가자고 제안하는 말에, '좋은 계획 같은데요'라며 제안을 수락한 (a)가 정답입니다.

어휘 unbearable[ʌnbɛ́ərəbl] 참을 수 없는 flight[flait] 항공편
book[buk] 예약하다

03

What time is your next available flight to Dublin?

(a) Travel agents are really helpful.
(b) The trip lasts about nine hours.
(c) Tomorrow morning at five o'clock.
(d) There are no first-class seats.

해석 더블린으로 가는 이용 가능한 다음 항공편은 몇 시에 있나요?
(a) 여행사 직원들은 매우 도움이 됩니다.
(b) 이동은 9시간 동안 계속됩니다.
(c) 내일 아침 5시에 있습니다.
(d) 일등석 좌석이 없습니다.

해설 더블린으로 가는 이용 가능한 다음 항공편의 시간을 묻는 말에, '내일 아침 5시에 있습니다'라며 비행편 시간을 알려준 (c)가 정답입니다.

어휘 available[əvéiləbl] 이용 가능한, 구할 수 있는
travel agent 여행사 직원, 여행사
helpful[hélpfəl] 도움이 되는, 유익한
last[læst] 계속되다, 지속되다

04

Did you have to wait long at immigration?

(a) They asked for my passport.
(b) Actually, everyone else had to wait too.
(c) Thankfully, there weren't many people in line.
(d) They have new security procedures.

해석 입국 심사대에서 오래 기다리셔야 했나요?
(a) 그들은 제 여권을 보여달라고 요청했어요.
(b) 사실, 다른 사람들도 모두 기다려야 했어요.
(c) 다행히도, 줄에 사람들이 많지 않았어요.

(d) 그들은 새로운 보안 절차를 가지고 있어요.

해설 입국 심사대에서 오래 기다려야 했는지 묻는 말에, '다행히도, 줄에 사람들이 많지 않았어요'라며 오래 기다리지 않았음을 간접적으로 전달한 (c)가 정답입니다.

어휘 immigration[ìməgréiʃən] 입국 심사대   passport[pǽspɔ̀ːrt] 여권
security[sikjúːərəti] 보안   procedure[prəsíːdʒər] 절차, 수속

05

Excuse me. One of my suitcases never arrived.
(a) It's a black carry-on suitcase.
(b) You can report it at the baggage claim.
(c) You're only allowed one checked bag.
(d) The departure gate is over there.

해석 실례합니다. 제 여행 가방 중 하나가 도착하지 않았어요.
(a) 그것은 검정색 기내용 여행 가방이에요.
(b) 수하물 찾는 곳에 신고해 보세요.
(c) 당신은 한 개의 검색된 가방만 부칠 수 있습니다.
(d) 출발 탑승구는 저쪽입니다.

해설 여행 가방 중 하나가 도착하지 않았다는 말에, '수하물 찾는 곳에 신고해 보세요'라며 해결책을 제시한 (b)가 정답입니다.

어휘 suitcase[súːtkèis] 여행 가방   carry-on 기내용의
baggage claim 수하물 찾는 곳
departure[dipáːrtʃər] 출발

06

W: How did you spend your vacation?
M: I went down to Mexico.
W: Nice! Which parts did you see?
(a) The beaches, mainly.
(b) I saw some old friends.
(c) I'll probably head south.
(d) It was very affordable.

해석 W: 휴가를 어떻게 보냈나요?
M: 멕시코에 갔었어요.
W: 멋져요! 어느 지역을 방문했나요?
(a) 주로 해변이요.
(b) 오랜 친구들을 몇 명 만났어요.
(c) 전 아마 남쪽으로 갈 거예요.
(d) 아주 알맞은 가격이었어요.

해설 멕시코 여행 경험에 대해 이야기하는 상황입니다. 멕시코의 어느 지역을 방문했는지 묻는 말에, '주로 해변이요'라며 방문한 지역을 알려준 (a)가 정답입니다.

어휘 head[hed] 가다, ~로 향하다
affordable[əfɔ́ːrdəbl] (가격이) 알맞은

07

M: So what are you packing your bags for?
W: A hiking trip. Care to join me?
M: I'll pass. I'm not really into outdoor activities.
(a) It's all right. I can teach you how.
(b) We leave tomorrow morning.
(c) I know. I've got so much to carry.
(d) I guess I'll just go it alone, then.

해석 M: 무엇 때문에 가방을 싸고 있어요?
W: 하이킹 여행 때문에요. 저랑 같이 가실래요?
M: 사양할게요. 전 야외 활동을 별로 좋아하지 않거든요.
(a) 괜찮아요. 제가 방법을 가르쳐줄 수 있어요.
(b) 우리는 내일 아침에 떠나요.
(c) 알아요. 가지고 가야 할 것이 너무 많아요.
(d) 그렇다면, 그냥 저 혼자 가야겠네요.

해설 하이킹 여행을 제안받는 상황입니다. 야외 활동을 별로 좋아하지 않는다며 하이킹 여행을 사양하는 말에, '그렇다면, 그냥 저 혼자 가야겠네요'라며 거절을 받아들인 (d)가 정답입니다.

어휘 pack[pæk] (짐을) 싸다, 꾸리다   outdoor activity 야외 활동

08

W: Hello. I'm calling about my flight reservation.
M: Sure. How can I help you?
W: I was wondering if I could change the departure date.
(a) Of course, but it might cost extra.
(b) I don't have a record of your reservation.
(c) We can't guarantee it will arrive on time.
(d) I'm sorry. That flight has already departed.

해석 W: 안녕하세요. 제 비행기 예약 때문에 전화했어요.
M: 네. 어떻게 도와드릴까요?
W: 제 출발 날짜를 변경할 수 있는지 궁금해서요.
(a) 물론이죠, 하지만 그것은 추가로 비용이 들 수도 있어요.
(b) 저는 당신의 예약 기록을 가지고 있지 않아요.
(c) 저희는 그것이 제시간에 도착할 거라고 보장할 수 없어요.
(d) 죄송해요. 그 비행기는 이미 출발했어요.

해설 비행기 예약 변경에 대해 문의하는 상황입니다. 출발 날짜를 변경할 수 있는지 궁금하다는 말에, '물론이죠, 하지만 그것은 추가로 비용이 들 수도 있어요'라며 비행기 예약을 변경하는 데 추가 비용이 들 것이라는 의미를 전달한 (a)가 정답입니다.

어휘 reservation[rèzərvéiʃən] 예약   departure[dipáːrtʃər] 출발
cost[kɔːst] 비용이 들다   guarantee[gæ̀rəntíː] 보장하다
on time 제시간에

09

M: Welcome to Hotel Orient. How can I help you?

W: I'm meeting a guest who's staying here. Can you inform her of my arrival?
M: Certainly. Who would you like me to contact?
(a) Beth Hedeby, in room 3049.
(b) A tall woman with blond hair.
(c) I think I'll try to call her myself.
(d) She said she's already in the lobby.

해석 M: Orient 호텔에 오신 걸 환영합니다. 어떻게 도와드릴까요?
W: 여기에 묵고 있는 투숙객을 만나려고 하는데요. 그녀에게 제가 도착했다고 알려주시겠어요?
M: 물론입니다. 누구에게 연락해드리면 될까요?
(a) 3049호의 Beth Hedeby요.
(b) 금발머리의 키가 큰 여자요.
(c) 제가 직접 그녀에게 전화할게요.
(d) 그녀가 이미 로비에 있다고 했어요.

해설 호텔의 투숙객을 만나러 온 손님을 도와주는 상황입니다. 어떤 투숙객에게 연락해드리면 될지 묻는 말에, '3049호의 Beth Hedeby요'라고 응답한 (a)가 정답입니다.

어휘 inform [infɔ́ːrm] 알리다   arrival [əráivəl] 도착
certainly [sə́ːrtnli] 물론   contact [kántækt] 연락하다, 연결하다

HACKERS TEST   p.54

| 01 (a) | 02 (b) | 03 (a) | 04 (a) | 05 (c) |
| 06 (d) | 07 (b) | 08 (b) | 09 (d) |

01

Can I have some pumpkin soup?
(a) Sorry, there's none left.
(b) It's the secret ingredient.
(c) I'm a bit full right now.
(d) No, it's in the other pot.

해석 호박 수프로 주시겠어요?
(a) 죄송하지만, 다 떨어져 버렸어요.
(b) 그것은 비밀 재료예요.
(c) 지금은 배가 좀 불러요.
(d) 아니요, 그것은 다른 냄비에 있어요.

해설 호박 수프로 달라고 요청하는 말에, '죄송하지만, 다 떨어져 버렸어요'라며 호박 수프를 주문할 수 없다는 것을 간접적으로 전달한 (a)가 정답입니다.

어휘 ingredient [ingríːdiənt] 재료

02

The price of that handbag is outrageous.
(a) You should definitely buy it, then.
(b) That's because it's a luxury brand.
(c) All sales are final in this store.
(d) I agree. At that price, it's a steal.

해석 그 핸드백의 가격은 너무 터무니없어요.
(a) 그렇다면, 당신은 그것을 반드시 사야 해요.
(b) 그것이 명품 브랜드이기 때문이에요.
(c) 이 가게에서는 판매된 것은 반품 사절이에요.
(d) 동의해요. 그 가격이면 거저나 마찬가지예요.

해설 핸드백의 가격이 너무 터무니없다고 불평하는 말에, '그것이 명품 브랜드이기 때문이에요'라며 가격이 비싼 이유를 설명한 (b)가 정답입니다.

어휘 outrageous [autréidʒəs] 터무니없는
be a steal (값이 너무 싸서) 거저나 마찬가지이다

03

Erin, would you like to come with us for some drinks?
(a) I appreciate the invitation, but I can't make it.
(b) I'll tell the rest about it when I see them.
(c) I'm glad it doesn't fall on a weekday.
(d) I can check it out for you if you'd like.

해석 Erin, 우리와 함께 술 한잔하시겠어요?
(a) 초대는 감사하지만, 못 갈 것 같아요.
(b) 제가 나머지 사람들을 보게 되면 그것에 대해 얘기할게요.
(c) 그것이 평일에 있지 않아서 다행이에요.
(d) 당신이 원한다면 제가 확인해 드릴 수 있어요.

해설 술 한잔 같이 하자고 제안하는 말에, '초대는 감사하지만, 못 갈 것 같아요'라며 제안을 거절한 (a)가 정답입니다.

어휘 appreciate [əpríːʃièit] 감사하다
make it (모임 등에) 가다, 참석하다   rest [rest] 나머지
fall on (어떤 날이) ~에 있다, ~에 해당되다

04

Is the latest issue of *Spun Magazine* in stock?
(a) I believe it's completely sold-out.
(b) Yes, it's to be released this week.
(c) Our selection doesn't go back far.
(d) I already lent mine to someone.

해석 'Spun'지의 최신호가 있나요?
(a) 그것은 완전히 품절된 것 같아요.
(b) 네, 그것은 이번 주에 발매될 거예요.
(c) 우리 전시품은 그렇게 오래된 것이 아니에요.
(d) 전 이미 제 것을 누군가에게 빌려줬어요.

해설 'Spun'지의 최신호가 있는지 묻는 말에, '그것은 완전히 품절된 것 같아요'라며 더 이상 잡지가 없다는 의미를 전달한 (a)가 정답입니다.

어휘 issue[íʃuː] (발행) 호   in stock (재고가) 있는
sold-out 품절된   release[rilíːs] 발매하다
selection[silékʃən] 전시품

05

How long does it usually take for a package to be delivered?

(a) About 200 are shipped daily.
(b) Send it anytime you want.
(c) It depends on the destination.
(d) Most parcels are transported by air.

해석 소포가 배달되려면 보통 얼마나 걸리나요?
(a) 매일 200개 정도가 수송됩니다.
(b) 언제든 원하실 때 보내세요.
(c) 도착지에 따라 다릅니다.
(d) 대부분의 소포들은 항공기를 통해 수송됩니다.

해설 소포가 배달되는데 보통 얼마나 걸리는지 묻는 말에, '도착지에 따라 다릅니다'라고 응답한 (c)가 정답입니다.

어휘 ship[ʃip] 수송하다   destination[dèstənéiʃən] (물품의) 도착지
parcel[páːrsəl] 소포   transport[trænspɔ́ːrt] 수송하다

06

W: Welcome to the Daily Diner. May I get your order?
M: I'll have the steak and eggs, please.
W: OK. How would you like your eggs?

(a) No, I don't usually eat those.
(b) That's what I always order.
(c) I'd also like some coffee.
(d) Sunny-side up, thank you.

해석 W: Daily Diner에 오신 것을 환영합니다. 주문을 받아 드릴까요?
M: 스테이크와 달걀로 주세요.
W: 네. 달걀은 어떻게 해 드릴까요?
(a) 아니요, 저는 보통 그것들을 먹지 않아요.
(b) 그것은 제가 항상 주문하는 것이에요.
(c) 커피도 좀 주세요.
(d) 반숙으로 주세요, 고마워요.

해설 식당에서 음식을 주문받는 상황입니다. 주문한 달걀을 어떻게 해 줄지 묻는 말에, '반숙으로 주세요, 고마워요'라며 원하는 조리 방법을 알려준 (d)가 정답입니다.

어휘 order[ɔ́ːrdər] 주문   sunny-side up 한 쪽만 익혀 반숙인

07

M: Hello. May I help you with something?

W: Hi, I'm looking for these sandals in black.
M: There are no more of that color in stock. How about brown ones?

(a) I guess any material will do.
(b) No, thanks. I need a particular color.
(c) No, they're not my size.
(d) That's what I asked for.

해석 M: 안녕하세요. 무엇을 도와드릴까요?
W: 안녕하세요, 이 샌들을 검정색으로 찾고 있어요.
M: 재고에는 그 색상이 더 없습니다. 갈색은 어떠세요?
(a) 어떤 재질이든 괜찮아요.
(b) 아니요, 됐어요. 저는 특정 색상이 필요해요.
(c) 아니요, 제 사이즈가 아닙니다.
(d) 그게 제가 요청한 거예요.

해설 원하는 색상의 신발을 구입하려는 것을 도와주는 상황입니다. 원하는 검정색은 없지만 갈색은 어떤지 묻는 말에, '아니요, 됐어요. 저는 특정 색상이 필요해요'라며 검정색 샌들을 원한다는 의미를 전달한 (b)가 정답입니다.

어휘 in stock 재고로   material[mətíəriəl] 재질, 재료

08

W: I'm sorry, but we could not complete your purchase.
M: What? Was there a problem with my credit card?
W: It seems you've maxed out your credit limit.

(a) They might have fallen behind the counter.
(b) I must have given you the wrong one.
(c) They simply never finish on time.
(d) I won't stand for these unfounded accusations.

해석 W: 죄송하지만, 손님의 구매를 완료할 수 없습니다.
M: 네? 제 신용 카드에 문제가 있었나요?
W: 고객님께서는 본인의 신용 한도액을 초과하신 것 같습니다.
(a) 계산대 뒤로 떨어졌을지도 몰라요.
(b) 제가 잘못된 것을 드렸나 보네요.
(c) 그들은 절대 정각에 끝내지 않아요.
(d) 저는 이런 근거 없는 비난을 용납하지 않겠어요.

해설 제품 구입에 문제가 있는 상황입니다. 신용 카드 한도액을 초과하여 제품을 구입할 수 없다는 말에, '제가 잘못된 것을 드렸나 보네요'라며 자신이 잘못된 신용 카드를 주었다는 의미를 전달한 (b)가 정답입니다.

어휘 complete[kəmplíːt] 완료하다, 끝마치다
purchase[pə́ːrtʃəs] 구매
max out (한도액을) 초과하다
credit limit 신용 한도(액)
stand for ~을 용납하다, 참다
unfounded[ʌ̀nfáundid] 근거 없는, 사실 무근의
accusation[æ̀kjuzéiʃən] 비난

09

M: Thanks for having dinner with me tonight.
W: It's my pleasure. The food here is amazing.
M: How much should we leave as a tip?

(a) I doubt that's enough at this place.
(b) They accept credit cards.
(c) Before 9:30, when they close.
(d) I'd say 20 percent is appropriate.

해석 M: 오늘 밤 저와 저녁 식사를 함께 해주셔서 감사해요.
W: 천만에요. 여기 음식이 정말 맛있네요.
M: 팁으로 얼마를 남기면 될까요?
(a) 이곳에서는 그것이 충분하지 않을 것 같아요.
(b) 그들은 신용 카드를 받아요.
(c) 그들이 문을 닫는 9시 30분 전에요.
(d) 20퍼센트가 적당할 거예요.

해설 저녁 식사를 마친 상황입니다. 팁으로 얼마를 남기면 될지 묻는 말에, '20퍼센트가 적당할 거예요'라며 팁으로 음식 값의 20퍼센트를 남기자는 의미를 전달한 (d)가 정답입니다.

어휘 accept[æksépt] 받다 appropriate[əpróuprièit] 적당한

CHAPTER 06 교통·의료

HACKERS TEST   p.60

| 01 (a) | 02 (c) | 03 (a) | 04 (b) | 05 (d) |
| 06 (d) | 07 (a) | 08 (c) | 09 (c) | |

01

Can you tell me where Ms. Meyer's office is?

(a) It's on the fourth floor.
(b) Yes, just take the elevator.
(c) No, it's closed for today.
(d) Sorry, she's busy at the moment.

해석 Ms. Meyer의 사무실이 어디인지 알려 주시겠어요?
(a) 4층에 있습니다.
(b) 네, 엘리베이터를 타시면 됩니다.
(c) 아니요, 오늘은 문을 닫았습니다.
(d) 죄송하지만, 그녀는 지금 바쁩니다.

해설 Ms. Meyer의 사무실이 어디인지 묻는 말에, '4층에 있습니다'라며 사무실의 위치를 알려준 (a)가 정답입니다.

어휘 at the moment 지금

02

Excuse me. Has the bus turned up yet?

(a) I usually drive along this route.
(b) No, the bus station is on the next block.
(c) It should be here any minute now.
(d) This isn't where I'm supposed to be.

해석 실례합니다. 버스가 이미 도착했나요?
(a) 저는 보통 이 경로를 따라 운전합니다.
(b) 아니요, 버스 정류장은 다음 블록에 있어요.
(c) 이제 곧 있으면 올 거예요.
(d) 여기는 제가 있어야 할 곳이 아닙니다.

해설 버스가 이미 도착했는지 묻는 말에, '이제 곧 있으면 올 거예요'라며 아직 버스가 오지 않았음을 간접적으로 알려준 (c)가 정답입니다.

어휘 turn up 도착하다, 나타나다 be supposed to ~하기로 되어 있다

03

Ben's uncle got into another accident today.

(a) I wonder what happened this time.
(b) They must have not gotten used to it.
(c) His family gave their best regards.
(d) He's looking better nowadays.

해석 Ben의 삼촌이 오늘 또 다른 사고를 당했어요.
(a) 이번에는 무슨 일이 일어났는지 궁금하네요.
(b) 그들은 아직 그것에 익숙해지지 않은 것이 분명해요.
(c) 그의 가족들이 안부를 전했어요.
(d) 그는 요즘 더 좋아 보여요.

해설 Ben의 삼촌이 오늘 또 다른 사고를 당했다는 말에, '이번에는 무슨 일이 일어났는지 궁금하네요'라고 응답한 (a)가 정답입니다.

어휘 get used to ~에 익숙해지다 regard[rigá:rd] 안부

04

How did your father's cardiac operation go?

(a) Well, he is really nervous about it.
(b) The procedure went without a hitch.
(c) His doctor suggested surgery.
(d) He's overwhelmed by all the support.

해석 당신 아버지의 심장 수술은 어떻게 되었나요?
(a) 음, 그는 그것에 대해 매우 불안해 해요.
(b) 수술은 별 탈 없이 잘 진행됐어요.
(c) 그의 담당 의사가 수술을 권했어요.
(d) 그는 그 모든 지원에 당황했어요.

해설 아버지의 심장 수술이 어떻게 되었는지 안부를 묻는 말에, '수술은 별 탈 없이 잘 진행됐어요'라며 수술 경과를 알려준 (b)가 정답입니다.

어휘 cardiac[ká:rdiæk] 심장(병)의 operation[ùpəréiʃən] 수술
procedure[prəsí:dʒər] 수술, 절차 without a hitch 별 탈 없이

overwhelm [òuvərhwélm] 당황하게 하다, 압도하다

05

I'm feeling very anxious about my driving test tomorrow.
(a) You can renew your license online.
(b) I knew you would pass with flying colors.
(c) I'll teach you to drive next weekend.
(d) Believe in yourself and you'll do fine.

해석 내일 운전 면허 시험 때문에 너무 불안해요.
(a) 온라인에서 면허증을 갱신할 수 있어요.
(b) 나는 당신이 멋지게 합격할 줄 알았어요.
(c) 다음 주말에 제가 운전하는 법을 가르쳐 드릴게요.
(d) 자신을 믿으면 잘할 거예요.

해설 내일 있을 운전 면허 시험 때문에 너무 불안하다는 말에, '자신을 믿으면 잘할 거예요'라며 격려한 (d)가 정답입니다.

어휘 renew [rinjú:] 갱신하다 license [láisəns] 면허증
with flying colors 멋지게, 의기양양하게

06

W: My eyes are feeling a bit sore right now.
M: Really? How come?
W: Probably because I was up late working on the computer.
(a) You should get it fixed.
(b) No wonder you're early.
(c) I'm a web design artist.
(d) That would explain it.

해석 W: 제가 지금 눈이 좀 따가워요.
M: 정말이요? 왜요?
W: 아마도 제가 늦게까지 자지 않고 컴퓨터로 일을 해서 그런 것 같아요.
(a) 그것을 고쳐 놓아야 해요.
(b) 어쩐지 빨리 오셨네요.
(c) 저는 웹 디자이너예요.
(d) 그것이 이유가 되겠네요.

해설 여자가 눈이 아픈 이유에 대해 이야기하는 상황입니다. 아마도 늦게까지 자지 않고 컴퓨터로 일을 해서 그런 것 같다는 말에, '그것이 이유가 되겠네요'라고 응답한 (d)가 정답입니다.

어휘 sore [sɔːr] 따가운, 아픈 no wonder 어쩐지 ~하다

07

M: Can I see your driver's license and proof of insurance, ma'am?
W: May I ask why I'm being pulled over?
M: Your rear taillights are out.

(a) I wasn't aware of that.
(b) I have to write a citation.
(c) I'll find my own way.
(d) It shouldn't be more than that.

해석 M: 부인, 운전 면허증과 보험증을 보여주시겠습니까?
W: 왜 제가 차를 세워야 하는지 물어봐도 될까요?
M: 부인의 뒤쪽 미등이 나갔습니다.
(a) 전 그것에 대해 몰랐어요.
(b) 저는 소환장을 써야 합니다.
(c) 저만의 방법을 찾을 거예요.
(d) 그보다 더하지는 않을 거예요.

해설 운전을 하고 가다가 차를 세우라는 요청을 받은 상황입니다. 여자의 차 뒤쪽 미등이 나가 차를 길가에 세우게 했다는 말에, '전 그것에 대해 몰랐어요'라며 교통 법규를 위반한 것에 대해 해명한 (a)가 정답입니다.

어휘 pull over (길 한쪽으로) 차를 대게 하다 rear [riər] 뒤쪽의
taillight [téilàit] 미등 aware [əwɛ́ər] 알고 있는
citation [saitéiʃən] 소환장

08

W: I'm here to see Dr. Tyler.
M: He's fully booked today. Do you have an appointment?
W: Well, I have a very painful cavity.
(a) I'll cancel your appointment.
(b) I'll be sure to extend your compliments.
(c) I'm afraid you'll have to wait.
(d) You should brush your teeth more often.

해석 W: Tyler 의사 선생님을 만나러 왔는데요.
M: 오늘은 예약이 꽉 찼습니다. 예약을 하고 오셨나요?
W: 그게, 매우 아픈 충치가 있어요.
(a) 당신의 예약을 취소하겠습니다.
(b) 당신의 안부를 꼭 전해 드리겠습니다.
(c) 죄송하지만 기다리셔야 할 것 같습니다.
(d) 이를 더 자주 닦으셔야 합니다.

해설 진료를 받으러 간 상황입니다. 매우 아픈 충치가 있다는 말에, '죄송하지만 기다리셔야 할 것 같습니다'라며 진료 예약이 꽉 차 기다려야 한다는 의미를 전달한 (c)가 정답입니다.

어휘 appointment [əpɔ́intmənt] 예약
extend one's compliments ~의 안부를 전하다

09

M: I can't believe the queue at this train station.
W: It's rush hour. Everyone's on their way home.
M: Why don't more people just take the bus?
(a) They get off at the same time.
(b) Yeah. It's a bit longer there.

> (c) Well, this is the fastest way.
> (d) I'm afraid we might miss it.

해석 M: 이 기차역에 있는 대기 줄은 믿을 수 없을 정도네요.
W: 혼잡한 시간대잖아요. 모두들 집에 가는 길이에요.
M: 왜 더 많은 사람들이 버스를 타지 않죠?
(a) 그들은 동시에 내려요.
(b) 네, 그곳은 좀 더 길어요.
(c) 음, 이것이 가장 빠른 길이거든요.
(d) 우리가 그것을 놓칠까 봐 걱정이에요.

해설 기차역에 늘어선 줄에 대해 이야기하는 상황입니다. 왜 더 많은 사람들이 버스를 타지 않는지 묻는 말에, '음, 이것이 가장 빠른 길이거든요'라며 기차가 가장 빠른 방법이기 때문에 사람들이 많이 이용한다는 의미를 전달한 (c)가 정답입니다.

어휘 queue[kjuː] (사람, 자동차 등의) 줄
rush hour 혼잡 시간대, 러시아워
on one's way home 집으로 가는 길에 get off 내리다

HACKERS TEST   p. 66

| 01 (a) | 02 (b) | 03 (a) | 04 (c) | 05 (a) |
| 06 (b) | 07 (d) | 08 (d) | 09 (b) | |

01

> Is it true that Lisa will be moving out soon?
> (a) Yeah, she got her own apartment.
> (b) She's rather fond of traveling.
> (c) It's about time she came home.
> (d) No, it must have been too early.

해석 Lisa가 곧 이사를 나간다는 게 사실이에요?
(a) 네, 그녀는 자신의 아파트를 얻었어요.
(b) 그녀는 오히려 여행을 좋아해요.
(c) 이제 그녀가 집에 올 때가 됐어요.
(d) 아니요, 너무 일렀나 봐요.

해설 Lisa가 곧 이사를 나간다는 게 사실인지 묻는 말에, '네, 그녀는 자신의 아파트를 얻었어요'라며 Lisa가 자신의 아파트를 얻어 이사를 나간다는 사실을 알려준 (a)가 정답입니다.

어휘 move out (살던 집에서) 이사를 나가다 be fond of ~을 좋아하다

02

> Who moved the books that were on the coffee table?
> (a) I think your publisher would be thrilled.
> (b) I saw mom cleaning up this morning.
> (c) I'll put them back on the shelves.
> (d) They're certainly worth reading.

해석 누가 커피용 탁자 위에 있던 책들을 옮겼어요?
(a) 당신의 출판사가 감격할 것 같아요.
(b) 엄마가 오늘 아침에 청소하는 걸 봤어요.
(c) 제가 그것들을 다시 선반 위에 올려 놓을게요.
(d) 그것들은 분명히 읽을 가치가 있어요.

해설 누가 커피용 탁자 위에 있던 책들을 옮겼는지 묻는 말에, '엄마가 오늘 아침에 청소하는 걸 봤어요'라며 엄마가 책을 옮겼을지도 모른다는 의미를 전달한 (b)가 정답입니다.

어휘 publisher[pʌ́bliʃər] 출판사 thrilled[θrild] 감격한
certainly[sə́ːrtnli] 분명히, 틀림없이
worth[wəːrθ] ~할 가치가 있는

03

> Did you have any difficulty locating our apartment?
> (a) Not at all. Your directions were perfect.
> (b) We still haven't signed the lease agreement.
> (c) I really wish we could stay longer.
> (d) Yes. The apartment entrance was clearly visible.

해석 저희 아파트를 찾는데 어려움이 있었나요?
(a) 전혀요. 당신의 안내는 완벽했어요.
(b) 우리는 아직 임대 계약에 서명하지 않았어요.
(c) 우리가 더 오래 머물 수 있으면 좋을 텐데요.
(d) 네, 아파트 입구가 정확하게 보였어요.

해설 아파트를 찾는데 어려움이 있었는지 묻는 말에, '전혀요. 당신의 안내는 완벽했어요'라며 아파트를 쉽게 찾았다는 의미를 전달한 (a)가 정답입니다.

어휘 have difficulty -ing ~하는 데 어려움을 겪다
locate[lóukeit] 위치를 찾다 lease[liːs] 임대
agreement[əgríːmənt] 계약
visible[vízəbl] 보이는, 알아볼 수 있는

04

> Your kids were running through my flower bed again today.
> (a) You have an incredible garden.
> (b) It was delightful seeing your children.
> (c) I promise you that it won't happen again.
> (d) I'll tell them to bring it back.

해석 당신 아이들이 오늘 또 저희 집 화단을 뛰어 다녔어요.
(a) 당신은 굉장한 정원을 가지고 계시네요.
(b) 당신 아이들을 봐서 즐거웠어요.

(c) 다시는 그런 일이 일어나지 않을 거라고 약속드려요.
(d) 제가 그들에게 그것을 다시 가지고 오라고 이야기할게요.

해설 아이들이 오늘 또 자신의 집 화단을 뛰어 다녔다고 불평하는 말에, '다시는 그런 일이 일어나지 않을 거라고 약속드려요'라며 사과한 (c)가 정답입니다.

어휘 flower bed 화단
incredible [inkrédəbl] 굉장한, 믿을 수 없는
bring back ~을 다시 가져다 주다

05

How did your family take the news of your engagement?
(a) They've been supportive about it.
(b) They don't listen to such rumors.
(c) It isn't as bad as it sounds.
(d) It's not the first time they've done that.

해석 당신 가족들이 당신의 약혼 소식을 듣고 어떤 반응을 보이셨어요?
(a) 그들은 지지해주셨어요.
(b) 그들은 그런 소문에는 귀 기울이지 않아요.
(c) 들리는 것만큼 나쁘진 않아요.
(d) 그들이 그것을 한 것이 이번이 처음은 아니에요.

해설 약혼 소식에 대한 가족들의 반응이 어떤지 묻는 말에, '그들은 지지해주셨어요'라며 가족들이 힘이 되어 주었다는 의미를 전달한 (a)가 정답입니다.

어휘 engagement [ingéidʒmənt] 약혼
supportive [səpɔ́ːrtiv] 지지하는, 격려하는

06

W: Hey, Michael, can you help me with these boxes?
M: Sure. Where should I take them?
W: Anywhere inside the house is fine.
(a) Actually, I can carry them myself.
(b) I'll just put them in the living room.
(c) All right. I'll wait for the package.
(d) Sorry. I left my keys on the table.

해석 W: 이봐요, Michael, 이 상자들 나르는 것 좀 도와줄래요?
M: 물론이죠. 그것들을 어디로 가져가면 돼요?
W: 집안 어디든지 괜찮아요.
(a) 사실, 저 혼자 그것들을 옮길 수 있어요.
(b) 그것들을 거실에 둘게요.
(c) 알았어요. 소포를 기다릴게요.
(d) 미안해요. 열쇠를 탁자 위에 놓고 왔어요.

해설 상자 옮기는 것을 도와달라 요청하는 상황입니다. 상자를 집안 어디든 두어도 괜찮다는 말에, '그것들을 거실에 둘게요'라며 상자를 옮겨 놓을 장소를 말한 (b)가 정답입니다.

어휘 package [pǽkidʒ] 소포, (포장용) 상자

07

M: Is something burning? I smell smoke!
W: Oh no, is the smell really that strong?
M: Yes. I thought there might be a fire, so I rushed right over.
(a) I honestly didn't mean to.
(b) I can offer you a light.
(c) I was feeling a little cold.
(d) Actually, I forgot about something I was cooking on the stove.

해석 M: 뭐가 타고 있어요? 연기 냄새가 나요!
W: 오 저런, 냄새가 정말 그렇게 강해요?
M: 네, 전 불이 난 줄 알고 바로 뛰어 나왔어요.
(a) 전 정말로 일부러 그런 게 아니에요.
(b) 빛을 비춰줄 수 있어요.
(c) 저는 좀 추웠어요.
(d) 실은, 제가 레인지 위에 요리하고 있던 것을 깜빡했어요.

해설 집안에서 나는 연기 냄새에 대해 이야기하는 상황입니다. 불이 난 줄 알고 바로 뛰어 나왔다는 말에, '실은, 제가 레인지 위에 요리하고 있던 것을 깜빡했어요'라며 연기 냄새가 난 이유를 설명한 (d)가 정답입니다.

어휘 burning [bə́ːrniŋ] (불에) 타는
stove [stouv] 레인지, 난로

08

W: Thanks for the wine! But you didn't need to bring anything.
M: Don't mention it. It was the least I could do.
W: Let me find a corkscrew. Would you like a glass?
(a) OK. I'll be on my way then.
(b) Yes, it's a wonderful celebration.
(c) Well, it's time I headed home.
(d) Actually, I'm going to mingle a bit first.

해석 W: 와인 감사해요! 하지만 아무 것도 안 가지고 오셔도 됐어요.
M: 그런 말씀 마세요. 그건 제가 최소한으로 할 수 있는 거였어요.
W: 코르크 마개 뽑는 것을 찾아볼게요. 한잔하시겠어요?
(a) 네. 그 즈음엔 가고 있을 거예요.
(b) 네, 그것은 훌륭한 축하 파티예요.
(c) 글쎄요, 집에 가야 할 시간이에요.
(d) 사실, 먼저 사람들과 조금 어울릴게요.

해설 여자가 가지고 온 와인에 대해 이야기하는 상황입니다. 코르크 마개 뽑는 것을 찾아볼 테니 한잔하겠는지 묻는 말에, '사실, 먼저 사람들과 조금 어울릴게요'라며 지금 당장 와인을 마시지 않겠다는 것을 간접적으로 전달한 (d)가 정답입니다.

어휘 mention [ménʃən] 말하다, 언급하다
corkscrew [kɔ́ːrkskrùː] 코르크 마개 뽑는 것   head [hed] 가다
mingle [míŋgl] (사람들과) 어울리다, 섞다

Chapter 07 가정 **15**

09

M: Hi, Linda. I'm here to take Josh off your hands.
W: Oh, of course. He was a darling boy.
M: Thanks, Linda. I appreciate your looking after him.

(a) I raised him like he was one of my own.
(b) It wasn't any trouble at all.
(c) There's no need for such nonsense.
(d) Let me know when you'll be back.

해석 M: 안녕하세요, Linda. Josh를 데려가려고 왔어요.
W: 오, 물론이죠. 그는 아주 사랑스러운 아이였어요.
M: 고마워요, Linda. 아이를 돌봐주셔서 감사해요.
(a) 그를 마치 제 자식인 것처럼 키웠지요.
(b) 전혀 아무런 문제가 되지 않았어요.
(c) 그런 터무니없는 말은 필요 없어요.
(d) 언제 돌아오실지 저에게 알려주세요.

해설 이웃에게 맡긴 아이를 데리러 간 상황입니다. 아이를 돌봐주셔서 감사하다는 말에, '전혀 아무런 문제가 되지 않았어요'라고 응답한 (b)가 정답입니다.

어휘 take A off B's hands B에게서 A를 데려오다, (남의 책임 등을) 떠맡다
appreciate[əpríːʃieit] 감사하다   look after ~를 돌보다

CHAPTER 08 의문사 의문문

HACKERS TEST   p.73

| 01 (c) | 02 (d) | 03 (c) | 04 (c) | 05 (a) |
| 06 (d) |

01

Hey, Ruby. How have you been lately?

(a) Sure, I saw Ruby a while ago.
(b) That could be Natalie.
(c) Very well, thanks.
(d) No, come over later.

해석 안녕하세요, Ruby. 요즘 어떻게 지냈어요?
(a) 물론이죠, 전 조금 전에 Ruby를 봤어요.
(b) 그것은 Natalie일 거예요.
(c) 아주 잘 지냈어요, 고마워요.
(d) 아니요, 나중에 와요.

해설 How have you been(어떻게 지냈는지)을 이용하여 그간의 안부를 묻는 말에, '아주 잘 지냈어요, 고마워요'라고 응답한 (c)가 정답입니다.

어휘 a while ago 조금 전에

02

I've filled out the form. Where do I hand it in?

(a) That was the hardest question to answer.
(b) This is my first time taking the test.
(c) I'm always happy to lend a hand.
(d) I can submit it for you, if you'd like.

해석 양식을 다 작성했어요. 이것을 어디에 제출해야 하나요?
(a) 그것은 가장 답하기 힘든 질문이었어요.
(b) 이번이 처음으로 시험을 치르는 거예요.
(c) 언제든 기꺼이 도움을 드릴 수 있어요.
(d) 원하시면, 제가 대신 제출해 줄 수 있어요.

해설 Where(어디)를 이용하여 양식을 제출해야 하는 장소를 묻는 말에, '원하시면, 제가 대신 제출해 줄 수 있어요'라며 제안한 (d)가 정답입니다.

어휘 fill out 작성하다, 기입하다   hand in 제출하다
lend a hand 돕다, 거들다   submit[səbmít] 제출하다

03

What about driving back this afternoon instead?

(a) That's never the right approach.
(b) We should give it back today.
(c) Let's see what the traffic is like.
(d) I thought you were going to do it.

해석 그보다는 오늘 오후에 돌아가는 게 어때요?
(a) 그건 절대 올바른 접근이 아니에요.
(b) 우리는 오늘 그것을 돌려줘야 해요.
(c) 교통 상황이 어떤지 봅시다.
(d) 저는 당신이 그것을 하려는 줄 알았어요.

해설 What about(~하는 게 어때)을 이용하여 오늘 오후에 돌아가는 것에 대한 의견을 묻는 말에, '교통 상황이 어떤지 봅시다'라며 교통 상황에 따라 오늘 오후에 돌아갈지를 결정하자는 의미를 전달한 (c)가 정답입니다.

어휘 approach[əpróutʃ] 접근

04

M: I asked you to take my tuxedo to the dry cleaner.
W: I tried, but the shop owner is on vacation.
M: So what do you expect me to wear to the banquet?

(a) We can always arrive a little late.
(b) It hasn't been delivered to us yet.
(c) Please don't make it seem like my fault.
(d) I promise to keep better track next time.

해석 M: 제 턱시도 좀 세탁소에 맡겨달라고 했잖아요.
W: 그러려고 했는데, 가게 주인이 휴가 중이에요.
M: 그럼 전 연회에서 뭘 입으라는 거예요?

(a) 우리는 항상 조금 늦게 도착할 수 있어요.
(b) 우리에게 아직 배달되지 않았어요.
(c) 그게 제 잘못인 것처럼 만들지 말아줘요.
(d) 다음엔 더 잘 알아두겠다고 약속할게요.

해설 연회에서 입을 옷에 대해 이야기하는 상황입니다. what(무엇)을 이용하여 연회에서 입을 옷이 세탁되지 않았으니 무엇을 입으라는 거냐고 불평하는 말에, '그게 제 잘못인 것처럼 만들지 말아줘요'라며 반박한 (c)가 정답입니다.

어휘 on vacation 휴가 중인   banquet[bǽŋkwit] 연회
deliver[dilívər] 배달하다   keep track ~에 대해 알고 있다

05

W: Mark, this chicken dish you prepared is absolutely delicious.
M: Thanks! But I can't take all the credit for it.
W: Oh really? Who helped you make it?
(a) My cousin told me his secret ingredient.
(b) No, I had trained to become a chef.
(c) Yes, I was thinking about the buffet too.
(d) I didn't think you could tell the difference.

해석 W: Mark, 당신이 준비한 이 닭 요리 굉장히 맛있어요.
M: 고마워요! 하지만 그것을 저의 공으로 모두 돌리진 못하겠어요.
W: 아 정말요? 누가 만드는 것을 도와주었나요?
(a) 제 사촌이 그의 비밀 재료를 알려 주었어요.
(b) 아니요, 전 요리사가 되기 위해 훈련 받았어요.
(c) 네, 저도 뷔페에 대해 생각하는 중이었어요.
(d) 당신이 차이를 구별하지 못할 거라고 생각했어요.

해설 Mark가 만든 닭 요리에 대해 이야기하는 상황입니다. Who(누구)를 이용하여 누가 요리하는 것을 도와주었는지 묻는 말에, '제 사촌이 그의 비밀 재료를 알려 주었어요'라며 맛있는 요리의 비결은 사촌의 비밀 재료였다는 의미를 전달한 (a)가 정답입니다.

어휘 take credit ~을 자기의 공적으로 돌리다
ingredient[ingrí:diənt] 재료
tell[tel] (차이를) 구별하다, 분간하다

06

M: I noticed you don't have your eyeglasses on.
W: Yeah. I thought I'd try switching to contact lenses.
M: So how do you like wearing them?
(a) I actually lost one of my contacts.
(b) My doctor said I'm nearsighted.
(c) I just had the frames adjusted.
(d) I think I'd rather wear glasses.

해석 M: 당신이 안경을 착용하지 않은 것을 알아챘어요.
W: 네. 콘택트렌즈로 바꿔볼까 생각했어요.
M: 그래서 그것들을 착용하는 건 어떤 거 같아요?
(a) 전 사실 렌즈 한 쪽을 잃어버렸어요.
(b) 의사 선생님은 제가 근시라고 말하셨어요.
(c) 저는 막 안경테를 맞췄어요.
(d) 안경을 쓰는 것이 더 나은 것 같아요.

해설 콘택트렌즈 착용에 대해 이야기하는 상황입니다. how do you like(~은 어때)를 이용하여 콘택트렌즈를 착용하는 것이 어떤지 의견을 묻는 말에, '안경을 쓰는 것이 더 나은 것 같아요'라며 콘택트렌즈 착용에 대해 부정적인 의견을 전달한 (d)가 정답입니다.

어휘 notice[nóutis] 알아채다, 인식하다
switch[switʃ] 바꾸다, 전환하다
nearsighted[níərsàitid] 근시의   frame[freim] 안경테
adjust[ədʒʌ́st] 맞추다, 조절하다

CHAPTER 09 일반 의문문

HACKERS TEST   p.79

01 (a)   02 (c)   03 (d)   04 (b)   05 (a)
06 (a)

01

Could I ask you to watch my things?
(a) I don't mind at all.
(b) This is an interesting program.
(c) I'll be back in a moment.
(d) This is taking too long.

해석 제 물건 좀 지켜봐 주실 수 있으세요?
(a) 물론이죠.
(b) 이것은 흥미 있는 프로그램이에요.
(c) 금방 돌아올게요.
(d) 이것은 너무 오래 걸려요.

해설 자신의 물건을 지켜봐 달라고 요청하는 말에, '물론이죠'라며 수락한 (a)가 정답입니다.

어휘 watch[watʃ] 지켜보다, 보다   in a moment 금방, 바로

02

Good evening. May I show you to your table now?
(a) Please follow me this way.
(b) No, this is the first time I'm seeing it.
(c) Great. I'm glad we didn't have to wait very long.
(d) That's a lovely piece of furniture.

해석 안녕하세요. 지금 테이블로 안내해 드릴까요?
(a) 이쪽으로 저를 따라오세요.

(b) 아니요, 제가 그것을 보는 것은 이번이 처음이에요.
(c) 좋아요. 우리가 매우 많이 기다리지 않아도 되어서 다행이에요.
(d) 예쁜 가구네요.

해설 지금 테이블로 안내해 주겠다고 제안하는 말에, '좋아요. 우리가 매우 많이 기다리지 않아도 되어서 다행이에요'라며 제안을 기쁘게 수락한 (c)가 정답입니다.

어휘 furniture [fə́:rnitʃər] 가구

03

Do you think I should take an umbrella today?
(a) Sure, you can put it here.
(b) I just bought it this morning.
(c) I don't carry one around.
(d) Yeah. It looks like it might pour.

해설 오늘 우산을 가지고 나가야 할까요?
(a) 물론이죠, 여기에 두면 됩니다.
(b) 오늘 아침에 이것을 샀어요.
(c) 저는 그것을 안 들고 다녀요.
(d) 네, 비가 마구 쏟아질 것 같아 보여요.

해설 오늘 우산을 가지고 나가야 하는지 의견을 묻는 말에, '네, 비가 마구 쏟아질 것 같아 보여요'라며 우산을 챙기라는 의미를 전달한 (d)가 정답입니다.

어휘 carry around ~을 들고 다니다
pour [pɔ:r] (비가) 마구 쏟아지다

04

M: I thought Tina was joining us for lunch.
W: She had something urgent to attend to.
M: Should we bring something back for her?

(a) We didn't have a moment to spare.
(b) Maybe just her usual order.
(c) She wanted you to have it instead.
(d) It's time she got what she deserves.

해설 M: Tina가 우리와 점심 식사를 같이 하는 줄 알았어요.
W: 그녀는 급하게 처리해야 할 일이 생겼대요.
M: 그녀를 위해 뭔가 싸갈까요?

(a) 우리는 할애할 시간이 없었어요.
(b) 아마 그녀가 평상시에 주문하는 거면 될 거예요.
(c) 그녀는 당신이 대신 그것을 가지길 원했어요.
(d) 그녀가 마땅한 대가를 받을 때죠.

해설 동료와 점심 식사를 하고 있는 상황입니다. 함께 점심 식사를 하기로 했던 Tina를 위해 음식을 싸갈지 제안하는 말에, '아마 그녀가 평상시에 주문하는 거면 될 거예요'라며 Tina에게 음식을 싸다 주자는 제안에 간접적으로 수락한 (b)가 정답입니다.

어휘 urgent [ə́:rdʒənt] 급한   attend [əténd] 처리하다, 참석하다
spare [spɛər] (시간을) 할애하다
order [ɔ́:rdər] 주문
deserve [dizə́:rv] (마땅히) ~받을 만하다

05

M: Where can I reserve tickets for the ballet?
W: Perhaps you can try checking online.
M: Could you refer me to a website?

(a) I don't know any offhand.
(b) It depends on the seat you want.
(c) Yes, check the information page.
(d) No, you only need a credit card.

해설 M: 발레 공연 티켓을 어디에서 예매할 수 있나요?
W: 아마 온라인에서 확인할 수 있을 거예요.
M: 저에게 웹사이트를 알려주실 수 있나요?

(a) 지금 당장은 잘 모르겠어요.
(b) 당신이 원하는 좌석에 따라 달라요.
(c) 네, 정보면을 확인하세요.
(d) 아니요, 당신은 신용 카드만 있으면 돼요.

해설 발레 공연을 예매하려는 상황입니다. 발레 티켓을 예매할 수 있는 웹사이트를 알려달라고 요청하는 말에, '지금 당장은 잘 모르겠어요'라며 웹사이트가 지금 당장 기억나지 않아 알려줄 수 없다는 의미를 전달한 (a)가 정답입니다.

어휘 reserve [rizə́:rv] 예매하다
refer [rifə́:r] 알려주다, 참조하게 하다
offhand [ɔ̀:fhǽnd] (확인해보지 않고) 지금 당장
depend on ~에 따라 다르다

06

W: I heard they're announcing the election results on TV.
M: Yeah, it's finally the moment of truth.
W: Is it just me or do you feel a tension in the air?

(a) Oh, everyone here is on pins and needles.
(b) Yes, there's an overwhelming sense of calm.
(c) It's going to be an absolute breeze.
(d) You can be sure we're in good company.

해설 W: 그들이 선거 결과를 TV에서 발표할 거라고 들었어요.
M: 네, 드디어 결정적인 순간이에요.
W: 저만 그런 건가요 아니면 당신도 긴장감을 느끼나요?

(a) 오, 여기 있는 사람들 모두 조마조마해 하고 있어요.
(b) 네, 엄청난 평온함이 있어요.
(c) 정말 쉬운 일이 될 거예요.
(d) 우리도 다른 사람들과 마찬가지라고 확신할 수 있어요.

해설 선거 결과를 기다리고 있는 상황입니다. 선거 결과에 대해 본인뿐 아니라 상대도 긴장하고 있는지 사실을 묻는 말에, '오, 여기 있는 사람들 모두 조마조마해 하고 있어요'라며 자신도 선거 결과에 대해 긴장하고 있다는 의미를 간접적으로 전달한 (a)가 정답입니다.

어휘 election [ilékʃən] 선거
moment of truth 결정적인 순간
on pins and needles 조마조마해 하는

overwhelming [òuvərhwélmiŋ] 엄청난, 압도적인
breeze [briːz] 쉬운 일
in good company 다른 사람들과 마찬가지로

CHAPTER 10 평서문

HACKERS TEST
p.85

01 (c)   02 (d)   03 (a)   04 (d)   05 (d)
06 (a)

01

That's a gorgeous flower vase you made there!
(a) I was about to return it back to the store.
(b) I try to be careful with fragile items.
(c) Thanks. I made it in my pottery class.
(d) Yeah. It would be nice to learn gardening.

해석 당신이 만든 저기 그 꽃병 정말 멋지네요!
(a) 그것을 가게에 막 돌려 보내려던 참이었어요.
(b) 저는 깨지기 쉬운 물건들은 조심스럽게 다루려고 노력해요.
(c) 고마워요. 제가 도자기 수업에서 만든 거예요.
(d) 네. 원예를 배운다면 참 좋을 거예요.

해설 상대방이 만든 꽃병이 정말 멋지다고 칭찬하는 말에, '고마워요. 제가 도자기 수업에서 만든 거예요'라며 감사의 말을 전한 (c)가 정답입니다.

어휘 fragile [frǽdʒəl] 깨지기 쉬운

02

You should try to lay off the snack foods.
(a) I think I have some cookies in the cabinet.
(b) I'll stay away from coffee starting today.
(c) But I usually prefer to eat out instead.
(d) I just can't seem to avoid them.

해석 당신은 간식 먹는 것을 그만하도록 노력해야 해요.
(a) 수납장에 쿠키가 좀 있는 것 같아요.
(b) 전 오늘부터 커피를 가까이 하지 않을 거예요.
(c) 그렇지만 대신 전 보통 외식하는 것을 좋아해요.
(d) 전 도저히 간식을 피할 수 없을 것 같아요.

해설 간식을 그만 먹으라고 제안하는 말에, '전 도저히 간식을 피할 수 없을 것 같아요'라며 간식 먹는 것을 그만둘 수 없다는 의미를 전달한 (d)가 정답입니다.

어휘 lay off 그만하다   stay away 가까이 하지 않다

03

The printer has worked great since we had it repaired.
(a) Let's hope it stays that way.
(b) I'll just go get the technician.
(c) Yeah, we should get a new one.
(d) No, it worked perfectly just now.

해석 우리가 프린터를 고친 후로 잘 작동했어요.
(a) 계속 그 상태이기를 바라요.
(b) 제가 가서 기술자를 데려올게요.
(c) 맞아요, 새 것으로 사야겠어요.
(d) 아니요, 방금은 완벽하게 작동했는데요.

해설 프린터를 고친 후로 잘 작동했다는 정보를 전달하는 말에, '계속 그 상태이기를 바라요'라며 현재 잘 작동되는 상태가 지속되기를 희망한다는 의미를 전달한 (a)가 정답입니다.

어휘 technician [tekníʃən] 기술자

04

M: Are you done with your thesis already?
W: Yes. Your books were a big help. I used them for references in my main argument.
M: I'm glad you found them useful.
(a) Well, I'm still trying to get a head start.
(b) I need to return them to the library soon.
(c) I'll give you a copy of them later.
(d) I would have struggled without them.

해석 M: 벌써 논문을 다 썼니?
W: 응. 네 책들이 큰 도움이 되었어. 그것들을 내 주요 논거에 참조해서 인용했어.
M: 네가 그것들을 유용하다고 생각하니 다행이다.
(a) 그게, 미리 시작하려고 아직 노력 중이야.
(b) 곧 그것들을 도서관에 반납해야 해.
(c) 나중에 복사본을 줄게.
(d) 그것들이 없었다면 힘들었을 거야.

해설 논문에 참고한 책들에 대해 이야기하는 상황입니다. 빌려준 책이 유용해서 다행이라는 즐거움을 표현하는 말에, '그것들이 없었다면 힘들었을 거야'라며 고마움을 전달한 (d)가 정답입니다.

어휘 thesis [θíːsis] 논문   reference [réfərəns] 참조
head start 앞선 출발

05

W: Mark, how come you were absent yesterday?
M: I had to be at the hospital.
W: Oh, I didn't know you were sick.
(a) Yeah, I was on my way to work.
(b) Thanks, I feel much better already.

(c) OK, but I called the office earlier.
(d) No, I just had a scheduled check-up.

해석　W: Mark, 어제는 왜 결근했어요?
　　　M: 병원에 있어야 했어요.
　　　W: 아, 당신이 아팠는지 몰랐어요.

　　　(a) 네, 저는 출근하는 도중이었어요.
　　　(b) 고마워요, 벌써 많이 좋아졌어요.
　　　(c) 그래요, 하지만 전에 사무실에 연락을 했어요.
　　　(d) 아니에요, 전 그냥 예정된 검진을 받은 거예요.

해설　남자가 결근한 이유에 대해 이야기하는 상황입니다. 남자가 아파서 결근한 줄 몰랐다는 말에, '아니에요, 전 그냥 예정된 검진을 받은 거예요'라며 정확한 결근 이유를 전달한 (d)가 정답입니다.

어휘　absent[ǽbsənt] 결근한, 결석한　check-up 검진

06

W: This is QT Appliance Services. What can I do for you?
M: Hi. Do you fix refrigerators? I was hoping to bring in mine for repair this Saturday.
W: Yes, we do. But we're closed for business on weekends.

(a) OK. I'll see if I can make it another day.
(b) I didn't expect your store to be busy.
(c) No problem. You can pick it up next week.
(d) I'll have it ready for you by then.

해석　W: QT Appliance Services입니다. 무엇을 도와 드릴까요?
　　　M: 안녕하세요. 냉장고 수리하시나요? 이번 주 토요일에 수리를 위해 제 것을 가져가려고 했거든요.
　　　W: 네, 합니다. 하지만 주말에는 영업을 하지 않습니다.

　　　(a) 알겠습니다. 다른 날 가지고 갈 수 있을지 알아볼게요.
　　　(b) 당신의 가게가 바쁠 거라고 예상하지 못했어요.
　　　(c) 문제 없어요. 다음 주에 가져가시면 돼요.
　　　(d) 그때까지는 준비해 드릴게요.

해설　냉장고 수리를 접수하려는 상황입니다. 냉장고를 수리해주는 업체에서 주말에는 영업을 하지 않는다는 객관적인 정보를 전달하는 말에, '알겠습니다. 다른 날 가지고 갈 수 있을지 알아볼게요'라고 응답한 (a)가 정답입니다.

어휘　bring in 가져오다　pick up 가지러 가다

PART 3

CHAPTER 01 중심 내용 문제

HACKERS TEST   p.104

01 (a)   02 (c)   03 (c)   04 (b)   05 (d)
06 (a)

01

Listen to a conversation between two friends.
M: Are you all right? **You don't look very well.**
W: Well, **my throat feels a little sore**.
M: Did you catch a cold?
W: Probably. **I have a runny nose** too.
M: You should get some rest. It'll help you feel better.
W: OK, I will. Thanks for your concern.
Q: What is the main topic of the conversation?
(a) The woman's health condition
(b) The man's advice for preventing a cold
(c) The woman's concern about visiting a doctor
(d) The man's worsening cold symptoms

해석 두 친구 간의 대화를 들으시오.
M: 너 괜찮니? 별로 좋아 보이지 않아.
W: 음, 목구멍이 조금 따가워.
M: 너 감기 걸렸니?
W: 그런 것 같아. 콧물도 나와.
M: 너 좀 쉬어야겠다. 쉬면 상태가 나아질 거야.
W: 응, 그럴게. 걱정해줘서 고마워.
Q: 대화의 주제는 무엇인가?
(a) 여자의 건강 상태
(b) 감기 예방에 대한 남자의 조언
(c) 병원 방문에 대한 여자의 걱정
(d) 악화되고 있는 남자의 감기 증상

해설 대화의 주제를 묻는 문제입니다. 대화의 앞부분에서 남자가 여자에게 별로 좋아 보이지 않는다(You don't look very well)고 하자, 여자가 목구멍이 조금 따갑고(my throat feels a little sore), 콧물이 나온다(I have a runny nose)며 자신의 몸 상태에 대해 설명했습니다. 이를 '여자의 건강 상태'라고 종합한 (a)가 정답입니다.

어휘 sore[sɔːr] 따가운   catch a cold 감기 걸리다
concern[kənsɔ́ːrn] 걱정; 걱정스럽게 만들다
advice[ədváis] 조언, 충고   prevent[privént] 예방하다
worsen[wə́ːrsn] 악화되다   symptom[símptəm] 증상, 징후

02

Listen to a conversation between two friends.
W: **Nice to see you again**, Leo.
M: Me too. So **how was your weekend**?
W: It was OK. I went to a theme park. **What about yours?**
M: It was fantastic. I went to a rock concert.
W: Oh, I would have much preferred doing that.
M: But theme parks can be fun as well.
Q: What are the man and woman mainly discussing?
(a) Where they last saw each other
(b) When they will go to the theme park
(c) How they spent their weekend
(d) How much they enjoyed the concert

해석 두 친구 간의 대화를 들으시오.
W: 다시 만나서 반가워, Leo.
M: 나도. 주말은 어땠니?
W: 괜찮았어. 나는 테마 파크에 갔어. 너의 주말은 어땠니?
M: 환상적이었어. 나는 록 콘서트에 갔어.
W: 오, 난 록 콘서트에 가는 것이 훨씬 더 좋았을 것 같아.
M: 하지만 테마 파크 역시 재미있을 것 같아.
Q: 남자와 여자는 주로 무엇에 대해 논의하고 있는가?
(a) 어디에서 그들이 서로를 마지막으로 봤는지
(b) 언제 그들이 테마 파크에 갈 것인지
(c) 어떻게 그들이 주말을 보냈는지
(d) 얼마나 그들이 콘서트를 즐겼는지

해설 남자와 여자가 주로 논의하고 있는 것을 묻는 문제입니다. 대화의 앞부분에서 남자가 주말은 어땠는지(how was your weekend?) 묻자, 여자가 테마 파크에 갔다고 대답한 후 다시 남자에게 주말은 어땠는지(What about yours?) 물었습니다. 이를 '어떻게 그들이 주말을 보냈는지'라고 종합한 (c)가 정답입니다.

어휘 theme park 테마 파크, 놀이 공원
fantastic[fæntǽstik] 환상적인, 기막히게 좋은
prefer[prifə́ːr] (다른 것보다) ~을 (더) 좋아하다, 선호하다
as well ~도 역시

Chapter 01 중심 내용 문제   **21**

03

Listen to a conversation between two acquaintances.

M: **Do you drive to your office**, Nadine?
W: No, I find cars too expensive to maintain. What about you?
M: I used to, but I take the bus now.
W: I actually prefer riding a bicycle.
M: Well, that's a good means of transportation.
W: Yeah. It saves me a lot of money too.

Q: What are the man and woman mainly talking about?

(a) Why they dislike cars
(b) Their money-saving ideas
(c) How they commute to work
(d) Their usual office route

해석 두 지인 간의 대화를 들으시오.
M: Nadine, 당신은 회사에 운전해서 가나요?
W: 아니요, 차는 유지하는 것이 너무 비싸서요. 당신은요?
M: 운전해서 가곤 했는데, 지금은 버스를 타요.
W: 저는 사실 자전거 타는 것을 선호해요.
M: 음, 그것은 좋은 교통 수단이죠.
W: 맞아요. 제게 많은 돈을 절약해 주기도 해요.
Q: 남자와 여자는 주로 무엇에 대해 이야기하고 있는가?
(a) 왜 그들이 차를 싫어하는지
(b) 돈을 절약하는 그들의 방안
(c) 어떻게 그들이 통근하는지
(d) 평소 그들의 출근 경로

해설 대화에서 남자와 여자가 주로 이야기하고 있는 것을 묻는 문제입니다. 대화의 앞부분에서 남자가 회사에 운전해서 가는지(Do you drive to your office) 물은 후, 남자와 여자가 출근할 때 어떤 교통 수단을 이용하는지에 대한 대화가 이어졌습니다. 이를 '어떻게 그들이 통근하는지'라고 종합한 (c)가 정답입니다.

어휘 maintain [meintéin] 유지하다 used to ~하곤 했다
means [mi:nz] 수단
transportation [trænspərtéiʃən] 교통 기관
commute [kəmjú:t] 통근하다

04

Listen to a conversation on campus.

W: I heard you have excellent grades in math.
M: Well, that subject has always been my forte.
W: **Can you lend me a hand? I don't want to repeat it next term.**
M: Sure. We can go over the lessons together.
W: OK. So when are we going to begin?
M: I'm free this Saturday. Let's meet at the library.

Q: What is the woman mainly doing in the conversation?

(a) Borrowing the man's math notes
(b) Seeking the man's assistance with schoolwork
(c) Complimenting the man's grades
(d) Encouraging the man to study harder

해석 캠퍼스에서의 대화를 들으시오.
W: 네가 수학에서 우수한 성적을 받는다고 들었어.
M: 응, 그 과목은 항상 나의 강점이었거든.
W: 나 좀 도와줄 수 있니? 다음 학기에 그것을 다시 이수하고 싶지 않아.
M: 물론이지. 함께 수업을 복습해보자.
W: 좋아. 그럼 우리 언제부터 시작할까?
M: 난 이번 주 토요일에 한가해. 도서관에서 만나자.
Q: 대화에서 여자는 주로 무엇을 하고 있는가?
(a) 남자의 수학 필기 노트를 빌리고 있다.
(b) 학교 공부에 관해 남자의 도움을 구하고 있다.
(c) 남자의 성적을 칭찬하고 있다.
(d) 남자에게 더 열심히 공부하라고 격려하고 있다.

해설 대화에서 여자가 주로 하고 있는 일을 묻는 문제입니다. 여자가 남자에게 도와줄 수 있는지(Can you lend me a hand?) 물은 후, 다음 학기에 수학을 다시 이수하고 싶지 않다(I don't want to repeat it next term)고 했습니다. 이를 '학교 공부에 관해 남자의 도움을 구하고 있다'라고 종합한 (b)가 정답입니다.

어휘 grade [greid] 성적 forte [fɔ́:rtei] 강점, 특기 lend a hand 돕다
repeat [ripí:t] 다시 이수하다, 반복하다 go over 복습하다
seek [si:k] 구하다 assistance [əsístəns] 도움
schoolwork [skú:lwə̀:rk] 학교 공부
compliment [kámpləmənt] 칭찬하다

05

Listen to a conversation between two co-workers.

M: I don't think I can make it to the office party tonight. My sedan is still being repaired.
W: **That's not a problem because you can always hitch a ride with me.**
M: Aren't you already driving some of the others?
W: Yes, but there's enough room for one more person.
M: All right. I'll just drop by your house later, then.
W: You don't need to. **I can pick you up at your place.**

Q: What is mainly happening in the conversation?

(a) The man is expressing his dissatisfaction with a mechanic's service.

(b) The woman is inviting the man to attend a party at her place.
(c) The man is apologizing for not being able to attend an office party.
(d) The woman is offering to transport the man in her vehicle.

해석 두 동료 간의 대화를 들으시오.
M: 전 오늘 밤 회사 파티에 못 갈 것 같아요. 제 차가 아직도 수리 중이에요.
W: 당신은 언제나 제 차를 얻어 타고 갈 수 있으니까 문제될 건 없어요.
M: 당신은 이미 다른 사람들을 태워 주기로 한 거 아닌가요?
W: 네, 그런데 한 사람을 위한 자리는 충분히 있어요.
M: 알았어요. 그러면, 제가 나중에 당신 집에 들를게요.
W: 그러지 않아도 돼요. 제가 당신 집으로 당신을 태우러 갈 수 있어요.
Q: 대화에서 주로 무엇이 일어나고 있는가?
(a) 남자는 정비공의 서비스에 대한 그의 불만을 표현하고 있다.
(b) 여자는 남자를 그녀의 집에서 열리는 파티에 참석하라고 초대하고 있다.
(c) 남자는 회사 파티에 참석할 수 없는 것에 대해 사과하고 있다.
(d) 여자는 그녀의 차로 남자를 실어다 줄 것을 제안하고 있다.

해설 대화에서 주로 일어나고 있는 일을 묻는 문제입니다. 대화의 앞부분에서 남자가 차가 수리 중이라 회사 파티에 갈 수 없다고 하자 여자가 자신의 차를 타고 갈 수 있으니 문제될 것 없다(That's not a problem because you can always hitch a ride with me)고 한 후, 남자의 집으로 남자를 태우러 갈 수 있다(I can pick you up at your place)고 했습니다. 이를 '여자는 그녀의 차로 남자를 실어다 줄 것을 제안하고 있다'라고 종합한 (d)가 정답입니다.

어휘 make it (모임 등에) 가다 hitch a ride 차를 얻어 타다, 차에 편승하다
drop by ~에 들르다 pick somebody up ~을 (차에) 태우러 가다
dissatisfaction [dìssætisfǽkʃən] 불만
apologize [əpálədʒàiz] 사과하다
transport [trænspɔ́:rt] 이동시키다, 수송하다 vehicle [ví:ikl] 차

06

Listen to a conversation between two friends.
W: Hey, Ernie. You're familiar with personal finance, right?
M: I guess. Why do you ask?
W: I'm thinking of applying for a charge card. Is that a good idea?
M: Sure, but try to pick one suited to your spending habits.
W: Well, I travel a lot, so I'll probably get one that has travel incentives.
M: Sounds like a good choice.

Q: What is the main topic of the conversation?
(a) Choosing a credit card
(b) Traveling on a budget
(c) Establishing a credit history
(d) Making lifestyle changes

해석 두 친구 간의 대화를 들으시오.
W: 저기, Ernie. 너 개인 금융에 대해 잘 알지, 그렇지?
M: 그렇다고 할 수 있지. 왜 물어보는 거야?
W: 나 신용 카드를 신청하려고 생각 중이야. 좋은 생각일까?
M: 물론이지, 하지만 너의 소비 습관에 적합한 것을 고르도록 해.
W: 그럼, 난 여행을 많이 다니니까, 여행 혜택이 있는 것으로 하면 되겠다.
M: 좋은 선택인 것 같아.
Q: 대화의 주제는 무엇인가?
(a) 신용 카드 선택하기
(b) 예산을 세워 여행하기
(c) 신용기록 확인하기
(d) 생활 방식 바꾸기

해설 대화의 주제를 묻는 문제입니다. 여자가 신용 카드를 신청하려고 생각 중(I'm thinking of applying for a charge card)이라고 하자, 남자가 여자의 소비 습관에 적합한 것을 고르도록 하라(try to pick one suited to your spending habits)고 충고했습니다. 이를 '신용 카드 선택하기'라고 종합한 (a)가 정답입니다.

어휘 apply for 신청하다 charge card 신용 카드
suited [sú:tid] 적합한 spending [spéndiŋ] 소비
incentive [inséntiv] 혜택, 장려책
on a budget 예산을 세워, 한정된 예산으로
establish [istǽbliʃ] 확인하다 credit history 신용기록

CHAPTER 02 세부 정보 문제

HACKERS TEST
p. 110

| 01 (a) | 02 (b) | 03 (a) | 04 (a) | 05 (d) |
| 06 (c) | | | | |

01

Listen to a conversation between two classmates.
M: What's the matter with Mimi? She looks so sad.
W: Well, she's frustrated about failing her math exam.
M: She failed? But she studied so hard for it.
W: Yes. She didn't expect that she would fail to make the grade.
M: No wonder she's so upset.
W: What's even worse is that she was just one point short of passing.

Q: Which is correct according to the conversation?
(a) Mimi expected that she would pass the exam.
(b) The man thinks Mimi has poor study habits.
(c) The woman found the test to be challenging.
(d) The man is disappointed with his grade.

해석 두 동급생 간의 대화를 들으시오.
M: Mimi에게 도대체 무슨 일이 있는 거니? 그녀는 너무 슬퍼 보여.
W: 음, 수학 시험에서 낙제한 것에 대해 좌절하고 있어.
M: 낙제했어? 하지만 그녀는 그것을 위해서 너무나도 열심히 공부했잖아.
W: 응. 그녀는 자신이 합격하지 못할 거라고 예상하지 않았어.
M: 그녀가 속상해 하는 것이 당연해.
W: 설상가상으로 통과하는 데 단지 1점이 부족했대.
Q: 대화에 따르면 일치하는 것은 무엇인가?
(a) Mimi는 자신이 시험에 통과할 것이라고 기대했다.
(b) 남자는 Mimi가 나쁜 공부 습관을 가지고 있다고 생각한다.
(c) 여자는 시험이 어려웠다고 생각한다.
(d) 남자는 그의 성적에 실망하고 있다.

해설 대화의 내용과 일치하는 것을 묻는 문제입니다. 대화의 앞부분에서 여자가 Mimi는 수학 시험에서 불합격한 것에 대해 좌절하고 있다(she's frustrated about failing her math exam)며, 그녀는 자신이 합격하지 못할 거라고 예상하지 않았다(She didn't expect that she would fail to make the grade)고 했습니다. 이를 'Mimi는 자신이 시험에 통과할 것이라고 기대했다'라고 바꾸어 표현한 (a)가 정답입니다.

어휘 frustrated [frʌ́streitid] 좌절감을 느끼는, 불만스러워 하는
fail [feil] 낙제하다, ~하지 못하다
make the grade 합격하다, 성공하다
no wonder ~하는 것도 당연하다 upset [ʌpsét] 속상한, 근심한
short of ~이 부족하여 expect [ikspékt] 기대하다, 예상하다

02

Listen to a conversation between two friends.
W: Adam was looking for you yesterday.
M: Yeah, I've already spoken to him. He was worried about me because I suddenly quit my job.
W: To be honest, I'm a bit concerned as well.
M: It's no big deal, really. I just realized that I needed a career change.
W: How come? You were doing so well as an architect.
M: Yeah, but I wasn't enjoying my job anymore.
Q: Which is correct according to the conversation?
(a) The woman was upset about Adam's decision.
(b) The woman thinks the man was successful in his work.
(c) The man does not plan on switching professions.
(d) The man finds his job to be difficult.

해석 두 친구 간의 대화를 들으시오.
W: Adam이 어제 너를 찾았어.
M: 응, 이미 그와 이야기했어. 내가 갑자기 일을 그만둬서 그가 나를 걱정했대.
W: 솔직하게 말하면, 나도 조금 걱정했어.

M: 별일 아니야, 진짜. 나는 단지 내가 직업을 바꿀 필요가 있는 것을 깨달았어.
W: 왜? 넌 건축가로서 아주 잘하고 있었잖아.
M: 응, 그런데 나는 더 이상 내 일을 즐기고 있지 않았어.
Q: 대화에 따르면 일치하는 것은 무엇인가?
(a) 여자는 Adam의 결정에 속상해했다.
(b) 여자는 남자가 그의 일에서 성공했다고 생각한다.
(c) 남자는 직업을 바꿀 계획을 세우지 않는다.
(d) 남자는 자신의 일이 어렵다고 생각한다.

해설 대화의 내용과 일치하는 것을 묻는 문제입니다. 직업을 바꿀 필요가 있다는 것을 깨달았다(I just realized that I needed a career change)는 남자의 말에, 여자가 남자는 건축가로서 아주 잘하고 있었다(You were doing so well as an architect)고 했습니다. 이를 '여자는 남자가 그의 일에서 성공했다고 생각한다'라고 바꾸어 표현한 (b)가 정답입니다.

어휘 quit [kwit] 그만두다, 그만하다 no big deal 별일 아니다
realize [ríːəlaiz] 깨닫다, 알아차리다 career [kəríər] 직업
architect [ɑ́ːrkətèkt] 건축가 switch [switʃ] 바꾸다, 전환하다
profession [prəféʃən] 직업, 전문직

03

Listen to a conversation between two friends.
M: Guess what? I finally won a raffle contest!
W: Really? What did you win?
M: I got two tickets to see a musical on Broadway!
W: Wow, that's fantastic. Congratulations!
M: Thanks. How about we go watch it together?
W: Sounds good. I've always wanted to see a Broadway show in person.
Q: Which is correct according to the conversation?
(a) The woman accepted the man's invitation.
(b) The woman is a fan of musicals.
(c) The man never participates in raffle contests.
(d) The man gave away his prize to the woman.

해석 두 친구 간의 대화를 들으시오.
M: 있잖아요. 저 마침내 복권 추첨에 당첨됐어요!
W: 정말요? 뭘 받았어요?
M: 브로드웨이에서 하는 뮤지컬을 볼 수 있는 티켓 두 장을 받았어요!
W: 우와, 멋진데요. 축하해요!
M: 고마워요. 우리 공연 같이 보러 가는 게 어때요?
W: 좋아요. 전 항상 브로드웨이 공연을 직접 보고 싶었어요.
Q: 대화에 따르면 일치하는 것은 무엇인가?
(a) 여자는 남자의 초대에 응했다.
(b) 여자는 뮤지컬 팬이다.
(c) 남자는 절대 복권 추첨에 참여하지 않는다.
(d) 남자는 여자에게 자신의 상품을 선물로 주었다.

해설 대화의 내용과 일치하는 것을 묻는 문제입니다. 같이 공연을 보러 가는 게 어떤지(How about we go watch it together?) 묻는 남자의 질문에, 여

자가 좋다(Sounds good)고 했습니다. 이를 '여자는 남자의 초대에 응했다'라고 바꾸어 표현한 (a)가 정답입니다.

어휘 raffle[ræfl] 복권 판매 <추첨에 당첨된 자에게 상품을 줌>
in person 직접   invitation[ìnvətéiʃən] 초대
participate in ~에 참여하다   give away ~을 선물로 주다, 기부하다

04

Listen to a conversation between two acquaintances.
W: Ron, do you know how to get to Carnegie Hall?
M: Sorry, I've got no idea where that is.
W: I thought you'd know since you've lived in New York for a while.
M: I haven't had much time to explore the city because of my job. Maybe Jordan can help you.
W: I wonder how you put up with that. **A life with all work and no play sounds awfully boring.**
M: **Working seven days a week isn't easy, but the overtime pay helps make up for my suffering.**
Q: Which is correct according to the conversation?
(a) The man focuses on the positive aspect of his demanding schedule.
(b) The woman would like the man to meet her at Carnegie Hall.
(c) The woman is unaware that the man resided in New York.
(d) The man will ask Jordan the directions on the woman's behalf.

해석 두 지인 간의 대화를 들으시오.
W: Ron, 카네기 홀에 어떻게 가는지 알아요?
M: 미안한데, 전 그게 어디에 있는지 모르겠어요.
W: 저는 당신이 뉴욕에서 한동안 살았기 때문에 알 거라고 생각했어요.
M: 전 일 때문에 그 도시를 둘러볼 시간이 많지 않았어요. 아마도 Jordan이 당신을 도와줄 수 있을 거예요.
W: 전 당신이 그것을 어떻게 참아내는지 궁금해요. 일만 하고 놀지 않는 생활은 끔찍하게 지루할 것 같아요.
M: 일주일에 7일 일하는 것은 쉽지 않지만, 초과 근무 수당이 제 고생을 보상하는데 도움이 돼요.
Q: 대화에 따르면 일치하는 것은 무엇인가?
(a) 남자는 자신의 힘든 일정의 긍정적인 면에 집중한다.
(b) 여자는 남자가 카네기 홀에서 자신을 만나기를 원한다.
(c) 여자는 남자가 뉴욕에서 거주했다는 것을 알지 못한다.
(d) 남자는 여자를 대신하여 Jordan에게 길 안내를 물어볼 것이다.

해설 대화의 내용과 일치하는 것을 묻는 문제입니다. 일만 하고 놀지 않는 생활은 끔찍하게 지루할 것 같다(A life with all work and no play sounds awfully boring)는 여자의 말에, 남자가 일주일에 7일 일하는 것은 쉽지 않지만 초과 근무 수당이 자신의 고생을 보상하는 데 도움이 된다(Working seven days a week isn't easy, but the overtime pay helps make up for my suffering)고 했습니다. 이를 '남자는 자신의 힘든 일정의 긍정적인 면에 집중한다'라고 바꾸어 표현한 (a)가 정답입니다.

어휘 put up with 참다   make up for ~을 보상하다, 보완하다
suffering[sʌ́fəriŋ] 고생, 괴로움   focus on ~에 집중하다
demanding[dimǽndiŋ] 힘든   reside[rizáid] 거주하다

05

Listen to a conversation at an event hall.
M: How much would it cost to have a children's party here?
W: Our cheapest package is $110.
M: I see. And that's good for how many kids?
W: Ten children. The rate includes party favors, balloons, and snacks.
M: What about a birthday cake?
W: We have cakes available in chocolate or vanilla at a cost of $15.
Q: What can be provided for an additional charge?
(a) Party favors
(b) Balloons
(c) Snacks
(d) Birthday cakes

해석 행사장에서의 대화를 들으시오.
M: 여기에서 아이들 파티를 하려면 비용이 얼마나 들까요?
W: 저희의 가장 저렴한 패키지가 110달러입니다.
M: 그렇군요. 그건 아이들 몇 명에 적합한가요?
W: 10명이요. 그 비용은 파티 선물, 풍선 그리고 간식을 포함합니다.
M: 생일 케이크는요?
W: 초콜릿 케이크 또는 바닐라 케이크가 15달러의 비용으로 이용 가능합니다.
Q: 추가 비용으로 무엇이 제공될 수 있는가?
(a) 파티 선물
(b) 풍선
(c) 간식
(d) 생일 케이크

해설 추가 비용으로 제공될 수 있는 것을 묻는 문제입니다. 파티 패키지에 생일 케이크도 포함되어 있는지(What about a birthday cake?) 묻는 남자의 질문에, 여자가 초콜릿 케이크 또는 바닐라 케이크가 15달러의 비용으로 이용 가능하다(We have cakes available in chocolate or vanilla at a cost of $15)라고 했습니다. 따라서 '생일 케이크'인 (d)가 정답입니다.

어휘 cost[kɔ:st] 비용이 들다; 비용   rate[reit] 비용, 요금
include[inklú:d] 포함하다
party favor (손님에게 주는 작은) 파티 선물
available[əvéiləbl] 이용할 수 있는, 시간이 있는

06

Listen to two friends discuss a soccer game.
W: **Did you watch the soccer championship on cable yesterday?**
M: **I missed it,** but I heard the Lions won the title.
W: Right. I didn't think they'd win, though.
M: Me neither. I was actually rooting for the Bears.
W: Same here. They seemed to be the stronger team.
M: Yeah, but the Lions sure proved us wrong.
Q: Which is correct according to the conversation?
(a) The man thinks the Bears has incompetent players.
(b) The woman bought tickets for the soccer game.
(c) The man did not see the final match.
(d) The woman expected the Lions to obtain the title.

해석 두 친구가 축구 경기에 대해 이야기하는 것을 들으시오.
W: 어제 케이블에서 축구 선수권 대회 봤어요?
M: 보지 못했어요, 그런데 Lions 팀이 타이틀을 거머쥐었다는 것은 들었어요.
W: 맞아요. 그들이 우승할 거라는 생각은 못했지만 말이에요.
M: 저도 그래요. 사실 저는 Bears 팀을 응원했었거든요.
W: 저도 마찬가지에요. 그들이 더 강한 팀 같았어요.
M: 네. 그런데 Lions 팀은 우리가 틀렸다는 걸 확실히 증명했어요.
Q: 대화에 따르면 일치하는 것은 무엇인가?
(a) 남자는 Bears 팀이 무능력한 선수들을 보유하고 있다고 생각한다.
(b) 여자는 축구 경기 티켓을 샀다.
(c) 남자는 결승전을 보지 못했다.
(d) 여자는 Lions 팀이 타이틀을 손에 넣을 것으로 예상했다.

해설 대화의 내용과 일치하는 것을 묻는 문제입니다. 대화의 앞부분에서 어제 케이블에서 축구 선수권 대회를 봤는지(Did you watch the soccer championship on cable yesterday?) 묻는 여자의 질문에, 남자가 보지 못했다(I missed it)고 했습니다. 이를 '남자는 결승전을 보지 못했다'라고 바꾸어 표현한 (c)가 정답입니다.

어휘 miss [mis] 보지 못하다, 놓치다   root for 응원하다
prove [pru:v] 증명하다
incompetent [inkɑ́mpətənt] 무능한, 부적격의
obtain [əbtéin] 손에 넣다, 얻다

CHAPTER **03** 추론 문제

HACKERS TEST   p. 116

01 (a)   **02** (b)   **03** (c)   **04** (a)   **05** (d)
06 (d)

01

Listen to two friends discuss windsurfing.
M: Have you tried **windsurfing** before?
W: Yes, but not much. I didn't find it that interesting. Why?
M: Well, I thought it seemed exciting, so I want to try it. Was it hard to learn?
W: Not really. **As long as you have a good sense of balance, you should have no problems.**
M: Well, **if it's anything like surfing then it should be easy to pick up**.
W: I'm guessing it's pretty much the same, except for the sail.
Q: What can be inferred from the conversation?
(a) The man is a proficient surfer.
(b) The woman is not interested in water sports.
(c) The man is unskilled in surfing.
(d) The couple will try windsurfing together.

해석 두 친구가 윈드서핑에 대해 이야기하는 것을 들으시오.
M: 전에 윈드서핑 해본 적 있어요?
W: 네, 그런데 많이 해본 건 아니에요. 전 그게 별로 재미있는지 모르겠던걸요. 왜요?
M: 음, 저는 재미있을 것 같다고 생각했거든요, 그래서 해보고 싶어요. 배우기 어려웠나요?
W: 그렇진 않아요. 당신이 좋은 균형 감각을 가지고 있기만 하다면, 아무 문제 없을 거예요.
M: 음, 만약 윈드서핑이 서핑과 비슷한 것이라면 배우기 쉬울 거예요.
W: 전 꽤 많이 비슷하다고 생각하는데, 돛이 있다는 점을 제외하면요.
Q: 대화에서 추론할 수 있는 것은 무엇인가?
(a) 남자는 능숙한 서퍼이다.
(b) 여자는 수상 스포츠에 관심이 없다.
(c) 남자는 서핑에 미숙하다.
(d) 이 커플은 윈드서핑을 함께 해볼 것이다.

해설 대화를 통해 추론할 수 있는 내용을 묻는 문제입니다. 윈드서핑(windsurfing)은 좋은 균형 감각을 가지고 있기만 하다면 아무 문제가 없을 것(As long as you have a good sense of balance, you should have no problems)이라는 여자의 말에, 남자가 윈드서핑이 서핑과 비슷한 것이라면 배우기 쉬울 것(if it's anything like surfing then it should be easy to pick up)이라고 했습니다. 이를 바탕으로 남자가 서핑에는 자

신이 있다는 것을 알 수 있습니다. 따라서 '남자는 능숙한 서퍼이다'라고 추론한 (a)가 정답입니다.

어휘 balance[bǽləns] 균형 pick up 배우다, 익히다
except for ~을 제외하고는 proficient[prəfíʃənt] 능숙한

02

Listen to a conversation between a couple.
W: Can I take a rain check on our date tonight? This cough just won't seem to go away.
M: No problem. Is there anything I can do to help?
W: Would you mind going with me to see a doctor?
M: Sure. I don't have any plans today.
W: Thanks. I always dread trips to the doctor.
M: Don't worry. It'll be over before you know it.
Q: What can be inferred from the conversation?
(a) The man and woman live in the same apartment building.
(b) The woman has been in poor health recently.
(c) The man is occupied with a hectic schedule all day.
(d) The woman is unwilling to get treated by a physician.

해석 커플 간의 대화를 들으시오.
W: 우리 오늘 밤에 데이트 하기로 했던 거 다음 기회로 미뤄도 될까요? 기침이 사라질 기미가 보이지 않아요.
M: 그럼요. 제가 도와줄 수 있는 일은 없어요?
W: 병원에 저랑 같이 가주시겠어요?
M: 물론이죠. 저 오늘은 아무 계획이 없거든요.
W: 고마워요. 저는 항상 병원 가는 게 몹시 무서워요.
M: 걱정 마요. 순식간에 끝날 테니까요.
Q: 대화에서 추론할 수 있는 것은 무엇인가?
(a) 남자와 여자는 같은 아파트에 산다.
(b) 여자는 최근에 건강이 좋지 않았다.
(c) 남자는 온종일 빡빡한 스케줄로 바쁘다.
(d) 여자는 의사에게 치료받기를 꺼린다.

해설 대화를 통해 추론할 수 있는 내용을 묻는 문제입니다. 대화의 앞부분에서 여자가 기침이 사라질 기미가 보이지 않는다(This cough just won't seem to go away)며 남자에게 병원 같이 가줄 것을 부탁했습니다. 이를 바탕으로 여자의 기침이 쉽게 낫지 않아 병원에 가려고 한다는 것을 알 수 있습니다. 따라서 '여자는 최근에 건강이 좋지 않았다'라고 추론한 (b)가 정답입니다.

어휘 take a rain check 다음 기회로 미루다
dread[dred] 몹시 무서워하다, 두려워하다
be occupied with ~으로 바쁘다 hectic[héktik] 빡빡한
be unwilling to ~하기를 꺼리다

03

Listen to a conversation between two neighbors.
M: Mrs. Bates looks really down lately.
W: She's been like that since her only son went away to college.
M: Well, she probably misses his company.
W: Maybe it would cheer her up if we visited her more often. She's just across the street, after all.
M: Good idea. I hate seeing her so sad.
W: Yeah. It's the least we could do for a friend.
Q: What can be inferred about the man and woman from the conversation?
(a) They feel sympathetic because they are parents themselves.
(b) Their house is situated adjacent to Mrs. Bates' house.
(c) They are genuinely concerned about the welfare of their neighbor.
(d) Their friendship with Mrs. Bates is no longer as strong.

해석 두 이웃 간의 대화를 들으시오.
M: 최근에 Mrs. Bates가 기운이 없어 보여요.
W: 그녀는 하나 밖에 없는 아들이 대학에 간 후로 계속 저 상태였어요.
M: 음, 그녀는 아마도 그와 함께 있었던 것을 그리워하는 것 같아요.
W: 우리가 더 자주 그녀를 방문한다면 그녀가 기운을 내게 할 수 있을 지도 몰라요. 어차피 그녀는 바로 길 건너에 살잖아요.
M: 좋은 생각이네요. 저는 그녀가 그렇게 슬퍼하는 것을 보기 싫어요.
W: 그래요. 그것이 우리가 친구를 위해 할 수 있는 최소한의 일이니까요.
Q: 대화에서 남자와 여자에 대해 추론할 수 있는 것은 무엇인가?
(a) 그들 자신도 부모이기 때문에 동정심을 느낀다.
(b) 그들의 집은 Mrs. Bates의 집 바로 옆에 있다.
(c) 그들은 이웃의 안녕에 대해 진심으로 걱정한다.
(d) 그들과 Mrs. Bates와의 우정이 더 이상 이전만큼 강하지 않다.

해설 대화를 통해 남자와 여자에 대해 추론할 수 있는 내용을 묻는 문제입니다. 대화의 앞부분에서 최근 Mrs. Bates가 기운 없어 보인다(Mrs. Bates looks really down lately)는 남자의 말에, 여자가 그들이 더 자주 그녀를 방문하면 그녀를 기운을 내게 할 수 있을지도 모른다(Maybe it would cheer her up if we visited her more often)고 했습니다. 이를 바탕으로 남자와 여자가 Mrs. Bates를 걱정하고 있음을 알 수 있습니다. 따라서 '그들의 이웃의 안녕에 대해 진심으로 걱정한다'라고 추론한 (c)가 정답입니다.

어휘 company[kʌ́mpəni] 함께 있음, 동료
cheer up 기운 내게 하다, 격려하다
be concerned about ~에 대해 걱정하다
genuinely[dʒénjuinli] 진심으로
adjacent[ədʒéisnt] ~ 바로 옆의

Chapter 03 추론 문제 **27**

04

Listen to a conversation between a receptionist and a visitor.

W: Welcome to Perkins Medical Center. What can I do for you?
M: I'm here to see a friend who's a patient here.
W: All right, but I'd like to remind you that **visiting hours will end soon**.
M: **Really? How long do I have left?**
W: About 15 minutes.
M: OK. I was just going to leave her some flowers, anyway.

Q: What can be inferred about the man?

(a) He was unaware of the visiting hours.
(b) He will meet his friend again tomorrow.
(c) He has visited the hospital previously.
(d) He is going to buy some flowers later.

해석 접수 담당자와 방문객 간의 대화를 들으시오.
W: Perkins 의료 센터에 오신 것을 환영합니다. 무엇을 도와드릴까요?
M: 저는 여기에 환자로 있는 친구를 보러 왔어요.
W: 그러시군요, 그런데 면회 시간이 곧 끝난다는 것을 다시 한번 알려드리고 싶네요.
M: 정말요? 얼마나 남았나요?
W: 약 15분 정도요.
M: 알겠습니다. 어쨌든, 저는 단지 그녀에게 꽃만 전해주려고 했어요.
Q: 남자에 대해 추론할 수 있는 것은 무엇인가?
(a) 그는 면회 시간을 알지 못했다.
(b) 그는 내일 친구를 다시 만날 것이다.
(c) 그는 이전에 병원을 방문한 적이 있다.
(d) 그는 나중에 꽃을 사러 갈 것이다.

해설 대화를 통해 남자에 대해 추론할 수 있는 내용을 묻는 문제입니다. 면회 시간이 곧 끝난다(visiting hours will end soon)는 여자의 말에, 남자가 얼마나 남았는지(Really? How long do I have left?)를 되물었습니다. 이를 바탕으로 남자는 면회 시간에 대해 모르고 방문했음을 알 수 있습니다. 따라서 '면회 시간을 알지 못했다'라고 추론한 (a)가 정답입니다.

어휘 unaware of ~을 알지 못하는

05

Listen to a conversation between a supervisor and a subordinate.

M: There you are, Bella. Can I have a word?
W: Of course, Mr. Thomas. Is there a problem?
M: **You missed the deadline for your monthly report again.**
W: I'm still working on it, but I'll hand it in as soon as I finish.
M: I just want to remind you that it was due last week. We can't afford any more delays.
W: I'm sorry. I'll keep that in mind.
M: Good. I just don't want to see you lagging behind.

Q: What can be inferred from the conversation?

(a) Mr. Thomas forgot to remind her to submit her papers.
(b) Bella is asking to postpone the assignment until the following month.
(c) Mr. Thomas is informing her about a new project next week.
(d) Bella has missed the deadline for her report before.

해석 관리자와 하급자 간의 대화를 들으시오.
M: Bella, 여기에 있었구나. 잠깐 이야기할 수 있을까?
W: 당연하죠, Mr. Thomas. 무슨 문제가 있나요?
M: 월간 보고서의 마감일자를 또 놓쳤더구나.
W: 아직 보고서를 쓰고 있는 중인데, 그것을 끝내는 대로 제출할게요.
M: 난 그저 지난주가 마감이었다는 것을 상기시켜 주고 싶다. 더 이상 미루는 것을 받아 줄 수 없어.
W: 죄송해요. 명심할게요.
M: 좋아. 난 단지 네가 뒤처지는 것을 보고 싶지 않다.
Q: 대화에서 추론할 수 있는 것은 무엇인가?
(a) Mr. Thomas는 Bella에게 서류를 제출해야 함을 상기시켜 주는 것을 잊었다.
(b) Bella는 업무를 다음 달까지 연기해 달라고 부탁하고 있다.
(c) Mr. Thomas는 Bella에게 다음 주에 있을 새로운 프로젝트에 대해 알려주고 있다.
(d) Bella는 이전에 보고서 마감일자를 놓친 적이 있다.

해설 대화를 통해 추론할 수 있는 내용을 묻는 문제입니다. 남자가 여자에게 월간 보고서의 마감일자를 또 놓쳤다(You missed the deadline for your monthly report again)고 했습니다. 이를 바탕으로 여자가 이전에도 월간 보고서의 마감 기한을 놓친 적이 있음을 알 수 있습니다. 따라서 'Bella는 이전에 보고서 마감일자를 놓친 적이 있다'라고 추론한 (d)가 정답입니다.

어휘 have a word 잠깐 이야기를 하다   hand in 제출하다
delay [diléi] 연기, 지체   keep in mind ~을 명심하다
lag behind 뒤처지다   postpone [poustpóun] 연기하다, 미루다
assignment [əsáinmənt] 과제

06

Listen to a conversation between two friends.

W: It's great you were able to buy your own house.
M: Yeah. **We have a hefty mortgage**, though.
W: Isn't it hard to manage that on top of all your other bills?
M: We make do.
W: **I've always thought it's better to buy things outright, in cash.**

M: There are no interest payments that way, but most of us are in no position to do so.

Q: What can be inferred from the conversation?

(a) The man still owes the rent to his former landlord.
(b) The man's house is too expensive in relation to his income.
(c) The woman does not devote much attention to her finances.
(d) The woman does not like purchasing assets on credit.

해석 두 친구 간의 대화를 들으시오.
W: 당신이 집을 살 수 있게 되어서 좋아요.
M: 맞아요. 하지만 담보 대출금이 많이 있어요.
W: 다른 청구서에 더해서 담보 대출금까지 관리하는 게 힘들지 않나요?
M: 우리는 그런대로 견디고 있어요.
W: 저는 항상 무엇을 살 때 현금으로 바로 사는 것이 더 낫다고 생각해요.
M: 그렇게 하면 이자를 내지 않아도 되지만 우리 대부분이 그렇게 할 수 있는 처지가 안 되잖아요.
Q: 대화에서 추론할 수 있는 것은 무엇인가?
(a) 남자는 아직 이전 집주인에게 집세를 지불할 의무가 있다.
(b) 남자의 집은 그의 수입에 비해 너무 비싸다.
(c) 여자는 자신의 재정상태에 큰 관심을 기울이지 않는다.
(d) 여자는 신용 대출로 자산을 구입하는 것을 좋아하지 않는다.

해설 대화를 통해 추론할 수 있는 내용을 묻는 문제입니다. 대화의 앞부분에서 담보 대출금이 많이 있다(We have a hefty mortgage)는 남자의 말에, 여자가 항상 무엇을 살 때 현금으로 바로 사는 것이 더 낫다고 생각한다(I've always thought it's better to buy things outright, in cash)고 했습니다. 이를 바탕으로 여자는 무언가를 살 때 대출을 받아서가 아닌 현금으로 사는 것을 선호한다는 것을 알 수 있습니다. 따라서 '여자는 신용 대출로 자산을 구입하는 것을 좋아하지 않는다'라고 추론한 (d)가 정답입니다.

어휘 **hefty** [héfti] (돈의 액수가) 많은 **mortgage** [mɔ́ːrɡidʒ] 담보 대출금
on top of ~에 더해서 **make do** 그런대로 견디다
outright [àutráit] 바로, 즉시
owe [ou] 지불할 의무가 있다, 빚지고 있다
in relation to ~과 비교하여, ~에 관하여
devote [divóut] (몸, 노력, 시간 등을) ~에 기울이다, 바치다
asset [ǽset] 자산, 재산 **on credit** 신용 대출로, 외상으로

PART 4 & 5

CHAPTER 01 중심 내용 문제

HACKERS TEST   p. 136

01 (b)   **02** (a)   **03** (d)   **04** (d)   **05** (c)
06 (b)

01

Save a bundle of cash when you buy your next full-size pickup, luxury sedan, or minivan from the Donner Auto Emporium in Concord. Only Donner Auto Emporium offers 0 percent APR financing plus a $2,000 cash rebate on select new models. What's more, every purchase qualifies you for a two-year warranty on parts and labor. So, come on down. This offer expires on May 31.

Q: What is the advertisement mainly about?

(a) A sale on last year's automobiles
(b) A limited-time offer on the latest vehicles
(c) Financing plans for first-time buyers
(d) Used auto parts at greatly reduced prices

해석 콩코드에 있는 Donner Auto Emporium에서 여러분의 다음 번 표준 사이즈의 소형 트럭, 고급 세단, 혹은 미니밴을 구매하실 때 많은 돈을 절약하십시오. 엄선된 최신 모델에 대해 오직 Donner Auto Emporium에서만 연이율 0퍼센트 융자에 더해 2,000달러의 현금 할인을 제공해드립니다. 이와 더불어, 모든 구매에 대해 부품과 수리에 대한 2년 보증서를 드립니다. 그러니, 들러 주십시오. 이 할인은 5월 31일에 끝납니다.

Q: 광고는 주로 무엇에 대한 것인가?
(a) 전년도 자동차에 대한 할인
(b) 최신 차량에 대한 기간 한정 혜택
(c) 첫 구매 고객을 위한 융자 제도
(d) 대폭 할인된 가격의 중고 차량 부품

해설 광고의 중심 내용을 묻는 문제입니다. 광고의 앞부분에서 Donner Auto Emporium에서 최신 차량 모델들에 대해 할부 연이율 0퍼센트 융자와 2,000달러의 현금 할인을 제공한다(Only Donner Auto Emporium offers ~ select new models)는 말에 이어, 이 할인 행사는 5월 31일에 끝난다(This offer expires on May 31)고 했습니다. 이를 '최신 차량에 대한 기간 한정 혜택'이라고 종합한 (b)가 정답입니다.

어휘 pickup [píkʌp] 소형 트럭
APR (annual percentage rate) 연이율
rebate [ríːbeit] 할인, 환불   financing [fínænsiŋ] 융자
select [silékt] 엄선된, 선택하다
qualify [kwάləfài] ~에 대한 자격을 주다
warranty [wɔ́ːrənti] 품질보증서
expire [ikspáiər] 끝나다, 만기가 되다
offer [ɔ́ːfər] (보통 짧은 기간 동안의) 할인, 혜택

02

Scuba diving, a popular hobby among people around the globe, has come a long way since the first scuba gear came into being. In ancient times, swimmers who wished to spend a long time underwater used makeshift breathing apparatuses by cutting hollow plant stems and breathing air through them, akin to a snorkel. In the last hundred years, the invention of air pumps and the development of various rebreather systems have been the main innovations. In short, the continuous advancement of science paved the way for the development of modern scuba equipment.

Q: What is the main purpose of the lecture?

(a) To describe the technological progress of scuba diving
(b) To point out the challenges faced by scuba divers
(c) To illustrate the necessity of a device for breathing underwater
(d) To explain the importance of air pumps in a breathing apparatus

해석 전 세계 사람들 사이에서 인기 있는 취미 활동인 스쿠버 다이빙은 스쿠버 장비가 처음 도입된 이래로 진보해 왔습니다. 고대에는, 물 속에서 오랜 시간을 보내고자 소망했던 수영하는 사람들이 속이 빈 식물 줄기를 잘라내고 그것을 통해 공기를 들이마시는 방식으로 임시 호흡 기구를 사용했는데, 이는 스노클과 유사했습니다. 지난 백 년 동안, 공기 펌프의 발명과 다양한 수중 호흡 장치의 개발이 주된 혁신이었습니다. 요컨대, 끊임없는 과학의 발전은 현대 스쿠버 장비의 개발을 촉진시켰습니다.

Q: 강의의 목적은 무엇인가?
(a) 스쿠버 다이빙의 기술적인 진보를 설명하기 위해
(b) 스쿠버 다이버들이 직면한 도전 과제를 지적하기 위해
(c) 물 속에서 숨쉬기 위한 장비의 필요성을 보여주기 위해

(d) 호흡 장치에서 공기 펌프의 중요성을 설명하기 위해

해설 강의의 목적을 묻는 문제입니다. 강의의 앞부분에서 스쿠버 다이빙(Scuba diving)은 스쿠버 장비가 처음 도입된 이래로 진보해 왔다(has come a long way ~ came into being)는 말에 이어, 고대에서 사용하던 임시 호흡 기구와 지난 백 년 동안 개발된 수중 호흡 장치를 예로 들며 끊임없는 과학의 발전이 현대 스쿠버 장비의 개발을 촉진시켰다(the continuous ~ modern scuba equipment)고 했습니다. 이를 '스쿠버 다이빙의 기술적인 진보를 설명하기 위해'라고 종합한 (a)가 정답입니다.

어휘 come a long way 진보하다, 발전하다
makeshift[méikʃift] 임시의
apparatus[æpərǽtəs] 기구, 장치
hollow[hálou] (속이) 빈   stem[stem] 줄기
akin[əkín] ~과 유사한
advancement[ədvænsmənt] 발전, 진보
pave the way for ~을 촉진하다, ~을 위해 길을 열다
point out 지적하다, 가리키다
illustrate[íləstrèit] 보여주다, 실증하다

03

> **Saving up for retirement is very important, so it's imperative that you start planning for it as early as possible.** Although the notion of setting aside money you won't see for decades may seem burdensome, being prepared is better than outliving any money you've squirreled away. **Regularly putting away money in pension and retirement accounts ensures you a stable, self-sufficient future.**
>
> Q: What is the talk mainly about?
>
> (a) The necessity of finding a job with an adequate pension
> (b) The keys to making financial investments during retirement
> (c) The benefit of continually accruing interest in a bank account
> **(d) The importance of saving up early for retirement**

해설 은퇴에 대비해 저축하는 것은 매우 중요하므로, 가능한 한 빨리 은퇴 대비 저축 계획을 시작해야 합니다. 비록 당신이 수십 년 동안 보지 않을 돈을 따로 떼어 둔다는 개념이 부담스럽다고 생각될지도 모르지만, 준비되어 있는 것이 당신이 저축해 두었던 돈이 모자라는 것보다는 낫습니다. 정기적으로 연금과 은퇴 계좌에 저축하는 것은 당신에게 안정적이고, 독립적인 생활을 영위해 나갈 수 있는 미래를 보장해줍니다.

Q: 담화는 주로 무엇에 대한 것인가?
(a) 충분한 연금을 주는 직업을 찾는 것의 필요성
(b) 은퇴 후 기간 동안 금융 투자를 하는 방법
(c) 은행 계좌에 지속적으로 이자가 생기는 것의 이점
(d) 은퇴에 대비해 미리 저축해 두는 것의 중요성

해설 담화의 중심 내용을 묻는 문제입니다. 담화의 앞부분에서 은퇴에 대비해 저축하는 것은 매우 중요하므로, 가능한 한 빨리 은퇴 대비 저축 계획을 시작해야 한다(Saving up for retirement ~ as early as possible)는 말에 이어, 정기적으로 연금과 은퇴 계좌에 저축하는 것은 안정적이고 독립적인 생활을 영위할 수 있는 미래를 보장해준다(Regularly putting away ~ self-sufficient future)고 했습니다. 이를 '은퇴에 대비해 미리 저축해 두는 것의 중요성'이라고 종합한 (d)가 정답입니다.

어휘 imperative[impérətiv] 반드시 해야 하는, 필수적인
set aside 따로 떼어 두다   burdensome[bə́ːrdnsəm] 부담스러운
outlive[àutlív] ~보다 오래 남다, 계속하다
squirrel away (나중에 쓰려고) ~을 저장해 두다
contribute[kəntríbjuːt] 기부하다
self-sufficient 자급자족할 수 있는   adequate[ǽdikwət] 충분한
accrue[əkrúː] (이익, 이자가) 생기다

04

> *Eco Monthly* reports that Germany remains the largest producer of renewable energy in Europe. A growing number of European countries have also reduced their dependence on power stations run by fossil fuels. Members of the European Union have energy policies in place that promote the use of renewable resources to produce clean energy. They regularly meet to set goals and assess their progress.
>
> Q: What is the speaker's main point?
>
> (a) There is high demand for electric power in Europe.
> (b) People should eliminate the use of fossil fuels.
> (c) Germany has a comprehensive energy plan in place.
> **(d) Some nations in Europe opt for alternative energy sources.**

해설 'Eco Monthly'지는 유럽에서 독일이 여전히 재생 가능한 에너지의 가장 큰 생산국이라고 보도했습니다. 점점 더 많은 수의 유럽 국가들 또한 화석 연료로 운영되는 발전소에 대한 의존을 줄여오고 있습니다. 유럽 연합의 회원국들은 청정 에너지를 생산하기 위해 재생 가능한 자원의 사용을 촉진하는 에너지 정책을 시행하고 있습니다. 그들은 목표를 정하고 그들의 진행 과정을 평가하기 위해 정기적으로 만납니다.

Q: 화자의 요점은 무엇인가?
(a) 유럽에서는 전력에 대한 높은 수요가 있다.
(b) 사람들은 화석 연료의 사용을 없애야 한다.
(c) 독일은 시행 중인 에너지 종합 계획이 있다.
(d) 유럽의 몇몇 국가들은 대체 에너지원을 선택한다.

해설 화자의 요점을 묻는 문제입니다. 담화 전체를 통해 더 많은 유럽 국가들이 화석 연료에 덜 의존하고, 재생 가능한 자원의 사용을 촉진하는 에너지 정책을 시행하고 있다고 설명했습니다. 이를 '유럽의 몇몇 국가들은 대체 에너지원을 선택한다'라고 종합한 (d)가 정답입니다.

어휘 remain[riméin] 여전히 ~이다, 남다
renewable[rinjúːəbl] 재생 가능한
dependence[dipéndəns] 의존   fossil fuel 화석 연료

in place 시행 중인, 가동 중인   promote[prəmóut] 촉진하다
clean energy 청정 에너지, 클린 에너지 <태양열이나 전기처럼 대기를
오염시키지 않는 에너지>   assess[əsés] 평가하다
demand[diménd] 수요   eliminate[ilímənèit] 없애다, 제거하다
comprehensive[kàmprihénsiv] 종합적인, 포괄적인
opt[ɑpt] ~을 선택하다

05-06

⁰⁵**Thousands of Americans caught in a financial crunch are turning to the Internet for their salvation**. Job scarcity has forced them to consider trying their luck on the World Wide Web, where start-up barriers are greatly reduced. For these entrepreneurs, ⁰⁶a Web-based business offers quick turnarounds, access to international markets, and above all, the freedom to take matters into their own hands. And ⁰⁶they do not have to deal with the high operating costs of a conventional business. An owner of an online company does not usually need to rent a commercial property or pay the salaries of employees. For these reasons, online businesses are becoming increasingly more common, and this trend seems likely to continue for the foreseeable future.

05. Q: What is the news report mainly about?
    (a) Web sites offering career advice to jobless Americans
    (b) Entrepreneurs becoming wealthy on the Internet
    (c) The rising popularity of Internet start-up businesses
    (d) The advantages of working from home

06. Q: What can be inferred from the news report?
    (a) Financial institutions are subject to fewer regulations.
    (b) Conventional companies are expensive to operate.
    (c) Online advertising is only suitable for some industries.
    (d) Self-employment is encouraged by the government.

해석 ⁰⁵재정 위기를 겪게 된 수천 명의 미국인들이 스스로를 구제하기 위해 인터넷으로 향하고 있습니다. 일자리 부족은 그들로 하여금 인터넷에서 그들의 운을 시험해 보는 것을 생각하도록 만들고 있는데, 인터넷에서는 창업 장벽이 훨씬 낮습니다. 이러한 사업가들에게 있어, ⁰⁶웹에 기반을 둔 사업은 빠른 흑자 전환, 국제 시장으로의 접근성, 그리고 무엇보다도, 일을 독자적으로 할 수 있는 자유를 제공합니다. 그리고 ⁰⁶그들은 전통적

인 사업의 높은 운영 비용을 감당할 필요가 없습니다. 온라인 회사의 소유주는 대개 상업 용지를 빌리거나 직원들의 급여를 지급할 필요가 없습니다. 이런 이유 때문에, 온라인 사업은 점점 더 흔해지고 있고, 이러한 추세는 당분간 지속될 것으로 보입니다.

05. Q: 뉴스 보도는 주로 무엇에 대한 것인가?
    (a) 실직한 미국인들에게 직업에 대한 조언을 제공하는 웹사이트들
    (b) 인터넷을 통해 부유해진 사업가들
    (c) 인터넷 창업의 증가하는 인기
    (d) 재택근무의 장점

06. Q: 뉴스 보도에서 추론할 수 있는 것은 무엇인가?
    (a) 금융 기관들은 더 적은 규제를 받는다.
    (b) 전통적인 회사들을 운영하는 것은 비싸다.
    (c) 온라인 광고는 단지 몇몇 산업에만 적합하다.
    (d) 자영업은 정부에 의해 장려된다.

해설 05. 뉴스 보도의 중심 내용을 묻는 문제입니다. 뉴스 보도의 앞부분에서 재정 위기를 겪게 된 수천 명의 미국인들이 스스로를 구제하기 위해 인터넷으로 향하고 있다(Thousands of Americans ~ for their salvation)고 한 후, 인터넷 사업의 장점을 설명했습니다. 이를 '인터넷 창업의 증가하는 인기'라고 종합한 (c)가 정답입니다.

06. 뉴스 보도를 통해 추론할 수 있는 내용을 묻는 문제입니다. 웹에 기반을 둔 사업(a web-based business)은 전통적인 사업의 높은 운영 비용을 감당할 필요가 없다(they do not have to deal with ~ a conventional business)고 했습니다. 이를 바탕으로 전통적인 사업은 높은 운영 비용을 감당해야 한다는 것을 알 수 있습니다. 따라서 '전통적인 회사들을 운영하는 것은 비싸다'라고 추론한 (b)가 정답입니다.

어휘 crunch[krʌntʃ] 위기   salvation[sælvéiʃən] 구제
scarcity[skɛ́ərsəti] 부족   consider[kənsídər] 생각하다, 고려하다
start-up 창업의, 초기의
entrepreneur[ɑ̀ːntrəprənə́ːr] 사업가, 기업가
turnaround[tə́ːrnəràund] (결손으로부터의) 흑자 전환
access[ǽkses] 접근
take matters into one's own hands 일을 독자적으로 하다
commercial property 상업 용지
for the foreseeable future 당분간

CHAPTER 02 세부 정보 문제

HACKERS TEST   p. 144

01 (d)	02 (c)	03 (c)	04 (b)	05 (a)
06 (a)				

01

SkinSoft **introduces the new Beach Buddy SPF 50 sunscreen for sensitive skin. It has a gentle, hypoallergenic formula** clinically tested to be safe for daily use. It contains zinc oxide, which is waterproof and blocks the sun for longer than six hours, protecting you anytime, anywhere. Beach Buddy sunscreen is fragrance free and non-greasy, so it won't clog your pores. Grab a bottle of Beach Buddy now and get ready to have more fun in the sun!

Q: Which is correct according to the advertisement?

(a) The formula contains moisturizing ingredients to keep skin soft.
(b) Beach Buddy sunscreen does not have zinc oxide.
(c) The sunscreen is not recommended for regular outdoor use.
(d) Beach Buddy has a gentle formula for sensitive skin.

해석 SkinSoft사가 민감한 피부를 위한 새로운 Beach Buddy SPF 50 자외선 차단제를 소개합니다. 이것은 매일 사용하기에 안전하도록 임상시험을 거친, 순한 저자극성 제조법을 가지고 있습니다. 이것은 산화 아연이 함유되어 있어, 방수가 되고 6시간 이상 햇빛을 차단하며 당신을 언제 어디서든 보호해드립니다. Beach Buddy 자외선 차단제는 향이 없고 유분이 없어, 모공을 막지 않을 것입니다. 지금 Beach Buddy 한 병을 가지고 햇볕에서 좀 더 즐길 준비를 해보세요!

Q: 광고에 따르면 일치하는 것은 무엇인가?
(a) 이 제조법은 피부를 부드럽게 유지해주는 수분을 공급하는 성분을 포함한다.
(b) Beach Buddy 자외선 차단제에는 산화 아연이 들어있지 않다.
(c) 이 자외선 차단제는 평상시 야외활동을 위한 사용에는 권장되지 않는다.
(d) Beach Buddy는 민감한 피부를 위한 순한 제조법을 가지고 있다.

해설 광고의 내용과 일치하는 것을 묻는 문제입니다. 광고의 앞부분에서 민감한 피부를 위한 Beach Buddy SPF 50 자외선 차단제를 소개한다(introduces the new Beach Buddy SPF 50 sunscreen for sensitive skin)는 말에 이어, 이 자외선 차단제는 순한 저자극성 제조법을 가지고 있다(It has a gentle, hypoallergenic formula)고 했습니다. 이를 'Beach Buddy는 민감한 피부를 위한 순한 제조법을 가지고 있다'라고 바꾸어 표현한 (d)가 정답입니다.

어휘 hypoallergenic [hàipouǽlərdʒénik] (화장품이) 저자극성의
formula [fɔ́ːrmjulə] 제조법, 공식 clinically [klínikəli] 임상적으로
contain [kəntéin] ~이 함유되어 있다 zinc oxide 산화 아연
waterproof [wɔ́ːtərprùːf] 방수의 fragrance [fréigrəns] 향기
clog [klɑg] 막다 pore [pɔːr] 모공, 땀 구멍
ingredient [ingríːdiənt] 성분

02

The US space shuttle Expo has returned home safely after delivering valuable research equipment to the International Space Station. Docked for two weeks at the Japanese station Suteki, the shuttle's crew of six included two Chinese astronauts on board to conduct observations. As **NASA's shuttle program comes under budget pressure from the US government**, the extent of China's involvement in space missions is expected to increase.

Q: Which is correct according to the news report?

(a) The Chinese have donated research equipment.
(b) A crew of six currently lives aboard the station Suteki.
(c) The US shuttle program is facing cutbacks.
(d) US politicians want to abandon the International Space Station.

해석 미국 우주 왕복선 Expo호가 귀중한 연구 장비를 국제 우주 정거장에 배달한 후에 고국으로 안전하게 돌아왔습니다. 2주 동안 일본의 우주 정거장 Suteki에 정류했던 6명의 왕복선 승무원들에는 관측을 수행하기 위해 승선한 중국인 우주 비행사 2명이 포함되었습니다. 미국 항공 우주국의 우주 왕복선 계획이 미국 정부로부터 예산에 대한 압박을 받으면서, 우주 비행 임무에 중국의 개입 정도가 증가할 것으로 예상됩니다.

Q: 뉴스 보도에 따르면 일치하는 것은 무엇인가?
(a) 중국이 연구 장비를 기증했다.
(b) 6명의 승무원들이 현재 Suteki 정거장에서 생활하고 있다.
(c) 미국 우주 왕복선 계획은 감축 문제에 직면하고 있다.
(d) 미국 정치가들은 국제 우주 정거장을 버리고 싶어한다.

해설 뉴스 보도의 내용과 일치하는 것을 묻는 문제입니다. 미국 항공 우주국의 우주 왕복선 계획이 미국 정부로부터 예산에 대한 압박을 받게 되었다(NASA's shuttle program ~ the US government)고 했습니다. 이를 '미국 우주 왕복선 계획은 감축 문제에 직면하고 있다'라고 바꾸어 표현한 (c)가 정답입니다.

어휘 space shuttle 우주 왕복선 equipment [ikwípmənt] 장비, 장치
conduct [kəndʌ́kt] (특정한 활동을) 하다
observation [ɑ̀bzərvéiʃən] 관측, 관찰
NASA [nǽsə] (National Aeronautic and Space Administration) 미국 항공 우주국, 나사 budget [bʌ́dʒit] 예산, 비용
extent [ikstént] 정도 involvement [invɑ́lvmənt] 개입, 관여
face [feis] 직면하다 cutback [kʌ́tbæk] (인원·생산 등의) 감축, 축소
abandon [əbǽndən] 버리다, 포기하다

03

The Astro Software Company recently upgraded its freeware operating system, Sinux. It can be installed on any hardware platform, but is optimized to run on a new category of affordable Internet-centric devices called netbooks or mini-laptops. **Sinux includes a brand new interface that allows users to easily access their favorite applications and quickly get online.** It can be downloaded through the Astro Software repositories.

Q: What is a benefit of the upgraded Sinux operating system?

(a) It was created to run exclusively on netbooks.
(b) It looks and feels similar to the previous version.
(c) It was designed to be consumer friendly.
(d) It can be upgraded using the software repository.

해설 Astro Software사는 최근 그들의 무상 소프트웨어 운영 체제인 Sinux를 업그레이드했습니다. Sinux는 어느 하드웨어 플랫폼에나 설치할 수 있지만, 넷북 또는 미니 노트북으로 불리는 부담 없는 가격의 인터넷 사용을 위주로 하는 장치들과 같은 새로운 범주에서 최적으로 작동합니다. Sinux는 사용자들이 자신이 좋아하는 어플리케이션에 쉽게 접속하고 온라인에 빨리 연결될 수 있도록 해주는 완전히 새로운 인터페이스를 포함하고 있습니다. Sinux는 Astro Software 저장소를 통해 다운로드 받을 수 있습니다.

Q: 업그레이드된 Sinux 운영 체제의 이점은 무엇인가?
(a) 오로지 넷북에서만 작동한다.
(b) 이전 버전과 유사한 것 같다.
(c) 소비자가 사용하기 편하게 설계되었다.
(d) 소프트웨어 저장소를 이용하여 업그레이드할 수 있다.

해설 업그레이드된 Sinux 운영 체제의 이점을 묻는 문제입니다. Sinux는 사용자 각자가 좋아하는 어플리케이션에 쉽게 접속하고 온라인에 빨리 연결할 수 있게 해주는 완전히 새로운 인터페이스를 포함한다(Sinux includes a brand new ~ quickly get online)고 했습니다. 이를 '소비자가 사용하기 편하게 설계되었다'라고 바꾸어 표현한 (c)가 정답입니다.

어휘 freeware [frí:wɛər] 무상 소프트웨어 install [instɔ́:l] 설치하다
optimize [áptəmàiz] 최적화하다
affordable [əfɔ́:rdəbl] 부담 없는 가격인, 쉽게 구할 수 있는
interface [íntərfèis] 인터페이스 <CPU와 단말 장치와의 연결 부분을 이루는 회로> application [æ̀pləkéiʃən] 어플리케이션, 응용 프로그램
repository [ripázətɔ̀:ri] 저장소
exclusively [iksklú:sivli] 오로지, 독점적으로

04

Propaganda gained a negative connotation during the early 20th century because of its close association with the spread of Communist and Nazi ideology. In truth, propaganda is politically neutral. It is a tool of persuasion used to disseminate, or propagate ideas. It was used by religious groups centuries ago and may be also applied to advertising and public relations. However, because it relies on emotional appeals and the biases of those being addressed, propaganda is still seen by many as manipulative and dishonest.

Q: Which is correct about propaganda according to the lecture?

(a) It was invented by Communist and Nazi ideologues.
(b) It appeals to the predispositions of a target audience.
(c) It was used in sacred rituals to communicate with deities.
(d) It is highly regarded for its utility and sincerity.

해설 공산주의 이념과 나치당 이념의 확산과 긴밀하게 연결되어, 선전은 20세기 초 부정적인 의미를 얻게 되었습니다. 사실, 선전은 정치적으로 중립적입니다. 선전은 사상을 전파하거나, 선전하기 위해 사용되는 설득의 도구입니다. 이것은 몇 세기 전에 종교 단체에 의해 사용되었고, 광고나 홍보 활동에 적용될 수도 있습니다. 그러나, 선전은 정서적 호소나 그 대상들의 선입견에 의존하기 때문에, 여전히 많은 사람들에게 교묘하고 부정직한 것으로 여겨집니다.

Q: 강의에 따르면 선전에 대해 일치하는 것은 무엇인가?
(a) 공산주의와 나치 이론가들에 의해 지어내졌다.
(b) 목표로 삼은 청중의 성향에 호소한다.
(c) 신들과 소통하기 위해 신성한 의식에서 사용되었다.
(d) 그것의 실용성과 정직함으로 높이 평가받는다.

해설 강의에서 선전에 대한 내용과 일치하는 것을 묻는 문제입니다. 선전은 정서적 호소나 그 대상들의 선입견에 의존한다(it relies on ~ those being addressed)고 했습니다. 이를 '목표로 삼은 청중의 성향에 호소한다'라고 바꾸어 표현한 (b)가 정답입니다.

어휘 propaganda [prɑ̀pəgǽndə] 선전
connotation [kɑ̀nətéiʃən] 함축(된 의미)
association [əsòusiéiʃən] 연관, 관계
Communist [kɑ́mjunist] 공산주의자
disseminate [disémənèit] 전파하다, 퍼뜨리다

05-06

One of the world's most popular cartoon characters of all time is Mickey Mouse. 05Although most people have been led to believe the cartoon was created by Walt Disney, he was not the one who brought Mickey to life. Mickey was the vision of Walt Disney's animator, 05/06Ub Iwerks, 06who single-handedly drew the character's first short film. This work, titled *Steamboat Willie*, was released in 1928 and played in theaters across the country. Audiences loved this short film, and Mickey soon became a household name in the US. Later that year, Walt Disney was the voice actor who played Mickey in the character's first feature film with sound. He would do this for all of Mickey's films until 1946.

05. Q: What is the main purpose of the talk?

(a) To correct a misunderstanding about an animated character
(b) To describe the techniques used by a well-known cartoonist
(c) To express admiration for a director of a children's film
(d) To demonstrate the influence of an entertainment company

06. Q: What is notable about *Steamboat Willie*?

(a) It was the first movie to include Mickey Mouse.
(b) It featured the voice of Walt Disney.
(c) It showcased several characters by Ub Iwerks.
(d) It was the longest animated film ever produced.

bring A to life A에 생명을 불어넣다, A를 활기 띠게 하다
vision [víʒən] 상상, 시력   single-handedly 단독으로
household name 누구나 아는 이름   feature film 장편 영화
misunderstanding [mìsʌndərstǽndiŋ] 오해, 갈등
admiration [æ̀dməréiʃən] 존경, 감탄
demonstrate [démənstrèit] 설명하다, 증명하다
feature [fíːtʃər] 특별히 포함하다; 특징
showcase [ʃóukèis] 소개하다

CHAPTER 03 추론 문제

HACKERS TEST p.152

| 01 (a) | 02 (d) | 03 (a) | 04 (c) | 05 (a) |
| 06 (d) |

01

Peptic ulcers were once closely associated with stress and spicy food. This connection made sense because increased acidity levels caused by stress can trigger uncomfortable spastic reactions in the digestive tract. On the other hand, spicy food was an easy culprit because people connected the food's "hot" qualities to the burning sensation from ulcers. It wasn't until the 1980s that two Australian researchers discovered that peptic ulcers, while aggravated by stress and spicy food, **are largely caused by an organism** known as **helicobacter pylori**.

Q: What can be inferred about peptic ulcers from the lecture?

(a) Their biological origin had been misunderstood.
(b) They were first identified in clinical trials among patients.
(c) They can result from ingesting highly acidic proteins.
(d) Their link to stress was not proven until the 1980s.

해석 세계에서 역대 가장 인기 있는 만화 캐릭터 중 하나는 미키마우스입니다. 05비록 대부분의 사람들이 Walt Disney에 의해 그 만화가 만들어졌다고 믿어 왔지만, 그는 미키에게 생명을 불어넣은 사람이 아니었습니다. 미키는 06Walt Disney사의 만화 영화 제작자인 05/06Ub Iwerks의 상상이었으며, 06그는 이 캐릭터의 첫 단편 영화를 단독으로 그려냈습니다. 'Steamboat Willie'라는 제목의 이 작품은 1928년에 개봉되었고 전국의 영화관에서 상영되었습니다. 관객들은 이 단편 영화를 좋아했고, 미키는 곧 미국에서 누구나 아는 이름이 되었습니다. 그해 말, Walt Disney는 이 캐릭터의 첫 유성 장편 영화에서 미키를 연기한 성우였습니다. 그는 1946년까지 모든 미키 영화에서 이것을 하였습니다.

05. Q: 담화의 목적은 무엇인가?
(a) 만화 영화 캐릭터에 대한 오해를 바로잡기 위해
(b) 유명한 만화가에 의해 사용된 기술을 묘사하기 위해
(c) 어린이 영화의 감독에 대한 존경을 표하기 위해
(d) 연예 기획사의 영향을 설명하기 위해

06. Q: 'Steamboat Willie'에 대해 주목할 만한 것은 무엇인가?
(a) 미키마우스가 포함된 최초의 영화였다.
(b) Walt Disney의 목소리를 특별히 포함했다.
(c) Ub Iwerks에 의해 몇몇 캐릭터들이 소개되었다.
(d) 이전에 제작된 만화 영화 중 가장 길었다.

해설 05. 담화의 목적을 묻는 문제입니다. 담화의 앞부분에서 비록 대부분의 사람들이 Walt Disney에 의해 미키마우스 만화가 만들어졌다고 믿어 왔지만 그는 미키에게 생명을 불어넣은 사람이 아니었다(Although most people ~ who brought Mickey to life)라는 말에 이어, 미키는 Walt Disney사의 만화 영화 제작자인 Ub Iwerks의 상상이었다(Mickey was the vision of Walt Disney's animator, Ub Iwerks)고 했습니다. 이를 '만화 영화 캐릭터에 대한 오해를 바로잡기 위해'라고 종합한 (a)가 정답입니다.

06. 'Steamboat Willie'에 대해 주목할 만한 것을 묻는 문제입니다. Ub Iwerks가 미키의 첫 단편 영화를 단독으로 그려낸 작품인 'Steamboat Willie'가 1928년에 개봉되었다(Ub Iwerks ~ the character's first short film ~ titled Steamboat Willie, was released in 1928)라고 했습니다. 이를 '미키마우스가 포함된 최초의 영화였다'라고 바꾸어 표현한 (a)가 정답입니다.

어휘 lead [liːd] (사람으로 하여금 어떤 행동, 생각을) 하게 하다

해석 위궤양은 한때 스트레스와 매운 음식과 밀접하게 연관되어 있었습니다. 이러한 연관성은 타당했는데, 왜냐하면 스트레스로 인해 증가한 산도가 소화관에서 불편한 경련 반응을 일으킬 수 있기 때문입니다. 반면, 사람들이 음식의 '매운' 속성을 위궤양의 타는 듯한 느낌과 연관시키기 때문에 매운 음식은 위궤양의 만만한 문제 요인으로 여겨졌습니다. 1980년대가 되어서야 비로소 두 명의 호주 연구원들이 위궤양이 스트레스와 매운 음식으로 악화되기는 하지만, 헬리코박터 파일로리균이라는 생물체

에 의해 주로 발병한다는 것을 발견하였습니다.

Q: 강의에서 위궤양에 대해 추론할 수 있는 것은 무엇인가?
(a) 생물학적 원인이 잘못 이해되고 있었다.
(b) 임상 실험 중 환자들에게서 처음 발견되었다.
(c) 산성이 강한 단백질 섭취가 원인이 될 수 있다.
(d) 1980년대가 되어서야 비로소 스트레스와의 연관성이 증명되었다.

해설 강의를 통해 위궤양에 대해 추론할 수 있는 내용을 묻는 문제입니다. 위궤양은 한때 스트레스와 매운 음식과 밀접하게 연관되어 있었다(Peptic ulcers ~ stress and spicy food)고 했지만, 호주 연구원들이 위궤양의 주요 원인은 헬리코박터 파일로리균이라는 것(are largely caused ~ helicobacter pylori)을 밝혀냈다고 했습니다. 이를 바탕으로 한때 그러하다고 여겨졌던 것과는 달리 스트레스와 매운 음식이 위궤양의 직접적인 원인이 아님을 알 수 있습니다. 따라서 '생물학적 원인이 잘못 이해되고 있었다'라고 추론한 (a)가 정답입니다.

어휘 peptic ulcer 위궤양　associate [əsóuʃièit] 연관 짓다
make sense 타당하다, 의미가 통하다　acidity [əsídəti] 산도
trigger [trígər] 일으키다, 촉발하다　spastic [spǽstik] 경련의
digestive [didʒéstiv] 소화의
culprit [kʌ́lprit] (문제의) 원인, 장본인
aggravate [ǽɡrəvèit] 악화시키다, 짜증나게 하다
clinical trial 임상 실험　ingest [indʒést] 섭취하다
protein [próuti:n] 단백질

02

Popular social media sites can be used to effortlessly post, share, and disseminate essential information to a global audience in real time. They are an ideal tool for charities, because they allow supporters to be constantly updated on how their monetary donations are being utilized to better the lives of others. For example, **the Mara Triangle charity in Kenya has a small team and a very limited budget for expenses such as salaries, utilities, and rent**. Despite this, the charity provides beneficiaries with the opportunity to thank donors. This is done through a social media application.

Q: What can be inferred about the Mara Triangle charity?

(a) It receives aid from the Kenyan government.
(b) It sends e-mail updates to donors.
(c) It has offices in several countries.
(d) It has low operating costs.

해설 유명한 소셜 미디어 사이트들은 실시간으로 전 세계 독자들에게 중요한 정보들을 손쉽게 게시하고, 공유하고, 또 전파하는 데 사용될 수 있습니다. 그것들은 자선 단체를 위한 이상적인 도구인데, 이는 후원자들이 그들의 기부금이 다른 사람들의 삶을 개선하기 위해 어떻게 활용되고 있는지에 대해 지속적으로 최신 정보를 얻을 수 있기 때문입니다. 예를 들어, 케냐의 Mara Triangle 자선 단체는 소규모의 팀과 급료, 공공요금, 임대료와 같은 비용을 위한 매우 한정된 예산을 가지고 있습니다. 그럼에도 불구하고, 그 자선 단체는 수혜자가 기부자에게 감사를 전할 수 있는 기회

를 제공합니다. 이는 소셜 미디어 어플리케이션을 통해 이루어집니다.

Q: Mara Triangle 자선 단체에 대해 추론할 수 있는 것은 무엇인가?
(a) 케냐 정부로부터 지원을 받는다.
(b) 기부자들에게 최신 정보 이메일을 발송한다.
(c) 몇몇 나라에 사무실을 가지고 있다.
(d) 적은 운영비를 가지고 있다.

해설 Mara Triangle 자선 단체에 대해 추론할 수 있는 내용을 묻는 문제입니다. Mara Triangle 자선 단체는 소규모의 팀과 급료, 공공요금, 임대료와 같은 비용을 위한 한정된 예산을 가지고 있다(the Mara Triangle charity ~ has a small team and a very limited budget for expenses such as ~ rent)고 했습니다. 이를 바탕으로 Mara Triangle 자선 단체는 한정된 예산을 운영비로 가지고 있음을 알 수 있습니다. 따라서 '적은 운영비를 가지고 있다'라고 추론한 (d)가 정답입니다.

어휘 effortlessly [éfərtlisli] 손쉽게
disseminate [disémənèit] 전파하다
charity [tʃǽrəti] 자선 (단체)　monetary [mʌ́nətèri] 금전의
utilize [jú:təlàiz] 활용하다, 이용하다
beneficiary [bènəfíʃièri] 수혜자, 수익자　aid [eid] 지원, 원조

03

Some folks like to imagine that, as human beings, they are superior to all other life forms on the planet. Such beliefs spring from a sense of pride in human technological accomplishments. This attitude, however, is out of touch with reality. **Our survival hinges on maintaining the balance with the earth's ecosystem**. Humans may be the most advanced species on earth, but **they couldn't exist without the other species on the planet that help them to survive**.

Q: Which statement would the speaker most likely agree with?

(a) Humans don't exist independently of other terrestrial creatures.
(b) Humans embody the ideal qualities perfected through evolution.
(c) Advanced technology has altered the planet immeasurably.
(d) Other species exist that rival the biological complexity of humans.

해설 어떤 사람들은 인간으로서 그들이 지구상의 어떠한 다른 생명체보다 우월하다고 상상하기를 좋아합니다. 이러한 믿음은 인간의 기술적 성취에 대한 자부심에서 비롯됩니다. 그러나, 이러한 태도는 현실을 잘 알지 못하는 것입니다. 우리의 생존은 지구의 생태계와 조화를 유지하는 것에 달려 있습니다. 인간은 지구에서 가장 진보된 종일지 모르지만, 인간은 인간이 생존하도록 돕는 지구의 다른 종 없이는 존재할 수 없습니다.

Q: 화자는 어느 진술에 가장 동의할 것 같은가?
(a) 인간은 다른 지구상의 생명체와 떨어져 독립적으로 존재할 수 없다.
(b) 인간은 진화를 통해 완벽해진 이상적인 자질들을 내포하고 있다.
(c) 발전된 기술이 세상을 헤아릴 수 없을 정도로 바꾸어 놓았다.

(d) 인간의 생물학적 복잡성에 비할만한 다른 종이 존재한다.

해설 화자가 가장 동의할 것 같은 진술을 묻는 문제입니다. 우리의 생존은 지구의 생태계와 조화를 유지하는 것에 달려있다(Our survival ~ the earth's ecosystem)는 말에 이어, 인간은 인간의 생존을 돕는 지구의 다른 종 없이는 존재할 수 없다(they couldn't exist ~ help them to survive)고 했습니다. 이를 바탕으로 인간은 지구상의 다른 생명체 없이는 존재할 수 없음을 알 수 있습니다. 따라서 '인간은 다른 지구상의 생명체와 떨어져 독립적으로 존재할 수 없다'라고 추론한 (a)가 정답입니다.

어휘 superior[səpíəriər] 우월한, 우수한   spring[spriŋ] 비롯하다
be out of touch with reality 현실을 알지 못하다
overwhelming[òuvərhwélmiŋ] 강력한, 엄청난
hinge on ~에 전적으로 달려있는
ecosystem[ékousìstəm] 생태계   food chain 먹이 사슬
myriad[míriəd] 무수한   terrestrial[təréstriəl] 지구상의
embody[imbádi] 내포하다, 구현하다
immeasurably[iméʒərəbli] 헤아릴 수 없을 정도로, 굉장히

04

For years now, the rapid advance into a globalized economy has threatened to extinguish the relevance of most business schools. At the heart of the issue is whether faculty members have the necessary experience to impart practical knowledge regarding the current global economic landscape. For too long now, the focus of most business schools has been on attracting academic researchers and not business professionals. Unfortunately, unless instructors have experienced the actual business world firsthand, they are limited in what they can teach to students.

Q: What can be inferred from the talk?

(a) Many teachers have left their posts for corporate jobs.
(b) Students have difficulty understanding academic research.
(c) Business schools have not kept pace with changing realities.
(d) Business schools have only started to shift their focus.

해설 지금까지 수년간, 세계화된 경제로의 빠른 발전이 대부분의 경영 대학원의 존재의 타당성을 없애려고 위협해오고 있습니다. 이러한 문제의 핵심은 교수진들이 현재의 세계 경제 전망과 관련된 실용적 지식을 전하기 위해 필요한 경험을 가지고 있는가입니다. 지금까지 너무 오랫동안, 대부분의 경영 대학원의 중점은 경영 전문가들이 아닌 학구적인 연구원들을 끌어모으는 데 있었습니다. 불행하게도, 만약 교수들이 실제 경제 세계를 직접 경험하지 않는다면, 그들이 학생들에게 가르칠 수 있는 것에 제한되게 됩니다.

Q: 담화에서 추론할 수 있는 것은 무엇인가?
(a) 많은 교수들이 기업의 일자리를 위해 직위에서 물러나고 있다.
(b) 학생들은 학문적인 연구를 이해하는 데 어려움을 겪고 있다.
(c) 경영 대학원은 변화하는 현실에 보조를 맞추고 있지 않다.
(d) 경영 대학원은 이제 막 그들의 중점을 바꾸기 시작했다.

해설 담화를 통해 추론할 수 있는 내용을 묻는 문제입니다. 대부분의 경영 대학원의 존재의 타당성(the relevance of most business schools)에 대한 문제의 핵심은 교수진들이 현재의 세계 경제 전망과 관련된 실용적 지식을 전하기 위해 필요한 경험을 가지고 있는가(At the heart of the issue ~ the current global economic landscape)라고 했습니다. 이를 바탕으로, 경영 대학원의 교수들은 빠르게 변화하는 현실 경제에 대한 경험이 사실상 없음을 알 수 있습니다. 따라서 '경영 대학원은 변화하는 현실에 보조를 맞추고 있지 않다'라고 추론한 (c)가 정답입니다.

어휘 globalize[glóubəlàiz] 세계화하다
extinguish[ikstíŋgwiʃ] 없애다   relevance[réləvəns] 타당성
faculty[fǽkəlti] 교수   impart[impáːrt] (정보 등을) 전하다
practical[prǽktikəl] 실용적인
corporate[kɔ́ːrpərət] 기업의, 법인의
keep pace with ~과 보조를 맞추다   shift[ʃift] 바꾸다

05-06

05 Zebra mussels are believed to have been brought into the US from Europe during the mid 1980s. Since then, these pests have spread throughout the Great Lakes. They are now starting to encroach into surrounding areas. Zebra mussels pose a serious threat to freshwater shellfish and fish because they reproduce very quickly. A large population of these mussels will consume most of the available food resources, leaving little for members of other species. And, of course, this has a negative impact on people who depend on healthy aquatic ecosystems for their livelihoods.

Unfortunately, it is impossible to eliminate Zebra mussels from a body of water. Therefore, 06 ships traveling from regions with Zebra mussels must be inspected to prevent this species from being accidently introduced into new areas.

05. Q: What is the talk mainly about?
   (a) The spread of an invasive species
   (b) The characteristics of a freshwater organism
   (c) The features of an aquatic ecosystem
   (d) The decline of an important fishing industry

06. Q: What can be inferred about zebra mussels from the talk?
   (a) They have been successfully eradicated from a large body of water.

(b) They contain toxins that are harmful for human consumption.
(c) They are native to the Great Lakes region.
(d) They are unintentionally transported by vessels.

해석 05얼룩말 홍합은 1980년대 중반 유럽에서 미국으로 전해져 왔다고 알려져 있습니다. 그 이후, 이 유해 생물은 5대호 전역에 퍼져 나갔습니다. 그것들은 현재 주변 지역을 잠식하기 시작했습니다. 얼룩말 홍합은 매우 빠르게 번식하기 때문에 민물조개와 민물고기에 심각한 위협이 됩니다. 이 홍합의 거대한 개체 수는 다른 종을 위해서는 거의 남기지 않은 채, 구할 수 있는 식량 자원의 대부분을 소모할 것입니다. 그리고, 물론, 이것은 생계를 위해 정상적인 수중 생태계에 의존하고 있는 사람들에게 부정적인 영향을 미칩니다.
불행하게도, 바다에서 얼룩말 홍합을 제거하는 것은 불가능합니다. 그러므로, 06얼룩말 홍합이 있는 지역에서 오는 배들은 이 종들이 새로운 지역에 우연히 유입되는 것을 방지하기 위해 검사를 받아야 합니다.

05. Q: 담화는 주로 무엇에 대한 것인가?
   (a) 침입종의 확산
   (b) 담수성 유기체의 특징
   (c) 수중 생태계의 특징
   (d) 중요한 어업의 쇠퇴

06. Q: 담화에서 얼룩말 홍합에 대해 추론할 수 있는 것은 무엇인가?
   (a) 바다에서 성공적으로 근절되었다.
   (b) 인간이 섭취하기에는 해로운 독소를 품고 있다.
   (c) 5대호 지역의 자생종이다.
   (d) 의도치 않게 선박에 의해 운반되었다.

해설 05. 담화의 중심 내용을 묻는 문제입니다. 담화의 앞부분에서 얼룩말 홍합은 1980년대 중반 유럽에서 미국으로 전해져 왔다고 알려져 있고 그 이후에 5대호 전역에 퍼져 나갔다(Zebra mussels ~ have spread throughout the Great Lakes)고 한 후, 얼룩말 홍합이 현재 주변 지역을 잠식하기 시작했다(They are now starting to encroach into surrounding areas)고 했습니다. 이를 '침입종의 확산'이라고 종합한 (a)가 정답입니다.

06. 담화를 통해 얼룩말 홍합에 대해 추론할 수 있는 내용을 묻는 문제입니다. 얼룩말 홍합이 있는 지역에서 오는 배들은 이 종들이 새로운 지역에 우연히 유입되는 것을 방지하기 위해 검사를 받아야 한다(ships traveling from regions ~ must be inspected to prevent ~ from being accidently introduced into new areas)고 했습니다. 이를 바탕으로 얼룩말 홍합이 우연히 선박을 통해 유입되었음을 알 수 있습니다. 따라서 '의도치 않게 선박에 의해 운반되었다'라고 추론한 (d)가 정답입니다.

어휘 mussel[mʌ́səl] 홍합 pest[pest] 유해 생물, 해충
Great Lakes 5대호 encroach[inkróutʃ] 잠식하다
pose[pouz] 낳다, 제기하다 reproduce[rì:prədjú:s] 번식하다
ecosystem[ékousìstəm] 생태계 livelihood[láivlihùd] 생계
eliminate[ilímənèit] 제거하다, 없애다
inspect[inspékt] 검사하다, 점검하다
invasive[invéisiv] 침입하는, 급속히 퍼지는
organism[ɔ́:rgənìzm] 유기체, 유기물
eradicate[irǽdəkèit] 근절하다
consumption[kənsʌ́mpʃən] 섭취, 소비
unintentionally[ʌ̀ninténʃənli] 의도치 않게, 본의 아니게
vessel[vésəl] 선박

MINI TEST

MINI TEST 1
p.168

01 (c)	02 (d)	03 (a)	04 (a)	05 (b)
06 (b)	07 (a)	08 (c)	09 (a)	10 (d)
11 (a)	12 (d)	13 (b)	14 (a)	15 (c)
16 (c)	17 (a)	18 (d)	19 (b)	20 (c)

01

I heard you almost got first place in the race.

(a) I won fair and square.
(b) He was a sore loser.
(c) Yeah, it was a close call.
(d) That's not how I feel.

해석 당신이 경주에서 거의 1등 할 뻔했다고 들었어요.
 (a) 전 공정하고 정정당당하게 이겼어요.
 (b) 그는 패배를 인정하지 않았어요.
 (c) 네, 아슬아슬한 상황이었어요.
 (d) 전 그렇게 생각하지 않아요.

해설 경주에서 거의 1등 할 뻔했다고 들었다는 말에, '네, 아슬아슬한 상황이었어요'라며 1등 할 수 있었는데 못했다는 것을 간접적으로 전달한 (c)가 정답입니다.

어휘 get first place 1등을 하다 fair [fɛər] 공정하게
 square [skwɛər] 정정당당히 sore loser 패배를 인정하지 않는 사람
 close call 아슬아슬한 상황

02

Do you think Reggie will pass his college entrance exam?

(a) Sorry, I wasn't aware of the results.
(b) He studied very hard for his midterm.
(c) He can't go without a scholarship.
(d) I have no doubt he will.

해석 너는 Reggie가 대학 입학시험을 통과할 것 같아?
 (a) 미안하지만, 난 그 결과를 알지 못했어.
 (b) 그는 중간고사를 위해 아주 열심히 공부했어.
 (c) 그는 장학금 없이는 갈 수 없어.
 (d) 난 그가 해낼 거라고 믿어.

해설 Reggie가 대학 입학시험을 통과할 것 같은지 묻는 말에, '난 그가 해낼 거라고 믿어'라며 Reggie가 대학 입학시험을 통과할 것을 확신한다는 의미를 전달한 (d)가 정답입니다.

어휘 pass [pæs] 통과하다, 지나가다 entrance exam 입학시험
 be aware of ~을 알다, 인식하다 scholarship [skάlərʃip] 장학금
 have no doubt 믿다, 확신하다

03

How long does it take to drive from here to Ohio?

(a) It depends on how heavy the traffic is.
(b) I will be leaving for the trip in a few days.
(c) It's really nice to be on the road again.
(d) I just got my car back from the shop.

해석 여기서 오하이오까지 차를 타고 얼마나 걸리나요?
 (a) 교통 체증이 얼마나 심한지에 달렸어요.
 (b) 저는 며칠 뒤에 여행을 떠날 거예요.
 (c) 다시 거리로 나오니 정말 좋아요.
 (d) 방금 정비소에서 차를 찾아 왔어요.

해설 여기서 오하이오까지 차를 타고 얼마나 걸리는지 묻는 말에, '교통 체증이 얼마나 심한지에 달렸어요'라며 교통 상황에 따라 걸리는 시간이 달라진다는 의미를 전달한 (a)가 정답입니다.

어휘 depend on ~에 달려있다 heavy [hévi] 심한, 많은
 shop [ʃap] (자동차) 정비소

04

I need to find another source of income to help pay the bills.

(a) We are looking for some part-time staff.
(b) This isn't a profession to be taken lightly.
(c) I'm not really satisfied with my career.
(d) I earn a decent salary as well.

해석 청구서 요금을 지불하기 위해 다른 수입원을 찾아야 해요.
 (a) 저희는 파트타임 직원을 몇 명 구하고 있는 중이에요.
 (b) 이건 가볍게 받아들일 직업이 아니에요.
 (c) 전 제 직업에 별로 만족하지 않아요.
 (d) 전 괜찮은 급여도 받아요.

해설 청구서 요금을 지불하기 위해 다른 수입원을 찾아야 한다는 말에, '저희는 파트타임 직원을 몇 명 구하고 있는 중이에요'라며 제안할 수 있는 일자리에 대해 설명한 (a)가 정답입니다.

어휘 source of income 수입원 profession [prəféʃən] 직업
 satisfied [sǽtisfàid] 만족한, 흡족한
 decent [díːsnt] 괜찮은, 제대로 된

05

Beck won the presidential election by a landslide.

(a) I suggest you check his current standing.
(b) I don't imagine anyone expected otherwise.
(c) There are still ballots left yet to be counted.
(d) I'm glad it wasn't anything serious.

해석 Beck이 대통령 선거에서 압도적 대승리로 이겼어요.
(a) 그의 현재 지위를 확인하기를 제안해요.
(b) 저는 다른 사람들이 이와 달리 예상했다고 생각하지 않아요.
(c) 아직 개표해야 할 투표 용지가 있어요.
(d) 심각한 것이 아니어서 다행이에요.

해설 Beck이 대통령 선거에서 압도적 대승리로 이겼다는 객관적인 정보를 전달하는 말에, '저는 다른 사람들이 이와 달리 예상했다고 생각하지 않아요'라며 Beck이 대통령으로 선출될 줄 알았다는 의미를 전달한 (b)가 정답입니다.

어휘 presidential [prèzədénʃəl] 대통령의   election [ilékʃən] 선거
landslide [lǽndslàid] 압도적 대승리   current [kə́:rənt] 현재의
standing [stǽndiŋ] 지위, 평판   ballot [bǽlət] 투표 용지

06

W: Hello. What can I do for you today?
M: I'd like to buy some flowers for my wife's birthday.
W: Any specific type in mind?

(a) They're for someone special.
(b) Well, she really likes tulips.
(c) I'll be putting them in a vase.
(d) Chocolates are a good idea.

해석 W: 안녕하세요. 오늘은 무엇을 도와드릴까요?
M: 제 아내의 생일을 위한 꽃을 좀 사고 싶어요.
W: 생각해 두신 특정 종류가 따로 있으신가요?
(a) 특별한 사람을 위한 것이에요.
(b) 음, 그녀는 튤립을 정말 좋아해요.
(c) 꽃병에 꽂아둘 거예요.
(d) 초콜릿은 좋은 생각이에요.

해설 아내를 위한 꽃을 구입하는 것을 도와주는 상황입니다. 생각해 두신 특정 종류가 있는지 묻는 말에, '그녀는 튤립을 정말 좋아해요'라며 튤립을 사고 싶다는 의미를 전달한 (b)가 정답입니다.

어휘 specific [spisífik] 특정한, 구체적인

07

M: Is there anything I can help you with, ma'am?
W: Yes, please. I think I lost my luggage.
M: Do you have your baggage receipt?

(a) Of course. Here you go.
(b) Sure, I can.
(c) Yes, that's correct.
(d) I'll see what I can do.

해석 M: 부인, 제가 도와 드릴 일이 있을까요?
W: 네, 부탁해요. 제가 짐을 잃어버린 것 같아요.
M: 수하물 수취증을 가지고 계세요?
(a) 물론이죠. 여기 있어요.
(b) 물론이죠, 할 수 있어요.
(c) 네, 맞아요.
(d) 제가 무엇을 할 수 있는지 알아볼게요.

해설 분실된 수하물에 대해 이야기하는 상황입니다. 수하물 수취증을 가지고 있는지 묻는 말에, '물론이죠. 여기 있어요'라며 수하물 수취증을 제시한 (a)가 정답입니다.

어휘 luggage [lʌ́gidʒ] (여행용) 짐, 수하물   baggage [bǽgidʒ] 수하물
receipt [risí:t] 수취증, 영수증

08

W: Have you checked out Lure's latest album?
M: Yeah, I had a listen to it the other day.
W: Was it any good?

(a) You should hear the rest.
(b) That was my favorite track.
(c) A bit run-of-the-mill to me.
(d) As long as it sounds good.

해석 W: Lure의 최신 앨범 들어봤어요?
M: 네, 며칠 전에 한 번 들어봤어요.
W: 괜찮았어요?
(a) 당신은 나머지를 들어봐야 해요.
(b) 그것은 제가 가장 좋아하는 곡이었어요.
(c) 전 그저 보통이었어요.
(d) 듣기에 좋다면 말이에요.

해설 Lure의 최신 앨범에 대해 이야기하는 상황입니다. Lure의 최신 앨범이 괜찮은지 의견을 묻는 말에, '전 그저 보통이었어요'라고 응답한 (c)가 정답입니다.

어휘 track [træk] 곡   run-of-the-mill 보통인, 특별할 것이 없는

09

M: Hi, I'm here to sign up for diving classes.
W: Do you already know how to swim?
M: Yes, I took lessons when I was little.

(a) OK. Please fill out this form here.
(b) Just discuss it with the instructor.
(c) I registered for some in the past.
(d) Yeah. That was a few years ago.

해석 M: 안녕하세요, 다이빙 수업을 등록하려고 왔어요.
W: 수영은 할 줄 아시나요?
M: 네, 제가 어렸을 때 수업을 들었어요.

(a) 좋아요. 여기 이 서류를 작성해주세요.
(b) 그것은 그냥 강사와 상의하세요.
(c) 과거에 몇 개를 등록했어요.
(d) 네. 그것은 몇 년 전이었어요.

해설 다이빙 수업을 등록하는 상황입니다. 어렸을 때 수영 수업을 들어서 수영할 줄 안다는 말에, '좋아요. 여기 이 서류를 작성해주세요'라며 바로 다이빙 수업을 등록하라는 의미를 전달한 (a)가 정답입니다.

어휘 sign up 등록하다   fill out (서류를) 작성하다
discuss[diskʌ́s] 상의하다, 논의하다
instructor[instrʌ́ktər] 강사
register[rédʒistər] 등록하다

10

W: Is it true Martha's getting a snake for a pet?
M: It is. She's buying a python from a local breeder.
W: That's great. But why did she choose a snake of all things?

(a) She was bitten by a snake once.
(b) I don't know anything about snakes.
(c) That wasn't so dangerous.
(d) I guess she wanted something unique.

해설 W: Martha가 뱀을 애완동물로 기를 것이라는 게 사실이에요?
M: 네. 그녀는 현지 사육자에게서 비단뱀을 살 거예요.
W: 그거 참 대단하네요. 그런데 그녀는 왜 하필 뱀을 선택했어요?
(a) 그녀는 뱀에 한 번 물렸었어요.
(b) 저는 뱀에 대해서는 아무것도 몰라요.
(c) 그렇게 위험하지 않았어요.
(d) 뭔가 독특한 것을 원했나 봐요.

해설 Martha의 애완동물에 대해 이야기하는 상황입니다. Martha가 뱀을 애완동물로 선택한 이유를 묻는 말에, '뭔가 독특한 것을 원했나 봐요'라고 응답한 (d)가 정답입니다.

어휘 python[páiθan] 비단뱀   breeder[brí:dər] (동물) 사육자
bite[bait] 물다   unique[juːníːk] 독특한

11

Listen to a couple prepare dinner.
M: Heidi, are you still busy with your paperwork?
W: Why, what's up? Is this about dinner?
M: Yeah, **I can't seem to get the sauce just right**.
W: Do you want me to taste it?
M: Actually, **I was hoping you could take over**.
W: All right, let me get that, and you can boil up the pasta.
M: Thank you! You're an angel.
Q: What are the man and woman mainly discussing?

(a) The man's struggles in the kitchen
(b) The woman's culinary skills
(c) The difficulty of cooking at home
(d) The man's unwillingness to make dinner

해설 커플이 저녁 준비하는 것을 들으시오.
M: Heidi, 아직도 서류 작업을 하느라 바쁘니?
W: 왜, 무슨 일이야? 저녁 식사 때문에 그래?
M: 응, 간을 잘 못 맞추겠어.
W: 내가 맛보기를 원하니?
M: 실은, 네가 대신해 주었으면 좋겠어.
W: 알았어, 그건 내가 할 테니까, 너는 파스타를 끓이면 돼.
M: 고마워! 넌 친절한 사람이야.
Q: 남자와 여자는 주로 무엇에 대해 논의하고 있는가?
(a) 부엌에서의 남자의 힘든 일
(b) 여자의 요리 솜씨
(c) 집에서 요리하는 것의 어려움
(d) 남자가 저녁 식사를 만드는 것을 꺼려하는 태도

해설 남자와 여자가 주로 논의하고 있는 것을 묻는 문제입니다. 남자가 음식의 간을 잘 못 맞추겠다(I can't seem to get the sauce just right)며, 여자에게 대신해 주었으면 좋겠다(I was hoping you could take over)고 부탁했습니다. 이를 '부엌에서의 남자의 힘든 일'이라고 종합한 (a)가 정답입니다.

어휘 paperwork[pèipərwə́ːrk] 서류 작업, 문서 업무
take over (일 따위를) 대신하다, 인계받다
struggle[strʌ́gl] 힘든 일, 애씀
culinary[kʌ́lənèri] 요리의, 주방의
unwillingness[ʌ̀nwíliŋnis] 꺼려함, 본의 아님

12

Listen to a conversation between two friends.
W: Ron Beck is my favorite author. **Have you read any of his books?**
M: Just one. **I didn't like it**, though.
W: But he writes very good stories.
M: The one I read was too clichéd.
W: Well, his stories aren't all like that. You should try reading his other works.
M: I don't think so. I wasn't impressed with his writing style either.
Q: What are the man and woman mainly discussing?

(a) The kinds of stories that the woman reads
(b) Which books Ron Beck wrote
(c) The author's use of vocabulary
(d) Why the man dislikes the author

해설 두 친구 간의 대화를 들으시오.
W: Ron Beck은 제가 가장 좋아하는 작가예요. 당신은 그의 책을 읽어본 적이 있나요?

M: 단 한 권이요. 안 좋아하긴 했지만요.
W: 하지만 그는 정말 훌륭한 이야기들을 써요.
M: 제가 읽었던 책은 너무 상투적인 문구가 많이 들어가 있었어요.
W: 글쎄, 그의 소설이 모두 그렇지는 않아요. 당신은 그의 다른 작품들도 읽어봐야 해요.
M: 전 그렇게 생각하지 않아요. 전 그의 문체에도 감명받지 않았어요.
Q: 남자와 여자는 주로 무엇에 대해 논의하고 있는가?
(a) 여자가 읽는 소설의 종류
(b) Ron Beck이 어떤 책들을 썼는지
(c) 작가의 어휘 사용
(d) 왜 남자가 그 작가를 싫어하는지

해설 남자와 여자가 주로 논의하고 있는 것을 묻는 문제입니다. 대화의 앞부분에서 여자가 Ron Beck의 책을 읽어본 적이 있는지(Have you read any of his books?) 묻자, 남자가 한 권 읽어봤지만 그의 책을 좋아하지 않았다(I didn't like it)며 그 이유를 설명했습니다. 이를 '왜 남자가 그 작가를 싫어하는지'라고 종합한 (d)가 정답입니다.

어휘 author [ɔ́:θər] 작가
cliched [kli:ʃéid] 상투적인 문구가 많이 들어간, 낡은 투의
be impressed with ~에 감명을 받다
vocabulary [voukǽbjulèri] 어휘

13

Listen to a conversation between a repairperson and a resident.
M: Hi! I'm with the power company.
W: Thank goodness. **The power's been out all night.**
M: Yes, an outage occurred as a result of last night's storm. We're doing our best to repair it.
W: **How long will that take?** All of the food in our fridge will spoil.
M: Actually, **it should only be a few more hours**.
W: OK. I guess I'll just have to wait, then.
Q: Which is correct according to the conversation?
(a) The woman was calling the power company all night.
(b) The man expects the problem to be fixed soon.
(c) The woman is complaining about a leak in her home.
(d) The man has come to repair the woman's appliance.

해설 수리공과 거주민 간의 대화를 들으시오.
M: 안녕하세요! 전력 회사에서 나왔습니다.
W: 오셔서 다행입니다. 밤새도록 전기가 나갔어요.
M: 네, 어젯밤 폭풍의 결과로 정전이 발생하였어요. 이를 수리하기 위해 저희는 최선을 다하고 있습니다.
W: 수리가 얼마나 걸릴까요? 냉장고에 있는 음식들이 다 상하겠어요.
M: 실은, 몇 시간만 더 있으면 됩니다.
W: 알겠어요. 그럼, 그냥 기다려야겠네요.
Q: 대화에 따르면 일치하는 것은 무엇인가?
(a) 여자는 밤새도록 전력 회사에 전화했었다.
(b) 남자는 문제가 곧 고쳐질 것으로 예상한다.
(c) 여자는 자신의 집의 누전에 대해 불평하고 있다.
(d) 남자는 여자의 전기 기구를 수리하기 위해 왔다.

해설 대화의 내용과 일치하는 것을 묻는 문제입니다. 밤새도록 전기가 나갔다(The power's been out all night)며 수리가 얼마나 걸리는지(How long will that take?) 묻는 여자의 질문에, 남자가 몇 시간만 더 있으면 된다(it should only be a few more hours)고 했습니다. 이를 '남자는 문제가 곧 고쳐질 것으로 예상한다'라고 바꾸어 표현한 (b)가 정답입니다.

어휘 outage [áutidʒ] 정전   fridge [fridʒ] 냉장고
spoil [spɔil] 상하다   expect [ikspékt] 예상하다
leak [li:k] 누전, 누출   appliance [əpláiəns] 전기 기구, 장치

14

Listen to two friends discuss the health of a child.
W: I wonder what's wrong. My son has had a fever for two days.
M: What other symptoms does he have? It could be the flu.
W: He's also been complaining about feeling itchy and he's starting to develop a rash.
M: He might have chickenpox. Oatmeal soap can help ease the irritation.
W: Well, what should I do if the bumps are a bit sore?
M: **You ought to take him to a pediatrician and get a prescription for a special pain-relief cream.**
Q: Which is correct about the woman according to the conversation?
(a) She was told that she should get a prescription from a medical professional.
(b) She says that her son's fever has gotten worse over the last two days.
(c) She has skin complaints after getting chickenpox from her son.
(d) She is unable to use oatmeal soap to treat her son due to an allergy.

해설 두 친구가 아이의 건강에 대해 이야기하는 것을 들으시오.
W: 무엇이 문제인지 궁금해요. 제 아들이 이틀 동안 열이 나고 있어요.
M: 그의 다른 증상은 뭐예요? 독감일 수도 있어요.
W: 그는 또한 가렵다고 불평하고 있고 발진이 생기기 시작했어요.
M: 수두에 걸린 것일 수도 있겠네요. 오트밀 비누가 염증을 완화시키는 데 도움이 될 거예요.
W: 음, 만약에 부은 부분이 조금 따가우면 어떻게 해야 하나요?
M: 그를 소아과 의사에게 데려가서 전문 통증 완화 크림 처방전을 받아야 해요.

Q: 대화에 따르면 여자에 대해 일치하는 것은 무엇인가?
(a) 그녀는 전문 의료진에게 처방전을 받아와야 한다고 들었다.
(b) 그녀는 아들의 열이 지난 이틀 동안 점점 심해졌다고 말한다.
(c) 그녀는 아들로부터 수두를 옮은 후 피부 질환이 생겼다.
(d) 그녀는 알레르기 때문에 자신의 아들을 치료하는 데 오트밀 비누를 사용할 수 없다.

해설 대화에서 여자에 대한 내용과 일치하는 것을 묻는 문제입니다. 아들의 수두 증상 중 만약 부은 부분이 조금 따가우면 어떻게 해야 하는지 묻는 여자의 질문에, 남자가 그를 소아과 의사에게 데려가서 전문 통증 완화 크림 처방전을 받아오라(You ought to take him to a pediatrician and get a prescription for a special pain-relief cream)고 했습니다. 이를 '그녀는 전문 의료진에게 처방전을 받아와야 한다고 들었다'라고 바꾸어 표현한 (a)가 정답입니다.

어휘 symptom [símptəm] 증상 itchy [ítʃi] 가려운
develop [divéləp] (병, 문제가) 생기다 rash [ræʃ] 발진, 뾰루지
chickenpox [tʃíkənpὰks] 수두 ease [i:z] 완화시키다, 진정시키다
irritation [ìrətéiʃən] 염증, 아픔
pediatrician [pì:diətríʃən] 소아과 의사
prescription [priskrípʃən] 처방전
complaint [kəmpléint] (신체 부위의) 질환

15

Listen to a conversation between two friends.
M: Hey, Josie. I got an extra ticket for **a concert on Saturday.** You want to come?
W: It depends on who will be playing.
M: There's a great lineup. The Rangers, that band you like, is performing.
W: Fantastic! I'd love to go. How should we meet up?
M: I'll bring my car. How about I pick you up at you office at seven?
W: Seven o'clock sounds great. **That's around the time I get off of work.**

Q: What can be inferred from the conversation?
(a) The man will be having a concert with his band.
(b) The woman is asking to hitch a ride after work.
(c) The woman works during the weekends.
(d) The man and the woman work at the same place.

해설 두 친구 간의 대화를 들으시오.
M: 이봐, Josie. 나 **토요일에 있을 콘서트** 티켓을 하나 더 얻었어. 가고 싶니?
W: 누가 연주하는지에 달려있어.
M: 연주단 구성이 아주 좋아. 네가 좋아하는 밴드인 Rangers가 공연한대.
W: 멋진데! 나 정말 가고 싶어. 우리 어떻게 만날까?
M: 나는 차를 가져갈 거야. 내가 7시에 네 사무실로 너를 태우러 가는 건 어때?
W: 7시 좋아. **그때가 내가 퇴근할 때쯤이거든.**

Q: 대화에서 추론할 수 있는 것은 무엇인가?
(a) 남자는 자신의 밴드와 콘서트를 할 것이다.
(b) 여자는 퇴근 후에 차를 태워 달라고 부탁하고 있다.
(c) 여자는 주말에 일을 한다.
(d) 남자와 여자는 같은 직장에서 근무한다.

해설 대화를 통해 추론할 수 있는 내용을 묻는 문제입니다. 토요일에 있을 콘서트(a concert on Saturday)에 함께 가기 위해 여자의 사무실로 데리러 가겠다는 남자의 말에, 여자가 좋다며 그때가 자신이 퇴근할 때쯤(That's around the time I get off of work)이라고 했습니다. 이를 바탕으로 토요일에 여자가 일을 끝내고 남자와 함께 콘서트에 갈 것임을 알 수 있습니다. 따라서 '여자는 주말에 일을 한다'라고 추론한 (c)가 정답입니다.

어휘 extra [ékstrə] 여분의 depend on ~에 달려있다
lineup [láinʌp] 구성, 라인업 perform [pərfɔ́:rm] 공연하다
pick up 태우러 가다 get off 퇴근하다
hitch a ride 차에 편승하다

16

It is **an honor for me to introduce the keynote speaker of this afternoon's conference.**
Dr. David Dickerson is one of the world's foremost experts in the growing field of medical technology. His cutting-edge research on the regeneration of tissue has the potential to alleviate suffering for those who have cancer and may one day be the blueprint for treating this invasive class of diseases. So without further ado, please join me in welcoming Dr. Dickerson.

Q: What is the main purpose of the talk?
(a) To announce the topic of an upcoming lecture
(b) To discuss a breakthrough in medical research
(c) To introduce the main speaker of a convention
(d) To summarize the qualifications of a medical expert

해설 오늘 오후 회의의 기조 연설자를 소개하게 되어 영광입니다. Dr. David Dickerson은 성장하고 있는 의료 기술 분야의 세계 일류 전문가 중 한 분입니다. 조직 재생에 관한 그의 최첨단 연구는 암을 앓고 있는 사람들의 고통을 완화시켜 줄 수 있는 가능성을 지녔으며 언젠가 이처럼 체내에 급속히 퍼지는 종류의 질병을 치료할 청사진이 되어 줄 것입니다. 그러니 지체 없이, 저와 함께 Dr. Dickerson을 환영해주시기 바랍니다.

Q: 담화의 목적은 무엇인가?
(a) 곧 있을 강의의 주제를 공지하기 위해
(b) 의학 연구에서의 획기적인 발전을 논의하기 위해
(c) 회의의 주요 연설자를 소개하기 위해
(d) 의학 전문가의 자격 요건을 요약하기 위해

해설 담화의 목적을 묻는 문제입니다. 담화의 앞부분에서 오늘 오후 회의의 기조 연설자를 소개하게 되어 영광(an honor ~ this afternoon's conference)이라는 말에 이어, 의료 기술 분야의 전문가 **Dr. David Dickerson**에 대해 소개했습니다. 이를 '회의의 주요 연설자를 소개하기

위해'라고 종합한 (c)가 정답입니다.

어휘 **keynote speaker** 기조 연설자 **conference**[kánfərəns] 회의
foremost[fɔ́:rmòust] 일류의, 선두의 **cutting-edge** 최첨단의
regeneration[ridʒènəréiʃən] 재생
tissue[tíʃu:] (세포로 이뤄진) 조직 **potential**[pəténʃəl] 가능성
alleviate[əlí:vièit] 완화시키다 **blueprint**[blú:prìnt] 청사진
invasive[invéisiv] 급속히 퍼지는
without further ado 지체 없이, 더 이상의 말이 없이
breakthrough[bréikθrù:] 획기적 발전
qualification[kwàləfikéiʃən] 자격 요건

17

Cole University is a premier educational institution dedicated to academic excellence. We consider recruiting a first-rate faculty to be a top priority. Those who aspire to join our elite team of professors must possess **a PhD in their field of expertise and outstanding research credentials. Prior teaching or professional experience** is also essential. You are expected to have a fervent commitment to teaching to provide our students with the best possible learning environment.

Q: What is the main topic of the talk?

(a) Qualifications for professional positions at a university
(b) A university's selection process for prospective teachers
(c) The best method of teaching college courses
(d) Acquiring a doctoral degree at an educational institution

해석 Cole 대학교는 학문적 우수성을 위해 노력하는 최고의 교육 기관입니다. 저희는 일류의 교수진을 구성하는 것을 최우선으로 생각합니다. 저희의 엘리트 교수진에 합류하기를 열망하는 분들은 전문 분야의 박사 학위를 소지하셔야 하며 뛰어난 연구 경력을 갖추셔야 합니다. 이전의 교직 경험이나 전문적 경험 또한 필수적입니다. 우리 학생들에게 가능한 한 최고의 학습 환경을 제공하도록 여러분은 수업에 열렬히 전념하셔야 합니다.

Q: 담화의 주제는 무엇인가?
(a) 대학 교수직을 위한 자격 요건
(b) 대학의 장래 교수의 선발 과정
(c) 대학 강의를 가르치는 가장 좋은 방법
(d) 교육 기관에서 박사 학위를 취득하는 것

해설 담화의 주제를 묻는 문제입니다. 담화 전체를 통해 Cole 대학교의 교수가 되기 위한 자격 요건으로 전문 분야의 박사 학위(a PhD in their field of expertise), 뛰어난 연구 경력(outstanding research credentials), 이전 교직 경험이나 전문적 경험(Prior teaching or professional experience)을 나열했습니다. 이를 '대학 교수직을 위한 자격 요건'이라고 종합한 (a)가 정답입니다.

어휘 **premier**[primjíər] 최고의 **dedicate**[dédikèit] 전념하다
faculty[fǽkəlti] 교수진 **possess**[pəzés] 소지하다

PhD 박사 (학위) **expertise**[èkspərtí:z] 전문 지식
outstanding[àutstǽndiŋ] 뛰어난
credential[kridénʃəl] 훌륭한 경력, 자격
fervent[fɔ́:rvənt] 열렬한 **commitment**[kəmítmənt] 전념, 헌신
qualification[kwàləfikéiʃən] 자격 요건
selection[silékʃən] 선발
prospective[prəspéktiv] 장래의, 예상된

18

State police from Woodstown responded to a motor vehicle crash resulting in an overturned vehicle at 11:30 am on Tuesday. A silver sedan traveling west on Blue Brick Road failed to halt at a stop sign and collided with a white pickup truck traveling south on Bonnie Road. According to police, **the sedan hit the pickup, which overturned and slid off the road's shoulder**. The crash is still under investigation and charges are pending, police said.

Q: Which is correct according to the news report?

(a) The pickup truck's driver disregarded a red light.
(b) The sedan was going southbound on Bonnie Road.
(c) The pickup's owner is planning to drop the charges.
(d) The pickup truck ended up beside the road.

해석 Woodstown 주립 경찰은 화요일 오전 11시 30분 차량 전복을 일으킨 자동차 충돌 사고에 대해 응답했습니다. Blue Brick로에서 서쪽으로 이동 중이던 은색 승용차가 정지 신호에서 멈추지 못하고 Bonnie로에서 남쪽으로 이동 중이던 흰색 소형 오픈 트럭과 충돌했습니다. 경찰에 따르면, 승용차가 소형 오픈 트럭을 들이받았으며, 트럭이 전복되어 갓길로 미끄러졌다고 합니다. 경찰은 이 충돌 사고가 여전히 조사 중에 있으며 고소 건은 미해결인 상태라고 말했습니다.

Q: 뉴스 보도에 따르면 일치하는 것은 무엇인가?
(a) 소형 오픈 트럭의 운전자가 정지 신호를 무시했다.
(b) 승용차는 Bonnie로의 남쪽으로 가고 있었다.
(c) 소형 오픈 트럭의 주인은 고소를 취하할 계획이다.
(d) 소형 오픈 트럭은 결국 길가에 멈춰 서게 되었다.

해설 뉴스 보도의 내용과 일치하는 것을 묻는 문제입니다. 승용차가 소형 오픈 트럭을 들이받아 트럭이 전복되어 갓길로 미끄러졌다(the sedan hit the pickup ~ the road's shoulder)고 했습니다. 이를 '소형 오픈 트럭은 결국 길가에 멈춰 서게 되었다'라고 바꾸어 표현한 (d)가 정답입니다.

어휘 **vehicle**[ví:ikl] 차량 **result in** ~을 야기하다
overturn[òuvərtɔ́:rn] 전복시키다, 뒤집히다
halt[hɔ:lt] 멈추다, 정지하다 **collide with** ~와 충돌하다
road's shoulder 갓길 **investigation**[invèstəgéiʃən] 조사
charge[tʃa:rdʒ] 고소 **pend**[pend] 미해결인 채로 있다
disregard[dìsrigá:rd] 무시하다 **drop**[drap] 그만두다, 중단하다

19-20

²⁰**Art Deco was a popular architectural style in various countries between the first and second world wars**. It was inspired by avant-garde movements like Cubism and Constructivism. Art Deco building designs mostly used sunburst motifs, brightly colored murals, and stark, geometric shapes. With their vivid colors, ²⁰**these designs were said to convey a sense of national strength and optimism despite the depression and hardships brought about by war**.

An exemplar of the Art Deco mode of architecture is the Fisher Building situated in downtown Detroit. Completed in 1928, this skyscraper was designed by ¹⁹**Albert Kahn, a renowned architect who was responsible for many of the city's iconic structures**. Recognition of the Fisher Building's artistic value led to its designation as a National Historic Landmark in 1989.

19. Q: Which is correct about Albert Kahn?

   (a) He was the originator of the Art Deco architectural style.
   (b) He designed a large number of well-known buildings.
   (c) He established a business in Detroit in the late 1980s.
   (d) He was responsible for preserving historic structures.

20. Q: Which statement about Art Deco would the speaker most likely agree with?

   (a) Its images depicted sacrifice and hardship.
   (b) Its popularity brought a downturn in modern art.
   (c) It was a reaction to a period of turmoil.
   (d) Its attributes are considered stark and foreboding.

MINI TEST 2

p.170

01 (c)	02 (c)	03 (d)	04 (c)	05 (b)
06 (c)	07 (a)	08 (b)	09 (c)	10 (d)
11 (a)	12 (c)	13 (b)	14 (a)	15 (a)
16 (d)	17 (c)	18 (b)	19 (b)	20 (b)

01

Would you like to grab a bite to eat?

(a) I'll bring you the dessert menu.
(b) You should learn to eat healthfully.
(c) Sure. Let's take my car.
(d) Maybe not that restaurant.

해석 간단히 뭐 좀 먹겠어요?
(a) 디저트 메뉴를 가져다 줄게요.
(b) 당신은 건강에 좋게 먹는 법을 배워야 해요.
(c) 물론이죠. 제 차를 타고 가요.
(d) 그 식당은 말고요.

해설 간단히 뭐 좀 먹자고 제안하는 말에, '물론이죠. 제 차를 타고 가요'라며 제안을 수락한 (c)가 정답입니다.

어휘 grab a bite to eat 간단히 먹다

02

You're spending too much time on the golf course.

(a) I'll be more careful about how much I spend.
(b) I didn't realize you wanted to play too.
(c) The fresh air is good for my health.
(d) You just need some more practice.

해석 당신은 골프장에서 너무 많은 시간을 보내고 있어요.
(a) 제 소비량에 대해 더욱 주의할게요.
(b) 당신도 골프를 치고 싶어 했는지 몰랐어요.
(c) 상쾌한 공기는 건강에 좋아요.
(d) 당신은 좀 더 많은 연습이 필요해요.

해설 골프장에서 너무 많은 시간을 보내고 있다는 말에, '상쾌한 공기는 건강에 좋아요'라며 골프장에서 시간을 많이 보내는 것이 나쁘지 않다는 의미를 전달한 (c)가 정답입니다.

어휘 spend[spend] (시간을) 보내다, (돈을) 소비하다 golf course 골프장

03

Can you help us load these boxes into the van?

(a) Thank you, you're too kind.
(b) Yes, I'm mailing it as we speak.
(c) No, they're not heavy at all.
(d) Of course. I'd be happy to pitch in.

해석 우리가 이 상자들을 밴에 싣는 것을 도와주실 수 있나요?
(a) 감사해요, 당신은 너무 친절하시네요.
(b) 네, 우리가 이야기한 대로 그것을 발송할 거예요.
(c) 아니요, 그것들은 전혀 무겁지 않아요.
(d) 물론이죠. 기꺼이 도와드릴게요.

해설 상자들을 밴에 싣는 것을 도와달라고 요청하는 말에, '물론이죠. 기꺼이 도와드릴게요'라며 수락한 (d)가 정답입니다.

어휘 load[loud] 싣다 mail[meil] (우편물을) 발송하다
pitch in 돕다, 협력하다

04

How can we make it to the airport on time?

(a) As soon as we've booked our tickets.
(b) We'll check the gas before we leave.
(c) Let's just try to hail a cab.
(d) It's a domestic flight to St. Louis.

해석 공항에 어떻게 시간 맞춰 도착할 수 있을까요?
(a) 우리가 표를 예약하자마자요.
(b) 출발하기 전에 가스를 확인할 거예요.
(c) 그냥 택시를 잡아 보죠.
(d) 세인트루이스로 가는 국내선입니다.

해설 공항에 어떻게 시간 맞춰 도착할 수 있을지 묻는 말에, '그냥 택시를 잡아 보죠'라며 택시를 타면 시간 맞춰 공항에 갈 수 있다는 가능성의 의미를 전달한 (c)가 정답입니다.

어휘 make it 시간 맞춰 가다 hail[heil] (차를) 불러서 세우다
domestic[dəméstik] 국내의

05

Eli, how did the boss take the news about your resignation?

(a) I already sent my letter last week.
(b) I'd rather not talk about it.
(c) I haven't told my colleagues yet.
(d) I think the contract will end soon.

해석 Eli, 사장님이 당신의 사직 소식을 듣고 어떤 반응을 보이셨나요?
(a) 이미 지난주에 편지를 보냈어요.
(b) 그것에 대해서는 이야기하지 않는 것이 좋겠어요.
(c) 동료들에게는 아직 말하지 않았어요.
(d) 계약이 곧 끝날 것 같아요.

해설 사장님이 사직 소식을 듣고 반응이 어땠는지 묻는 말에, '그것에 대해서는 이야기하지 않는 것이 좋겠어요'라며 질문에 답변하고 싶지 않음을 나타낸 (b)가 정답입니다.

어휘 resignation[rèzignéiʃən] 사직, 사임 colleague[káli:g] 동료
contract[kántrækt] 계약

06

W: Lee, I didn't expect to see you here.
M: Hi, Cindy! What a surprise!
W: What have you been up to these days?

(a) Maybe. I'll let you know.
(b) It's not that surprising to me.
(c) The usual, work and school.
(d) We should get together soon, then.

해석 W: Lee, 당신을 여기에서 만나게 될 줄은 몰랐어요.
M: 안녕하세요, Cindy! 놀랍네요!
W: 요즘 뭐 하면서 지내고 계세요?

(a) 아마도요. 제가 알려드릴게요.
(b) 저에겐 그리 놀랍지 않아요.
(c) 여느 때와 마찬가지로, 일하고 학교 다녀요.
(d) 그렇다면, 조만간 만나야겠네요.

해설 두 사람이 우연히 만나 인사를 나누는 상황입니다. 요즘 뭐 하면서 지내는지 안부를 묻는 말에, '여느 때와 마찬가지로, 일하고 학교 다녀요'라며 자신의 근황을 설명한 (c)가 정답입니다.

어휘 get together 만나다, 모으다

07

M: I'm falling behind in math.
W: You need to start studying more.
M: I guess I should set aside some more time.

(a) Even just a few minutes a day.
(b) I would be open to that.
(c) You should save some for later.
(d) This can't be right.

해석 M: 난 수학에서 뒤떨어지고 있어.
W: 넌 좀 더 공부하기 시작해야 해.
M: 시간을 더 할애해야 할 것 같아.

(a) 하루에 단 몇 분씩만이라도.
(b) 그건 나도 환영이야.
(c) 나중을 위해 더 모아 두어야 해.
(d) 이게 옳을 리가 없어.

해설 수학에서 뒤떨어지고 있는 문제점을 이야기하는 상황입니다. 수학 공부를 위한 시간을 더 할애해야 할 것 같다는 말에, '하루에 단 몇 분씩만이라도'라고 응답한 (a)가 정답입니다.

어휘 fall behind 뒤떨어지다, 뒤지다   set aside 할애하다, 남기다

08

W: I'm nervous about having a baby.
M: Why? You seemed so happy to get pregnant.
W: I just wonder if I'll be a good mother.

(a) OK. That's some really useful advice.
(b) Stop worrying. You'll be great.
(c) You could've checked first.
(d) The doctor can give you medicine.

해석 W: 아기를 낳는 게 두려워요.
M: 왜요? 당신은 임신해서 매우 행복해 보였어요.
W: 저는 단지 제가 좋은 엄마가 될 수 있을지 모르겠어요.

(a) 네. 그건 정말 유익한 조언이에요.
(b) 걱정 마요. 당신은 잘할 거예요.
(c) 당신은 먼저 확인할 수도 있었어요.
(d) 의사가 약을 줄 수 있어요.

해설 엄마가 되는 두려움에 대해 이야기하는 상황입니다. 좋은 엄마가 될 수 있을지 모르겠다는 말에, '걱정 마요. 당신은 잘할 거예요'라며 격려한 (b)가 정답입니다.

어휘 pregnant[prégnənt] 임신한   could have p.p. ~했을 수도 있다

09

M: Grace, could I borrow some money for a plane ticket?
W: It depends on how much you need. Where are you going?
M: To New Orleans for a cousin's wedding.

(a) I already got a booking confirmation.
(b) Perhaps that amount will suffice.
(c) All right. I can lend you some cash.
(d) I really appreciate the invitation.

해석 M: Grace, 비행기 티켓을 사려는데 돈을 좀 빌릴 수 있을까요?
W: 당신이 얼마나 필요하느냐에 달려 있어요. 어디로 가는데요?
M: 사촌 결혼식 때문에 뉴올리언스로요.

(a) 전 이미 예약 확인을 했어요.
(b) 아마 그 정도면 충분할 거예요.
(c) 좋아요. 제가 현금을 좀 빌려줄 수 있어요.
(d) 초대해줘서 정말 감사해요.

해설 비행기 티켓을 구매하기 위해 돈을 빌리는 상황입니다. 뉴올리언스까지 가는 비행기 티켓을 사야 한다는 말에, '좋아요. 제가 현금을 좀 빌려줄 수 있어요'라며 요청을 승낙한 (c)가 정답입니다.

어휘 depend on ~에 달려있는   confirmation[kùnfərméiʃən] 확인   suffice[səfáis] 충분하다

10

W: Quarterly sales have been absolutely gut-wrenching for our competitors.
M: They haven't been so great for our company, either.
W: I don't think the board members are aware of that.

(a) We need to hold firm to our strategies.
(b) Things could not have come at a better time.

(c) I've never been one to mince my words.
(d) They will be none too pleased to hear it.

해석 W: 저희 경쟁업체의 분기별 판매량이 정말 끔찍하군요.
M: 저희 회사의 분기별 판매량 역시 그렇게 좋진 않았어요.
W: 저는 회사 임원들이 그것을 알 거라고 생각하지 않아요.
(a) 우리는 우리의 전략들을 고수해야 해요.
(b) 지금이 가장 좋은 시기예요.
(c) 저는 말을 완곡하게 하는 사람이 아니에요.
(d) 그것을 듣고 기뻐할 사람은 아무도 없을 거예요.

해설 분기별 판매량에 대해 이야기하는 상황입니다. 자사의 분기별 판매량 역시 좋지 않다는 것을 회사 임원들이 알지 못할 것이라는 의견을 전달하는 말에, '그것을 듣고 기뻐할 사람은 아무도 없을 거예요'라며 자사의 분기별 판매량이 너무 안 좋다는 것을 강조한 (d)가 정답입니다.

어휘 quarterly [kwɔ́ːrtərli] 분기별의
gut-wrenching 끔찍한, 속이 뒤틀리는
competitor [kəmpétətər] 경쟁 업체
hold firm 고수하다, 단단히 지키다   mince [mins] 완곡하게 말하다

11

Listen to a conversation between two coworkers.
M: **I've decided to bring lunch to work** starting today.
W: That's a great idea. **It'll help you cut back on spending**.
M: That's true. Eating out can be quite expensive.
W: Plus, **you know exactly what's in your lunch, since you're the one who made it**.
M: Exactly. It will give me a much healthier diet.
W: You can also plan your lunches and shop the weekend before.
Q: What are the man and woman mainly talking about?
(a) The advantages of preparing their own meals
(b) The easiest way to save money
(c) The drawbacks of eating out
(d) Planning a nutritionally balanced lunch menu

해석 두 동료 간의 대화를 들으시오.
M: 오늘부터 직장에 점심 도시락을 싸오기로 결심했어요.
W: 좋은 생각이네요. 지출을 줄이는 데 도움이 될 거예요.
M: 맞아요. 외식하는 것은 꽤 비쌀 수 있거든요.
W: 게다가, 도시락을 만드는 사람은 바로 당신이니까, 도시락에 무엇이 들어 있는지도 정확히 알잖아요.
M: 맞아요. 훨씬 더 건강에 좋은 식사를 할 수 있을 거예요.
W: 또 점심 식사를 계획하고 주말에 미리 쇼핑을 할 수도 있어요.
Q: 남자와 여자는 주로 무엇에 대해 이야기하고 있는가?
(a) 자기 자신의 식사를 준비하는 것의 이점
(b) 돈을 절약하는 가장 쉬운 방법
(c) 외식하는 것의 단점
(d) 영양적으로 균형 잡힌 점심 메뉴를 계획하는 것

해설 대화에서 남자와 여자가 주로 이야기하고 있는 것을 묻는 문제입니다. 대화의 앞부분에서 남자가 직장에 점심 도시락을 싸오기로 결심했다(I've decided to bring lunch to work)고 하자, 여자가 지출을 줄이는 데 도움이 되고(It'll help you cut back on spending), 본인이 직접 만들기 때문에 도시락에 무엇이 들었는지도 정확히 안다(you know exactly what's in your lunch, since you're the one who made it)고 지지했습니다. 이를 '자기 자신의 식사를 준비하는 것의 이점'이라고 종합한 (a)가 정답입니다.

어휘 cut back 줄이다   eat out 외식하다
advantage [ædvǽntidʒ] 이점   save [seiv] 절약하다
drawback [drɔ́ːbæ̀k] 단점, 약점   balanced [bǽlənst] 균형 잡힌

12

Listen to a conversation between two friends.
W: Are you doing anything this weekend?
M: Well, it's my sister's birthday on Sunday, so **I have to find her a present** on Saturday.
W: I see. So what are you going to give her?
M: **Either a new pair of shoes or a gift certificate to a spa.**
W: If she has a hectic work schedule, I'm sure she'd love a relaxing day at a spa.
M: You think so? Well, that will save me time shopping around.
Q: What is the man mainly doing in the conversation?
(a) Choosing a spa treatment
(b) Describing his weekend plans
(c) Deciding on a present for a family member
(d) Asking the woman for gift ideas

해석 두 친구 간의 대화를 들으시오.
W: 이번 주말에 뭔가 하는 일이 있나요?
M: 글쎄요, 일요일이 제 여동생 생일이에요, 그래서 토요일에는 그녀에게 줄 선물을 찾아봐야 해요.
W: 그렇군요. 그럼 그녀에게 무엇을 줄 건가요?
M: 새 신발 한 켤레나 온천 상품권 중에 하나요.
W: 만일 그녀가 정신없이 바쁜 업무 일정을 가지고 있다면, 그녀는 분명히 온천에서 나른한 하루를 보내는 것을 매우 좋아할 거예요.
M: 그렇게 생각하세요? 그럼, 가게를 돌아다니는 시간을 줄일 수 있겠네요.
Q: 대화에서 남자는 주로 무엇을 하고 있는가?
(a) 온천 치료를 선택하고 있다.
(b) 그의 주말 계획을 설명하고 있다.
(c) 한 가족 구성원을 위한 선물을 결정하고 있다.
(d) 여자에게 선물에 대한 아이디어를 물어보고 있다.

해설 대화에서 남자가 주로 하고 있는 일을 묻는 문제입니다. 대화의 앞부분에서 남자가 여동생에게 줄 선물을 찾아봐야 한다(I have to find her a present)고 한 후, 새 신발 한 켤레나 온천 상품권 중에 하나(Either a new pair of shoes or a gift certificate to a spa)를 주려고 한다고 했습니다. 이를 '한 가족 구성원을 위한 선물을 결정하고 있다'라고 종합한 (c)가 정답입니다.

어휘 either A or B A 또는 B 중에 하나 gift certificate 상품권
spa[spɑː] 온천 hectic [héktik] 정신없이 바쁜, 빡빡한
relaxing [rilǽksiŋ] 나른한 shop around 가게를 돌아다니다

13

Listen to two friends discuss a cake shop.
M: Have you been to that **new cake shop** near the train station?
W: Yes. I had the cheesecake. It's one of the best I've ever had.
M: Have you tried the **chocolate mousse**? **It's considered their specialty.**
W: Oh, I haven't tried that yet.
M: **You should. You won't be disappointed.**
W: I'll be sure to order it next time, then.
Q: What does the man like about the cake shop?
(a) How conveniently it is located
(b) How its chocolate mousse tastes
(c) The quality of its cheesecakes
(d) The speed with which it fills orders

해설 두 친구가 케이크 가게에 대해 이야기하는 것을 들으시오.
M: 기차역 근처에 있는 그 새로운 케이크 가게에 가본 적 있어요?
W: 네. 거기에서 치즈 케이크를 먹었어요. 제가 먹어본 최고의 케이크 중 하나였어요.
M: 초콜릿 무스 케이크는 먹어봤어요? 그게 그 가게 전문으로 여겨져요.
W: 아, 그것은 아직 안 먹어봤어요.
M: 먹어봐요. 실망하지 않을 거예요.
W: 그러면, 다음에 꼭 주문할게요.
Q: 케이크 가게에 대해 남자가 좋아하는 것은 무엇인가?
(a) 얼마나 편리한 곳에 위치해 있는지
(b) 그 가게의 초콜릿 무스 케이크가 어떤 맛이 나는지
(c) 그 가게 치즈 케이크의 질
(d) 주문을 받는 속도

해설 케이크 가게에 대해 남자가 좋아하는 것을 묻는 문제입니다. 남자가 새로운 케이크 가게(new cake shop)의 초콜릿 무스 케이크(chocolate mousse)가 그 가게 전문이라고 여겨진다(It's considered their specialty)며, 먹어보면 실망하지 않을 것(You should. You won't be disappointed)이라고 했습니다. 이를 '그 가게의 초콜릿 무스 케이크가 어떤 맛이 나는지'라고 바꾸어 표현한 (b)가 정답입니다.

어휘 specialty [spéʃəlti] 전문, 전공 disappoint [dìsəpɔ́int] 실망시키다

14

Listen to a conversation between two friends.
W: **Since the play has already started, they won't let us in until the intermission.**
M: That won't be for another hour. Let's hang out at a café until then.
W: Good idea. We can kill time that way.
M: OK. I saw one that serves food and drinks just around the corner.
W: Perfect. That way, we won't have to worry about dinner later.
M: Yeah.
Q: What can be inferred about the man and woman from the conversation?
(a) They arrived late for a performance.
(b) They will have dinner together later.
(c) They bought tickets at the theater.
(d) They will watch a play on another night.

해설 두 친구 간의 대화를 들으시오.
W: 연극이 이미 시작됐기 때문에, 그들은 휴식 시간이 되어서야 우리를 들여보내 줄 거예요.
M: 한 시간 더 기다려야 하는 건 아닐 거예요. 그때까지 카페에서 함께 시간을 보내요.
W: 좋은 생각이에요. 그렇게 시간을 보내면 되겠군요.
M: 네. 제가 길모퉁이 근처에서 음식이랑 음료를 파는 곳을 봤어요.
W: 완벽해요. 그러면, 우리는 나중에 저녁 식사를 걱정할 필요가 없겠어요.
M: 네.
Q: 대화에서 남자와 여자에 대해 추론할 수 있는 것은 무엇인가?
(a) 그들은 공연에 늦게 도착했다.
(b) 그들은 나중에 저녁을 함께 먹을 것이다.
(c) 그들은 극장에서 표를 구입했다.
(d) 그들은 다른 날 밤에 연극을 볼 것이다.

해설 대화를 통해 남자와 여자에 대해 추론할 수 있는 내용을 묻는 문제입니다. 대화의 앞부분에서 연극이 이미 시작했기 때문에 휴식 시간이 되어서야 우리를 들여보내 줄 것(Since the play has already started, they won't let us in until the intermission)이라고 했습니다. 이를 바탕으로 남자와 여자가 연극이 이미 시작한 후에 도착했음을 알 수 있습니다. 따라서 '그들은 공연에 늦게 도착했다'라고 추론한 (a)가 정답입니다.

어휘 intermission [ìntərmíʃən] 휴식 시간 hang out (시간을) 보내다
kill time 시간을 보내다

15

Listen to a conversation about the man's appointment.
M: Hi. **I'm here to see Mr. Appleby.**
W: OK. Do you have an **appointment with him**?
M: Well, I was supposed to meet him at 4 pm but something came up.
W: Oh, you must be **Mr. Riley**.
M: That's correct. My car broke down so I'm a little behind schedule.
W: Yes, I received your call earlier. Mr. Appleby is expecting you.
Q: What can be inferred about the woman from the conversation?

(a) She is Mr. Appleby's secretary.
(b) She has met Mr. Riley before.
(c) She is unfamiliar with Mr. Appleby's schedule.
(d) She replied to Mr. Riley's message.

해석 남자의 약속에 대한 대화를 들으시오.
M: 안녕하세요. Mr. Appleby를 만나러 왔는데요.
W: 네. 그분과 약속하셨나요?
M: 그게, 오후 4시에 만나기로 되어 있었는데 일이 생겼어요.
W: 아, Mr. Riley시군요.
M: 맞아요. 제 차가 고장 나서 예정보다 조금 늦었습니다.
W: 네, 아까 전에 주신 전화 받았습니다. Mr. Appleby께서 당신을 기다리고 계세요.
Q: 대화에서 여자에 대해 추론할 수 있는 것은 무엇인가?
(a) 그녀는 Mr. Appleby의 비서이다.
(b) 그녀는 전에 Mr. Riley를 만난 적이 있다.
(c) 그녀는 Mr. Appleby의 일정을 잘 모른다.
(d) 그녀는 Mr. Riley의 메시지에 답장을 했다.

해설 대화를 통해 여자에 대해 추론할 수 있는 내용을 묻는 문제입니다. 대화의 앞부분에서 Mr. Appleby를 만나러 왔다(I'm here to see Mr. Appleby)는 남자의 말에, 여자가 Mr. Appleby와의 약속 여부(appointment with him), 상대방의 이름(Mr. Riley)을 확인하고 Mr. Appleby에게 안내했습니다. 이를 바탕으로 여자가 Mr. Appleby의 비서로 일하고 있음을 알 수 있습니다. 따라서 '그녀는 Mr. Appleby의 비서이다'라고 추론한 (a)가 정답입니다.

어휘 appointment [əpɔ́intmənt] 약속
be supposed to ~하기로 되어 있다   come up 생기다, 발생하다
break down 고장 나다   behind schedule 예정보다 늦게

16

Economists have observed an improvement in Southeast Asia's retail industry. Most of its countries have opened their doors to direct foreign investment, which has led to a retail boom. This surge in activity, while increasing the exposure of global brands in the region, is also convincing more foreign retailers to develop their presence there. **The retail expansion into Southeast Asia is providing forward-thinking global brands with access to an untapped market of millions of consumers.**

Q: What is the passage mainly about?

(a) The appeal of Southeast Asian destinations to avid shoppers
(b) The emerging foreign investment opportunities in Southeast Asia
(c) The Southeast Asian markets experiencing a massive period of growth
(d) The increased accessibility of international brands in Southeast Asia

해석 경제학자들은 동남아시아 소매업계의 발전을 관찰해 왔습니다. 대부분의 동남아시아 국가들은 외국인의 직접 투자에 시장을 개방했는데, 이는 소매업계의 호황으로 이어졌습니다. 이러한 실적 증가는, 이 지역에서 세계적인 상표의 노출을 증가시키면서, 더 많은 외국 소매상들이 그곳에서 자신의 진출 기반을 다져나가도록 확신을 심어 주었습니다. 동남아시아로 뻗어나가는 소매업계의 확장은 장래를 대비하는 세계적 상표들이 수백만 명의 소비자를 보유한 미개발 시장에 접근하도록 하고 있습니다.

Q: 지문은 주로 무엇에 대한 것인가?
(a) 열렬한 쇼핑객을 향한 동남아시아 지역의 호소
(b) 동남아시아에서 부상하고 있는 외국인 투자 기회
(c) 거대한 성장의 시기를 겪고 있는 동남아시아 시장
(d) 동남아시아에서의 국제적 상표의 증가하는 접근 가능성

해설 지문의 중심 내용을 묻는 문제입니다. 외국 소매상들이 동남아시아로 진출하게 된 배경을 설명한 후, 이러한 동남아시아로의 소매업계의 확장은 장래를 대비하는 세계적 상표들이 수백만 명의 소비자를 보유한 미개발 시장인 동남아시아에 접근하도록 하고 있다(The retail expansion ~ millions of consumers)고 했습니다. 이를 '동남아시아에서의 국제적 상표의 증가하는 접근 가능성'이라고 종합한 (d)가 정답입니다.

어휘 observe [əbzə́ːrv] 관찰하다
foreign investment 외국인 투자, 해외 투자
exposure [ikspóuʒər] 노출, 폭로
convince [kənvíns] 확신을 주다, 납득시키다
presence [prézns] 진출, 존재   forward-thinking 진보적인
untapped [ʌ̀ntǽpt] 미개발의, 손대지 않은
appeal [əpíːl] 호소, 매력   avid [ǽvid] 열렬한, 열심인
emerge [imə́ːrdʒ] 부상하다, 뜨다

17

Hi, **I'd like to invite everyone to join our online art classes**, which consist of 12 project tutorials designed by 12 local artists. The lessons will be posted on a private blog site, which can be accessed after **online registration**. Daily posts will include instructions for individual projects plus additional links, images, and mini-projects. The price for a four-week session is $59.

Q: Which is correct according to the announcement?

(a) Interactive video tutorials will be provided to students.
(b) Guidelines for each project will be sent through e-mail.
(c) Interested participants will have to sign up on a website.
(d) A down payment of $59 must be made before enrollment.

해설 안녕하십니까, 저는 여러분 모두를 저희의 온라인 미술 강좌에 초대하고 싶은데, 이 강좌는 12명의 현지 예술가들에 의해 구성된 12회의 프로젝트 개별 지도로 이루어져 있습니다. 온라인 등록 후에 접속하실 수 있는 전용 블로그 사이트에 강의가 게시될 것입니다. 매일 올라오는 게시물들은 각각의 프로젝트를 위한 설명뿐 아니라 추가 링크, 그림, 소규모 프로

젝트를 포함할 것입니다. 4주 강좌의 수업료는 59달러입니다.

Q: 안내에 따르면 일치하는 것은 무엇인가?
(a) 대화형 비디오 개별 지도가 학생들에게 제공될 것이다.
(b) 각각의 프로젝트에 대한 지침이 이메일을 통해 전달될 것이다.
(c) 관심 있는 참가자들은 웹사이트에서 등록해야 할 것이다.
(d) 계약금 59달러는 등록 전에 지불되어야 한다.

해설 안내의 내용과 일치하는 것을 묻는 문제입니다. 안내의 앞부분에서 온라인 미술 강좌에 여러분 모두를 초대하고 싶다(I'd like to invite ~ online art classes)는 말에 이어, 온라인 등록(online registration) 후에 강의가 게시될 것이라고 했습니다. 이를 '관심 있는 참가자들은 웹사이트에서 등록해야 할 것이다'라고 바꾸어 표현한 (c)가 정답입니다.

어휘 consist of ~으로 이루어지다   tutorial[tjuːtɔ́ːriəl] 개별 지도
private[práivət] 전용의   access[ǽkses] (컴퓨터에) 접속하다
registration[rèdʒistréiʃən] 등록
interactive[ìntərǽktiv] 대화형의   down payment 계약금
enrollment[inróulmənt] 등록

18

The next health topic I'm going to cover is the nutrition of protein shakes. Many of us turn to these protein-packed drinks as a quick and convenient source of energy to get us through our busy lives. **While these shakes contain protein and essential vitamins, many are loaded with sugar.** So the next time you pick up a protein shake mix at your local store, **check the label to make sure you aren't getting unnecessary calories**.

Q: What can be inferred from the talk?
(a) The nutritional value of protein shakes is exaggerated.
(b) Some protein shakes are healthier than others.
(c) Many people do not get enough protein in their diet.
(d) Protein shakes are not always clearly labeled.

해설 다음으로 제가 다룰 건강에 관련된 주제는 단백질 보충제의 영양 공급입니다. 우리들 중 많은 사람들은 바쁜 생활을 잘 이겨낼 수 있도록 빠르고 간편한 에너지원으로 이 단백질이 가득 들어있는 음료들에 의지합니다. 이러한 보충제들이 단백질과 필수 비타민들을 포함하고 있기는 하지만, 많은 보충제들은 설탕이 가득 차 있습니다. 따라서 다음에 지역 상점에서 단백질 보충제 혼합물을 고를 때에는, 불필요한 칼로리를 섭취하지 않도록 상품 라벨을 확인하세요.

Q: 담화에서 추론할 수 있는 것은 무엇인가?
(a) 단백질 보충제의 영양적 가치가 과장되었다.
(b) 몇몇 단백질 보충제는 다른 단백질 보충제보다 더 건강에 좋다.
(c) 많은 사람들이 그들의 식단에서 충분한 단백질을 섭취하지 않는다.
(d) 단백질 보충제들이 항상 분명하게 상품 표기가 되어 있는 것은 아니다.

해설 담화를 통해 추론할 수 있는 내용을 묻는 문제입니다. 단백질 보충제가 단백질과 필수 비타민을 포함하고 있기는 하지만 많은 보충제들은 설탕이 가득 차 있다(While these shakes ~ loaded with sugar)는 말에 이어, 불필요한 칼로리를 섭취하지 않도록 상품 라벨을 확인하라(check the label ~ unnecessary calories)고 했습니다. 이를 바탕으로 좋은 단백질 보충제도 있지만 어떤 단백질 보충제들은 건강에 좋지 않다는 것을 알 수 있습니다. 따라서 '몇몇 단백질 보충제는 다른 단백질 보충제보다 더 건강에 좋다'라고 추론한 (b)가 정답입니다.

어휘 cover[kʌ́vər] 다루다, 덮다   protein[próutiːn] 단백질
turn to 의지하다   convenient[kənvíːnjənt] 간편한
essential[isénʃəl] 필수적인
be loaded with 넘치게 있다, 충분히 있다
exaggerate[igzǽdʒərèit] 과장하다

19-20

[19]**Tune in at 8 p.m. on Monday night for another episode of the hit series *Stranded*,** where survival expert Charlie McGill pits his skills against the planet's most challenging environments. This week, Charlie makes his way across the barren landscape of South Dakota's Badlands without any food or water. He will have to deal with extreme heat, as temperatures in the Badlands can reach a high of 46 degrees Celsius in the summer. This will likely be one of his greatest tests since [20]**he began hosting the show two years ago**. However, as Charlie spent over 20 years in the US Army Rangers, he is more than capable of meeting this challenge.

19. Q: What is the report mainly about?
(a) A show about the planet's unique geography
(b) This week's episode of a popular TV program
(c) A filmed endurance race across the Badlands
(d) The premiere of Charlie McGill's new movie

20. Q: Which is correct about Charlie McGill?
(a) He is currently serving in the military.
(b) He has been a show host for two years.
(c) He was born in the state of South Dakota.
(d) He plans to develop a documentary series.

해설 생존 전문가 Charlie McGill이 자신의 능력으로 지구에서 가장 도전적인 환경과 맞서는 [19]인기 시리즈 'Stranded'의 또 다른 방송분을 보시려면 월요일 저녁 8시에 시청해 주십시오. 이번 주에, Charlie는 어떠한 음식이나 물 없이 사우스다코타에 있는 불모 지대의 황량한 지형을 횡단합니다. 불모 지대는 여름에 최고 기온이 46도까지 오를 수 있기 때문에 그는 극심한 더위에도 대처해야 할 것입니다. 이것은 [20]그가 2년 전에 이 프로그램의 진행을 맡기 시작한 이래로 가장 큰 테스트 중 하나가 될 것 같습니다. 하지만, Charlie는 미 육군 유격대에서 20년 이상을 보냈기 때문에 그는 이 도전을 충분히 잘 감당해낼 수 있습니다.

19. Q: 보도는 주로 무엇에 대한 것인가?
(a) 지구의 독특한 지형에 관한 프로그램

(b) 인기 있는 TV 프로그램의 이번 주 방송분
(c) 불모 지대 일대에서 촬영된 자동차 내구 경주
(d) Charlie McGill의 신작 영화 개봉

20. Q: Charlie McGill에 대해 일치하는 것은 무엇인가?
(a) 현재 군 복무 중이다.
(b) 2년 동안 프로그램 진행자를 맡고 있다.
(c) 사우스다코타 주에서 태어났다.
(d) 다큐멘터리 시리즈를 만들 계획이다.

해설 19. 보도의 중심 내용을 묻는 문제입니다. 보도의 앞부분에서 인기 시리즈 'Stranded'의 또 다른 방송분을 보려면 월요일 저녁 8시에 시청하라 (Tune in ~ the hit series Stranded)는 말에 이어, 'Stranded'의 이번 주 방송분의 줄거리를 예고했습니다. 이를 '인기 있는 TV 프로그램의 이번 주 방송분'이라고 종합한 (b)가 정답입니다.

20. 보도에서 Charlie McGill에 대한 내용과 일치하는 것을 묻는 문제입니다. 그가 2년 전에 이 프로그램의 진행을 맡기 시작했다(he began hosting the show two years ago)고 했습니다. 이를 '2년 동안 프로그램 진행자를 맡고 있다'라고 바꾸어 표현한 (b)가 정답입니다.

어휘 tune in 시청하다, 채널을 맞추다 pit[pit] 맞서게 하다, 경쟁시키다
barren[bǽrən] 황량한
Badlands[bǽdlæ̀ndz] (미국 서부의) 불모 지대
host[houst] (TV, 라디오 프로를) 진행하다
be capable of ~할 수 있는 unique[juːníːk] 독특한
geography[dʒiágrəfi] 지형 film[film] 촬영하다
endurance race (자동차의) 내구 경주
premiere[primíər] (영화의) 개봉

MINI TEST 3

p. 172

01 (b)	02 (d)	03 (b)	04 (c)	05 (c)
06 (b)	07 (a)	08 (b)	09 (c)	10 (a)
11 (a)	12 (c)	13 (a)	14 (b)	15 (a)
16 (c)	17 (a)	18 (d)	19 (d)	20 (a)

01

Have you ever visited Scotland?

(a) Sure. I'll be there soon.
(b) No. I'd love to, though.
(c) I already have a passport.
(d) It's actually not that far.

해설 스코틀랜드를 방문해 본 적 있나요?
(a) 물론이죠. 곧 그곳에 갈 거예요.
(b) 아니요. 하지만 정말 가고 싶어요.
(c) 이미 여권을 가지고 있어요.
(d) 그곳은 사실 그렇게 멀지 않아요.

해설 스코틀랜드를 방문해 본 적이 있는지 묻는 말에, '아니요. 하지만 정말 가고 싶어요'라며 스코틀랜드에 아직 가본 적은 없지만 방문해 보고 싶다는 바람을 전달한 (b)가 정답입니다.

어휘 passport[pǽspɔːrt] 여권

02

Eric, do you know if we're getting bonuses this month?

(a) I worked so hard for this.
(b) That sounds like a lot.
(c) The price was reasonable.
(d) We'll have to wait and see.

해설 Eric, 우리가 이번 달에 보너스를 받는지 아나요?
(a) 이걸 위해 아주 열심히 일했어요.
(b) 그 정도면 많은 것 같은데요.
(c) 가격이 합리적이었어요.
(d) 두고 봐야 할 거예요.

해설 이번 달에 보너스를 받는지 묻는 말에, '두고 봐야 할 거예요'라며 보너스를 받는지 알 수 없다고 응답한 (d)가 정답입니다.

어휘 reasonable[ríːzənəbl] 합리적인

03

I'm on my way to the party now. Should I pick you up?

(a) Sure. There's plenty of room.
(b) Don't worry. I'll catch up later.
(c) Just say you're not feeling well.
(d) I have to be home around twelve o'clock.

해설 저는 지금 파티에 가는 길이에요. 당신을 태우러 갈까요?
(a) 물론이죠. 자리가 넉넉해요.
(b) 걱정하지 마세요. 나중에 따라 갈게요.
(c) 그냥 몸이 좋지 않다고 얘기해요.
(d) 12시 정도에는 집에 있어야 해요.

해설 파티에 가는 길에 태우러 갈 것을 제안하는 말에, '걱정하지 마세요. 나중에 따라 갈게요'라며 태우러 오겠다는 제안을 간접적으로 거절한 (b)가 정답입니다.

어휘 on one's way to ~로 가는 길에 pick up 태우러 가다
plenty of 넉넉한, 많은 catch up 따라가다, 따라잡다

04

Did you happen to spot a brown briefcase in the lobby?

(a) I didn't get the memo from management.
(b) The color brown doesn't suit you.
(c) There was one by the vending machine.
(d) Put it back in the corner when you're done.

해설 혹시 로비에서 갈색 서류 가방을 보셨나요?

(a) 경영진으로부터 메모를 받지 못했어요.
(b) 갈색은 당신에게 맞지 않아요.
(c) 자판기 옆에 하나가 있었어요.
(d) 끝나고 구석에 갖다 놓으세요.

해설 로비에서 갈색 서류 가방을 봤는지에 대한 사실을 묻는 말에, '자판기 옆에 하나가 있었어요'라며 서류 가방이 있던 위치를 알려준 (c)가 정답입니다.

어휘 spot[spɑt] 보다, 발견하다   management[mǽnidʒmənt] 경영진
vending machine 자판기

05

I'm counting on you to close this business deal today.

(a) Think of the promotion you'll get.
(b) My clients all received the memo.
(c) Of course. I won't let you down.
(d) There's always a second chance.

해설 오늘 당신이 사업 거래를 성사시킬 거라고 믿고 있어요.
(a) 당신이 얻게 될 승진을 생각하세요.
(b) 제 고객들은 모두 메모를 받았습니다.
(c) 물론이죠. 실망시켜 드리지 않을 거예요.
(d) 항상 다음 기회가 있잖아요.

해설 상대방이 사업 거래를 성사시킬 것을 믿는다는 말에, '물론이죠. 실망시켜 드리지 않을 거예요'라며 사업 거래를 성사시킬 수 있다는 자신감을 전달한 (c)가 정답입니다.

어휘 count on 믿다, 확신하다   close a deal 거래를 성사하다, 체결하다
let down 실망시키다, 기대를 저버리다

06

W: Need a ride home today?
M: Not today, thanks. I have play rehearsal.
W: Oh? How's that going?

(a) I haven't seen it yet.
(b) It's going well.
(c) It's in a beautiful theater.
(d) We can go later.

해설 W: 오늘 집까지 바래다 드릴까요?
M: 오늘은 괜찮아요, 고마워요. 연극 리허설이 있거든요.
W: 그래요? 어떻게 되어가나요?
(a) 아직 그것을 보지 못했어요.
(b) 잘 진행되고 있어요.
(c) 그것은 아름다운 극장에 있어요.
(d) 우리는 나중에 가도 돼요.

해설 연극 리허설에 대해 이야기하는 상황입니다. 연극 리허설이 어떻게 되어가는지 묻는 말에, '잘 진행되고 있어요'라며 연극 리허설의 진행 상황을 알려준 (b)가 정답입니다.

어휘 rehearsal[rihə́ːrsəl] 리허설, 예행연습

07

M: What can I do for you today?
W: I'm looking for some white running shoes in a size seven.
M: We have two different styles. Would either of these be OK?

(a) Yes. That pair will do just fine.
(b) My feet are a bit small.
(c) I've never been better.
(d) Those seem like a lot.

해설 M: 오늘 제가 무엇을 도와 드릴까요?
W: 저는 7 사이즈의 흰색 운동화를 찾고 있어요.
M: 저희는 두 개의 다른 스타일이 있습니다. 이것들 중 하나라도 괜찮으신가요?
(a) 네, 저 신발이 괜찮을 것 같네요.
(b) 제 발이 조금 작아요.
(c) 전 더 좋았던 적이 없어요.
(d) 그것들은 너무 많은 것 같아요.

해설 제품 구입을 도와주는 상황입니다. 두 개의 다른 스타일의 운동화 중 하나라도 괜찮은지 묻는 말에, '네, 저 신발이 괜찮을 것 같네요'라며 마음에 드는 신발을 선택한 (a)가 정답입니다.

어휘 pair[pɛər] (두 개로 된) 한 쌍

08

W: This accident wouldn't have happened if you had driven more slowly.
M: I know. I was in a rush to get to the restaurant.
W: Why were you in such a hurry?

(a) It was all over as soon as it began.
(b) I was afraid we'd miss our reservation.
(c) I would have liked to try the appetizers.
(d) Because I wasn't paying enough attention.

해설 W: 이 사고는 당신이 운전을 더 천천히 했다면 일어나지 않았을 거예요.
M: 알아요. 식당으로 가려고 서둘렀어요.
W: 왜 그렇게 서둘렀던 거예요?
(a) 그것은 시작하자마자 모두 끝나버렸어요.
(b) 우리가 예약한 것을 놓칠까 봐 걱정됐어요.
(c) 저는 그 전채들을 먹어보았으면 했어요.
(d) 제가 충분히 주의하지 않았기 때문이에요.

해설 교통 사고에 대해 이야기하는 상황입니다. 교통 사고를 낸 것에 대해 질책하며 왜 그렇게 서둘렀는지 묻는 말에, '우리가 예약한 것을 놓칠까 봐 걱정됐어요'라며 이유를 설명한 (b)가 정답입니다.

어휘 be in a rush 서두르다   reservation[rèzərvéiʃən] 예약

09

M: Do you still live out in the suburbs, Anna?
W: No. I moved out of that house a month ago.
M: So where did you relocate to?

(a) Renting an apartment.
(b) It's still on the market.
(c) Just a few blocks from here.
(d) I hope it's closer to the office.

해석 M: Anna, 아직도 교외에 사세요?
W: 아니요. 한 달 전에 그 집에서 이사 나왔어요.
M: 그럼 어디로 이사했어요?

(a) 아파트를 빌리는 거요.
(b) 그것은 아직 시장에 나와 있는 상태에요.
(c) 여기서 단지 몇 블록 떨어진 곳이에요.
(d) 사무실과 더 가까웠으면 좋겠어요.

해설 새로 이사한 집에 대해 이야기하는 상황입니다. 어디로 이사했는지 묻는 말에, '여기서 단지 몇 블록 떨어진 곳이에요'라며 이사한 곳의 위치를 알려준 (c)가 정답입니다.

어휘 suburb[sʌ́bəːrb] 교외 relocate[rìːloukéit] 이사하다, 이전하다
rent[rent] (사용료를 내고 단기간) 빌리다
on the market (상품이) 시장에 나와 있는

10

W: What do you think of the design for the new kitchen?
M: It could use a touch of color.
W: It does look a bit plain. What do you have in mind?

(a) Paint the cupboards bright blue.
(b) It's about as good as it gets.
(c) Cooking at home would be fine.
(d) It's no surprise you chose that color.

해석 W: 새 주방 설계에 대해 어떻게 생각해요?
M: 색을 약간 사용할 필요가 있을 것 같아요.
W: 조금 단조로워 보이긴 하네요. 어떤 것을 생각하고 계시나요?

(a) 찬장을 밝은 파란색으로 칠해 주세요.
(b) 이보다 더 좋을 수는 없네요.
(c) 집에서 요리하면 괜찮을 거예요.
(d) 당신이 그 색을 고른 것은 별로 놀랄 일이 아니에요.

해설 새 주방 설계에 대해 이야기하는 상황입니다. 어떤 색을 사용하기를 원하는지 묻는 말에, '찬장을 밝은 파란색으로 칠해 주세요'라며 원하는 색상을 알려준 (a)가 정답입니다.

어휘 touch[tʌtʃ] 약간, 조금 plain[plein] 단조로운, 평범한
as good as it gets 이보다 더 좋을 순 없다

11

Listen to a conversation between a couple.
M: Hey, Wendy. **Are we still on for tomorrow?**
W: Hi, Justin. I was just about to call you.
M: Oh, really? Is there something wrong?
W: Uh, **is it OK if we meet up on Sunday instead**?
M: That's fine with me. Is it because of work?
W: Yeah. My presentation got rescheduled for tomorrow.

Q: What is the conversation mainly about?

(a) A change in the couple's plans
(b) A problem of the woman's office
(c) A misunderstanding about a date
(d) A conflict with the man's schedule

해석 커플 간의 대화를 들으시오.
M: 안녕, Wendy. 우리 내일 예정대로 만나는 거지?
W: 안녕, Justin. 너에게 막 전화하려던 참이었어.
M: 아, 정말? 뭐 잘못된 거 있어?
W: 음, 우리 내일 대신 일요일에 만나도 괜찮을까?
M: 난 괜찮아. 일 때문이야?
W: 응. 내 발표 일정이 내일로 변경되었어.

Q: 대화는 주로 무엇에 대한 것인가?
(a) 커플의 계획 변경
(b) 여자 사무실의 문제
(c) 데이트에 대한 오해
(d) 남자의 일정에 대한 상충

해설 대화의 중심 내용을 묻는 문제입니다. 대화의 앞부분에서 남자가 여자에게 내일 예정대로 만나는 것인지(Are we still on for tomorrow?) 묻자, 여자가 내일 대신 일요일에 만나는 것이 괜찮을지(is it OK if we meet up on Sunday instead?) 물으며 약속 날짜를 변경했습니다. 이를 '커플의 계획 변경'이라고 종합한 (a)가 정답입니다.

어휘 be about to 막 ~하려는 참이다 meet up ~와 만나다
reschedule[rìːskédʒuːl] 일정을 변경하다
misunderstanding[mìsʌndərstǽndiŋ] 오해
conflict[kánflikt] 상충, 충돌

12

Listen to a conversation between a student and a professor.
W: Hi, Professor Scott. You asked to see me after class.
M: Indeed, Amy. **You haven't turned in your lab report.**
W: Well, I don't think my calculations are correct.
M: But everyone else has already submitted theirs.
W: **I'll turn it in by Monday no matter what.**

M: Nonetheless, your procrastination has left me no choice but to dock your grade.

Q: What is mainly happening in the conversation?

(a) The woman is requesting assistance.
(b) The man is motivating the student.
(c) The man is inquiring about a delay.
(d) The woman is seeking an extension.

13

Listen to a conversation between a customer and a store clerk.

M: Do these **running shoes** come in white?
W: Yes. There's a discount on that model as well.
M: Is that so? So how much do they cost?
W: **They retail for $135, but we've marked them down 20 percent.**
M: Could I try a pair on in a size nine please?
W: OK. Give me a moment to grab them.

Q: Which is correct according to the conversation?

(a) The white shoes usually sell for $135.
(b) The man's favorite color is blue.
(c) The running shoes are out of stock.
(d) The man will go to another store.

14

Listen to two acquaintances discuss tennis lessons.

W: How's it going with your tennis lessons?
M: Not as well as I had hoped.
W: Aren't you enjoying it?
M: Yeah, but **I'm having trouble with backhand shots.**
W: Just keep at it. **I'm sure you'll perfect that stroke in no time.**
M: I hope you're right.

Q: Which is correct according to the conversation?

(a) The man wants to quit playing tennis.
(b) The woman thinks the man can improve his skill.
(c) The man regrets taking tennis lessons.
(d) The woman believes the backhand is a difficult stroke.

(d) 여자는 백핸드가 어려운 타법이라고 생각한다.

해설 대화의 내용과 일치하는 것을 묻는 문제입니다. 백핸드로 치는 것에 어려움을 겪고 있다(I'm having trouble with backhand shots)는 남자의 말에, 여자가 꾸준히 노력해 보라며 분명히 곧 그 타법을 완벽하게 하게 될 것(I'm sure you'll perfect that stroke in no time)이라고 했습니다. 이를 '여자는 남자가 기술을 향상시킬 수 있을 것이라 생각한다'라고 바꾸어 표현한 (b)가 정답입니다.

어휘 backhand[bǽkhæ̀nd] 백핸드, 역타
stroke[strouk] 타법, 스트로크 <라켓으로 공을 치는 일>
in no time 곧

15

Listen to a conversation at a hair salon.

M: Welcome to Fix and Tricks Salon. May I help you?
W: Yes. **I would like to get a trim and a color.**
M: Of course. What particular color are you interested in?
W: Well, **I've never had the urge to dye my hair before.** What do you recommend?
M: I think golden blonde would look perfect on you.
W: OK. Well, I'm in your hands, then.

Q: What can be inferred about the woman from the conversation?

(a) She wants to change her appearance.
(b) She likes to frequently try new fashion trends.
(c) She needs to have a hair color that suits her style.
(d) She keeps her hair short and blonde all the time.

해설 미용실에서의 대화를 들으시오.
M: Fix and Tricks 미용실에 오신 것을 환영합니다. 무엇을 도와드릴까요?
W: 네. 머리를 다듬고 염색하려고 해요.
M: 그러시군요. 특별히 원하시는 색상이 있나요?
W: 음, 전에 한 번도 염색하고 싶다는 생각을 해본 적이 없어서요. 어떤 것을 추천하시나요?
M: 제 생각에는 금발 머리가 굉장히 잘 어울리실 것 같아요.
W: 좋아요. 그럼, 이제 당신 손에 맡길게요.
Q: 대화에서 여자에 대해 추론할 수 있는 것은 무엇인가?
(a) 자신의 외모에 변화를 주기를 원한다.
(b) 새로운 패션 유행 스타일을 자주 시도하는 것을 좋아한다.
(c) 자신의 스타일에 어울리는 색으로 머리를 염색할 필요가 있다.
(d) 항상 자신의 머리를 짧은 금발로 유지한다.

해설 대화를 통해 여자에 대해 추론할 수 있는 내용을 묻는 문제입니다. 여자가 머리를 다듬고 염색을 하려고 한다(I would like to get a trim and a color)며 전에 한 번도 염색하고 싶다는 생각을 해본 적이 없다(I've never had the urge to dye my hair before)고 했습니다. 이를 바탕으로 여자는 자신의 머리 스타일에 변화를 주려고 한다는 것을 알 수 있습니다. 따라서 '자신의 외모에 변화를 주기를 원한다'라고 추론한 (a)가 정답입니다.

어휘 trim[trim] (머리를) 다듬기 dye[dai] 염색하다
recommend[rèkəménd] 추천하다
appearance[əpíərəns] 외모

16

Before we begin our tour of the village, please bear something in mind. However much the locals depend on tourist income for their livelihood, we are their guests here. Therefore, while it is all right to haggle over goods for sale, **please be considerate and avoid displaying outward aggression.** Lastly, **be careful not to wander off into secluded areas or the surrounding jungle.**

Q: What is the speaker mainly asking listeners to do?

(a) Be mindful of outlying dangers.
(b) Be deferential to the tribal chief.
(c) Show respect to residents and not get lost.
(d) Tip generously and stay with the group.

해설 마을의 투어를 시작하기 전에, 몇 가지 명심해 주세요. 아무리 지역 주민들이 그들의 생계를 위해 관광 수입에 의존한다고 할지라도, 우리는 여기서 그들의 손님입니다. 그러므로, 파는 물건의 값을 깎는 것은 괜찮지만, 사려 깊게 행동하시고 주민들에게 공격적인 행동을 보이는 것을 삼가시기 바랍니다. 마지막으로, 외딴 곳이나 주위의 밀림을 돌아다니지 않도록 주의해 주세요.
Q: 화자가 청자에게 주로 부탁하는 것은 무엇인가?
(a) 외부의 위험에 주의한다.
(b) 부족장에게 공손하게 대한다.
(c) 주민들에게 존경을 표하고 길을 잃지 않는다.
(d) 팁을 후하게 주고 그룹과 함께 다닌다.

해설 화자가 청자에게 주로 부탁하는 것을 묻는 문제입니다. 투어를 하게 될 지역 주민들에게 사려 깊게 행동하고 공격적인 행동을 보이는 것을 삼가 달라(please be considerate ~ outward aggression)는 말에 이어, 외딴 곳이나 주위의 밀림을 돌아다니지 않도록 주의해달라(be careful ~ surrounding jungle)고 했습니다. 이를 '주민들에게 존경을 표하고 길을 잃지 않는다'라고 종합한 (c)가 정답입니다.

어휘 bear in mind ~을 명심하다 livelihood[láivlihùd] 생계
haggle over 값을 깎다 aggression[əgréʃən] 공격
wander[wándər] 돌아다니다 secluded[siklú:did] 외딴, 한적한
surrounding[səráundiŋ] 주위의 outlying[àutláiiŋ] 외부의
deferential[dèfərénʃəl] 공손한, 경의를 표하는

17

Despite the insistence of doctors that **gifts from pharmaceutical companies** do not affect their prescription practices, it is inevitable that such action influences a doctor's judgment. Giving gifts, ranging from free pens to complimentary trips, makes doctors feel indebted to drug companies, which **leads them to prescribe specific brands of medications**. As patients, **we must oppose this unprofessional behavior**. This system of compensation must be stopped in order for doctors to maintain their objectivity and avoid conflicts of interest.

Q: What is the speaker's main point?

(a) Drug companies should discontinue offering favors to physicians.
(b) Complimentary gifts help encourage doctors to be objective.
(c) A physician's prescribed medication may not always be effective.
(d) Patients must be meticulous about choosing the right doctor.

해석 제약 회사에서 온 선물이 자신들의 처방 업무에 영향을 미치지 않는다는 의사들의 주장에도 불구하고, 이러한 행동이 의사의 판단에 영향을 주는 것은 불가피합니다. 공짜 펜에서부터 무료 여행에 이르기까지, 선물을 주는 것은 의사들에게 제약 회사에 신세를 진 것 같은 느낌이 들게 하여, 그들이 특정 상표의 약을 처방하도록 합니다. 환자로서, 우리는 전문가답지 못한 이러한 행동에 반대해야 합니다. 이러한 보상 체계는 의사들이 그들의 객관성을 유지하고 이해관계의 충돌을 피하기 위해 중단되어야 합니다.

Q: 화자의 요점은 무엇인가?
(a) 제약 회사는 의사들에게 선물을 제공하는 것을 중단해야 한다.
(b) 무료 선물은 의사들이 객관성을 유지하도록 장려하는 일을 돕는다.
(c) 의사의 처방된 약이 항상 효과가 있는 것은 아니다.
(d) 환자들은 옳은 의사를 선택하는 것에 대해 신중해야 한다.

해설 화자의 요점을 묻는 문제입니다. 제약 회사에서 온 선물(gifts from pharmaceutical companies)은 의사들이 특정 상표의 약제를 처방하도록 한다(leads ~ specific brands of medications)는 말에 이어, 우리는 전문가답지 못한 이러한 행동에 반대해야 한다(we must oppose this unprofessional behavior)고 주장했습니다. 이를 '제약 회사는 의사들에게 선물을 제공하는 것을 중단해야 한다'라고 종합한 (a)가 정답입니다.

어휘 insistence [insístəns] 주장
pharmaceutical [fàːrməsúːtikəl] 제약의
inevitable [inévətəbl] 당연한, 불가피한
complimentary [kàmpləméntəri] 무료의, 칭찬하는
indebted [indétid] 신세를 진
compensation [kàmpənséiʃən] 보상
objectivity [àbdʒiktívəti] 객관성
discontinue [dìskəntínjuː] 중단하다, 그만두다
favor [féivər] 선물, 호의 meticulous [mətíkjuləs] 신중한, 꼼꼼한

18

As you all know, **we will soon be launching our marketing campaign for our entry into the smartphone industry**. Each of you will be required to submit a revised presentation detailing a plan to better promote our smartphone. In particular, we need to somehow distinguish it from similar products that have already been introduced by competitors. Because our prices will be consistent with the competition, it is essential to come up with ways to gain market share without price considerations.

Q: What can be inferred about the smartphone from the talk?

(a) It contains distinguishing features that are unique in the industry.
(b) Its introduction has been delayed due to design revisions.
(c) Its price is likely to increase after it is launched.
(d) It is the first one the company has ever offered to consumers.

해석 여러분 모두 아시다시피, 우리는 곧 스마트폰 시장에 진입하기 위한 마케팅 캠페인을 시작할 것입니다. 여러분 각자는 우리 스마트폰을 더 잘 홍보할 수 있는 계획을 자세히 세운 수정된 제안을 제출해야 할 것입니다. 특히, 우리는 이미 경쟁 업체에 의해 소개된 비슷한 제품들로부터 어떻게든 우리의 스마트폰을 차별화할 필요가 있습니다. 우리 제품의 가격이 경쟁사와 동일할 것이기 때문에, 가격을 고려하지 않고 시장 점유율을 확보할 수 있는 방법을 생각해 내는 것이 가장 중요합니다.

Q: 담화에서 스마트폰에 대해 추론할 수 있는 것은 무엇인가?
(a) 그 업계에서는 독특한 다른 것과 구별되는 특징을 포함하고 있다.
(b) 디자인 수정으로 인해 소개가 늦춰졌다.
(c) 출시 이후에 가격이 상승할 것이다.
(d) 회사가 소비자들에게 처음으로 내놓은 것이다.

해설 담화를 통해 스마트폰에 대해 추론할 수 있는 내용을 묻는 문제입니다. 담화의 앞부분에서 회사는 곧 스마트폰 시장에 진입하기 위한 마케팅 캠페인을 시작할 것(we will soon be launching ~ smartphone industry)이라고 했습니다. 이를 바탕으로 회사가 스마트폰을 시장에 처음 내놓는 것임을 알 수 있습니다. 따라서 '회사가 소비자들에게 처음으로 내놓은 것이다'라고 추론한 (d)가 정답입니다.

어휘 launch [lɔːntʃ] 시작하다 entry [éntri] 진입
submit [səbmít] 제출하다 revise [riváiz] 수정하다
distinguish [distíŋgwiʃ] 차이를 보이다, 구별하다
consistent [kənsístənt] 동일한, 일치하는
essential [isénʃəl] 필수적인 come up with 생각해 내다, 제시하다
market share 시장 점유율
consideration [kənsìdəréiʃən] 고려, 숙고

19-20

Attention, new staff members. My name is Barrett and I'll be your manager. [19]**Your job here as a member of the road crew is to serve the musicians in the band in whatever** capacity they require. Mainly, you will carry the band's gear to and from the tour bus. [20]You will also be asked to assist with setting up the sound equipment and lights before the show. Whenever you do this, make sure to follow the instructions of the technician supervising you. In addition, you will likely have to run general errands on occasion, such as buying food or putting up concert posters. I should also mention that the job pays weekly and does not include overtime.

19. Q: What is the speaker mainly doing?

   (a) Listing the benefits of a job
   (b) Announcing a policy change
   (c) Explaining a special project
   (d) Describing the duties of a position

20. Q: Which is correct about the new staff members according to the speaker?

   (a) They will sometimes work under a technician.
   (b) They can request reimbursement for meals.
   (c) They can watch live performances from backstage.
   (d) They will receive weekly bonuses for extra work.

해석 신입 사원 여러분, 주목해주세요. 제 이름은 Barrett이고, 여러분의 관리자가 될 것입니다. [19]이곳의 현장 요원으로서 여러분의 일은 밴드의 음악가들이 요구하는 능력이 무엇이든지 그들을 위해 일하는 것입니다. 주로, 여러분은 밴드의 장비를 투어 버스에 싣거나 옮기는 일을 할 것입니다. [20]여러분은 또한 공연 전에 음향장비와 조명을 설치하는 일을 돕도록 요청받을 것입니다. 이 일을 할 때마다 여러분을 관리하는 기술자의 지시사항을 반드시 따르도록 하십시오. 이밖에도, 여러분은 가끔 음식을 사거나 콘서트 포스터를 붙이는 것과 같은 잡다한 심부름을 해야 할 수도 있습니다. 저는 또한 보수가 주마다 지급되고 초과 근무 수당이 포함되지 않는 점을 말씀드리겠습니다.

19. Q: 화자는 주로 무엇을 하고 있는가?
   (a) 일자리의 복리후생 열거하기
   (b) 정책 변경 알리기
   (c) 특별 프로젝트 설명하기
   (d) 직위의 업무 설명하기

20. Q: 화자에 따르면 신입 사원들에 대해 일치하는 것은 무엇인가?
   (a) 그들은 가끔 기술자 밑에서 일할 것이다.
   (b) 그들은 식사에 대해 환급을 요청할 수 있다.
   (c) 그들은 무대 뒤에서 라이브 공연을 관람할 수 있다.
   (d) 그들은 초과 근무에 대한 주간 보너스를 받을 것이다.

해설 19. 화자가 주로 하고 있는 일을 묻는 문제입니다. 담화의 앞부분에서 화자가 현장 요원으로서 신입 사원들이 할 일은 밴드의 음악가들이 요구하는 능력이 무엇이든지 그들을 위해 일하는 것이다(Your job here ~ is to serve the musicians in the band in whatever capacity they require)

라고 한 후, 주로 밴드의 장비를 투어 버스에 싣거나 옮기는 일을 할 것이다(Mainly, you will carry the band's gear to and from the tour bus) 라고 했습니다. 이를 '직위의 업무 설명하기'라고 종합한 (d)가 정답입니다.

20. 담화에서 신입 사원들에 대한 내용과 일치하는 것을 묻는 문제입니다. 신입 사원들은 공연 전에 음향장비와 조명을 설치하는 일을 돕도록 요청받을 것이고, 이 일을 할 때마다 신입 사원들을 관리하는 기술자의 지시사항을 반드시 따르도록 하라(You will also be asked to assist ~. Whenever you do this, ~ the technician supervising you)고 했습니다. 이를 '그들은 가끔 기술자 밑에서 일할 것이다'라고 바꾸어 표현한 (a)가 정답입니다.

어휘 capacity[kəpǽsəti] 능력   gear[giər] (특정 용도의) 장비
supervise[sjú:pərvàiz] 관리하다, 감독하다
errand[érənd] 심부름   on occasion 가끔
overtime[óuvərtàim] 초과 근무 수당
benefit[bénəfit] 복리후생; 이익   policy[páləsi] 정책, 제도
duty[djú:ti] 업무   reimbursement[rì:imbə́:rsmənt] 환급, 상환

MINI TEST 4   p. 174

01 (a)	02 (d)	03 (b)	04 (a)	05 (b)
06 (a)	07 (c)	08 (b)	09 (b)	10 (d)
11 (d)	12 (b)	13 (b)	14 (a)	15 (c)
16 (a)	17 (a)	18 (d)	19 (d)	20 (b)

01

How far off is the launch of your magazine?

(a) Four weeks from tomorrow.
(b) Features on political matters.
(c) It will be distributed regionally.
(d) Ask around for some new ideas.

해석 당신의 잡지 출간이 얼마나 남았나요?
   (a) 내일로부터 4주 후에요.
   (b) 정치 관련 문제들에 관한 특집이에요.
   (c) 지역적으로 배포될 거예요.
   (d) 새로운 의견을 주위에 물어봐요.

해설 잡지 출간일이 얼마나 남았는지 묻는 말에, '내일로부터 4주 후에요'라고 응답한 (a)가 정답입니다.

어휘 launch[lɔːntʃ] 출간, 출시   feature[fíːtʃər] (신문, 텔레비전 등의) 특집
distribute[distríbjuːt] 배포하다   regionally[ríːdʒənli] 지역적으로

02

Hi, which way is the ladies' room?

(a) It isn't occupied at the moment.

(b) The water heater's broken.
(c) I'll just go right after you.
(d) Straight down the hallway.

해석 안녕하세요, 여자 화장실은 어느 쪽인가요?
(a) 지금은 사용 중이지 않습니다.
(b) 온수기가 고장 났어요.
(c) 당신을 바로 뒤따라 갈게요.
(d) 복도를 따라 곧장 가시면 됩니다.

해설 여자 화장실이 어느 쪽인지 묻는 말에, '복도를 따라 곧장 가시면 됩니다'라며 화장실의 위치를 알려준 (d)가 정답입니다.

어휘 occupy[ákjupài] 사용하다, 차지하다　water heater 온수기
broken[bróukən] 고장 난

03

I bet the weather will be perfect for our picnic tomorrow.

(a) I think we're supposed to wait.
(b) You can never be too sure.
(c) Well, it's better to bring more food.
(d) Don't stay out in the sun too long.

해석 틀림없이 내일은 소풍 가기에 완벽한 날씨가 될 거예요.
(a) 우리는 기다려야 한다고 생각해요.
(b) 너무 그렇게 확신할 수는 없어요.
(c) 글쎄요, 음식을 더 가지고 가는 게 좋아요.
(d) 햇볕에 너무 오래 나가 있지 마세요.

해설 틀림없이 내일은 소풍 가기에 완벽한 날씨가 될 것이라는 의견을 전달하는 말에, '너무 그렇게 확신할 수는 없어요'라며 내일 날씨가 좋지 않을 수도 있다는 반대의 의미를 전달한 (b)가 정답입니다.

어휘 bet[bet] (~이) 틀림없다, 단언하다
be supposed to ~해야만 한다, ~하기로 되어 있다

04

I was told of Peter's accident. Is he all right?

(a) We are waiting to receive word.
(b) Be careful. That was a close call.
(c) He was on a ski trip with friends.
(d) It's just a slight misunderstanding.

해석 Peter의 사고 소식을 들었어요. 그는 괜찮나요?
(a) 우리는 소식을 기다리고 있어요.
(b) 조심하세요. 그것은 아슬아슬한 상황이었어요.
(c) 그는 친구들과 스키 여행 중이었어요.
(d) 그것은 단지 사소한 오해에요.

해설 Peter의 사고 소식을 들었다며 그가 괜찮은지에 대한 사실을 묻는 말에, '우리는 소식을 기다리고 있어요'라며 Peter가 괜찮은지 자신도 알지 못한다는 의미를 전달한 (a)가 정답입니다.

어휘 receive[risíːv] (정보, 지시, 경고 등을) 듣다, 받다

close call 아슬아슬한 상황, 구사일생
misunderstanding[mìsʌndərstǽndiŋ] 오해

05

I got you some new shoes to go with your prom dress.

(a) You might like that pair too.
(b) Oh wow, you shouldn't have.
(c) I have some recommendations.
(d) My date will drop me back home.

해석 네 졸업 댄스 파티 드레스랑 어울리는 새 신발을 사왔어.
(a) 넌 아마 그 신발 한 쌍도 좋아할 거야.
(b) 우와, 뭐 이렇게까지 안 해도 되는데.
(c) 제가 추천해 드릴 게 있어요.
(d) 내 데이트 상대가 집으로 돌아오는 길에 내려줄 거야.

해설 상대방의 졸업 댄스 파티 드레스에 어울리는 새 신발을 가져 왔다는 말에, '뭐 이렇게까지 안 해도 되는데'라며 고마움을 간접적으로 전달한 (b)가 정답입니다.

어휘 go with ~과 어울리다　drop[drɑp] (사람을) 내려 주다

06

W: Have you presented your thesis already?
M: Yeah. I did it last week.
W: So how was it?

(a) It was easier than I had thought.
(b) I just finished writing it.
(c) It was a nice present.
(d) I couldn't submit it on time.

해석 W: 논문을 벌써 발표했니?
M: 응. 지난주에 했어.
W: 그래서 어땠어?
(a) 생각했었던 것보다 쉬웠어.
(b) 이제 막 작성하는 것을 끝냈어.
(c) 그것은 훌륭한 선물이었어.
(d) 그것을 제시간에 제출할 수 없었어.

해설 논문 발표에 대해 이야기하는 상황입니다. 논문 발표가 어땠는지 묻는 말에, '생각했었던 것보다 쉬웠어'라며 논문 발표가 수월했다는 의미를 전달한 (a)가 정답입니다.

어휘 present[prizént] 발표하다　thesis[θíːsis] 논문
on time 제시간에

07

M: I must be coming down with something. My fever's gotten higher.
W: Really? Any other symptoms?
M: I'm a bit nauseous, and I feel light-headed.

(a) Your temperature should be normal.
(b) There's a box of tissues on the shelf.
(c) Perhaps you should see a doctor.
(d) I've never heard of anything like it.

해석 M: 전 병에 걸린 것이 분명해요. 열이 점점 올랐어요.
　　　W: 그래요? 다른 증상은요?
　　　M: 저는 속이 좀 메스껍고, 머리가 어지러워요.
　　　(a) 당신의 체온은 정상이어야 해요.
　　　(b) 휴지 상자는 선반 위에 있어요.
　　　(c) 아무래도 의사에게 가보는 게 좋겠어요.
　　　(d) 저는 그런 말은 들어본 적이 없어요.

해설 병의 증상에 대해 이야기하는 상황입니다. 속이 좀 메스껍고 머리가 어지러운 증상도 있다는 말에, '아무래도 의사에게 가보는 게 좋겠어요'라며 의사에게 진찰받을 것을 제안한 (c)가 정답입니다.

어휘 come down with 병이 걸리다, 들다　nauseous [nɔ́ːʃəs] 메스꺼운
　　　light-headed 머리가 어지러운
　　　temperature [témpərətʃər] 체온, 온도

08

W: I'm nervous about my interview next week.
M: You'll do fine. You're very qualified.
W: But my main concern is leaving a strong first impression.

(a) Your qualifications have been noted.
(b) Just make sure you dress the part.
(c) I wouldn't be impressed either.
(d) You should call to confirm it.

해석 W: 다음 주에 있을 면접 때문에 걱정돼요.
　　　M: 잘할 거예요. 당신은 아주 훌륭한 자격을 갖췄어요.
　　　W: 하지만 제가 가장 걱정하는 것은 강한 첫 인상을 남기는 것이에요.
　　　(a) 당신의 자격 사항은 확인되었어요.
　　　(b) 적절한 복장을 하고 가는 것만 명심하세요.
　　　(c) 저도 감명을 받지 못할 거예요.
　　　(d) 당신은 그것을 확인하기 위해 전화해야 해요.

해설 면접에 대한 걱정을 이야기하는 상황입니다. 가장 걱정하는 것이 강한 첫 인상을 남기는 것이라는 말에, '적절한 복장을 하고 가는 것만 명심하세요'라며 조언한 (b)가 정답입니다.

어휘 qualified [kwáləfàid] 자격을 갖춘　impression [impréʃən] 인상
　　　qualification [kwàləfikéiʃən] 자격 사항, 자격
　　　dress the part 적절한 복장을 하다　confirm [kənfə́ːrm] 확인하다

09

M: What should we do for dinner?
W: We could cook something, or we could go out.
M: Well, how about ordering in for a change?

(a) We ordered that last time.
(b) OK. I can't argue with that.

(c) I would, but I've already eaten.
(d) I'd rather try something different tonight.

해석 M: 우리 저녁 식사로 뭘 해야 할까요?
　　　W: 무언가 요리를 할 수 있고, 아니면 외식하러 나가도 되고요.
　　　M: 음, 좀 색다르게 시켜 먹는 건 어때요?
　　　(a) 우리는 지난번에 그것을 주문했어요.
　　　(b) 좋아요. 저는 그것에 반대하지 않아요.
　　　(c) 그러고 싶지만, 저는 이미 먹었어요.
　　　(d) 오늘 밤에는 뭔가 다른 것을 시도해보고 싶어요.

해설 저녁 식사에 대해 이야기하는 상황입니다. 색다르게 저녁 식사를 시켜 먹을 것을 제안하는 말에, '좋아요. 저는 그것에 반대하지 않아요'라며 제안을 수락한 (b)가 정답입니다.

어휘 go out 외식하러 나가다　argue [áːrgjuː] 반대하다, 논쟁하다

10

W: You've got a really nice laptop.
M: Thanks. My mom gave it to me.
W: It looks top-of-the-line. I'm sure it cost a pretty penny.

(a) I can pay for it in installments.
(b) Yeah. I had to get a loan for it.
(c) But I'm not so much of a haggler.
(d) Actually, she got it at a discount.

해석 W: 정말 멋진 노트북을 가지고 있구나.
　　　M: 고마워. 어머니께서 나에게 주셨어.
　　　W: 최고급 제품인 것 같은데. 분명히 돈이 꽤 들었겠어.
　　　(a) 할부로 지불할 수 있어.
　　　(b) 응. 그것을 위해 난 대출을 받아야 했어.
　　　(c) 하지만 난 흥정을 잘하는 사람이 아니야.
　　　(d) 사실, 그녀는 그것을 할인된 가격에 샀어.

해설 새 노트북에 대해 이야기하는 상황입니다. 어머니가 사주신 노트북이 돈이 꽤 들었을 것 같다는 말에, '사실, 그녀는 그것을 할인된 가격에 사셨어'라며 노트북을 할인된 가격에 구입해 그렇게 비싸지 않다는 의미를 전달한 (d)가 정답입니다.

어휘 top-of-the-line 최고급품의, 최신식의
　　　cost a pretty penny 돈이 상당히 들다
　　　in installments 할부로, 분납으로
　　　haggler [hǽglər] 흥정하는 사람, 값을 깎으려고 조르는 사람

11

Listen to a conversation between two former colleagues.

M: Sometimes I miss being a travel writer. What about you?
W: Yeah, me too. **Remember when we went to Bangkok?**
M: Oh, yeah. I got sick when we arrived so you had to explore the city by yourself.

W: Right. I was so nervous going around town alone.

M: **What about that time in Hong Kong?** You dragged me out to go shopping every day.

W: You always complained, but you bought a lot of stuff, too.

Q: What are the man and woman mainly discussing?

(a) The woman's penchant for shopping
(b) Mutual interests that they share
(c) The man's complaints about traveling
(d) Places they have visited together

해석 이전의 두 동료 간의 대화를 들으시오.
M: 가끔 저는 기행문 작가였던 게 그리워요. 당신은 어때요?
W: 네, 저도 그래요. 우리 방콕 갔었던 거 기억나요?
M: 네, 그럼요. 우리 도착했을 때 제가 아파서 당신 혼자 그 도시를 답사해야 했잖아요.
W: 맞아요. 저는 혼자 시내를 돌아다니면서 굉장히 불안해했어요.
M: 홍콩에서의 시간은 어떻고요? 당신은 매일 저를 끌어내어 쇼핑하러 다녔잖아요.
W: 당신은 항상 불평했지만, 당신도 많은 물건을 샀어요.
Q: 남자와 여자는 주로 무엇에 대해 논의하고 있는가?
(a) 쇼핑에 대한 여자의 애호
(b) 그들이 공유하는 공통의 취미
(c) 여행에 대한 남자의 불평
(d) 그들이 함께 방문했던 장소들

해설 남자와 여자가 주로 논의하고 있는 것을 묻는 문제입니다. 대화의 앞부분에서 여자가 방콕에 갔던 것을 기억하는지(Remember when we went to Bangkok?) 묻자, 남자가 기억난다고 한 후 홍콩에서의 시간은 어땠는지(What about that time in Hong Kong?)라고 회상하며 여자와 함께 갔던 홍콩 여행에 대해서도 이야기했습니다. 이를 '그들이 함께 방문했던 장소들'이라고 종합한 (d)가 정답입니다.

어휘 explore [ikspló:r] 답사하다, 탐험하다   drag out 끌어내다
penchant [péntʃənt] 애호   mutual [mjú:tʃuəl] 공통의, 상호간의

12

Listen to a conversation between two friends.

W: **Would you mind attending my piano competition?**

M: I don't know if I can. But I'm sure you'll do fine without me there.

W: I know you're right, but I'd prefer seeing you in the audience.

M: Would it help you feel less nervous about your performance?

W: Yeah. I would feel more confident if you were there.

M: All right. I promise I'll come.

Q: What is the woman mainly doing in the conversation?

(a) Inviting the man to listen to her rehearsal
(b) Requesting the man to watch her performance
(c) Explaining why she feels anxious about the competition
(d) Making sure that the man will participate in the contest

해석 두 친구 간의 대화를 들으시오.
W: 내 피아노 대회에 참석해 줄 수 있니?
M: 갈 수 있을지 잘 모르겠어. 하지만 난 네가 거기서 나 없이도 잘 할 거라고 확신해.
W: 네 말이 맞아, 하지만 난 관중들 속에서 너를 봤으면 좋겠어.
M: 그게 네가 공연에서 덜 긴장하게 하는 데 도움이 될까?
W: 응. 네가 만약 거기 있다면 난 좀 더 자신감이 생길 것 같아.
M: 알았어. 간다고 약속할게.
Q: 대화에서 여자는 주로 무엇을 하고 있는가?
(a) 남자가 그녀의 리허설을 듣도록 초청하고 있다.
(b) 남자에게 그녀의 공연을 보라고 요청하고 있다.
(c) 왜 그녀가 대회에 불안을 느끼는지 설명하고 있다.
(d) 남자가 대회에 참가할 것인지를 확인하고 있다.

해설 대화에서 여자가 주로 하고 있는 일을 묻는 문제입니다. 대화의 앞부분에서 여자가 자신의 피아노 대회에 참석해줄 수 있는지(Would you mind attending my piano competition?) 물은 후, 남자가 대회에 와주면 좀 더 자신감이 생길 것 같다고 이유를 설명했습니다. 이를 '남자에게 그녀의 공연을 보라고 요청하고 있다'라고 종합한 (b)가 정답입니다.

어휘 performance [pərfɔ́:rməns] 공연, 수행
explain [ikspléin] 설명하다
anxious [ǽŋkʃəs] 불안해 하는, 염려하는
make sure 확인하다, 반드시 (~하도록) 하다
participate in ~에 참가하다, 참여하다

13

Listen to a conversation between two friends.

M: **I should've chosen computer science as my major instead of biology.**

W: Why? You're doing great in your current major.

M: But programmers seem to have better job opportunities.

W: Doesn't a biology degree offer just as many career options?

M: **Not unless I want to do research or pursue a PhD and teach.**

W: Well, it's never too late to change your major.

Q: Which is correct about the man according to the conversation?

(a) He regrets his choice of occupation.
(b) He thinks his prospects for employment are limited.

(c) He does not find biology to be challenging enough.
(d) He is planning to change careers.

해석 두 친구 간의 대화를 들으시오.
M: 나는 생물학 대신에 컴퓨터 공학을 전공으로 선택했어야 했어.
W: 왜? 너는 지금 전공에서 아주 잘하고 있잖아.
M: 하지만 프로그래머가 더 좋은 취업 기회를 가지게 되는 것 같아.
W: 생물학 학위도 직업 선택의 폭이 그만큼 크지 않니?
M: 내가 연구를 하고 싶어하거나 박사 학위를 취득해서 가르치고 싶어 하지 않는 한 그렇지 않아.
W: 음, 네 전공을 바꾸기에 절대 늦지 않았어.
Q: 대화에 따르면 남자에 대해 일치하는 것은 무엇인가?
(a) 그는 자신의 직업 선택에 대해 후회한다.
(b) 그는 자신의 취업 가망성이 제한되어 있다고 생각한다.
(c) 그는 생물학이 충분히 도전적이지 않다고 생각한다.
(d) 그는 직업을 바꾸려고 계획 중이다.

해설 대화에서 남자에 대한 내용과 일치하는 것을 묻는 문제입니다. 대화의 앞부분에서 남자가 생물학 대신에 컴퓨터 공학을 전공으로 선택했어야 했다(I should've chosen computer science as my major instead of biology)고 한 후, 생물학 학위는 자신이 연구를 하고 싶어하거나 박사 학위를 취득해서 가르치고 싶어하지 않는 한 직업 선택의 폭이 크지 않다(Not unless I want to do research or pursue a PhD and teach)고 했습니다. 이를 '그는 자신의 취업 가망성이 제한되어 있다고 생각한다'라고 바꾸어 표현한 (b)가 정답입니다.

어휘 computer science 컴퓨터 공학 biology [baiάlədʒi] 생물학
degree [digríː] 학위   unless [ənlés] ~않는 한
pursue [pərsúː] ~을 얻으려고 애쓰다, 추구하다
PhD 박사 학위(Doctor of Philosophy)
prospect [práspekt] 가망성, 가능성
limited [límitid] 제한된, 얼마 안 되는

14

Listen to a conversation between two students.
W: Sam, I heard about your last board exam. Are you going to take it again?
M: **It was my third time failing it**, but I suppose I should keep trying.
W: Yeah, don't give up just yet. You've worked so hard.
M: I know. I studied hard for this last exam.
W: I'm sure you did your best. You'll get over that hurdle next time.
M: I just want to pass. It's kind of frustrating.
Q: Which is correct about the man according to the conversation?
(a) He has taken the exam more than once.
(b) He found out his exam result from the woman.
(c) The exam can only be taken three times.
(d) He doesn't feel bad about the results.

해석 두 학생 간의 대화를 들으시오.
W: Sam, 당신의 지난번 자격시험에 대해 들었어요. 다시 시험을 볼 생각인가요?
M: 시험에 떨어진 게 이번이 세 번째이지만, 계속 노력해야 할 것 같아요.
W: 그래요, 아직 포기하지 마요. 당신은 정말 열심히 공부했잖아요.
M: 맞아요. 저는 지난번 시험을 위해 열심히 공부했어요.
W: 전 당신이 최선을 다했다고 확신해요. 다음 번에는 어려움을 극복할 거예요.
M: 전 그냥 합격만 했으면 좋겠어요. 이건 좀 좌절스러워요.
Q: 대화에 따르면 남자에 대해 일치하는 것은 무엇인가?
(a) 남자는 이 시험을 한 번 이상 봤다.
(b) 남자는 여자를 통해 그의 시험 결과를 알았다.
(c) 시험은 세 번만 응시할 수 있다.
(d) 남자는 결과에 대해 낙담하지 않는다.

해설 대화에서 남자에 대한 내용과 일치하는 것을 묻는 문제입니다. 대화의 앞부분에서 남자가 시험에 떨어진 게 이번이 세 번째(It was my third time failing it)라고 했습니다. 이를 '남자는 이 시험을 한 번 이상 봤다'라고 바꾸어 표현한 (a)가 정답입니다.

어휘 board exam (의사·간호사 등의) 자격시험   get over 극복하다
hurdle [həːrdl] 어려움, 장애물
frustrating [frΛstreitiŋ] 좌절감을 주는

15

Listen to a conversation on the street.
M: Jane Jones, is that you? I'm Dan Elton. **We went to Rowan High together.**
W: Oh, hello! It's nice to see you again.
M: You too. **I'm sorry we fell out of touch after high school.**
W: Me too. I attended a university abroad.
M: So I heard. Maybe we can catch up over coffee sometime.
W: I'd like that. How about tomorrow?
M: Sounds good. Let me give you my business card.
Q: What can be inferred from the conversation?
(a) The woman received a scholarship to study overseas.
(b) The man extended the woman an invitation for lunch.
(c) The man and woman were acquainted in the past.
(d) The man used to be a high school teacher.

해석 거리에서의 대화를 들으시오.
M: Jane Jones, 너 맞니? 나 Dan Elton이야. 우리 Rowan 고등학교에 같이 다녔잖아.
W: 오, 안녕! 다시 보게 되어 반갑다.
M: 나도 반가워. 우리가 고등학교 이후로 연락이 끊어져서 유감이야.
W: 나도 그래. 나는 외국에서 대학을 다녔어.
M: 나도 그렇게 들었어. 우리 언제 커피 마시면서 지난 일들을 이야기하자.

W: 나도 그러고 싶어. 내일은 어때?
M: 좋아. 내 명함 줄게.

Q: 대화에서 추론할 수 있는 것은 무엇인가?
(a) 여자는 외국에서 공부할 수 있는 장학금을 받았다.
(b) 남자는 여자를 점심 식사에 초대했다.
(c) 남자와 여자는 과거에 아는 사이였다.
(d) 남자는 한 때 고등학교 선생님이었다.

해설 대화를 통해 추론할 수 있는 내용을 묻는 문제입니다. 대화의 앞부분에서 남자가 여자에게 그들은 Rowan 고등학교에 같이 다녔다(We went to Rowan High together)며 고등학교 이후로 연락이 끊어져서 유감(I'm sorry we fell out of touch after high school)이라고 했습니다. 이를 바탕으로 남자와 여자가 고등학교 동창임을 알 수 있습니다. 따라서 '남자와 여자는 과거에 아는 사이였다'라고 추론한 (c)가 정답입니다.

어휘 catch up (최신 뉴스를) 이야기하다, 따라잡다
extend [iksténd] 보내다
acquainted [əkwéintid] 아는 사이인, 안면이 있는

16

A group of residents living in Killeen, Texas, **are complaining about noise coming from an ongoing construction project.** Vesta & Co., one of the state's largest glass manufacturers, began construction of a new manufacturing plant two months ago that has since caused daily disturbances in the area. Affected residents have filed an official grievance with the city's engineering department to address the concern. An official representative from Vesta & Co. announced that the company will assess the matter and take appropriate action.

Q: What is mainly being reported?

(a) Residents' complaints about noise pollution caused by industrial construction
(b) A manufacturing company's illegal operations in a residential area
(c) The local government's ineffective implementation of safety regulations
(d) An official's refusal to approve the construction of a manufacturing plant

해설 텍사스 주의 킬린에 살고 있는 주민 집단은 진행 중인 건설 프로젝트 때문에 발생하는 소음에 대해 불평하고 있습니다. 이 주에서 가장 큰 유리 제조사 중 하나인 Vesta사는 두 달 전에 새로운 제조 공장 건설을 시작했는데, 그때부터 그 지역에서 매일 소란을 일으키고 있습니다. 영향을 받은 거주자들은 이 문제를 다루기 위해 도시 설계부서에 공식 불만사항을 제출했습니다. Vesta사의 공식 대표자는 회사가 문제를 평가하여 적절한 조치를 취하겠다고 발표했습니다.

Q: 주로 보도되고 있는 것은 무엇인가?
(a) 산업 공사로 인해 야기된 소음 공해에 대한 주민들의 불평
(b) 제조 회사의 거주 지역 내에서의 불법적인 활동
(c) 지역 정부의 비효율적인 안전 규정의 실행
(d) 제조 공장 건설에 대한 공무원의 승인 거부

해설 주로 보도되고 있는 것을 묻는 문제입니다. 보도의 앞부분에서 주민 집단(A group of residents)이 진행 중인 건설 프로젝트 때문에 발생하는 소음에 대해 불평을 하고 있다(are complaining ~ from an ongoing construction project)는 말에 이어, 그 불평이 일어나게 된 배경과 현재 상황을 설명했습니다. 이를 '산업 공사로 인해 야기된 소음 공해에 대한 주민들의 불평'이라고 종합한 (a)가 정답입니다.

어휘 ongoing [ángòuiŋ] 진행 중의
construction [kənstrʌ́kʃən] 건설, 공사
manufacturer [mæ̀njufǽktʃərər] 제조사
disturbance [distə́ːrbəns] 소란, 방해 file [fail] 제출하다
grievance [gríːvəns] 불만사항
address [ədrés] (문제에 대해) 다루다
representative [rèprizéntətiv] 대표자 assess [əsés] 평가하다
take action 조치를 취하다

17

The recent power outage in the area has caused some major delays in our company's operations. In light of this, the energy management committee has decided to **enforce some guidelines in our efforts to save energy** without having to compromise on production efficiency. Starting next week, **we will be implementing a "lights off" policy every day during lunch hour**. For this reason, I would like to ask for everyone's cooperation.

Q: What can be inferred from the announcement?

(a) The company will conserve energy by turning lights off for a short period daily.
(b) The announcement was made by the head of the energy management committee.
(c) The company's power supply was disrupted due to inefficient operation.
(d) The production quality may decrease in the following weeks.

해설 최근 이 지역에서 발생한 정전이 우리 회사의 운용에 중대한 지연을 초래했습니다. 이것을 고려하여, 에너지 관리 위원회는 생산 효율을 떨어뜨리지 않으면서 에너지를 절약하기 위한 노력의 일환으로 몇 가지 지침을 시행하기로 결정했습니다. 다음 주부터 우리는 매일 점심 시간 동안 '전등 끄기' 정책을 시행할 것입니다. 이러한 이유로, 저는 여러분 모두의 협조를 요청합니다.

Q: 안내에서 추론할 수 있는 것은 무엇인가?
(a) 회사는 매일 짧은 시간 동안 전등을 끔으로써 에너지를 절약할 것이다.
(b) 안내는 에너지 관리 위원회 위원장에 의해 이루어졌다.
(c) 비효율적인 운용 때문에 회사의 전기 공급이 지장을 받았다.
(d) 다음 몇 주 동안 생산 품질이 떨어질 수도 있다.

해설 안내를 통해 추론할 수 있는 내용을 묻는 문제입니다. 회사는 에너지를 절약하기 위한 노력의 일환으로 몇 가지 지침을 시행할 것(enforce some guidelines ~ to save energy)이라고 한 후, 매일 점심 시간 동안 '전등

끄기' 정책을 시행할 것(we will be ~ during lunch hour)이라고 했습니다. 이를 바탕으로 회사는 점심 시간에 불 끄기 정책을 시행하여 에너지를 절약하려고 한다는 것을 알 수 있습니다. 따라서 '회사는 매일 짧은 시간 동안 전등을 끔으로써 에너지를 절약할 것이다'라고 추론한 (a)가 정답입니다.

어휘 outage[áutidʒ] 정전 operation[ápəréiʃən] 운영, 사업
in light of ~을 고려하여 committee[kəmíti] 위원회
enforce[infɔ́:rs] 시행하다, 실시하다
compromise[kámprəmàiz] 떨어뜨리다, 위태롭게 하다
implement[ímpləmənt] 시행하다
cooperation[kouàpəréiʃən] 협조
conserve[kənsə́:rv] 절약하다 disrupt[disrʌ́pt] 지장을 주다

18

The Guild of Contemporary Artists is pleased to invite you to this year's Frow Art Exhibit. This is a biennial event where **the contemporary artworks of promising sculptors and painters will be on display**. Tickets are free, although guests are advised to book them at least a day in advance, as admission is limited. This must-see exhibit will run for two weeks, and several pieces will be up for auction on the final day.

Q: Which is correct about the art exhibit according to the announcement?

(a) It will be open to the public for a period of seven days.
(b) It is an event that takes place twice a year.
(c) It requires visitors to purchase tickets in advance.
(d) It will feature artworks by rising artists.

해석 현대 미술가 협회는 올해의 Frow 미술 전시회에 여러분을 초대하게 되어 기쁩니다. 이 전시회는 2년마다 한 번씩 열리는 행사로 유망한 조각가들과 화가들의 현대 미술 작품이 전시될 것입니다. 입장권이 무료이긴 하지만, 입장이 제한되어 있기 때문에 관람객들은 적어도 하루 전에 입장권을 예약하시기를 권고드립니다. 꼭 봐야 할 이번 전시회는 2주간 계속될 것이며, 몇 점의 미술 작품은 전시 마지막 날 경매에 붙여질 것입니다.

Q: 안내에 따르면 미술 전시회에 대해 일치하는 것은 무엇인가?
(a) 7일간 대중에게 공개될 것이다.
(b) 일 년에 두 번 열리는 행사이다.
(c) 방문객들은 미리 입장권을 구매해야 한다.
(d) 떠오르는 미술가들의 미술 작품들을 포함할 것이다.

해설 안내에서 미술 전시회에 대한 내용과 일치하는 것을 묻는 문제입니다. 안내의 앞부분에서 유망한 조각가들과 화가들의 현대 미술 작품이 전시될 것(the contemporary artworks ~ on display)이라고 했습니다. 이를 '떠오르는 미술가들의 미술 작품을 포함할 것이다'라고 바꾸어 표현한 (d)가 정답입니다.

어휘 guild[gild] 협회 contemporary[kəntémpərèri] 현대의
biennial[baiéniəl] 2년에 한 번씩 promising[prámisiŋ] 유망한
sculptor[skʌ́lptər] 조각가 run[rʌn] 계속되다

auction[ɔ́:kʃən] 경매 feature[fí:tʃər] 특별히 포함하다
rising[ráiziŋ] 떠오르는

19-20

[19]**Mercenaries may not be the cruel and treacherous thugs they once were**, but the public's fear and suspicion of them remain strong. [19]**Many of today's mercenaries are actually highly skilled professionals working within organized corporate structures**. Some people believe that mercenaries receive too much compensation. However, their high pay is justified because of the hazards they endure and the valuable services they provide. In fact, [20]**mercenaries now play a vital role in securing structures and equipment in war zones. For example, mercenaries have been employed to guard oil refineries and embassies**. In doing so, they not only prevent damage that would be costly to repair once the conflict has ended, but they also ensure the safety of the people working in the locations under their control.

19. Q: Which is correct about mercenaries according to the talk?

(a) They inspire confidence in the public.
(b) Their loyalties to one side are not strong.
(c) They receive inadequate compensation.
(d) Their poor reputation is no longer deserved.

20. Q: What is an important role of mercenaries in war zones?

(a) Negotiating alliances
(b) Protecting facilities
(c) Gathering information
(d) Recruiting guards

해석 [19]용병들은 한때 그랬던 것처럼 잔인하고 위험한 폭력배가 아닐 수도 있지만, 그들에 대한 대중의 두려움과 불신은 강하게 남아 있습니다. [19]오늘날의 많은 용병들은 사실 조직적인 기업 구조 안에서 일하는 매우 숙련된 전문가들입니다. 몇몇 사람들은 용병들이 너무 과한 보상을 받는다고 생각합니다. 하지만, 그들이 견뎌내는 위험과 제공하는 유용한 서비스 때문에 그들의 높은 보수는 정당화됩니다. 사실, [20]용병들은 현재 전쟁 지역에서 건축물과 장비를 지키는 데 중요한 역할을 합니다. 예를 들어, 용병들은 정유 공장과 대사관을 경비하도록 고용되고 있습니다. 그렇게 함으로써, 그들은 분쟁이 끝났을 때 고치는 데 돈이 많이 드는 피해를 방지할 뿐만 아니라, 그들의 관리하에 있는 장소에서 일하는 사람들의 안전도 보장합니다.

19. Q: 담화에 따르면 용병들에 대해 일치하는 것은 무엇인가?
    (a) 그들은 대중에게 자신감을 불어넣는다.

(b) 한 쪽에 대한 그들의 충성심은 강하지 않다.
(c) 그들은 불충분한 보상을 받는다.
(d) 그들에 대한 좋지 않은 평판은 더 이상 옳지 않다.

20. Q: 전쟁 지역에서 용병들의 중요한 역할은 무엇인가?
(a) 동맹 교섭하기
(b) 시설 보호하기
(c) 정보 수집하기
(d) 경비요원 채용하기

해설 19. 담화에서 용병들에 대한 내용과 일치하는 것을 묻는 문제입니다. 담화의 앞부분에서 용병들은 한때 그랬던 것처럼 잔인하고 위험한 폭력배가 아닐 수도 있다(Mercenaries may not ~ they once were)는 말에 이어, 오늘날의 많은 용병들은 조직적인 기업 구조 안에서 일하는 숙련된 전문가들이다(Many of today's mercenaries are ~ within organized corporate structures)라고 했습니다. 이를 '그들에 대한 좋지 않은 평판은 더 이상 옳지 않다'라고 바꾸어 표현한 (d)가 정답입니다.

20. 전쟁 지역 내 용병들의 중요한 역할이 무엇인지를 묻는 문제입니다. 용병들은 현재 전쟁 지역에서 건축물과 장비를 지키는 데에 중요한 역할을 한다(mercenaries now play a vital role in securing structures and equipment in war zones)라고 한 후, 예를 들어, 용병들은 정유 공장과 대사관을 경비하도록 고용되고 있다(For example, mercenaries have been employed to guard oil refineries and embassies)고 했습니다. 이를 '시설 보호하기'라고 바꾸어 표현한 (b)가 정답입니다.

어휘 mercenary[mə́ːrsənèri] 용병
treacherous[trétʃərəs] 위험한 thug[θʌg] 폭력배
suspicion[səspíʃən] 불신, 의심 corporate[kɔ́ːrpərət] 기업의
compensation[kàmpənséiʃən] 보상, 보수
hazard[hǽzərd] 위험 (요소) endure[indjúər] 견디다, 지속하다
vital[váitl] 중요한, 필수적인 oil refinery 정유 공장
embassy[émbəsi] 대사관 ensure[inʃúər] 보장하다, 확보하다
inadequate[inǽdikwət] 불충분한, 부족한
negotiate[nigóuʃièit] 교섭하다, 협상하다
alliance[əláiəns] 동맹, 연합 recruit[rikrúːt] 채용하다, 선발하다

MINI TEST 5
p. 176

01 (a)	02 (b)	03 (a)	04 (d)	05 (a)
06 (b)	07 (c)	08 (a)	09 (c)	10 (b)
11 (d)	12 (b)	13 (d)	14 (b)	15 (a)
16 (c)	17 (a)	18 (b)	19 (c)	20 (a)

01

I've passed out 50 invitations to my party.
(a) The house is going to be crowded.
(b) It was nice seeing everyone again.
(c) Can you turn the volume down on the stereo?
(d) Some guests had trouble finding it.

해석 제 파티 초대장을 50부 돌렸어요.
(a) 집이 붐비겠네요.
(b) 모두 다시 보게 되서 반가웠어요.
(c) 스테레오의 음량 좀 낮춰 주시겠어요?
(d) 몇몇 손님들이 그것을 찾는 데 어려움을 겪었어요.

해설 자신의 파티 초대장을 50부 돌렸다는 말에, '집이 붐비겠네요'라며 파티에 많은 사람이 올 것을 예상한 (a)가 정답입니다.

어휘 pass out 돌리다, 전하다 invitation[ìnvətéiʃən] 초대장
turn down (소리, 온도 등) 낮추다 volume[váljuːm] 음량

02

You'd better get dressed for school now, Ken.
(a) That outfit is much nicer.
(b) I will in just a minute.
(c) I learned something new today.
(d) I thought you already were.

해석 Ken, 이제 학교 갈 옷을 입는 게 좋겠구나.
(a) 그 옷이 훨씬 괜찮아요.
(b) 잠시 후에 할게요.
(c) 오늘 새로운 것을 배웠어요.
(d) 저는 당신이 이미 입었다고 생각했어요.

해설 이제 학교 갈 옷을 입는 게 좋겠다는 말에, '잠시 후에 할게요'라며 잠시 후에 학교 갈 준비를 하겠다는 의미를 전달한 (b)가 정답입니다.

어휘 outfit[áutfit] 옷, 복장

03

You know how to get to the park at Cleveland Street, right?
(a) I could take you there blindfolded.
(b) I've never been hiking in the woods.
(c) If only you'd listened to me before.
(d) The scenery is nice this time of the year.

해석 Cleveland가에 있는 공원으로 어떻게 가는지 알고 있으시죠, 그렇죠?
(a) 눈 감고도 당신을 그곳으로 데려다 줄 수 있어요.
(b) 숲에서 하이킹을 해 본 적이 없어요.
(c) 당신이 전에 제 말을 듣기만 했어도 좋았을 텐데요.
(d) 이맘때쯤 경치가 좋아요.

해설 Cleveland가에 있는 공원으로 가는 방법을 알고 있는 게 맞는지 묻는 말에, '눈 감고도 당신을 그곳으로 데려다 줄 수 있어요'라며 가는 방법을 확실히 알고 있다는 의미를 전달한 (a)가 정답입니다.

어휘 blindfold[bláindfòuld] 눈을 가리다

04

What do you know about your family's ancestry?
(a) I'm glad to have finally met your relatives.
(b) I will see them at the family reunion.

(c) I was born overseas and immigrated here.
(d) I have Irish blood from my mother's side.

해석 당신 집안의 혈통에 대해 무엇을 알고 있나요?
(a) 마침내 당신의 모든 친척들을 만나게 되어 기뻐요.
(b) 그들을 가족 모임에서 볼 거예요.
(c) 저는 해외에서 태어나 이곳으로 이민 왔어요.
(d) 전 어머니 쪽의 아일랜드 혈통을 물려 받았어요.

해설 What(무엇)을 이용하여 집안 혈통에 대해 알고 있는 사실을 묻는 말에, '전 어머니 쪽의 아일랜드 혈통을 물려 받았어요'라고 응답한 (d)가 정답입니다.

어휘 ancestry [ǽnsestri] 혈통, 가계   immigrate [íməgrèit] 이민을 오다

05

Is there an easier way to renew my license?
(a) You can do it by mail if you'd prefer.
(b) The nearest office is just around the corner.
(c) All right. Thank you for taking care of it.
(d) It is a necessary form of identification.

해석 제 면허증을 갱신하는 더 쉬운 방법이 있을까요?
(a) 만약 원하신다면 우편을 통해 하실 수 있습니다.
(b) 가장 가까운 사무소가 길모퉁이를 돌면 바로 있습니다.
(c) 알겠습니다. 신경 써주셔서 감사합니다.
(d) 이것은 필요한 신분증입니다.

해설 면허증을 갱신할 수 있는 더 쉬운 방법이 있는지 묻는 말에, '만약 원하신다면 우편을 통해 하실 수 있습니다'라며 우편을 통해 면허증을 갱신하는 것이 가능하다는 의미를 전달한 (a)가 정답입니다.

어휘 renew [rinjú:] 갱신하다   license [láisəns] 면허증
form of identification 신분증

06

W: Are you still going to Madrid for vacation?
M: Yeah. I'm buying a plane ticket tomorrow. What about you?
W: I really want to go somewhere, but I can't afford it right now.

(a) I guess I'll see you at the airport.
(b) Don't worry. There's always next time.
(c) Well, I was only on holiday for a week.
(d) I thought they were quite costly too.

해석 W: 여전히 마드리드로 휴가를 갈 예정인가요?
M: 네. 내일 비행기 티켓을 구매할 거예요. 당신은요?
W: 저도 정말 어디론가 가고 싶지만, 지금 당장은 그럴 여유가 못돼요.
(a) 공항에서 봬요.
(b) 걱정하지 마요. 항상 다음 번이 있잖아요.
(c) 음, 저는 단지 일주일 동안 휴가였어요.
(d) 저도 그것들이 꽤 비용이 많이 들었다고 생각했어요.

해설 휴가 계획에 대해 이야기하는 상황입니다. 휴가 때 정말 어디론가 가고 싶지만 지금 당장은 그럴 여유가 못된다는 말에, '걱정하지 마요. 항상 다음 번이 있잖아요'라며 위로한 (b)가 정답입니다.

어휘 afford [əfɔ́:rd] 여유가 되다, 형편이 되다
on holiday 휴가 중인, 휴가를 얻어
costly [kɔ́:stli] 비용이 많이 드는, 손실이 큰

07

M: How's your job search going these days?
W: Things are looking up. I've got an interview next Monday.
M: That's great news. Are you excited?

(a) That'll be determined by my employer.
(b) I haven't received confirmation yet.
(c) I just hope I'm what they're looking for.
(d) They finally persuaded me to resign.

해석 M: 요즘 구직 활동은 어떻게 되어가고 있나요?
W: 상황이 나아지고 있어요. 다음 주 월요일에 면접이 잡혀 있어요.
M: 좋은 소식이네요. 기쁜가요?
(a) 그것은 제 고용주에 의해 결정될 거예요.
(b) 아직 승인을 받지 못했어요.
(c) 저는 단지 제가 그들이 찾는 사람이길 바랄 뿐이에요.
(d) 그들은 마침내 제가 퇴사하도록 설득시켰어요.

해설 면접에 대해 이야기하는 상황입니다. 면접이 잡혀서 기쁜지 묻는 말에, '저는 단지 제가 그들이 찾는 사람이길 바랄 뿐이에요'라며 면접에 합격하고 싶은 마음을 전달한 (c)가 정답입니다.

어휘 look up 나아지다   determine [ditə́:rmin] 결정하다
employer [implɔ́iər] 고용주   receive [risí:v] 받다
confirmation [kànfərméiʃən] 승인, 확인
persuade [pərswéid] 설득하다   resign [rizáin] 퇴사하다

08

W: Who are the extra place settings for?
M: James and Donna are coming over.
W: Really? I haven't seen those two in ages.

(a) It'll be nice catching up.
(b) I just bought them.
(c) It'll be a short meeting.
(d) I'm just glad I bumped into you.

해석 W: 이 남은 자리 세팅은 누구를 위한 것인가요?
M: James와 Donna가 오고 있어요.
W: 정말이요? 나는 그 둘을 오랫동안 보지 못했어요.
(a) 그동안의 소식을 나누기에 좋을 거예요.
(b) 제가 그것을 막 구입했어요.
(c) 짧은 미팅이 될 거예요.
(d) 당신과 우연히 마주치게 되어 반가워요.

해설 친구들을 기다리고 있는 상황입니다. James와 Donna를 오랫동안 보지 못했다는 객관적인 정보를 전달하는 말에, '그동안의 소식을 나누기에 좋을 거예요'라며 좋은 만남이 될 것이라는 의미를 전달한 (a)가 정답입니다.

어휘 catch up 그동안 소식을 나누다, 따라잡다
bump into 우연히 마주치다

09

M: Are you all set to move into your new apartment?
W: Hardly. I still need to have the electrical wiring fixed.
M: But you've got everything packed from your old place, right?

(a) The lights in my old house were rather dim.
(b) I've settled the rent with my landlady.
(c) I haven't even started doing that yet.
(d) It's a tough job being an electrician.

해석 M: 당신의 새 아파트로 이사 갈 준비가 다 되었나요?
W: 거의 안 되어 있어요. 아직 전기 배선을 수리해야 해요.
M: 하지만 예전 집은 짐은 모두 쌌죠, 그렇죠?
(a) 제 예전 집의 조명이 다소 어두웠어요.
(b) 집주인에게 임대료를 지불했어요.
(c) 그것은 아직 시작하지도 않았어요.
(d) 전기 기술자는 힘든 직업이에요.

해설 이사 준비에 대해 이야기하는 상황입니다. 예전 집의 짐은 모두 쌌는지 묻는 말에, '그것은 아직 시작하지도 않았어요'라며 아직 이사 준비가 덜 됐다는 의미를 전달한 (c)가 정답입니다.

어휘 set[set] 준비가 된 electrical[iléktrikəl] 전기의
wiring[wáiəriŋ] 배선 dim[dim] 어두운, 흐린
settle[setl] 지불하다 rent[rent] 임대료

10

W: The college entrance exam was pretty tough.
M: A lot of the test takers struggled with it.
W: Well, it's a good thing we passed.

(a) We'll let that one pass for now.
(b) Well, let's thank our lucky stars for that.
(c) High school does sound exciting.
(d) They probably need to study.

해석 W: 대학 입학시험은 꽤 어려웠어.
M: 많은 수험자들이 그것 때문에 애를 먹었어.
W: 음, 우리가 합격해서 다행이야.
(a) 지금은 저걸 넘어가도록 두자.
(b) 음, 우리의 행운에 감사하자.
(c) 고등학교는 정말 재미있을 것 같아.
(d) 그들은 아마 공부를 해야 할 거야.

해설 대학 입학시험에 대해 이야기하는 상황입니다. 어려운 시험에 우리는 합격해서 다행이라는 말에, '음, 우리의 행운에 감사하자'라며 동의한 (b)가 정답입니다.

어휘 pretty[príti] 꽤 tough[tʌf] 어려운 test taker 수험자
struggle[strʌgl] 애쓰다 thank one's lucky stars 행운에 감사하다

11

Listen to a conversation between two acquaintances.
M: **How's your training coming along?**
W: Great, thanks. I'm in really good shape.
M: How many miles are you going to run?
W: It's **a marathon**, so a little over 26.
M: Wow. That must be really exhausting.
W: It will be, but **I've been preparing for this event for months**.

Q: What is the main topic of the conversation?
(a) Where the marathon will take place
(b) How long the marathon will last
(c) The hardest part about running a marathon
(d) The woman's participation in a marathon

해석 두 지인 간의 대화를 들으시오.
M: 당신의 훈련은 어떻게 되어 가고 있나요?
W: 좋아요, 고마워요. 전 몸 상태가 정말 좋아요.
M: 몇 마일을 달릴 예정인가요?
W: 이건 마라톤이에요, 그래서 26마일이 조금 넘어요.
M: 와. 정말 고단하겠네요.
W: 그럴 거예요, 하지만 전 이 행사를 위해 몇 달 동안 준비해 왔어요.
Q: 대화의 주제는 무엇인가?
(a) 마라톤이 어디에서 개최될 것인지
(b) 마라톤이 얼마 동안 지속될 것인지
(c) 마라톤을 달리는 것의 가장 힘든 부분
(d) 여자의 마라톤 참가

해설 대화의 주제를 묻는 문제입니다. 대화의 앞부분에서 남자가 훈련은 어떻게 되어 가고 있는지(How's your training coming along?) 묻자, 여자가 잘 되어 간다며 마라톤(a marathon) 행사를 위해 몇 달 동안 준비해왔다(I've been preparing for this event for months)고 했습니다. 이를 '여자의 마라톤 참가'라고 종합한 (d)가 정답입니다.

어휘 in good shape (몸의) 상태가 좋은 exhausting[igzɔ́:stiŋ] 고단한
last[læst] 지속되다, 계속하다
participation[pɑːrtìsəpéiʃən] 참가, 참여

12

Listen to a conversation between two friends.
W: What did you watch yesterday?
M: The new fantasy flick by Ray Red.
W: **That man is a genius behind the camera.**
M: **He's got quite an imagination.**
W: A remarkable storyteller. Is the movie worth seeing?
M: Definitely. I'd even see it again myself.

Q: What are the man and woman mainly talking about?
(a) The man's favorite director
(b) The characteristics of a filmmaker

(c) Why the woman likes science fiction
(d) What a movie is about

해석 두 친구 간의 대화를 들으시오.
W: 어제 무엇을 봤나요?
M: Ray Red가 만든 새 판타지 영화를 봤어요.
W: 그 사람은 카메라 뒤에 숨은 천재예요.
M: 그는 대단한 상상력을 가지고 있어요.
W: 뛰어난 이야기꾼이지요. 그 영화는 볼만 한가요?
M: 물론이죠. 혼자 다시 한번 볼 수도 있어요.
Q: 남자와 여자는 주로 무엇에 대해 이야기하고 있는가?
(a) 남자가 가장 좋아하는 감독
(b) 한 영화 제작자의 특징
(c) 여자가 왜 공상 과학 영화를 좋아하는지
(d) 무엇에 관한 영화인지

해설 대화에서 남자와 여자가 주로 이야기하고 있는 것을 묻는 문제입니다. 여자가 영화 제작자 Ray Red는 카메라 뒤에 숨은 천재(That man is a genius behind the camera)라고 하자, 남자가 그는 대단한 상상력을 가지고 있다(He's got quite an imagination)고 했습니다. 이를 '한 영화 제작자의 특징'이라고 종합한 (b)가 정답입니다.

어휘 flick [flik] 영화　remarkable [rimáːrkəbl] 뛰어난, 주목할 만한
worth [wəːrθ] ~할 만한, ~할 가치가 있는
definitely [défənitli] 물론　characteristic [kæriktərístik] 특징
science fiction 공상 과학 영화

13

Listen to two friends discuss the man's speech.
M: **What did you think of my speech?**
W: It was nicely written, but **you delivered it too quickly**.
M: I did? I rehearsed it for more than a week.
W: Maybe you didn't focus enough on your speed.
M: I had to practice my tone and diction too.
W: Well, you did fine in those areas. **Maybe next time, you could also try timing yourself as you rehearse.**

Q: What problem does the woman find with the man's speech?
(a) She finds that the speech lacks clear focus.
(b) She considers the tone to be too negative.
(c) She thinks his speech's content was dull.
(d) She believes he needs to control his pace.

Q: 남자의 연설에 대해 여자가 발견한 문제점은 무엇인가?
(a) 그녀는 연설이 뚜렷한 주안점이 부족하다고 생각한다.
(b) 그녀는 어조가 너무 부정적이라고 본다.
(c) 그녀는 그의 연설 내용이 따분하다고 생각한다.
(d) 그녀는 그가 속도를 조절할 필요가 있다고 여긴다.

해설 남자의 연설에 대해 여자가 발견한 문제점을 묻는 문제입니다. 대화의 앞부분에서 자신의 연설이 어땠는지(What did you think of my speech?) 묻는 남자의 말에, 여자가 너무 빠르게 말했다(you delivered it too quickly)고 하며 아마 다음에는 연습할 때 스스로 시간을 재는 것도 해볼 수 있을 것 같다(Maybe next time, you could also try timing yourself as you rehearse)고 조언했습니다. 이를 '그녀는 그가 속도를 조절할 필요가 있다고 여긴다'라고 바꾸어 표현한 (d)가 정답입니다.

어휘 deliver [dilívər] (연설·설교를) 하다
rehearse [rihə́ːrs] 연습하다　diction [díkʃən] 말투, 어법
dull [dʌl] 따분한　pace [peis] (일의) 속도를 맞추다, 유지하다

14

Listen to a conversation between two acquaintances.
W: Did you hear about the latest business scam?
M: It was in the papers, right?
W: Yes. People were accepting bogus job offers that claimed they would get rich by clicking on online ads.
M: That reminds me of **another popular scam**.
W: **What was that one like?**
M: **People were promised money if they helped spread chain e-mails.**

Q: Which is correct according to the conversation?
(a) The woman was the victim of a business scam.
(b) One of the schemes had to do with spamming.
(c) Clicking on online ads is an easy business to start.
(d) The woman is interested in making money via the Internet.

해석 두 지인 간의 대화를 들으시오.
W: 최근 사업 신용 사기에 대해 들었어요?
M: 신문에 나왔잖아요, 맞죠?
W: 네. 사람들이 온라인 광고를 클릭해서 부자가 될 수 있다고 주장하는 가짜 일자리 제의를 받아들였대요.
M: 그것은 다른 유명한 신용 사기를 생각나게 하네요.
W: 그것은 어떤 식이었어요?
M: 체인 이메일을 퍼뜨리는 걸 도우면 사람들에게 돈을 준다고 약속했대요.
Q: 대화에 따르면 일치하는 것은 무엇인가?
(a) 여자는 사업 신용 사기의 피해자였다.
(b) 계략 중 하나는 스팸 메일 보내기와 관련이 있다.
(c) 온라인 광고를 클릭하는 것은 시작하기 쉬운 사업이다.
(d) 여자는 인터넷을 통해 돈을 버는 것에 관심이 있다.

해설 대화의 내용과 일치하는 것을 묻는 문제입니다. 다른 유명한 신용 사기(another popular scam)가 어떤 식이었는지(What was that one like?)

묻는 여자의 말에, 남자가 체인 이메일을 퍼뜨리는 것을 도우면 사람들에게 돈을 준다고 약속했다(People were promised money if they helped spread chain e-mails)고 했습니다. 이를 '계략 중 하나는 스팸 메일 보내기와 관련이 있다'라고 바꾸어 표현한 (b)가 정답입니다.

어휘 scam[skæm] 신용 사기 bogus[bóugəs] 가짜의
claim[kleim] 주장하다
chain e-mail 체인 이메일 <스팸 메일 식으로 전달되는 이메일 메시지>
victim[víktim] 피해자, 희생자 scheme[ski:m] 계략, 계획
have to do with ~과 관련이 있다

15

Listen to a conversation between two friends.
M: Are you feeling any better today, Sandy?
W: Not really. I think my cold is getting worse.
M: You should probably go see a doctor.
W: I suppose so. Can you recommend a good one?
M: How about my physician, Dr. Watts? I've known him for years.
W: OK. **I'll drop by his clinic over the weekend**.
M: Actually, **I'm going to see him on Saturday. We should go together**.

Q: What can be inferred from the conversation?

(a) The man may visit Dr. Watts with the woman.
(b) The woman will give Dr. Watts a call.
(c) The man will cancel his doctor's appointment.
(d) The woman will seek out another physician.

해석 두 친구 간의 대화를 들으시오.
M: 오늘은 몸이 좀 괜찮아졌니, Sandy?
W: 별로야. 감기가 더 심해지는 것 같아.
M: 아무래도 너 병원에 가봐야겠다.
W: 나도 그렇게 생각해. 좋은 의사를 추천해줄래?
M: 내 주치의인 Watts 의사 선생님은 어때? 나는 그를 수년 동안 알고 지내왔어.
W: 좋아. 이번 주말에 Watts 의사 선생님 병원에 들를게.
M: 실은, 나도 토요일에 그분에게 진찰을 받으러 갈 거야. 우리 같이 가자.
Q: 대화에서 추론할 수 있는 것은 무엇인가?
(a) 남자는 여자와 함께 Watts 의사 선생님을 방문할 것이다.
(b) 여자는 Watts 의사 선생님께 전화를 할 것이다.
(c) 남자는 Watts 의사 선생님과의 약속을 취소할 것이다.
(d) 여자는 다른 의사를 찾을 것이다.

해설 대화를 통해 추론할 수 있는 내용을 묻는 문제입니다. 이번 주말에 남자가 추천해준 Watts 의사 선생님의 병원에 들를 것(I'll drop by his clinic over the weekend)이라는 여자의 말에 이어, 남자가 자신도 토요일에 Watts 의사 선생님께 진찰을 받으러 갈 것(I'm going to see him on Saturday)이니 같이 가자(We should go together)고 했습니다. 이를 바탕으로 남자와 여자가 주말에 Watts 의사 선생님 병원에 함께 갈 것임을 알 수 있습니다. 따라서 '남자는 여자와 함께 Watts 의사 선생님을 방문할 것이다'라고 추론한 (a)가 정답입니다.

어휘 suppose[səpóuz] 생각하다, 추측하다

recommend[rèkəménd] 추천하다
physician[fizíʃən] 의사, 내과 의사
clinic[klínik] (전문 분야) 병원 seek out ~을 찾아내다

16

This afternoon's spotlight film is the 1963 classic Western, *The Flooded Plain*. It stars a young Henry Anderson as an unnamed gunslinger riding through a lawless Texas town on his way to Mexico. While defending a young lady's honor, the taciturn cowboy provokes a confrontation with a gang of outlaws that ends in a hail of bullets. **The film was recognized for its striking desert cinematography** and features Titus Cobb in his final onscreen role as the villain.

Q: Which is correct about the movie according to the talk?

(a) Its star was originally from a town in Mexico.
(b) Its violent imagery provoked public criticism.
(c) It features stunning outdoor camerawork.
(d) It was Mr. Anderson's last performance before his death.

해석 오늘 오후의 주목할 영화는 1963년의 서부 고전 영화인 'The Flooded Plain'입니다. 이 영화에서 젊은 Henry Anderson은 텍사스의 무법 도시를 지나 멕시코를 향해 말을 타고 달리는 익명의 청부 살인자 역을 맡았습니다. 이 과묵한 카우보이는 한 젊은 여성의 명예를 지키면서, 결국 총알세례로 최후를 맞는 무법자들과의 대립을 일으킵니다. 이 영화는 인상적인 사막 촬영 기법으로 인정받았고 Titus Cobb이 그의 마지막 영화에서 악당 역할을 맡은 것이 그 특징입니다.

Q: 담화에 따르면 영화에 대해 일치하는 것은 무엇인가?
(a) 주인공은 원래 멕시코의 한 마을 출신이었다.
(b) 폭력적인 장면이 대중의 비판을 일으켰다.
(c) 굉장히 멋진 실외 촬영기법이 특징이다.
(d) Mr. Anderson의 죽기 전 마지막 작품이었다

해설 담화에서 영화에 대한 내용과 일치하는 것을 묻는 문제입니다. 이 영화는 인상적인 사막 촬영 기법으로 인정받았다(The film ~ desert cinematography)고 했습니다. 이를 '굉장히 멋진 실외 촬영기법이 특징이다'라고 바꾸어 표현한 (c)가 정답입니다.

어휘 star[stɑ:r] 주연을 맡다 gunslinger[gʌ́nslìŋər] 청부 살인자
lawless[lɔ́:lis] 무법의 defend[difénd] 지키다, 방어하다
taciturn[tǽsətə̀:rn] 과묵한
provoke[prəvóuk] 일으키다, 야기하다
confrontation[kɑ̀nfrəntéiʃən] 대립, 대치 outlaw[áutlɔ̀:] 무법자
stunning[stʌ́niŋ] 굉장히 멋진
cinematography[sìnəmətɑ́grəfi] 영화 촬영법
feature[fí:tʃər] 특징, 볼거리 villain[vílən] 악당

17

This year, the Thai stock market rose to new heights. **It was granted developed market status** in the Stock Exchange Global Equity Index Series, which is a sign that the Thai economy has overcome the global recession. **A strong bourse also means that the Thai stock market is sound enough to attract sizeable investment from international brokers.** As a result of its newfound status, the Thai stock market is projected to experience quadruple its present inflow of foreign investment. In this sense, Thailand's stock market will provide the foundation for sustained economic growth in Southeast Asia.

Q: What can be inferred from the news report?

(a) The Thai stock market is now positioned to accept outside investment.
(b) Thailand experienced a slow recovery from the global recession.
(c) Economists are currently uncertain about the stability of Thailand's economy.
(d) Thailand is depending on local corporations to boost stock share value.

18

Cinnamon Fern is your source for garden plants and flowers in downtown Columbus, Georgia. For over 30 years, we have supplied homeowners and businesses around the state with all their plant and gardening needs. **Unlike chain stores, we're experts on the local climate and growing conditions, and stock only the most suitable plant varieties for area growers.** Visit our newly expanded nursery on Main Street or call one of our garden specialists at 555-FLORA.

Q: What can be inferred about Cinnamon Fern from the advertisement?

(a) Its network of branches has grown over the years.
(b) Its familiarity with indigenous plant life is superior to franchise stores.
(c) It supports and promotes local environmental groups.
(d) It offers gardening classes at its downtown location.

superior [səpíəriər] 뛰어난, 우월한

19-20

¹⁹**Arizona, which shares a border with Mexico, has recently approved a controversial law that it hopes will deter illegal immigrants from entering the state**. The law allows federal officials to detain people who they suspect are in the country illegally.

¹⁹**Those opposed to the legislation** contend that detaining people to verify their immigration status is discriminatory because it is based solely upon suspicion. However, ¹⁹/²⁰**supporters** claim that undocumented aliens in Arizona must face the consequences for violating the law. ²⁰**They also argue that the federal government should do a better job of guarding the border to prevent people from entering the country unlawfully**. I'd like to take a few minutes now to look at some of the options available to do this.

19. Q: What is the main topic of the lecture?
    (a) Possible ramifications of immigrating illegally
    (b) Arizona's prejudice against the people of Mexico
    (c) Differing opinions regarding Arizona's immigration law
    (d) Improving a bill that targets illegal immigration

20. Q: What do some people want the federal government to do according to the lecture?
    (a) Improve border security
    (b) Monitor law enforcement personnel
    (c) Consult with local government officials
    (d) Reduce an immigration quota

해석 멕시코와 국경이 접해 있는 ¹⁹애리조나 주는 불법 이민자들이 이 주로 들어오는 것을 막을 것으로 기대되는, 논란이 많은 법을 최근에 승인하였습니다. 그 법은 연방 공무원들이 국내에서 불법으로 머무르고 있는 것으로 의심되는 사람들을 억류하는 것을 가능하게 합니다.

¹⁹그 법안에 반대하는 사람들은 이민 상태를 확인하고자 사람들을 억류하는 것은 단지 의혹에만 근거하기 때문에 차별적이라고 주장합니다. 하지만, ¹⁹/²⁰지지자들은 애리조나 주에서 이주 증명서를 가지고 있지 않은 외국인들이 법을 위반하는 것에 대한 결과에 직면해야 할 것이라고 주장합니다. ²⁰그들은 또한 연방 정부가 사람들이 불법으로 국내에 들어오는 것을 방지하기 위해 국경을 지키는 일을 더 잘 해야 한다고 주장합니다. 저는 지금 잠시 시간을 내어 이것을 가능하게 하는 몇 가지 옵션들을 살펴보고 싶습니다.

19. Q: 강의의 주제는 무엇인가?
    (a) 불법으로 이민갈 경우 생길 법한 결과들
    (b) 멕시코인들에 대한 애리조나 주의 편견
    (c) 애리조나 주의 이민법에 대한 서로 다른 의견들
    (d) 불법 이민을 겨냥한 법률 개선

20. Q: 강의에 따르면 몇몇 사람들은 연방 정부가 무엇을 하기를 원하는가?
    (a) 국경 경비를 개선한다.
    (b) 법을 집행하는 직원들을 감시한다.
    (c) 지방 정부 공무원들과 의논한다.
    (d) 이민 인원 할당 수를 줄인다.

해설 19. 강의의 주제를 묻는 문제입니다. 강의의 앞부분에서 애리조나 주 (Arizona)가 불법 이민자들이 이 주로 들어오는 것을 막을 것으로 기대되는 논란이 많은 법을 승인했다(has recently approved ~ from entering the state)는 말에 이어, 그 법안에 반대하는 사람들(Those opposed to the legislation)과 지지자들(supporters)이 서로 주장하는 바가 다르다는 것을 설명했습니다. 이를 '애리조나 주의 이민법에 대한 서로 다른 의견들'이라고 종합한 (c)가 정답입니다.

20. 몇몇 사람들이 연방 정부가 하기를 원하는 것을 묻는 문제입니다. 지지자들(supporters)은 연방 정부가 사람들이 불법으로 국내에 들어오는 것을 방지하도록 국경을 지키는 일을 더 잘 해야만 한다고 주장한다(They ~ argue that the federal government should do a better job ~ from entering the country unlawfully)고 했습니다. 이를 '국경 경비를 개선한다'로 바꾸어 표현한 (a)가 정답입니다.

어휘 controversial [kàntrəvə́ːrʃəl] 논란이 많은
deter [ditə́ːr] (못하게) 막다   contend [kənténd] 주장하다
detain [ditéin] 억류하다, 못 가게 붙들다
verify [vérəfài] 확인하다, 입증하다
discriminatory [diskrímənətɔ̀ːri] 차별적인, 편견을 가진
suspicion [səspíʃən] 의혹, 의심
undocumented [ʌ̀ndάkjuméntid] 이주 증명서를 가지지 않는
violate [váiəlèit] 위반하다, 어기다   border [bɔ́ːrdər] 국경, 경계
ramification [ræ̀məfikéiʃən] 결과, 영향
prejudice [prédʒudis] 편견, 선입관
enforcement [infɔ́ːrsmənt] 집행, 시행

MINI TEST 6   p.178

01 (a)	02 (d)	03 (d)	04 (c)	05 (b)
06 (d)	07 (c)	08 (c)	09 (a)	10 (c)
11 (a)	12 (a)	13 (b)	14 (a)	15 (c)
16 (c)	17 (c)	18 (a)	19 (c)	20 (a)

01

Hello, may I speak to Dr. Reynolds?
(a) Oh, he's still in the operating room.
(b) Hold on, let me check his schedule.
(c) OK, I'll let him know you're coming.
(d) Thank you. We appreciate your call.

해석 안녕하세요, Reynolds 의사 선생님과 통화할 수 있을까요?

(a) 오, 선생님은 아직 수술실에 계십니다.
(b) 기다려주십시오, 선생님의 일정을 확인해 보겠습니다.
(c) 네, 당신이 오신다고 선생님께 알려 드리겠습니다.
(d) 감사합니다. 전화해 주셔서 감사합니다.

해설 Reynolds 의사 선생님과 통화할 수 있는지 묻는 말에, '오, 선생님은 아직 수술실에 계십니다'라며 통화가 불가능함을 간접적으로 전달한 (a)가 정답입니다.

어휘 operating room 수술실   hold on 기다리다
appreciate [əpríːʃièit] 감사하다

02

Kevin's flight is scheduled to get in tonight.

(a) He scheduled his vacation in advance.
(b) Right. He'll book his flight soon.
(c) It got in after a long delay.
(d) I know. I'm picking him up at the airport.

해설 Kevin의 비행기가 오늘 밤 도착하기로 예정되어 있어요.
(a) 그는 그의 휴가 일정을 미리 잡아 놓았어요.
(b) 맞아요. 그는 비행기를 곧 예약할 거예요.
(c) 그것은 오랜 지연 후에 도착했어요.
(d) 알아요. 제가 공항에 그를 데리러 갈 거예요.

해설 Kevin의 비행기가 오늘 밤 도착하기로 예정되어 있다는 말에, '알아요. 제가 공항에 그를 데리러 갈 거예요'라며 자신이 공항에 그를 마중 나간다고 대답한 (d)가 정답입니다.

어휘 schedule [skédʒuːl] 예정하다, 일정을 잡다   get in 도착하다
in advance 미리   delay [diléi] 지연   pick up 데리러 가다

03

Why don't we go out for a change?

(a) I've never been on a date.
(b) I have some in my wallet.
(c) No, it's a new shirt.
(d) OK. Let me grab my coat.

해설 기분 전환하러 나가는 게 어때요?
(a) 전 데이트를 해본 적이 없어요.
(b) 제 지갑에 조금 있어요.
(c) 아니요, 이건 새 셔츠예요.
(d) 좋아요. 제 코트를 가지고 올게요.

해설 Why don't we(~하는 게 어때?)를 이용해 기분 전환하러 나가자고 제안하는 말에, '좋아요. 제 코트를 가지고 올게요'라며 제안을 수락한 (d)가 정답입니다.

어휘 for a change 기분 전환으로   grab [græb] 가지다, 붙잡다

04

Do you have any idea how much a meal costs at this place?

(a) We already had lunch.
(b) Now, that sounds appetizing.
(c) Your guess is as good as mine.
(d) I've been there once before.

해설 이곳의 식사가 얼마인지 아세요?
(a) 우린 벌써 점심을 먹었어요.
(b) 이제는, 그것이 맛있을 것 같군요.
(c) 당신과 마찬가지로 저도 잘 모르겠어요.
(d) 전에 그곳에 한 번 가봤어요.

해설 이곳에서의 식사 가격이 얼마인지 묻는 말에, '당신과 마찬가지로 저도 잘 모르겠어요'라며 자신도 식사 가격이 얼마인지 모른다는 의미를 전달한 (c)가 정답입니다.

어휘 appetizing [ǽpətàiziŋ] 맛있어 보이는

05

My company is implementing an across-the-board pay cut.

(a) Yeah. Just ask for a raise.
(b) Be thankful you still have a job.
(c) It's a good career opportunity.
(d) We'll have to talk with the boss.

해설 우리 회사는 전면적인 임금 삭감을 시행하고 있어요.
(a) 네. 임금 인상을 요청해보세요.
(b) 당신이 아직 직장이 있다는 것을 감사하게 생각하세요.
(c) 이것은 좋은 취업 기회예요.
(d) 우리는 상사와 이야기해야 할 거예요.

해설 회사에서 전면적인 임금 삭감을 시행하고 있다고 불평하는 말에, '당신이 아직 직장이 있다는 것을 감사하게 생각하세요'라며 임금 삭감 시행에 대해 불평하지 말라는 의미를 전달한 (b)가 정답입니다.

어휘 implement [ímpləmənt] 시행하다
across-the-board 전면적인, 전체에 미치는   pay cut 임금 삭감
raise [reiz] (임금의) 인상

06

W: Hey, Vincent. How did your date go?
M: It was nice. I think you'd like the movie we saw.
W: Oh, yeah? Why do you say that?

(a) I've already watched that.
(b) Not today. I'm feeling ill.
(c) That's a good assumption.
(d) Your favorite actor is in it.

해설 W: 안녕하세요, Vincent. 데이트는 어땠어요?
M: 좋았어요. 우리가 본 영화를 당신도 좋아할 것 같아요.
W: 오 진짜요? 왜 그렇게 말하는 거예요?
(a) 전 이미 그것을 봤어요.
(b) 오늘은 말고요. 몸이 좋지 않아요.

(c) 그건 괜찮은 추측이에요.
(d) 당신이 제일 좋아하는 배우가 나오거든요.

해설 데이트하면서 본 영화에 대해 이야기하는 상황입니다. 자신이 본 영화를 상대방도 좋아할 것 같다고 말하자 왜 그렇게 생각하는지 묻는 말에, '당신이 제일 좋아하는 배우가 나오거든요'라며 이유를 설명한 (d)가 정답입니다.

어휘 assumption [əsʌ́mpʃən] 추측, 가정

07

M: Are you done with your history project?
W: Not yet. I haven't felt like working on it.
M: You should wrap it up soon. The deadline's tomorrow.

(a) I haven't heard anything from the teacher yet.
(b) The topic is about remarkable ancient cities.
(c) I'd better stop procrastinating, then.
(d) I'm not interested in taking a history course.

해설 M: 역사 과제는 다 끝냈어?
W: 아직. 그것을 하기가 싫더라고.
M: 빨리 끝내야 해. 마감일이 내일이야.
(a) 아직 선생님께 아무것도 듣지 못했어.
(b) 주제는 주목할 만한 고대 도시들이야.
(c) 그렇다면 그만 미뤄야겠다.
(d) 나는 역사 수업을 듣는 것에 관심 없어.

해설 과제에 대해 이야기하는 상황입니다. 내일이 마감일이니 빨리 과제를 끝내라는 말에, '그렇다면 그만 미뤄야겠다'라며 과제를 빨리 끝내겠다는 의미를 전달한 (c)가 정답입니다.

어휘 not feel like -ing ~하기 싫다, 내키지 않다 wrap up 끝내다, 마치다
remarkable [rimɑ́ːrkəbl] 주목할 만한, 놀라운
procrastinate [proukrǽstənèit] 미루다

08

W: Sorry to keep you waiting. Here's your order, sir.
M: Oh, there must be some mistake. This isn't what I asked for.
W: Didn't you ask for salmon teriyaki?

(a) Yes, please give my compliments to the chef.
(b) Actually, I haven't seen the menu yet.
(c) That must be for another table.
(d) I don't think I've tried that dish before.

해설 W: 계속 기다리시게 해서 죄송합니다. 여기 주문하신 것이 나왔습니다, 손님.
M: 오, 뭔가 실수가 있는 것 같아요. 이것은 제가 주문한 게 아니에요.
W: 연어 데리야끼를 주문하지 않으셨나요?
(a) 네, 주방장에게 제 찬사를 전해주세요.
(b) 사실, 아직 메뉴를 보지 못했어요.
(c) 그것은 다른 테이블의 것이 분명해요.
(d) 그 음식을 예전에 먹어본 것 같진 않아요.

해설 식당에서 자신이 주문하지 않은 음식이 나온 상황입니다. 주문한 음식이 연어 데리야끼가 아닌지 확인하는 말에, '그것은 다른 테이블의 것이 분명해요'라며 연어 데리야끼를 주문하지 않았다는 의미를 전달한 (c)가 정답입니다.

어휘 salmon [sǽmən] 연어 compliment [kɑ́mpləmənt] 찬사, 칭찬

09

M: I hear you're planning to replace your old sedan.
W: There's a car I've been eyeing, but it's out of my budget.
M: Perhaps you can get a loan, then.

(a) I doubt I'd be able to pay it off.
(b) You've certainly saved up a lot.
(c) I just made a down payment.
(d) I don't know about that bank.

해설 M: 당신의 오래된 승용차를 바꿀 계획이라고 들었어요.
W: 제가 눈여겨 보고 있는 차가 있지만, 제 예산 밖이에요.
M: 그렇다면, 대출을 받아 보세요.
(a) 제가 그것을 갚을 수 있을지 의문이에요.
(b) 정말 돈을 많이 모으셨네요.
(c) 이제 막 계약금을 내는걸요.
(d) 그 은행에 관해서는 잘 모르겠어요.

해설 승용차 구입에 대해 이야기하는 상황입니다. 예산 밖의 차를 구입하기 위해 대출받을 것을 제안하는 말에, '제가 그것을 갚을 수 있을지 의문이에요'라며 대출받는 것이 걱정된다는 의미를 전달한 (a)가 정답입니다.

어휘 replace [ripléis] 바꾸다, 교체하다 budget [bʌ́dʒit] 예산, 비용
loan [loun] 대출 pay off 갚다, 청산하다
make a down payment 계약금을 내다

10

W: Were you impressed with Ellen's speech?
M: Yes, I wonder who helped her prepare it.
W: Why do you assume she needed help?

(a) I'm happy to offer my assistance.
(b) Speech therapy is widely available.
(c) Public speaking isn't her strongest suit.
(d) That's exactly how I would've done it.

해설 W: Ellen의 연설에 감명 받았나요?
M: 네, 그녀가 연설 준비하는 걸 누가 도와줬는지 궁금해요.
W: 왜 그녀가 도움이 필요했을 거라고 추측하는 거예요?
(a) 제가 도움이 될 수 있어서 기뻐요.
(b) 언어 장애 치료는 널리 이용할 수 있어요.
(c) 공개 연설은 그녀의 특기가 아니거든요.
(d) 저라면 바로 그렇게 했을 거예요.

해설 Ellen의 연설을 들은 소감에 대해 이야기하는 상황입니다. 왜 Ellen이 연설을 준비하는 데 도움이 필요했을 거라고 생각하는지 묻는 말에, '공개 연설은 그녀의 특기가 아니거든요'라며 Ellen이 연설을 아주 잘하는 편은

아니라며 누구의 도움을 받았을 것이라고 추측한 이유를 전달한 (c)가 정답입니다.

어휘 impress[imprés] 감명을 주다 prepare[pripɛ́ər] 준비하다
assume[əsú:m] 추측하다 assistance[əsístəns] 도움, 지원
available[əvéiləbl] 이용할 수 있는
speech therapy 언어 장애 치료 strong suit 특기, 장점

11

Listen to a conversation between two students.
M: **Have you decided where to go after high school?**
W: Well, I've narrowed it down to either Jones or Smith University.
M: Have you visited both campuses?
W: I've been to Smith. It's a little far from home but has excellent academic facilities.
M: Well, I think Smith is a good choice if you don't mind the distance.
W: Still, I'd like to check out Jones first before making up my mind.
Q: What are the man and woman mainly discussing?
(a) Which school the woman should attend
(b) Where the man graduated from high school
(c) The woman's resolve to finish school
(d) The man's poor impression of the colleges

해설 두 학생 간의 대화를 들으시오.
M: 고등학교를 졸업하고 어디로 갈지 결정했니?
W: 글쎄, 나는 Jones 대학교나 Smith 대학교 중 한군데로 좁혀 놓았어.
M: 두 캠퍼스를 모두 방문해 봤니?
W: Smith 대학교에는 가봤어. 집에서 조금 멀지만 학교 시설들이 훌륭해.
M: 음, 네가 거리를 따지지 않는다면 Smith 대학교가 좋은 선택이라고 생각해.
W: 그래도 결정하기 전에 Jones 대학교도 확인해 보고 싶어.

Q: 남자와 여자는 주로 무엇에 대해 논의하고 있는가?
(a) 여자가 어떤 학교를 다녀야 하는지
(b) 남자가 어디 고등학교를 졸업했는지
(c) 학교를 졸업하겠다는 여자의 다짐
(d) 대학교에 대한 남자의 좋지 않은 인상

해설 남자와 여자가 주로 논의하고 있는 것을 묻는 문제입니다. 대화의 앞부분에서 남자가 고등학교를 졸업하고 어디로 갈지 결정했는지(Have you decided where to go after high school?) 묻자, 여자가 Jones대학교나 Smith대학교 중 한군데로 좁혀 놓았다고 했습니다. 이를 '여자가 어떤 학교를 다녀야 하는지'라고 종합한 (a)가 정답입니다.

어휘 decide[disáid] 결정하다 narrow[nǽrou] 좁히다
academic[ækədémik] 학교의, 학문의 facility[fəsíləti] 시설
make up one's mind 결정하다, 결심하다
resolve[rizálv] 다짐, 결의 impression[impréʃən] 인상

12

Listen to a conversation between a front desk clerk and a guest.
W: Welcome to the Pearl Hotel. Can I help you with anything?
M: Yes, **I booked a suite** under the name of Ben Fry. Here's my ID and confirmation number.
W: Of course, Mr. Fry. Let me just get your **keycard**.
M: OK, thank you. Which floor is the room on?
W: It's on **the ninth floor**. Our bellhop will take you there and assist you with your luggage.
M: Oh good. Actually, some of my bags are still in the van.
Q: What is the man mainly doing in the conversation?
(a) Checking in at a hotel
(b) Booking a hotel room
(c) Settling his hotel bill
(d) Inquiring about hotel services

해설 프런트 직원과 투숙객 간의 대화를 들으시오.
W: Pearl 호텔에 오신 것을 환영합니다. 어떤 일을 도와드릴까요?
M: 네, Ben Fry라는 이름으로 스위트 룸을 예약했습니다. 여기 제 신분증과 예약 확인번호가 있어요.
W: Mr. Fry시군요. 여기 키 카드입니다.
M: 아, 감사합니다. 방은 몇 층에 있나요?
W: 9층에 있습니다. 저희 벨보이가 고객님을 그곳으로 모셔다 드리고 짐 옮기는 것을 도와 드릴 것입니다.
M: 좋아요. 실은, 제 가방 몇 개는 아직 차에 있어요.

Q: 대화에서 남자는 주로 무엇을 하고 있는가?
(a) 호텔에서 체크인을 하고 있다.
(b) 호텔 방을 예약하고 있다.
(c) 호텔 숙박비를 지불하고 있다.
(d) 호텔 서비스에 대해 문의하고 있다.

해설 대화에서 남자가 주로 하고 있는 일을 묻는 문제입니다. 대화의 앞부분에서 남자가 스위트 룸을 예약했다(I booked a suite)고 하자, 여자가 방의 키 카드(keycard)를 준 뒤 9층(the ninth floor)이라며 층수를 알려 주었습니다. 이를 '호텔에서 체크인을 하고 있다'라고 종합한 (a)가 정답입니다.

어휘 under the name of ~라는 이름으로, ~의 명의로
confirmation[kànfərméiʃən] 확인, 확정
bellhop[bélhàp] (호텔, 클럽의) 벨보이, 사환
settle[setl] 지불하다, 계산하다

13

Listen to a conversation between a restaurant worker and a customer.
M: This is Luigi's Pizzeria. What can I do for you?

W: Hello, I'd like to have some food delivered. Do you charge for delivery?
M: No, but we require a minimum purchase of $15.
W: That's fine. **I'll have two large pepperoni pizzas**, please.
M: OK. Is there anything else?
W: **Actually, make that one pepperoni and one plain cheese.**
Q: Which is correct about the woman according to the conversation?
(a) She ordered a pepperoni pizza for takeout.
(b) She changed her mind about her order.
(c) She thinks the purchase requirement is expensive.
(d) She is aware that there is a delivery charge.

해석 음식점 직원과 고객 간의 대화를 들으시오.
M: Luigi's Pizzeria입니다. 무엇을 도와드릴까요?
W: 안녕하세요, 음식 배달을 시키고 싶은데요. 배달비를 청구하시나요?
M: 아니오, 하지만 저희는 최소 15달러의 구매를 요구합니다.
W: 좋아요. 페퍼로니 피자 큰 거 두 판으로 할게요.
M: 네, 다른 것이 있으신가요?
W: 실은, 페퍼로니 피자 한 판이랑 치즈 피자 한 판으로 할게요.
Q: 대화에 따르면 여자에 대해 일치하는 것은 무엇인가?
(a) 그녀는 테이크 아웃으로 페퍼로니 피자를 주문했다.
(b) 그녀는 자신의 주문에 대해 마음을 바꿨다.
(c) 그녀는 구매 요건이 비싸다고 생각한다.
(d) 그녀는 배달비가 있다는 것을 알고 있다.

해설 대화에서 여자에 대한 내용과 일치하는 것을 묻는 문제입니다. 여자가 페퍼로니 피자 큰 거 두 판으로 하겠다(I'll have two large pepperoni pizzas)고 했다가, 실은 페퍼로니 피자 한 판이랑 치즈 피자 한 판으로 하겠다(Actually, make that one pepperoni and one plain cheese)며 주문을 바꿨습니다. 이를 '그녀는 자신의 주문에 대해 마음을 바꿨다'라고 바꾸어 표현한 (b)가 정답입니다.

어휘 deliver[dilívər] 배달하다, 분만하다
charge[tʃɑːrdʒ] (대가, 요금을) 청구하다
require[rikwáiər] 요구하다 minimum[mínəməm] 최소의
purchase[pə́ːrtʃəs] 구매

14

Listen to a conversation between two friends.
W: Hi, Mike. Fancy seeing you here! What are you up to?
M: Hey, Rose. Good to see you. I'm actually looking for some scuba gear, but I don't see any in this store.
W: Have you tried the other sporting goods store on the third floor?

M: Yeah, but they don't stock it either.
W: Well, I know a place not far from here that sells scuba supplies. I can take you there, if you'd like.
M: Oh, please do. **I have no idea which stores carry it.**
Q: Which is correct about the man according to the conversation?
(a) He isn't sure where the equipment is sold.
(b) He has never tried scuba diving.
(c) He could not find the sporting goods store.
(d) He bought the wrong kind of scuba gear.

해석 두 친구 간의 대화를 들으시오.
W: 안녕, Mike. 여기서 보게 되다니 믿기지 않아! 어떻게 지내니?
M: 안녕, Rose. 만나서 반가워. 나 실은 스쿠버 장비를 찾고 있는데, 이 매장에서는 안 보여.
W: 너 3층에 있는 다른 스포츠용품 매장에 가봤니?
M: 응, 그런데 거기도 스쿠버 장비가 없더라.
W: 음, 여기서 그렇게 멀지 않은 곳에 있는 스쿠버용품 파는 곳을 알아. 네가 좋다면, 내가 그곳에 데려다 줄 수 있어.
M: 오, 제발 그렇게 해줘. 어떤 매장들이 스쿠버 장비를 파는지 모르거든.
Q: 대화에 따르면 남자에 대해 일치하는 것은 무엇인가?
(a) 그는 장비가 판매되는 곳이 어디인지 확실히 알지 못한다.
(b) 그는 스쿠버 다이빙을 해본 적이 없다.
(c) 그는 스포츠용품 매장을 찾을 수 없었다.
(d) 그는 잘못된 종류의 스쿠버 장비를 샀다.

해설 대화에서 남자에 대한 내용과 일치하는 것을 묻는 문제입니다. 남자가 원한다면 스쿠버용품을 파는 곳에 데려다 줄 수 있다는 여자의 말에, 남자가 그렇게 해달라며 어떤 매장들이 스쿠버 장비를 파는지 모른다(I have no idea which stores carry it)고 했습니다. 이를 '그는 장비가 판매되는 곳이 어디인지 확실히 알지 못한다'라고 바꾸어 표현한 (a)가 정답입니다.

어휘 look for ~을 찾다 gear[giər] 장비 goods[gudz] 제품, 물품
stock[stɑk] (판매할 상품을 갖추고) 있다, 재고품
equipment[ikwípmənt] 장비, 용품

15

Listen to a conversation at a fashion show.
M: Excuse me, miss. Are you here for the fashion show?
W: Yes, this is my press pass. I'm covering the event.
M: OK. **May I ask which publication you represent?**
W: **I write for *The Ottawa Daily Times*.**
M: I see. And are you doing a feature article on the show?
W: Yes, I am. It will be printed in Friday's edition.

Q: What can be inferred from the conversation?

(a) The man is the director of the fashion show.
(b) The woman is the event's sole photographer.
(c) The woman is a member of the mass media.
(d) The man will be interviewed by the woman.

해석 패션쇼에서의 대화를 들으시오.
M: 저기, 실례합니다. 이곳에 패션쇼 때문에 오신 건가요?
W: 네, 이게 제 신문 기자 신분증입니다. 제가 이 행사를 취재하고 있습니다.
M: 그러시군요. 어느 출판물 대표로 오셨는지 여쭤봐도 될까요?
W: 저는 'Ottawa Daily Times'지에서 글을 쓰고 있습니다.
M: 알겠습니다. 이 쇼에 대해 특집 기사를 쓰고 있으신가요?
W: 네, 그렇습니다. 쇼 특집기사는 금요일자에 실릴 것입니다.

Q: 대화에서 추론할 수 있는 것은 무엇인가?
(a) 남자는 패션쇼의 책임자이다.
(b) 여자는 행사의 유일한 사진작가이다.
(c) 여자는 대중 매체의 구성원이다.
(d) 남자는 여자에게 인터뷰를 받을 것이다.

해설 대화를 통해 추론할 수 있는 내용을 묻는 문제입니다. 어느 출판물을 대표하는지(May I ask which publication you represent?) 묻는 남자의 질문에, 여자가 'Ottawa Daily Times'지에서 글을 쓰고 있다(I write for The Ottawa Daily Times)고 했습니다. 이를 바탕으로 여자는 신문 기자임을 알 수 있습니다. 따라서 '여자는 대중 매체의 구성원이다'라고 추론한 (c)가 정답입니다.

어휘 press pass 신문 기자 신분증 cover [kʌ́vər] 취재하다
publication [pʌ̀bləkéiʃən] 출판물
represent [rèprizént] 대표하다 feature article 특집기사
sole [soul] 유일한

16

Tired of your slow and sluggish Internet connection? **Fresco Internet's reliable DSL connection can reach speeds up to 125 times faster than a dial-up connection**, which means more value for your money. We have all the bandwidth you'll need, so you'll never have to worry about slow downloads or choppy online gaming, even at peak hours. **Dependability and speed are the top reasons why our customers stay with us.** Call us now and experience the difference.

Q: What is mainly being advertised about Fresco Internet service?

(a) Its discounted Internet service plan rates
(b) Its free downloadable games and software
(c) Its guarantee of fast and reliable connection speeds
(d) Its capability for wireless Internet surfing and gaming

해석 여러분의 느리고 더딘 인터넷 연결에 싫증 나셨나요? Fresco Internet사의 믿을 수 있는 DSL 통신 접속은 전화 접속 연결보다 125배까지 더 빠른 속도에 이를 수 있고, 이것은 여러분의 돈을 더 가치 있게 만드는 것을 의미합니다. 저희는 여러분이 필요로 하실 모든 대역폭을 가지고 있어서, 가장 혼잡한 시간에도 느린 다운로드 속도와 뚝뚝 끊기는 온라인 게임에 대해 절대 걱정할 필요가 없을 것입니다. 신뢰성과 속도는 고객분들이 저희와 함께 하는 가장 큰 이유입니다. 지금 전화하셔서 그 차이를 경험해 보세요.

Q: Fresco Internet사의 서비스에 대해 주로 광고되고 있는 것은 무엇인가?
(a) 할인된 인터넷 요금제 비용
(b) 무료로 다운로드 할 수 있는 게임과 소프트웨어
(c) 빠르고 믿을 만한 연결 속도의 보장
(d) 무선 인터넷 검색과 게임을 위한 성능

해설 Fresco Internet사의 서비스에 대해 주로 광고되고 있는 것을 묻는 문제입니다. 광고의 앞부분에서 Fresco Internet사의 믿을 만한 DSL 통신 접속은 전화 접속 연결보다 125배까지 더 빠른 속도를 낼 수 있다(Fresco Internet's reliable ~ a dial-up connection)며, 신뢰성과 속도가 고객들이 그들과 함께 하는 가장 큰 이유이다(Dependability and speed ~ stay with us)고 했습니다. 이를 '빠르고 믿을 만한 연결 속도의 보장'이라고 종합한 (c)가 정답입니다.

어휘 sluggish [slʌ́giʃ] 느린 reliable [riláiəbl] 믿을 수 있는
reach [riːtʃ] ~에 이르다 bandwidth [bǽndwìdθ] 대역폭
choppy [tʃɑ́pi] 뚝뚝 끊기는
dependability [dipèndəbíləti] 신뢰성
guarantee [gæ̀rəntíː] 보장 capability [kèipəbíləti] 성능, 능력

17

The lost continent of Atlantis was first mentioned by the Greek philosopher Plato in a work called *Timaeus*. The detailed manner in which he described Atlantis led others to believe his accounts were based on fact. However, thanks to the science of plate tectonics, we now know that no such continent could have existed and then subsequently disappear without a trace. Nevertheless, Plato's invention sparked a legend that endures to this day.

Q: What led to widespread belief in Atlantis according to the lecture?

(a) Early findings about it from plate tectonics experts
(b) Trip reports from early Greek explorations to it
(c) The detail with which a certain writer portrayed it
(d) Physical evidence of its existence that was fabricated

해석 잃어버린 대륙 아틀란티스 섬은 그리스 철학자 플라톤이 그의 저서 'Timaeus'에서 처음 언급하였습니다. 그가 아틀란티스 섬을 상세하게 묘사한 방식은 다른 사람들로 하여금 그의 이야기가 사실에 근거한 것

이 라고 믿게 만들었습니다. 하지만, 판구조론이라는 과학 덕분에, 이제 우리는 그러한 대륙이 존재했다가 이후 흔적도 없이 사라질 수는 없다는 것을 알게 되었습니다. 그럼에도 불구하고, 플라톤의 창작은 오늘날까지 이어져오는 전설을 낳았습니다.

Q: 강의에 따르면 아틀란티스 섬에 대한 만연한 믿음을 생기게 한 것은 무엇인가?
(a) 판구조론 전문가들의 아틀란티스 섬에 대한 초기 연구 결과
(b) 초기 그리스인들의 아틀란티스 섬 답사 여행 기록
(c) 아틀란티스 섬을 묘사한 어느 작가의 상세한 설명
(d) 아틀란티스 섬이 존재한다는 조작된 물적 증거

해설 강의에서 아틀란티스에 대한 만연한 믿음을 생기게 한 것을 묻는 문제입니다. 강의의 앞부분에서 아틀란티스 섬은 그리스 철학자 플라톤이 그의 저서 'Timaeus'에서 처음 언급했다(Atlantis was first mentioned ~ in a work called Timaeus)고 한 후, 그가 책에서 아틀란티스 섬을 상세하게 묘사한 방식은 다른 사람들이 그의 이야기가 사실에 근거한 것이라고 믿게 만들었다(The detailed manner ~ his accounts were based on fact)고 했습니다. 이를 '아틀란티스 섬을 묘사한 어느 작가의 상세한 설명'이라고 바꾸어 표현한 (c)가 정답입니다.

어휘 continent[kɑ́ntənənt] 대륙   philosopher[filɑ́səfər] 철학자
account[əkáunt] 이야기, 설명
plate tectonics 판구조론 <지각의 표층이 판 모양을 이루고 움직인다는 학설>   subsequently[sʌ́bsikwəntli] 이후, 나중에
spark[spɑːrk] 야기하다, ~의 발단이 되다
endure[indʒúər] 이어지다, 지속되다
fabricate[fǽbrikèit] (거짓 정보를) 조작하다

18

Unknown to many people, **Coca-Cola was first developed by a pharmacologist and sold as an over-the-counter remedy**. It was concocted as a tonic to calm the nerves and relieve a variety of common ailments. The original formula contained cocaine, and caffeine derived from the kola nut, hence the name of the product. In 1887, businessman Asa Candler bought the formula for Coca-Cola and marketed the product, turning it into one of America's most popular sodas.

Q: Which is correct about Coca-Cola according to the lecture?

(a) It was not originally intended as a soft drink.
(b) Asa Candler was unsuccessful at properly advertising the product.
(c) Caffeine is the ingredient that gives the drink its distinctive color.
(d) It was initially considered dangerous by the American public.

해석 많은 사람에게 알려지지 않았지만, 코카콜라는 약리학자에 의해 처음 개발되었고 처방전 없이 살 수 있는 치료약으로 판매되었습니다. 그것은 신경을 안정시키고 갖가지 흔한 질병을 완화시키는 강장제로 만들어졌습니다. 원래의 제조법은 코카인과 콜라나무 견과에서 나온 카페인을 포함하였고, 여기에서 제품의 이름이 나왔습니다. 1887년에, 사업가인 Asa Candler가 코카콜라의 제조법을 사서 제품을 내놓았고, 이것이 미국의 가장 인기 있는 탄산음료 중 하나가 되었습니다.

Q: 강의에 따르면 코카콜라에 대해 일치하는 것은 무엇인가?
(a) 원래 탄산음료로 의도된 것은 아니었다.
(b) Asa Candler는 제품을 제대로 광고하는 데 성공하지 못했다.
(c) 카페인은 음료가 독특한 색깔을 내게 해주는 성분이다.
(d) 처음에는 미국 대중들에게 위험하다고 여겨졌다.

해설 강의에서 코카콜라에 대한 내용과 일치하는 것을 묻는 문제입니다. 강의의 앞부분에서 코카콜라는 약리학자에 의해 처음 개발되었고 처방전 없이 살 수 있는 치료약으로 팔렸다(Coca-Cola was first developed ~ over-the-counter remedy)고 했습니다. 이를 '원래 탄산음료로 의도된 것은 아니었다'라고 바꾸어 표현한 (a)가 정답입니다.

어휘 develop[divéləp] 개발하다
pharmacologist[fɑ̀ːrməkɑ́lədʒist] 약리학자
over-the-counter 처방전 없이 살 수 있는
remedy[rémədi] 치료(약)
concoct[kənkɑ́kt] (특히 음식이나 음료를 이것저것 섞어) 만들다
tonic[tɑ́nik] 강장제   nerve[nəːrv] 신경
relieve[rilíːv] 완화하다   ailment[éilmənt] 질병
derive from ~에서 나오다   market[mɑ́ːrkit] (상품을) 내놓다
turn into ~이 되다, ~으로 변하다   distinctive[distíŋktiv] 독특한

19-20

The symptoms of bipolar disorder, a condition affecting the moods, typically manifest in one's early twenties. The main indicator of bipolar disorder is periods of depression alternating with periods of intense mania. Patients in the manic phase of bipolar disorder are easily misdiagnosed as having a personality disorder due to their having common symptoms of narcissism and schizophrenia. If these patients are treated with antidepressants, it may even make the problem worse. However, there are other ways to manage this devastating disorder. For example, [19]**having regular, one-on-one therapy sessions with a psychologist often leads to a significant improvement in overall quality of life**. It is important to note, though, that the effectiveness of this treatment varies from patient to patient. Unfortunately, it does not always prevent [20]**the disease from interfering with a person's ability to function normally**.

19. Q: What is an effective form of treatment for bipolar disorder?

(a) Participating in group therapy
(b) Taking antidepressant medication
(c) Meeting a health professional regularly
(d) Meditating on a daily basis

20. Q: What can be inferred about bipolar disorder from the lecture?
(a) Some bipolar individuals struggle with leading stable lifestyles.
(b) Periods of depression tend to last longer than manic ones.
(c) Personality disorder is the actual culprit behind episodes of mood swings.
(d) Many patients develop other serious psychological conditions.

해석 기분에 영향을 미치는 질환인 조울증의 증상들은 일반적으로 20대 초반에 나타납니다. 조울증의 주요 조짐은 우울증 기간이 강렬한 조증의 기간과 번갈아 나타나는 것입니다. 조울증의 조증 단계에 있는 환자들은 그들이 가지고 있는 일반적인 자아도취증과 정신 분열증 증상 때문에 쉽게 인격 장애를 가진 것으로 오진 받기도 합니다. 만약 이 환자들이 항우울제로 치료받게 되면, 문제를 더 악화시킬 수도 있습니다. 하지만, 이 치명적인 질병을 관리하는 다른 방법이 있습니다. 예를 들어, ¹⁹정신과 의사와 정기적으로, 1대 1 치료 시간을 갖는 것은 종종 전반적인 삶의 질에 현저한 향상을 가져오기도 합니다. 그러나, 치료의 효과는 환자에 따라 다르다는 점에 주목하는 것이 중요합니다. 불행히도, 이 ²⁰병이 한 사람이 정상적으로 활동할 수 있는 능력에 지장을 주는 것을 항상 막지는 못합니다.

19. Q: 조울증에 효과적인 치료 방법은 무엇인가?
(a) 그룹 치료에 참여하기
(b) 항우울제 복용하기
(c) 정기적으로 의료 전문가 만나기
(d) 매일 명상하기

20. Q: 강의에서 조울증에 대해 추론할 수 있는 것은 무엇인가?
(a) 몇몇 조울증 환자들은 안정적인 생활을 하는 것에 어려움을 겪는다.
(b) 우울증 기간은 조증 기간보다 길게 지속되는 경향이 있다.
(c) 인격 장애는 기분 변화 증상 발현의 숨은 실제 원인이다.
(d) 많은 환자들은 다른 심각한 정신 질환이 생기기도 한다.

해설 19. 조울증에 효과적인 치료 방법을 묻는 문제입니다. 정신과 의사와 정기적으로 1대 1 치료 시간을 갖는 것은 종종 전반적인 삶의 질에 현저한 향상을 가져오기도 한다(having regular, one-on-one therapy sessions with a psychologist ~ overall quality of life)고 했습니다. 이를 '정기적으로 의료 전문가 만나기'라고 바꾸어 표현한 (c)가 정답입니다.

20. 강의를 통해 조울증에 대해 추론할 수 있는 내용을 묻는 문제입니다. 강의의 뒷부분에서 조울증이 한 사람이 정상적으로 활동할 수 있는 능력에 지장을 준다(the disease ~ interfering with a person's ability to function normally)고 했습니다. 이를 바탕으로 몇몇 조울증 환자들이 정상적인 생활을 하는 데 어려움이 있다는 것을 알 수 있습니다. 따라서 '몇몇 조울증 환자들은 안정적인 생활을 하는 것에 어려움을 겪는다'라고 추론한 (a)가 정답입니다.

어휘 bipolar disorder 조울증   manifest [mǽnəfèst] 나타나다
alternate [ɔ́ːltərnèit] 번갈아 일어나다   mania [méiniə] 조증, 조병
manic [mǽnik] 조증의   misdiagnose [misdáiəgnòus] 오진하다
narcissism [nάːrsəsìzm] 자아도취증
schizophrenia [skìtsəfríːniə] 정신 분열증
antidepressant [æ̀ntidiprésnt] 항우울제
devastating [dévəstèitiŋ] 치명적인   one-on-one 1대 1의(로)
psychologist [saikάlədʒist] 정신과 의사, 심리학자

interfere [ìntərfíər] 지장을 주다, 방해하다
meditate [médətèit] 명상하다, 심사숙고하다   on a daily basis 매일
struggle [strʌ́gl] 어려움을 겪다   culprit [kʌ́lprit] (문제의) 원인
episode [épəsòud] (어떤 질환에서 반복되는) 증상의 발현

MINI TEST 7   p. 180

01 (d)	02 (c)	03 (a)	04 (d)	05 (b)
06 (a)	07 (a)	08 (d)	09 (d)	10 (d)
11 (b)	12 (c)	13 (c)	14 (b)	15 (c)
16 (a)	17 (a)	18 (c)	19 (b)	20 (b)

01

Do you think I ought to buy these shoes?
(a) We've been walking for hours.
(b) I'll pick up an extra pair.
(c) You can't try them on.
(d) Yeah, they suit you well.

해석 제가 이 신발을 사야 한다고 생각하나요?
(a) 우리는 몇 시간을 걸었어요.
(b) 여분 한 쌍을 찾아올게요.
(c) 그것들은 신어 볼 수 없어요.
(d) 네, 당신에게 잘 어울려요.

해설 이 신발을 자신이 사야 한다고 생각하는지 의견을 묻는 말에, '네, 당신에게 잘 어울려요'라며 신발을 사는 것이 좋겠다는 의미를 전달한 (d)가 정답입니다.

어휘 ought to ~해야 하다   pick up ~을 찾아오다
extra [ékstrə] 여분의   try on 신어 보다, 입어 보다

02

What do you think about my new place?
(a) I don't think the landlord will notice.
(b) I'm still looking for a place to rent.
(c) It's certainly a major improvement.
(d) I'll let you know when I'm on my way.

해석 저의 새로운 집에 대해 어떻게 생각하세요?
(a) 집주인이 알지 못할 것 같아요.
(b) 여전히 임대할 곳을 찾고 있어요.
(c) 정말로 상당한 발전이네요.
(d) 제가 가는 길에 알려드릴게요.

해설 자신의 새로운 집에 대해 어떻게 생각하는지 묻는 말에, '정말로 상당한 발전이네요'라며 이전의 집과 비교해 훨씬 좋다는 의미를 전달한 (c)가 정답입니다.

어휘 landlord[lǽndlɔ̀:rd] 집주인 notice[nóutis] 알다, 주목하다
rent[rent] 임대하다 improvement[imprú:vmənt] 발전, 개선

03

Amy, could you submit your report by five o'clock today?

(a) I'll get right on it after lunch.
(b) It should arrive sometime this evening.
(c) I can extend the deadline for you.
(d) That's only if you're through with it.

해석 Amy, 오늘 5시까지 보고서를 제출할 수 있겠니?
(a) 점심 후에 바로 착수하도록 하겠습니다.
(b) 오늘 저녁쯤에 도착할 것입니다.
(c) 마감기한을 연장해 드릴 수 있어요.
(d) 당신이 그것을 끝마칠 경우에 한해서 됩니다.

해설 오늘 5시까지 보고서를 제출할 수 있는지 묻는 말에, '점심 후에 바로 착수하도록 하겠습니다'라며 보고서를 제출할 수 있도록 하겠다는 의미를 전달한 (a)가 정답입니다.

어휘 submit[səbmít] 제출하다 get on 착수하다
extend[iksténd] 연장시키다, 늘이다 deadline[dédlàin] 마감기한
be through 끝마치다, 완료하다

04

How did Bea manage to get front-row seats for the concert?

(a) On the front row of the balcony.
(b) The show is completely sold out.
(c) She is a huge fan of the band.
(d) I suppose she pulled some strings.

해석 Bea는 어떻게 콘서트의 앞자리 좌석을 구할 수 있었나요?
(a) 발코니 석 앞자리로요.
(b) 그 쇼는 완전히 매진됐어요.
(c) 그녀는 그 밴드의 엄청난 팬이에요.
(d) 제 생각엔 그녀가 연줄을 이용한 것 같아요.

해설 Bea가 콘서트의 앞자리 좌석을 구한 방법을 묻는 말에, '제 생각엔 그녀가 연줄을 이용한 것 같아요'라며 그녀가 티켓을 구한 것으로 예상되는 방법을 알려준 (d)가 정답입니다.

어휘 manage[mǽnidʒ] 해내다 completely[kəmplí:tli] 완전히
pull strings 연줄을 이용하다

05

Your handwriting is truly a thing of perfection.

(a) That's the way my name is always spelled.
(b) I owe it to my elementary school teachers.
(c) If it's illegible, I can copy it down for you.
(d) Technical writing is a complex skill to master.

해석 당신의 손 글씨는 정말 완벽하군요.
(a) 그것이 항상 제 이름의 철자를 쓰는 방법이에요.
(b) 그것은 제 초등학교 선생님들 덕분이에요.
(c) 만약 읽기 어렵다면, 제가 당신을 위해 그것을 베껴 써줄 수 있어요.
(d) 전문적인 집필은 완전히 익히기 복잡한 기술이에요.

해설 손 글씨가 완벽하다고 칭찬하는 말에, '그것은 제 초등학교 선생님들 덕분이에요'라며 이유를 설명한 (b)가 정답입니다.

어휘 spell[spel] 철자를 쓰다 owe A to B A는 B 덕분이다
illegible[ilédʒəbl] 읽기 어려운 complex[kəmpléks] 복잡한

06

W: Welcome to Teal Restaurant.
M: Hi. Table for two, please.
W: Sorry, we're full right now. Would you mind waiting for a few minutes?

(a) Not at all. We'll wait.
(b) I'll have steak and potatoes.
(c) Sure. We'll leave now.
(d) I don't eat here very often.

해석 W: Teal 식당에 오신 것을 환영합니다.
M: 안녕하세요, 2명 자리로 부탁해요.
W: 죄송하지만, 지금 자리가 꽉 차 있습니다. 잠시 기다리시는 것이 괜찮으신가요?
(a) 네, 좋아요. 기다릴게요.
(b) 스테이크와 감자 요리로 주세요.
(c) 물론이죠. 저희는 지금 떠날 거예요.
(d) 저는 이곳에서 자주 먹지는 않아요.

해설 식당에서 자리를 안내하는 상황입니다. 식당에서 자리가 날 때까지 잠시 기다리시는 것이 괜찮은지 의견을 묻는 말에, '네, 좋아요. 기다릴게요'라고 응답한 (a)가 정답입니다.

어휘 Would you mind -ing? ~해도 괜찮으십니까?
Not at all, Sure (Would you mind -ing?에 대한 대답으로) 네, 좋습니다

07

M: Would you like to extend your stay, Ma'am?
W: No, I'll be checking out now.
M: OK. I hope you enjoyed your time here.

(a) It was splendid. I can't wait to return.
(b) I've been here four days and three nights.
(c) Thanks for the offer. Maybe next time.
(d) Kindly send the bill up to my room.

해석 M: 숙박을 연장하시겠습니까, 손님?
W: 아니요, 지금 체크아웃할 거예요.
M: 네. 이곳에서 즐거운 시간을 보내셨기를 바랍니다.
(a) 아주 멋졌어요. 다시 오고 싶네요.
(b) 저는 이곳에서 3박 4일 머물렀어요.
(c) 제안은 감사 드려요. 아마 다음 기회에요.

(d) 제 방으로 청구서를 보내주세요.

해설 호텔에서 체크아웃을 하는 상황입니다. 이곳에서 즐거운 시간을 보냈기를 바란다는 말에, '아주 멋졌어요. 다시 오고 싶네요'라며 머무르는 동안 좋았다는 의미를 전달한 (a)가 정답입니다.

어휘 extend [iksténd] 연장하다　check out 체크아웃하다, 나가다
splendid [spléndid] 아주 멋진, 훌륭한

08

> W: Aren't you working yourself a little too hard?
> M: I can't help it. I need to finish this project by tomorrow.
> W: Yeah, but everyone needs a break once in a while.
>
> (a) I'm not the one who broke it.
> (b) You should've done it earlier.
> (c) Of course. I'll finish it in time.
> (d) You're right. I think I'll take a short rest.

해석 W: 일을 조금 과하게 하는 거 아니에요?
　　 M: 어쩔 수 없어요. 내일까지 이 프로젝트를 끝내야 하거든요.
　　 W: 네, 그렇지만 누구나 가끔 휴식이 필요해요.
　　 (a) 저는 그것을 부순 사람이 아니에요.
　　 (b) 당신은 그것을 좀 더 일찍 했어야 해요.
　　 (c) 물론이죠. 제시간에 맞춰서 끝낼게요.
　　 (d) 맞아요. 잠깐 쉬어야 할 것 같아요.

해설 과하게 일하는 것에 대해 조언하는 상황입니다. 누구나 가끔 휴식이 필요하다며 휴식을 제안하는 말에, '맞아요. 잠깐 쉬어야 할 것 같아요'라고 수락한 (d)가 정답입니다.

어휘 can't help it 어쩔 수 없다　in time 제시간에
should have p.p. ~했어야만 했다

09

> M: I expected to receive the accounting report before noon.
> W: Sorry. It's taking longer than I thought.
> M: What seems to be the holdup?
>
> (a) I will give it to the manager.
> (b) That never crossed my mind.
> (c) I'll hold out until you need it.
> (d) The numbers aren't adding up.

해석 M: 회계 보고서를 정오 전에 받을 것으로 예상했는데요.
　　 W: 죄송합니다. 제가 생각했던 것보다 더 오래 걸리네요.
　　 M: 지체의 원인이 무엇인 것 같아요?
　　 (a) 제가 그것을 관리자에게 드릴게요.
　　 (b) 그 생각이 전혀 떠오르질 않았어요.
　　 (c) 당신이 그것을 필요로 할 때까지 제가 기다릴게요.
　　 (d) 수치들의 계산이 맞지 않아요.

해설 보고서 제출 지연에 대해 이야기하는 상황입니다. 보고서 제출의 지체 원인이 무엇인 것 같은지 묻는 말에, '수치들의 계산이 맞지 않아요'라며 보고서가 지체된 원인을 알려준 (d)가 정답입니다.

어휘 accounting [əkáuntiŋ] 회계　holdup [hóuldʌp] 지체의 원인, 정체
cross one's mind 생각이 떠오르다
hold out 기다리다, 지속하다　add up 계산이 맞다, 앞뒤가 맞다

10

> W: In case your sister's fever gets worse, here's the number for the hospital.
> M: Is someone on call all night?
> W: Yes, even during the graveyard shift.
>
> (a) They might be resting by that time.
> (b) Oh, it rang the whole evening.
> (c) I'll get it from the local directory.
> (d) Let's just hope I don't need to call.

해석 W: 당신의 여동생의 열이 더 심해질 경우를 대비해서, 여기 병원 전화번호가 있어요.
　　 M: 누군가 밤새 대기하고 있나요?
　　 W: 네, 야간 근무 시간에도 있어요.
　　 (a) 그들은 그때쯤이면 아마 쉬고 있을지도 몰라요.
　　 (b) 아, 그것은 저녁 내내 울렸어요.
　　 (c) 제가 그것을 지역 안내서에서 찾아볼게요.
　　 (d) 제가 전화할 필요가 없게 되기를 바라보죠.

해설 아픈 여동생을 간호하고 있는 상황입니다. 여동생의 열이 더 심해지면 병원에 야간 근무조가 있으니 전화하라는 말에, '제가 전화할 필요가 없게 되기를 바라보죠'라며 동생이 더 아프지 않기를 바란다는 의미를 전달한 (d)가 정답입니다.

어휘 in case ~할 경우를 대비해서
on call 대기하고 있는, 언제든지 사용할 수 있는
graveyard shift 야간 근무　local [lóukəl] 지역의
directory [diréktəri] 안내서

11

> Listen to two friends discuss a movie.
> M: I really thought **Sam Cole's new film was incredibly boring**.
> W: Yeah. The story was really awful.
> M: I agree. Even the fine acting couldn't save it.
> W: We should've just waited for the video.
> M: Yes. That would've saved us some money.
> W: I hope Sam Cole gets his act together.
>
> Q: What are the man and woman mainly doing in the conversation?
>
> (a) Discussing a movie's screenplay
> **(b)** Expressing disappointment with a movie
> (c) Analyzing the storyline of a film
> (d) Commending the cast's acting ability

해석 두 친구가 영화에 대해 이야기하는 것을 들으시오.
M: Sam Cole의 새 영화는 정말 지루했어요.
W: 맞아요. 이야기가 너무 형편 없었어요.
M: 저도 동감해요. 좋은 연기조차도 영화를 살리지는 못했어요.
W: 우리는 그냥 비디오가 나올 때까지 기다렸어야 했어요.
M: 그래요. 그랬다면 우리는 돈을 좀 아낄 수 있었을 거예요.
W: 저는 Sam Cole이 일을 좀 더 잘하기를 바라요.
Q: 대화에서 남자와 여자는 주로 무엇을 하고 있는가?
(a) 영화의 시나리오에 대해 논의하고 있다.
(b) 영화에 대한 실망을 표현하고 있다.
(c) 영화의 줄거리를 분석하고 있다.
(d) 영화 출연진들의 연기력에 대해 칭찬하고 있다.

해설 대화에서 남자와 여자가 주로 하고 있는 일을 묻는 문제입니다. 대화의 앞부분에서 남자가 Sam Cole의 새 영화는 정말 지루했다(Sam Cole's new film was incredibly boring)고 한 후, 여자와 남자가 Sam Cole의 영화를 혹평하는 대화가 이어졌습니다. 이를 '영화에 대한 실망을 표현하고 있다'라고 종합한 (b)가 정답입니다.

어휘 incredibly [inkrédəbli] 엄청나게, 믿을 수 없을 정도로
awful [ɔ́ːfəl] 형편 없는, 끔찍한
get one's act together 일을 좀 더 잘하다, 자신을 가다듬다
screenplay [skríːnplèi] 시나리오
disappointment [dìsəpɔ́intmənt] 실망, 낙심
analyze [ǽnəlàiz] 분석하다   commend [kəménd] 칭찬하다

12

Listen to a conversation about summer vacation plans.
W: **I've decided to go travelling during my summer vacation.** How about you?
M: Unfortunately, I'll be working this summer to save up for college.
W: I see. Actually, I was offered an internship at a law firm for a month.
M: But if you had done that, you wouldn't have any time to travel.
W: Exactly, and that's why I turned it down. **I've always wanted to see Italy.**
M: I can tell you from firsthand experience how beautiful it is.
Q: What is the woman doing over the summer?
(a) Taking summer classes at a college
(b) Doing an internship at a law office
(c) Going on vacation to another country
(d) Participating in a study abroad program

해석 여름 방학 계획에 대한 대화를 들으시오.
W: 나는 이번 여름 방학 동안 여행을 하기로 결정했어. 너는 어때?
M: 불행히도, 나는 대학 때문에 저축하려고 이번 여름에 일하게 될 거야.
W: 그렇구나. 실은, 나 법률 사무소에서 한 달 동안 인턴직을 제안받았어.
M: 그런데 네가 그것을 한다면, 여행할 시간은 없을 거야.
W: 맞아, 그게 바로 내가 그것을 거절한 이유야. 나는 항상 이탈리아에 가보고 싶었어.
M: 내가 직접 얻은 경험으로 그곳이 얼마나 아름다운지 말해줄 수 있어.
Q: 여자가 여름 동안 할 것은 무엇인가?
(a) 대학에서 여름 학기 수업을 수강하는 것
(b) 법률 사무소에서 인턴직으로 근무하는 것
(c) 다른 나라로 휴가를 가는 것
(d) 해외 연수 프로그램에 참가하는 것

해설 여자가 여름 동안 할 것을 묻는 문제입니다. 여자가 이번 여름 방학 동안 여행을 하기로 결정했다(I've decided to go travelling during my summer vacation)며, 항상 이탈리아에 가보고 싶었다(I've always wanted to see Italy)고 했습니다. 이를 '다른 나라로 휴가를 가는 것'이라고 바꾸어 표현한 (c)가 정답입니다.

어휘 save up 저축하다   turn down ~을 거절하다
firsthand [fə́ːrsthǽnd] 직접 얻은

13

Listen to a conversation between two friends.
M: I'm surprised that movie became a box office sensation.
W: Well, the cast is an ensemble of many popular actors.
M: I can't believe people would watch a movie merely for the cast.
W: **Aren't you being overly critical?** You haven't even seen it.
M: I think the premise alone sounds awful enough.
W: **Just because you don't think you'll like it doesn't mean that others won't.**
Q: What is the woman mainly doing in the conversation?
(a) Criticizing the movie's storyline
(b) Expressing disapproval over the man's behavior
(c) Challenging the man's point of view
(d) Complimenting the movie's actors

해설 두 친구 간의 대화를 들으시오.
M: 그 영화가 흥행 센세이션을 일으켰다니 놀라워요.
W: 출연진이 많은 인기 배우들로 이루어져 있던데요.
M: 사람들이 단지 출연진 때문에 영화를 본다니 믿을 수가 없어요.
W: 당신은 너무 비판적인 거 아닌가요? 그 영화를 보지도 않았잖아요.
M: 저는 전제 자체만으로도 충분히 끔찍하다고 생각해요.
W: 당신이 좋아하지 않을 것 같다고 해서 다른 사람들도 그럴 거란 법은 없어요.
Q: 대화에서 여자는 주로 무엇을 하고 있는가?
(a) 영화의 줄거리를 비판하고 있다.
(b) 남자의 행동에 불만을 표현하고 있다.
(c) 남자의 견해에 이의를 제기하고 있다.
(d) 영화의 배우들을 칭찬하고 있다.

해설 대화에서 여자가 주로 하고 있는 일을 묻는 문제입니다. 남자가 흥행 영

화에 대해 비판하자, 여자가 너무 비판적인 거 아닌지(Aren't you being overly critical?)라고 한 후 남자 자신이 좋아하지 않을 것 같다고 해서 다른 사람들도 그럴 거란 법은 없다(Just because you don't think you'll like it doesn't mean that others won't)고 했습니다. 이를 '남자의 견해에 이의를 제기하고 있다'라고 종합한 (c)가 정답입니다.

어휘 box office 흥행, 수익, 매표소
sensation [senséiʃən] 센세이션, 세상을 떠들썩하게 하는 것
cast [kæst] 출연진   critical [krítikəl] 비판적인
premise [prémis] 전제   disapproval [dìsəprúːvəl] 불만, 비난
challenge [tʃǽlindʒ] 이의를 제기하다, 맞서다
compliment [kάmpləmənt] 칭찬하다

14

Listen to a conversation between two friends.
W: **How did your driving test go?**
M: I nearly failed the parallel parking portion.
W: But you had practiced so much.
M: I know. I lost my nerve during the test, though.
W: Well, at least you got your license.
M: Yeah. **I can finally drive on my own.**

Q: What can be inferred about the man from the conversation?

(a) He is confident about his driving skills.
(b) He passed his driving test.
(c) He neglected to review traffic rules.
(d) He plans to purchase a car for himself.

해석 두 친구 간의 대화를 들으시오.
W: 당신 운전 시험은 어떻게 됐나요?
M: 평행 주차 부분에서 거의 떨어질 뻔 했어요.
W: 하지만 당신은 정말 많이 연습했잖아요.
M: 그러게 말이에요. 그런데도 시험 보는 동안 겁을 먹었어요.
W: 뭐, 적어도 면허증은 땄잖아요.
M: 네. 드디어 혼자서 운전할 수 있어요.

Q: 대화에서 남자에 대해 추론할 수 있는 것은 무엇인가?
(a) 그는 그의 운전 솜씨에 자신이 있다.
(b) 그는 운전면허 시험에 통과했다.
(c) 그는 교통 법규를 검토하지 않았다.
(d) 그는 자신을 위한 차를 구입하려고 계획하고 있다.

해설 대화를 통해 남자에 대해 추론할 수 있는 내용을 묻는 문제입니다. 대화의 앞부분에서 운전 시험은 어떻게 되었는지(How did your driving test go?) 묻는 여자의 말에, 남자가 거의 떨어질 뻔한 부분도 있었지만, 면허증을 따서 드디어 혼자서 운전할 수 있게 되었다(I can finally drive on my own)고 했습니다. 이를 바탕으로 남자가 운전면허 시험에 통과해 면허증을 땄음을 알 수 있습니다. 따라서 '그는 운전면허 시험에 통과했다'라고 추론한 (b)가 정답입니다.

어휘 parallel parking 평행 주차   portion [pɔ́ːrʃən] 부분
lose one's nerve 겁먹다   license [láisəns] 면허증
on one's own 혼자서, 스스로
neglect [niglékt] 하지 않다, 무시하다

15

Listen to a conversation at an airport.
M: Excuse me, is there a problem?
W: Sir, have you read our guidelines on **carrying restricted items on the plane**?
M: I'm aware that weapons and agricultural products are not permitted.
W: And **neither are liquids and gels in excess of 100 milliliters**.
M: **Does this mean I must discard my toiletries?**
W: Yes. Kindly place them in the box at the end of the counter.

Q: What can be inferred from the conversation?

(a) The man frequently ignores instructions.
(b) The man is studying airport procedures.
(c) The man and woman are at a security checkpoint.
(d) The woman will give the man his toiletries back.

해석 공항에서의 대화를 들으시오.
M: 저기요, 무슨 문제가 있나요?
W: 손님, 기내에 반입이 제한된 물품을 휴대하는 것에 관한 저희의 지침을 읽어보셨나요?
M: 무기와 농산물은 허용되지 않는다는 건 알아요.
W: 그리고 100밀리리터를 초과하는 액체와 젤도 허용되지 않습니다.
M: 그 말은 제 화장품들을 다 버려야 한다는 건가요?
W: 네. 카운터의 끝에 있는 상자 안에 놓아 주시기 바랍니다.

Q: 대화에서 추론할 수 있는 것은 무엇인가?
(a) 남자는 자주 지시를 무시한다.
(b) 남자는 공항 절차를 공부 중이다.
(c) 남자와 여자는 보안 검색대에 있다.
(d) 여자는 남자의 화장품을 되돌려 줄 것이다.

해설 대화를 통해 추론할 수 있는 내용을 묻는 문제입니다. 기내에 반입이 제한된 물품을 휴대하는 것(carrying restricted items on the plane)에 대해 100밀리리터를 초과하는 액체와 젤도 허용되지 않는다(neither are liquids and gels in excess of 100 milliliters)는 여자의 말에, 남자가 화장품을 다 버려야 하는지(Does this mean I must discard my toiletries?) 물었습니다. 이를 바탕으로 여자가 공항의 보안 검색대에서 남자의 가방을 검사하고 있다는 것을 알 수 있습니다. 따라서 '남자와 여자는 보안 검색대에 있다'라고 추론한 (c)가 정답입니다.

어휘 restricted [ristríktid] 제한된
agricultural [ægrikʌ́ltʃərəl] 농업의
in excess of ~을 초과하여   discard [diskάːrd] 버리다
toiletry [tɔ́ilitri] 화장품류   checkpoint [tʃékpɔ̀int] 검색대

16

Everyone knows that exercise is only one component of a healthy lifestyle. Another is a nutritious diet. **Supplement your daily diet** with a nutritious bowl of Ryder's Oats.** Only Ryder's Oats contains the vitamins and minerals you need to sustain your energy throughout the day, and with its high fiber content, Ryder's Oats is also good for your heart. Ryder's Oats: the perfect way to start your day. Try some with your favorite fruit!

Q: What is the advertisement mainly about?

(a) A healthy food to add to a diet
(b) A nutritional supplement for athletes
(c) A newly developed exercise program
(d) A supplier of fresh fruits

17

How we perceive things through our senses can differ from one person to another. **Cognitive neuroscience** studies the psychological and biological factors that influence human thought. **This gives us insight into how stimuli are processed by the brain**. For example, a smell can trigger a flood of memories, influence our mood, and even affect our behavior. **The mechanism through which this process occurs is what cognitive neuroscience aims to investigate.**

Q: What is the main purpose of the talk?

(a) To discuss the fundamental goal of cognitive neuroscience
(b) To explore the biological functions of the five senses
(c) To give advice on how to control our mood and behavior
(d) To provide information on how memories are stored in the brain

18

Hemianopic dyslexia is a disorder marked by patients with slight visual field defects having persistent reading difficulties. However, **there hasn't been much published on the rehabilitation of patients with the condition**. Treatment methods that involve the systematic and repetitive practice of specific eye movements used for reading have been developed. Nevertheless, **the prognosis as to whether such practices produce permanent improvement remains unclear**.

Q: What can be inferred from the talk?

(a) Doctors no longer provide therapy for hemianopic dyslexia.
(b) Patients with hemianopic dyslexia suffer from vision impairment.

(c) The treatment for hemianopic dyslexia requires more research.
(d) The medication for hemianopic dyslexia has short-term benefits.

해석 편측성 난독증은 약간의 시야 결함으로 인해 지속적인 독서에 어려움이 있는 환자들에게 나타나는 장애입니다. 그러나, 이 질환을 가지고 있는 환자들의 재활에 대해서는 발표된 것이 많이 없습니다. 읽기에 사용되는 특정 안구 운동의 체계적이고 반복적인 연습을 포함한 치료 방법이 개발되었습니다. 그럼에도 불구하고, 그러한 실행이 영구적인 개선을 낳을지에 관한 예측은 여전히 분명하지 않습니다.

Q: 담화에서 추론할 수 있는 것은 무엇인가?
(a) 의사들은 더는 편측성 난독증의 치료법을 제공하지 않는다.
(b) 편측성 난독증이 있는 환자들은 시력 장애로 고생한다.
(c) 편측성 난독증의 치료는 더 많은 연구를 필요로 한다.
(d) 편측성 난독증의 약물 치료는 단기적인 효과가 있다.

해설 담화를 통해 추론할 수 있는 것을 묻는 문제입니다. 편측성 난독증을 가진 환자들의 재활에 대해서는 발표된 것이 많이 없다(there hasn't been much published ~ patients with the condition)는 말에 이어, 이 질환에 대한 치료 방법이 개발되었지만 이러한 실행이 영구적인 개선을 낳을지는 여전히 분명하지 않다(the prognosis ~ remains unclear)고 했습니다. 이를 바탕으로 편측성 난독증을 확실히 치료할 수 있는 방법이 더 필요함을 알 수 있습니다. 따라서 '편측성 난독증의 치료는 더 많은 연구를 필요로 한다'라고 추론한 (c)가 정답입니다.

어휘 dyslexia [disléksiə] 난독증, 독서 장애 defect [dí:fekt] 결함
persistent [pərsístənt] 지속적인, 끊임없이 반복되는
rehabilitation [rì:həbìlitéiʃən] 재활
condition [kəndíʃən] (치유가 안 되는 만성) 질환
prognosis [prɑgnóusis] 예측 impairment [impέərmənt] 장애

19-20

[19]The National Post Office announced it will lift restrictions on the amount of junk mail delivered to people's homes. It has been three years since the current limits were put in place. This decision has drawn criticism from people who are hostile toward junk mail because they see the move as being unfair. They feel that the National Post Office should not be inconveniencing members of the public to collect postage fees from companies. The agency is adamant, however, saying that the profits earned from delivering junk mail will help to keep it afloat and save thousands of associated jobs. But the National Post Office wants to reassure [20]customers that they [20]can opt out of junk mail delivery by following the directions on the agency's website.

19. Q: What is the news report mainly about?

(a) The launch of a new postal service
(b) A change to a post office policy
(c) An improvement to a delivery system
(d) The expansion of a mail sorting facility

20. Q: Which is correct about the National Post Office according to the news report?
(a) It will cease transporting large volumes of junk mail.
(b) It permits the discontinuation of junk mail delivery.
(c) Its decision will result in the creation of new jobs.
(d) Its actions have endeared it to the public.

해석 [19]중앙 우체국은 사람들의 집으로 배달되는 정크 메일의 양에 대한 규제를 풀 것이라고 발표했습니다. 이는 지금의 규제가 시행된 지 3년 만입니다. 이러한 결정은 정크 메일에 대해 적대적인 사람들이 이 조치가 공정하지 못하다고 보기 때문에 비난을 불러 일으켰습니다. 그들은 중앙 우체국이 회사들로부터 우편 요금을 징수하기 위해 사회 구성원을 불편하게 하면 안 된다고 생각합니다. 하지만 이 기관은 정크 메일을 배달하여 얻는 수익이 계속 사업 활동을 할 수 있도록 돕고 관련된 수천 개의 일자리를 지켜줄 것이라며 확고합니다. 하지만, 중앙 우체국은 [20]고객들이 기관 웹사이트상의 지시사항에 따르면 정크 메일이 배달되지 않게 할 수 있다고 안심시키려고 합니다.

19. Q: 뉴스 보도는 주로 무엇에 대한 것인가?
(a) 새로운 우편 서비스의 시작
(b) 우체국 정책의 변화
(c) 배달 시스템의 개선
(d) 우편 분류 시설의 확장

20. Q: 뉴스 보도에 따르면 중앙 우체국에 대해 일치하는 것은 무엇인가?
(a) 많은 양의 정크 메일을 배달하는 것을 중단시킬 것이다.
(b) 정크 메일 배달의 차단을 가능하게 한다.
(c) 중앙 우체국의 결정은 새로운 일자리를 창출할 것이다.
(d) 중앙 우체국의 조치는 대중의 환심을 샀다.

해설 19. 뉴스 보도의 중심 내용을 묻는 문제입니다. 뉴스 보도의 앞부분에서 중앙 우체국은 사람들의 집으로 배달되는 정크 메일의 양에 대한 규제를 시행한 지 3년 만에 풀 것이라고 발표했다(The National Post Office announced ~ current limits were put in place)고 했습니다. 이를 '우체국 정책의 변화'라고 종합한 (b)가 정답입니다.

20. 뉴스 보도에서 중앙 우체국에 대한 내용과 일치하는 것을 묻는 문제입니다. 고객들이(customers) 기관 웹사이트상의 지시사항에 따르면 정크 메일이 배달되지 않게 할 수 있다(can opt out ~ on the agency's website)고 했습니다. 이를 '정크 메일 배달의 차단을 가능하게 한다'라고 바꾸어 표현한 (b)가 정답입니다.

어휘 lift [lift] (제재를) 풀다, 해제하다 restriction [ristríkʃən] 규제, 제한
hostile [hástl] 적대적인, 강경한 postage [póustidʒ] 우편 요금
adamant [ǽdəmənt] 확고한, 단호한 profit [práfit] 수익, 이익
afloat [əflóut] 활동하여; 빚지지 않고
reassure [rì:əʃúər] 안심시키다, 확신시키다 opt out 빠져 나오다
sorting [sɔ́:rtiŋ] 분류, 구분 cease [si:s] 중단시키다
discontinuation [dìskəntìnjuéiʃən] 차단
endear A to B A가 B의 환심을 사게 하다

ACTUAL TEST

p. 183

1 (a)	2 (a)	3 (c)	4 (a)	5 (a)
6 (b)	7 (a)	8 (b)	9 (a)	10 (c)
11 (a)	12 (c)	13 (d)	14 (c)	15 (a)
16 (b)	17 (a)	18 (c)	19 (b)	20 (a)
21 (a)	22 (d)	23 (b)	24 (b)	25 (a)
26 (a)	27 (b)	28 (b)	29 (d)	30 (c)
31 (b)	32 (b)	33 (d)	34 (c)	35 (a)
36 (c)	37 (a)	38 (c)	39 (c)	40 (b)

1

How often do you shop for groceries?

(a) Usually once a week.
(b) Monthly seems more practical.
(c) About $100.
(d) They're frequently out of stock.

해석 얼마나 자주 식료품을 사러 가세요?
(a) 보통 일주일에 한 번이요.
(b) 한 달에 한 번이 더 알맞을 것 같아요.
(c) 약 100달러에요.
(d) 그것들은 자주 품절이 돼요.

해설 얼마나 자주 식료품을 사러 가는지 묻는 말에, '보통 일주일에 한 번이요'라고 응답한 (a)가 정답입니다.

어휘 grocery [gróusəri] 식료품 practical [præktikəl] 알맞은, 실용적인
out of stock 품절이 된, 재고가 떨어진

2

Would you like to have another glass of wine?

(a) I'd better not, because I have to drive.
(b) The waiter will bring one for you.
(c) That's if you want to stay for dessert.
(d) It's better after it's been chilled.

해석 와인 한 잔 더 드실래요?
(a) 안 하는 것이 좋겠어요, 운전해야 해서요.
(b) 웨이터가 한 잔 가져다 드릴 거예요.
(c) 당신이 디저트를 위해 머무르길 원하신다면요.
(d) 차가워진 후에 맛이 더 좋아요.

해설 와인을 더 마실지 묻는 말에, '안 하는 것이 좋겠어요, 운전해야 해서요'라며 와인을 더 마시지 않겠다는 의미를 전달한 (a)가 정답입니다.

어휘 chill [tʃil] (음식을) 차게 하다

3

What was the theme of last year's costume party?

(a) More guests arrived than expected.
(b) Everyone had a blast that night.
(c) People came dressed as superheroes.
(d) Probably during the next Halloween.

해석 작년 변장 파티의 주제는 뭐였어요?
(a) 예상보다 더 많은 손님들이 왔어요.
(b) 그날 밤 모두가 아주 즐거운 시간을 보냈어요.
(c) 사람들이 슈퍼 히어로 분장을 하고 왔어요.
(d) 아마도 다음 할로윈 동안에요.

해설 작년 변장 파티의 주제가 무엇이었는지 묻는 말에, '사람들이 슈퍼 히어로 분장을 하고 왔어요'라며 작년 변장 파티의 주제는 슈퍼 히어로였다는 의미를 간접적으로 전달한 (c)가 정답입니다.

어휘 costume party 변장 파티 blast [blæst] 아주 즐거운 한때

4

Do you think a tax hike will be imposed this year?

(a) It's about time someone spoke up.
(b) I leave mine to an accountant.
(c) That's the first I've heard of it.
(d) Make sure to pay your taxes.

해석 세금 인상이 올해 시행될 것이라고 생각하세요?
(a) 이제 누군가 당당하게 말할 때예요.
(b) 저는 제 것을 회계사에게 맡겨요.
(c) 저는 그것에 대해 처음 들었어요.
(d) 꼭 당신의 세금을 내도록 하세요.

해설 세금 인상이 올해 시행될 것이라고 생각하는지 묻는 말에, '저는 그것에 대해 처음 들었어요'라며 남자의 질문에 대한 답을 잘 모른다는 의미를 전달한 (c)가 정답입니다.

어휘 hike [haik] 인상 impose [impóuz] 시행하다, 도입하다
accountant [əkáuntənt] 회계사

5

Looks like we won't make it in time for our flight.

(a) We should have left the house earlier.

(b) Yeah, we'll just drive to the airport.
(c) Sorry, we cannot wait that long.
(d) We will be leaving in a few hours.

해석 우리 비행 시간에 맞춰 도착하지 못할 것 같아요.
(a) 좀 더 일찍 집에서 나왔어야 했어요.
(b) 네, 우리는 공항까지 그냥 운전해서 갈 거예요.
(c) 미안해요, 우리는 그렇게 오래 기다릴 수 없어요.
(d) 몇 시간 후에 떠날 거예요.

해설 비행 시간에 맞춰 도착하지 못할 것 같다는 말에, '좀 더 일찍 집에서 나왔어야 했어요'라며 늦게 출발하는 바람에 비행 시간에 맞추지 못할 것 같다는 의미를 전달한 (a)가 정답입니다.

어휘 make it 도착하다

6

Is there enough paper to print out the flyers?
(a) It'll be done in a while.
(b) We're running low, actually.
(c) I'll help you distribute them.
(d) It should be fixed tomorrow.

해석 이 전단지들을 인쇄할 종이가 충분히 있나요?
(a) 곧 끝날 거예요.
(b) 실은, 종이가 떨어져 가고 있어요.
(c) 당신이 그것들을 나눠주는 걸 도와줄게요.
(d) 내일 고쳐질 거예요.

해설 전단지를 인쇄할 종이가 충분히 있는지 묻는 말에, '실은, 종이가 떨어져 가고 있어요'라며 전단지를 인쇄할 종이가 충분하지 않다는 의미를 전달한 (b)가 정답입니다.

어휘 flyer [fláiər] (광고용) 전단지, 전단 run low 떨어져 가다
distribute [distríbju:t] 나누어 주다

7

You're turning 40 soon, but you hardly look your age!
(a) Yeah, I get that all the time.
(b) But we haven't seen each other in ages.
(c) No, I think you're older than I am.
(d) Thanks, but I can look out for myself.

해석 당신은 곧 마흔 살이 되는데, 전혀 당신 나이처럼 보이지 않아요!
(a) 네, 그런 소리 자주 들어요.
(b) 하지만 우리는 오랫동안 서로를 보지 못했어요.
(c) 아니요, 당신이 저보다 나이가 많은 것 같아요.
(d) 고맙지만, 제 자신은 스스로 돌볼 수 있어요.

해설 곧 마흔 살이 되는데 전혀 원래의 나이처럼 보이지 않는다는 말에, '네, 그런 소리 자주 들어요'라며 칭찬을 받아들인 (a)가 정답입니다.

어휘 look out for ~을 돌보다, 보살피다

8

I've worked overtime for five days straight.
(a) Your supervisor will understand.
(b) It's time you took a break.
(c) Yeah, that's a good idea.
(d) No, I was assigned yesterday.

해석 저는 5일 연속으로 초과 근무를 했어요.
(a) 당신 상사는 이해할 거예요.
(b) 이제 휴식을 취할 시간이네요.
(c) 네, 그것은 좋은 생각이에요.
(d) 아니요, 저는 어제 배치됐어요.

해설 5일 연속으로 초과 근무를 했다는 말에, '이제 휴식을 취할 시간이네요'라며 쉴 것을 제안한 (b)가 정답입니다.

어휘 overtime [óuvərtàim] 초과 근무 straight [streit] 연속으로
supervisor [sú:pərvàizər] 상사
assign [əsáin] 배치하다, 할당하다

9

This college has a solid reputation for academic excellence.
(a) Too bad it costs an arm and a leg.
(b) You just need to focus on your studies.
(c) Actually, I almost failed the admission test.
(d) My grades were higher than ever last semester.

해석 이 대학은 학문적 우수성에 대한 믿을 수 있는 명성을 가지고 있어요.
(a) 이곳이 엄청난 돈이 든다니 참 안타까워요.
(b) 당신은 그저 당신의 공부에만 집중하면 돼요.
(c) 실은, 저 입학시험에서 거의 떨어질 뻔 했어요.
(d) 지난 학기 제 성적은 그 어느 때보다 더 높았어요.

해설 이 대학은 학문적 우수성에 대한 믿을 수 있는 명성을 가지고 있다는 말에, '이곳이 엄청난 돈이 든다니 참 안타까워요'라며 학문적 우수성에 대한 명성을 가지고 있지만 학비가 너무 비싸서 안타깝다는 의미를 전달한 (a)가 정답입니다.

어휘 solid [sálid] 믿을 수 있는, 확실한
reputation [rèpjutéiʃən] 명성, 평판
cost an arm and a leg 엄청난 돈이 들다

10

Nicole's demanding job seems to have taken a toll on her.
(a) You know I don't indulge in gossip.
(b) No, she doesn't work for me.
(c) Yes. I think she's finally reached the limit.
(d) Yes, she told me about her demands.

해석 Nicole의 힘든 업무가 그녀에게 큰 타격을 준 것 같아요.
(a) 제가 험담을 즐기지 않는다는 거 알잖아요.

(b) 아니요, 그녀는 제 밑에서 일하지 않아요.
(c) 네. 그녀는 결국 한계에 이른 것 같아요.
(d) 네, 그녀가 제게 그녀의 요구사항에 대해 이야기했어요.

해설 Nicole의 힘든 업무가 그녀에게 큰 타격을 준 것 같다는 말에, '네. 그녀는 결국 한계에 이른 것 같아요'라며 동의한 (c)가 정답입니다.

어휘 demanding [diməndiŋ] 힘든, 부담이 큰
take a toll ~에 큰 타격을 주다, ~에 손해를 끼치다
indulge [indʌ́ldʒ] 즐기다, 빠지다   reach the limit 한계에 이르다

11

W: Are we still on for that movie tonight?
M: Oh, I think I'll have to take a rain check.
W: Why? Do you have other plans?
(a) Nothing like that. I just feel ill.
(b) No problem. I'll pick them up.
(c) Yeah. Let's watch something different.
(d) Sure. I'll go get the tickets now.

해석 W: 우리 여전히 오늘 밤에 영화 보는 거 맞죠?
M: 아, 전 다음을 기약해야 할 것 같아요.
W: 왜요? 다른 약속이 있어요?
(a) 그런 건 아니에요. 그냥 좀 아파서요.
(b) 괜찮아요. 제가 그들을 데리러 갈게요.
(c) 그래요. 우리 뭔가 다른 걸 봐요.
(d) 물론이죠. 제가 지금 가서 표를 사올게요.

해설 약속을 취소하고 있는 상황입니다. 약속을 취소하는 것이 다른 할 일이 있어서인지 묻는 말에, '그런 건 아니에요. 그냥 좀 아파서요'라며 약속을 취소하는 이유를 설명한 (a)가 정답입니다.

어휘 take a rain check 다음을 기약하다

12

M: Hi there. I'm James Adams. I live next door.
W: Hello, I'm Sandy. I just moved in yesterday.
M: It's a pleasure to meet you. So, how do you like our neighborhood?
(a) I recently had this house renovated.
(b) I'm glad to make your acquaintance.
(c) I'm feeling quite at home already.
(d) Oh, you have a very nice home.

해석 M: 안녕하세요. 저는 James Adams에요. 옆집에 살고 있어요.
W: 안녕하세요, 저는 Sandy에요. 어제 막 이사 왔어요.
M: 만나서 반가워요. 동네는 마음에 드시나요?
(a) 저는 최근에 이 집을 개조했어요.
(b) 아는 사이가 되서 기뻐요.
(c) 이미 마음이 아주 편안해요.
(d) 오, 정말 좋은 집을 가지고 계시네요.

해설 새로운 이웃과 인사를 나누는 상황입니다. 동네가 마음에 드는지 묻는 말에, '이미 마음이 아주 편안해요'라며 새로운 동네가 마음에 든다는 의미를 전달한 (c)가 정답입니다.

어휘 renovate [rénəvèit] 개조하다, 수리하다
acquaintance [əkwéintəns] 아는 사이, 친분
feel at home 마음이 편안하다

13

W: How did the last play practice go?
M: I wasn't able to make it.
W: But wasn't it a dress rehearsal?
(a) The costumes are ready backstage.
(b) Actually, it should have been longer.
(c) I couldn't find anything to wear.
(d) No, that's scheduled for tomorrow.

해석 W: 마지막 연극 연습은 어땠어요?
M: 저는 참석하지 못했어요.
W: 하지만 그게 정식 무대 연습 아니었어요?
(a) 의상들은 무대 뒤에 준비되어 있어요.
(b) 실은, 더 길었어야 해요.
(c) 입을 수 있는 것을 못 찾았어요.
(d) 아니요, 그건 내일로 예정되어 있어요.

해설 남자의 연극 연습에 대해 이야기하는 상황입니다. 마지막 연극 연습이 정식 무대 연습이 아니었는지 묻는 말에, '아니요, 그건 내일로 예정되어 있어요'라며 정식 무대 연습 일정을 알려준 (d)가 정답입니다.

어휘 dress rehearsal 정식 무대 연습, 총연습
costume [kástju:m] 의상

14

M: Aren't you glad it's Friday today?
W: Yeah, I am. I've had quite a stressful week.
M: Well, we're grabbing an early lunch if you want to come along.
(a) It should all be over soon.
(b) Oh, but I wasn't invited.
(c) It would be nice to take a breather.
(d) Please send them my regards.

해석 M: 오늘이 금요일이라는 게 기쁘지 않아요?
W: 네, 기뻐요. 전 꽤 스트레스가 많은 한 주를 보냈거든요.
M: 그럼, 당신이 함께 가길 원한다면 우리 잠깐 이른 점심을 먹으러 가요.
(a) 곧 있으면 다 끝날 거예요.
(b) 아, 하지만 전 초대받지 않았어요.
(c) 한숨 돌리는 것도 좋겠네요.
(d) 그들에게 제 안부를 전해주세요.

해설 점심을 함께 먹자고 제안하는 상황입니다. 원한다면 함께 점심을 먹으러 나가자는 제안에, '한숨 돌리는 것도 좋겠네요'라며 제안을 수락한 (c)가 정답입니다.

어휘 grab [græb] 잠깐 ~하다   come along 함께 가다
take a breather 한숨 돌리다

15

W: I'm out of steam. I can't write anymore.
M: But we're almost through with our report.
W: We've spent the whole night working on it.

(a) I say we get it over with tonight.
(b) I'll let you know when we've finished it.
(c) We're supposed to go to work.
(d) It might take some time to review.

해석 W: 전 지쳤어요. 더 이상 못 쓰겠어요.
 M: 하지만 우리는 보고서를 거의 끝냈어요.
 W: 우리는 그것을 작업하느라 밤을 샜어요.
 (a) 우리는 오늘 밤에는 끝낼 거예요.
 (b) 우리가 그것을 끝내면 당신에게 알려줄게요.
 (c) 우리는 일하러 가야 해요.
 (d) 검토하는 데 시간이 좀 걸릴 거예요.

해설 보고서 작성에 대해 이야기하는 상황입니다. 보고서를 쓰느라 밤을 샜다고 불평하는 말에, '우리는 오늘 밤에는 끝낼 거예요'라며 위로한 (a)가 정답입니다.

어휘 out of steam 지친 get over ~을 끝내다

16

M: Danny says you're in the food business now.
W: Yes. I went into catering after I left my old job.
M: Is it working out for you?

(a) I never knew you could cook so well.
(b) Well, it was slow at first but things are picking up.
(c) I've been attending a lot of events.
(d) Sure, I've learned how to make that.

해석 M: Danny가 당신이 현재 식품업에 종사한다고 말하던데요.
 W: 네. 이전의 직업을 그만두고 음식 제공업에 몸담기 시작했어요.
 M: 일은 잘 되고 있어요?
 (a) 당신이 요리를 그렇게 잘하는지 몰랐어요.
 (b) 음, 처음에는 부진했지만 나아지고 있어요.
 (c) 전 많은 행사에 참석해오고 있어요.
 (d) 물론이죠, 그것을 만드는 법을 배웠어요.

해설 여자의 새 직장에 대해 이야기하는 상황입니다. 현재 하는 일이 잘 되고 있는지 묻는 말에, '음, 처음에는 부진했지만 나아지고 있어요'라며 일이 잘 되고 있다는 의미를 전달한 (b)가 정답입니다.

어휘 go into (특히 어떤 직종에) 몸담기 시작하다
 pick up 나아지다, 향상하다

17

W: Would you like to go on a hot-air balloon ride?
M: Not really. I'm afraid of heights.
W: I am as well, but I hear you forget about that once you're up in the air.

(a) I should've done this a long time ago.
(b) Let's do it one more time.
(c) I don't think I could handle it.
(d) It was a horrifying experience.

해석 W: 열기구 놀이기구 타러 갈래요?
 M: 아니요. 전 높은 곳을 무서워해요.
 W: 저도 마찬가지예요, 그런데 일단 공중에 있으면 그것에 대해 잊는다고 들었어요.
 (a) 전 오래 전에 이걸 했어야 해요.
 (b) 한 번 더 해봐요.
 (c) 제가 감당할 수 있을 것 같지 않아요.
 (d) 무서운 경험이었어요.

해설 열기구 놀이기구를 타러 갈 것을 제안하는 상황입니다. 자신도 높은 곳을 무서워하지만 일단 공중에 있으면 그것에 대해 잊어버린다고 들었으니 열기구를 타러 가자고 제안하는 말에, '제가 감당할 수 있을 것 같지 않아요'라며 제안을 거절한 (c)가 정답입니다.

어휘 hot-air balloon 열기구 ride[raid] 놀이기구
 height[hait] 높은 곳 handle[hǽndl] 감당하다, 다루다

18

M: Welcome to Mesita. How many are in your party, please?
W: It's just me and a friend for now, but some friends will arrive later.
M: I see. And how many do you expect your party to be in all?

(a) I'm looking forward to a good time.
(b) No, eight o'clock is better for me.
(c) I guess a table for six would be fine.
(d) Oh, I've never been here before.

해석 M: Mesita에 오신 것을 환영합니다. 일행이 몇 분이신가요?
 W: 지금은 저랑 친구 한 명뿐인데, 나중에 친구 몇 명이 더 올 거예요.
 M: 알겠습니다. 그럼 일행을 총 몇 명 예상하시나요?
 (a) 저는 좋은 시간을 기대하고 있어요.
 (b) 아니요, 저는 8시가 더 좋아요.
 (c) 6명 자리면 괜찮을 것 같아요.
 (d) 오, 저는 이전에 여기에 와 본 적이 없어요.

해설 식당에서 자리를 안내받는 상황입니다. 일행을 총 몇 명 예상하는지 묻는 말에, '6명 자리면 괜찮을 것 같아요'라며 총 인원이 6명이 될 것 같다는 의미를 전달한 (c)가 정답입니다.

어휘 party[pɑ́ːrti] 일행 in all 총, 모두 합쳐
 look forward to ~을 기대하다, 고대하다

19

M: How are preparations for the product launch coming along?
W: We're nearly done printing all the brochures.
M: Good. I'd like to see how they turn out.

(a) The merchandise delivery is expected soon.
(b) You'll be pleased with the results.
(c) You won't believe your ears when I tell you.
(d) It will be ready in time for the inauguration.

해석 M: 제품 출시 준비는 어떻게 되어 가고 있나요?
W: 모든 안내 책자를 인쇄하는 것을 거의 마쳤습니다.
M: 좋네요. 그것들이 결과가 어떻게 될지 보고 싶어요.
(a) 곧 물품이 배달될 것으로 예상됩니다.
(b) 결과에 만족하실 것입니다.
(c) 제가 말씀드려도 못 믿으실 것입니다.
(d) 정식 개시에 맞춰 준비될 것입니다.

해설 제품 출시 준비에 대해 이야기하는 상황입니다. 제품의 안내 책자의 결과가 어떻게 나올지 보고 싶다는 말에, '결과에 만족하실 것입니다'라며 제품의 안내 책자가 잘 나올 것임을 확신한다는 의미를 전달한 (b)가 정답입니다.

어휘 launch [lɔːntʃ] 출시 come along 되어 가다, 해나가다
brochure [brouʃúər] 안내 책자 turn out (결과가) ~이 되다
merchandise [mə́ːrtʃəndàiz] 물품, 상품
inauguration [inɔ̀ːgjuréiʃən] 정식 개시, 개업

20

M: Emma doesn't seem happy as a team leader anymore.
W: I'm not surprised, especially after her assistant Peter resigned.
M: He didn't seem to be impressed with her leadership skills.

(a) Yeah. He said she started getting too tough.
(b) I agree. She made an effective leader.
(c) She was happy when her assistant resigned.
(d) It's a good thing they got along really well.

해석 M: Emma는 더 이상 팀 리더로서 행복하지 않아 보여요.
W: 전 놀랍지 않아요, 특히 그녀의 조수인 Peter가 그만둔 이후로 말이에요.
M: 그는 그녀의 통솔력에 감명받지 않은 것 같았어요.
(a) 맞아요. 그는 그녀가 너무 엄해지기 시작했다고 말했어요.
(b) 동감이에요. 그녀는 유능한 지도자였어요.
(c) 그녀는 자신의 조수가 그만뒀을 때 행복해 했어요.
(d) 그들이 사이좋게 잘 지냈다니 다행이에요.

해설 Emma와 그녀의 조수 Peter에 대해 이야기하는 상황입니다. Emma의 조수가 그녀의 통솔력에 감명받지 않은 것 같다는 말에, '맞아요. 그는 그녀가 너무 엄해지기 시작했다고 말했어요'라며 동의한 (a)가 정답입니다.

어휘 resign [rizáin] 그만두다, 사직하다 get along 사이좋게 잘 지내다

21

Listen to a conversation in a kitchen.
M: Shall I **put some oil in the pan** now?
W: Go ahead. It seems to be hot enough.
M: I'm supposed to **sauté the onions first** before the garlic and herbs, right?
W: Yes. Then add the tomatoes and let the mixture simmer for a while.
M: OK. I hope this dish turns out well.
W: Don't sweat it. I'm sure it will taste just fine.
Q: What is mainly happening in the conversation?

(a) The woman is advising the man on food preparation.
(b) The woman is learning how to preserve sauce.
(c) The man is picking out pasta ingredients.
(d) The man is helping the woman cook lunch.

해석 주방에서의 대화를 들으시오.
M: 지금 냄비에 기름을 조금 넣으면 돼요?
W: 그렇게 하세요. 충분히 뜨거워진 것 같아 보이네요.
M: 마늘이랑 허브를 넣기 전에 먼저 양파를 기름에 살짝 튀겨야 하는 거 맞죠?
W: 네. 그리고 나서 토마토를 넣고 혼합 재료를 잠깐 끓여주세요.
M: 알았어요. 이 요리가 잘 되었으면 좋겠어요.
W: 걱정하지 마세요. 분명히 좋은 맛이 날 거예요.
Q: 대화에서 주로 무엇이 일어나고 있는가?
(a) 여자가 남자에게 음식 준비하는 것에 대해 조언해주고 있다.
(b) 여자가 소스를 저장하는 법을 배우고 있다.
(c) 남자가 파스타 재료를 고르고 있다.
(d) 남자가 여자가 점심을 만드는 것을 도와주고 있다.

해설 대화에서 주로 일어나고 있는 일을 묻는 문제입니다. 대화의 앞부분에서 남자가 냄비에 기름을 조금 넣는 것(put some oil in the pan)과 양파를 먼저 튀기는 것(sauté the onions first)에 대해 묻자, 여자가 나머지 조리법에 대해 설명했습니다. 이를 '여자가 남자에게 음식 준비하는 것에 대해 조언해주고 있다'라고 종합한 (a)가 정답입니다.

어휘 be supposed to ~해야 한다, ~하기로 되어 있다
sauté [soutéi] 기름에 살짝 튀기다 mixture [míkstʃər] 혼합 재료
simmer [símər] 끓다 sweat it 걱정하다, 고민하다
preserve [prizə́ːrv] 저장하다, 보존하다
ingredient [ingríːdiənt] 재료

22

Listen to a conversation between two friends.
W: David, there's something I need to tell you.
M: OK. **Is it about the skiing trip?**
W: Yes, actually. **I have to turn down your invitation because of an urgent family matter.**
M: That's too bad. Are you sure you won't change your mind?
W: No. My family requires my undivided attention right now.

M: I understand. I hope all goes well for you.

Q: What is the woman mainly doing in the conversation?

(a) Asking permission to visit her family
(b) Calling off the skiing trip that she planned
(c) Seeking the man's advice about a family problem
(d) Explaining why she's backing out on a trip

해석 두 친구 간의 대화를 들으시오.
W: David, 당신에게 할 말이 있어요.
M: 그래요. 스키 여행에 관한 거예요?
W: 실은, 맞아요. 긴급한 가족 문제 때문에 당신의 초대를 거절해야만 해요.
M: 그것 참 아쉽네요. 정말 마음을 바꿀 생각은 없는 거예요?
W: 네. 우리 가족은 제가 당장 전념하기를 요청하고 있거든요.
M: 알겠어요. 모든 일이 잘 되길 바라요.
Q: 대화에서 여자는 주로 무엇을 하고 있는가?
(a) 그녀의 가족을 방문할 수 있도록 허락을 구하고 있다.
(b) 그녀가 계획한 스키 여행을 취소하고 있다.
(c) 가족 문제에 대해 남자의 조언을 구하고 있다.
(d) 왜 그녀가 여행에서 빠지는지 설명하고 있다.

해설 대화에서 여자가 주로 하고 있는 일을 묻는 문제입니다. 대화의 앞부분에서 남자가 여자가 할 이야기가 스키 여행에 관한 것인지(Is it about the skiing trip?) 묻자, 여자가 그렇다며 긴급한 가족 문제 때문에 남자의 초대를 거절해야만 한다(I have to turn down your invitation because of an urgent family matter)고 했습니다. 이를 '왜 그녀가 여행에서 빠지는지 설명하고 있다'라고 종합한 (d)가 정답입니다.

어휘 turn down 거절하다 urgent [ə́ːrdʒənt] 긴급한, 시급한
undivided [ʌ̀ndiváidid] 전적인, 완전한
permission [pərmíʃən] 허락 call off 취소하다
back out (하기로 했던 일에서) 빠지다

23

Listen to a conversation between two acquaintances.

M: Have you ever heard of a **magnetron**? It's a device that produces microwaves.
W: Really? **Does it have anything to do with microwave ovens?**
M: Yes. **An engineer who was testing magnetrons one day accidentally discovered that they heated food.**
W: How in the world did that happen?
M: The magnetrons melted a candy bar he was carrying in his pocket.
W: Wow. You learn something new every day.

Q: What are the man and woman mainly discussing?

(a) The microwave's usage of magnetrons
(b) The invention of a kitchen appliance
(c) The cooking power of microwave ovens
(d) The diverse methods of heating food

해석 두 지인 간의 대화를 들으시오.
M: 마그네트론이라고 들어봤어요? 마이크로파를 만들어내는 장치예요.
W: 정말요? 전자레인지랑 관련이 있는 거예요?
M: 네. 마그네트론을 시험하던 공학자가 어느 날 우연히 그것들이 음식을 데운다는 걸 발견했대요.
W: 도대체 어떻게 그런 일이 생기죠?
M: 마그네트론이 그가 주머니에 가지고 있던 캔디 바를 녹인 거예요.
W: 우와. 당신은 날마다 무언가 새로운 걸 배우는군요.
Q: 남자와 여자는 주로 무엇에 대해 논의하고 있는가?
(a) 전자레인지에서의 마그네트론 사용
(b) 한 주방 기구의 발명
(c) 전자레인지의 조리 능력
(d) 음식을 데우는 다양한 방법들

해설 남자와 여자가 주로 논의하고 있는 것을 묻는 문제입니다. 대화의 앞부분에서 여자가 마그네트론(magnetron)이 전자레인지와 관련이 있는 것인지(Does it have anything to do with microwave ovens?) 묻자, 남자가 그렇다며 마그네트론을 시험하던 공학자가 우연히 그것들이 음식을 데우는 걸 발견했다(An engineer who was testing magnetrons one day accidentally discovered that they heated food)며 전자레인지를 발명하게 된 배경을 설명했습니다. 이를 '한 주방 기구의 발명'이라고 종합한 (b)가 정답입니다.

어휘 magnetron [mǽgnətràn] 마그네트론, 전자관
device [diváis] 장치, 기구
microwave [máikrouwèiv] 마이크로파, 극초단파
have to do with ~와 관련이 있다 microwave oven 전자레인지
appliance [əpláiəns] 기구, 장치 diverse [daivə́ːrs] 다양한

24

Listen to a conversation about a book.

W: Are you done with the novel we had to read?
M: I finished it in one go last night.
W: So how was it?
M: I almost fell asleep halfway through the book.
W: I've heard it's really dull. **I'm surprised you read it all the way through.**
M: **I wouldn't have bothered if we didn't have to eventually write a report.**

Q: Which is correct according to the conversation?

(a) The woman thinks the story is uninteresting.
(b) The man was obligated to read the novel.
(c) The man completed his book report.
(d) The woman has already read the book.

해석 책에 대한 대화를 들으시오.
W: 우리가 읽어야 했던 소설 다 읽었니?
M: 어제 밤에 한꺼번에 끝냈어.

W: 그래서 어땠어?
M: 책 중간쯤에 거의 잠들 뻔했어.
W: 그 책이 정말 지루하다고 들었어. 네가 끝까지 읽어 내다니 놀라운 데.
M: 마지막에 보고서를 쓰지 않아도 됐다면, 일부러 읽지 않았을 거야.

Q: 대화에 따르면 일치하는 것은 무엇인가?
(a) 여자는 이야기가 흥미롭지 않다고 생각한다.
(b) 남자는 소설을 읽을 의무가 있었다.
(c) 남자는 독후감을 완성했다.
(d) 여자는 이미 그 책을 읽었다.

해설 대화의 내용과 일치하는 것을 묻는 문제입니다. 남자가 소설을 끝까지 다 읽어서 놀랍다(I'm surprised you read it all the way through)는 여자의 말에, 남자가 보고서를 쓰지 않아도 된다면 일부러 읽지 않았을 것(I wouldn't have bothered if we didn't have to eventually write a report)이라고 했습니다. 이를 '남자는 소설을 읽을 의무가 있었다'라고 바꾸어 표현한 (b)가 정답입니다.

어휘 in one go 한꺼번에, 모두 함께
bother [báðər] 일부러 ~하다, ~하도록 애쓰다
obligate [ábləgèit] 의무를 지우다
complete [kəmplíːt] 완성하다, 끝마치다

25

Listen to a conversation between two colleagues.
W: **I'm a little concerned. I have a feeling my boss might give me the boot.**
M: Why? What did you do wrong?
W: He hasn't been satisfied with my work over the past few months.
M: Is he aware you're having trouble at home?
W: He is, but he won't take any excuses.
M: If that's the case, just be ready for anything.

Q: Why is the woman worried?
(a) She has not finished a project.
(b) She forgot about a meeting.
(c) She is at risk of losing her job.
(d) She is unable to find a ride home.

해설 두 동료 간의 대화를 들으시오.
W: 저는 조금 걱정이에요. 제 상사가 저를 해고할 것 같은 느낌이 들어요.
M: 왜요? 뭐 잘못했어요?
W: 그는 지난 몇 달 동안 제 업무에 대해 만족하지 않았어요.
M: 당신이 집에 문제가 있다는 걸 그도 알고 있어요?
W: 네, 그런데 그는 어떤 변명도 용납하지 않을 거예요.
M: 만약 그렇다면, 어떤 것이라도 받아들일 준비를 하세요.

Q: 여자는 왜 걱정하는가?
(a) 프로젝트를 끝내지 않았다.
(b) 회의에 대해 잊어버렸다.
(c) 일자리를 잃을 위험에 처했다.
(d) 집으로 가는 차편을 찾지 못했다.

해설 여자가 걱정하는 이유를 묻는 문제입니다. 대화의 앞부분에서 여자가 상사가 자신을 해고할 것 같은 느낌이 들어서 조금 걱정이다(I'm a little concerned. I have a feeling my boss might give me the boot)라고 했습니다. 이를 '일자리를 잃을 위험에 처했다'라고 표현한 (c)가 정답입니다.

어휘 give the boot 해고하다 satisfied [sǽtisfàid] 만족한
excuse [ikskjúːz] 변명 at risk of ~의 위험에 처한

26

Listen to a conversation between two friends.
W: I wonder why people continue to believe in astrology.
M: Why do you say that? I go to a fortune teller regularly.
W: What do you get out of it? They're nothing but charlatans.
M: **Have you ever visited one before?**
W: Well, **it's been longer than I can remember.**
M: All I know is that it makes me feel good. I don't see any harm in that.

Q: Which is correct according to the conversation?
(a) The woman once had her fortune told.
(b) The woman is concerned about her future.
(c) The man is a firm believer in science.
(d) The man finds solace in his religion.

해설 두 친구 간의 대화를 들으시오.
W: 전 사람들이 왜 계속 점성술을 믿는지 궁금해요.
M: 왜 그렇게 말하는 거예요? 전 정기적으로 점쟁이에게 가는데요.
W: 거기서 뭘 얻나요? 그들은 그저 사기꾼일 뿐이에요.
M: 이전에 점쟁이한테 가본 적 있어요?
W: 글쎄, 제가 기억할 수 있는 것보다 더 오래된 것 같아요.
M: 제가 아는 것이라곤 그게 제 기분을 좋게 만든다는 거예요. 그것에 어떤 해가 있다고 생각하지 않아요.

Q: 대화에 따르면 일치하는 것은 무엇인가?
(a) 여자는 이전에 점을 본 적이 있다.
(b) 여자는 자신의 미래에 대해 걱정한다.
(c) 남자는 과학을 굳게 믿는 사람이다.
(d) 남자는 종교에서 위안을 찾는다.

해설 대화의 내용과 일치하는 것을 묻는 문제입니다. 이전에 점을 보러 가본 적이 있는지(Have you ever visited one before?) 묻는 남자의 말에, 여자가 자신이 기억할 수 있는 것보다 더 오래된 것 같다(it's been longer than I can remember)고 했습니다. 이를 '여자는 이전에 점을 본 적이 있다'라고 바꾸어 표현한 (a)가 정답입니다.

어휘 astrology [əstrálədʒi] 점성술 fortune teller 점쟁이
nothing but 그저 ~일 뿐 charlatan [ʃáːrlətn] 사기꾼, 돌팔이
firm [fəːrm] 굳은, 확고한 solace [sáləs] 위안, 위로
religion [rilídʒən] 종교

27

Listen to a conversation between two acquaintances.

M: I heard that **security at the airport will be tightened again**.
W: Yeah. I think it's about time.
M: You don't seem to be bothered by it. It'll slow down check-in procedures.
W: Well, **it's a necessity for the protection of passengers**.
M: But it's a hassle to go through such scrutiny.
W: It can be annoying, but it's for the greater good.

Q: Which is correct according to the conversation?

(a) The man recognizes the importance of passenger safety.
(b) The woman thinks it's reasonable to intensify airport safety measures.
(c) The man does not like spending long periods on airplanes.
(d) The woman is impressed with current airline security.

해석 두 지인 간의 대화를 들으시오.
 M: 공항의 보안이 다시 강화될 것이라고 들었어요.
 W: 네, 이제 그럴 때가 된 것 같아요.
 M: 당신은 그것에 신경 쓰지 않는 것 같네요. 그것이 탑승 수속 절차를 늦추게 될 거에요.
 W: 뭐, 승객들의 보호를 위해 불가피한 일이니까요.
 M: 하지만 그런 정밀 조사를 거치는 건 너무 번거로운 일이에요.
 W: 귀찮을 수도 있지만, 더 큰 이익을 위해서에요.
 Q: 대화의 내용과 일치하는 것은 무엇인가?
 (a) 남자는 승객 안전의 중요성을 인식하고 있다.
 (b) 여자는 공항 안전 조치를 강화하는 것이 합당하다고 생각한다.
 (c) 남자는 비행기에서 오랜 시간을 보내는 것을 좋아하지 않는다.
 (d) 여자는 현재 항공사의 보안에 감명받았다.

해설 대화의 내용과 일치하는 것을 묻는 문제입니다. 대화의 앞부분에서 공항의 보안이 다시 강화될 것(security at the airport will be tightened again)이라는 남자의 말에, 여자가 승객들의 보호를 위해 불가피한 일(it's a necessity for the protection of passengers)이라고 했습니다. 이를 '여자는 공항 안전 조치를 강화하는 것이 합당하다고 생각한다'라고 바꾸어 표현한 (b)가 정답입니다.

어휘 security[sikjúərəti] 보안, 경비 tighten[taitn] 강화하다
 check-in (공항에서) 탑승 수속 hassle[hǽsl] 번거로운 일
 go through (일련의 행동·방법·절차를) 거치다
 scrutiny[skrú:təni] 정밀 조사 reasonable[rí:zənəbl] 합당한
 intensify[inténsəfài] 강화하다

28

Listen to a conversation between two friends.

W: How have things been lately, Ken?
M: **I had a hip operation last month**, as a matter of fact. What about you?
W: I've been in good health lately, knock on wood. Are you fully recovered?
M: No. I just started physical therapy last week.
W: I'm certain you'll be back to your usual self in no time.
M: Thanks. Your encouragement means a lot.

Q: What did the man do last month?

(a) He joined a local fitness center.
(b) He underwent a surgical procedure.
(c) He participated in a physical therapy session.
(d) He attended a health convention.

해석 두 친구 간의 대화를 들으시오.
 W: 요즘 어떻게 지내세요, Ken?
 M: 실은, 지난달에 고관절 수술을 받았어요. 당신은 어때요?
 W: 전 요즘 건강하고, 이것이 지속되길 빌어요. 완전히 회복한 거예요?
 M: 아니요. 지난주에 막 물리 치료를 시작했어요.
 W: 당신이 곧 평상시의 모습으로 돌아올 거라고 확신해요.
 M: 고마워요. 당신의 격려는 큰 의미가 있어요.
 Q: 남자는 지난달에 무엇을 했는가?
 (a) 지방의 헬스 클럽에 가입했다.
 (b) 외과 수술을 받았다.
 (c) 물리 치료 시간에 참여했다.
 (d) 건강 협회에 참석했다.

해설 남자가 지난달에 한 것을 묻는 문제입니다. 대화의 앞부분에서 남자가 지난달에 고관절 수술을 받았다(I had a hip operation last month)라고 했습니다. 이를 '외과 수술을 받았다'라고 바꾸어 표현한 (b)가 정답입니다.

어휘 knock on wood 빌다, 주문을 외다
 recover[rikʌ́vər] 회복시키다, 되찾다
 physical therapy 물리 치료 undergo[ʌ̀ndərgóu] 받다, 겪다
 surgical[sə́:rdʒikəl] 외과의 procedure[prəsí:dʒər] 수술

29

Listen to two friends discuss a musical performance.

M: Sara, I truly enjoyed your violin performance.
W: Really? I thought I did average.
M: **I was quite touched by one of your numbers.**
W: Was it the solo sonata?
M: Yes. **It was full of emotion.** You've certainly improved.
W: Thanks! I'm glad you enjoyed it.

Q: What can be inferred about the man?

(a) He taught the woman how to play the violin.
(b) He believes the woman needs more improvement.
(c) He considered the woman's performance average.
(d) He was moved by the emotion of the music.

해석 두 친구가 음악 연주에 대해 이야기하는 것을 들으시오.
M: Sara, 당신의 바이올린 연주를 정말 잘 들었어요.
W: 정말이에요? 저는 보통이었다고 생각했어요.
M: 당신의 연주곡들 중 한 곡에 상당히 감동받았어요.
W: 솔로 소나타였나요?
M: 네. 그 곡은 감정이 풍부하더군요. 당신은 분명히 향상되었어요.
W: 고마워요! 즐거우셨다니 기쁘네요.
Q: 남자에 대해 추론할 수 있는 것은 무엇인가?
(a) 남자는 여자에게 바이올린을 어떻게 연주하는지 가르쳤다.
(b) 남자는 여자가 좀 더 향상되어야 한다고 생각한다.
(c) 남자는 여자의 연주가 보통이었다고 생각했다.
(d) 남자는 음악의 정서에 감동 받았다.

해설 대화를 통해 남자에 대해 추론할 수 있는 내용을 묻는 문제입니다. 남자가 여자의 연주곡들 중 한 곡에 상당히 감동받았다(I was quite touched by one of your numbers)며, 그 곡은 감정이 풍부했다(It was full of emotion)고 칭찬했습니다. 이를 바탕으로 남자가 여자의 감정이 풍부한 음악에 감동을 받았음을 알 수 있습니다. 따라서 '남자는 음악의 정서에 감동 받았다'라고 추론한 (d)가 정답입니다.

어휘 touched [tʌtʃt] 감동받은
number [nʌmbər] (특히 공연에서 여러 개 중의 한) 곡, 곡목
improve [imprúːv] 향상되다
consider [kənsídər] ~이라고 생각하다
move [muːv] 감동시키다, 마음을 움직이다

30

Listen to a conversation between two friends.
W: **My current job is getting too tiresome for me to do.**
M: Really? I always thought you enjoyed it.
W: I did at first, but now it seems monotonous.
M: Perhaps you just need to take some time off.
W: Maybe. **I think I could use a new challenge**, though.
M: Well, getting a new job might do the trick.

Q: What can be inferred from the conversation?
(a) The woman is planning to retire from work.
(b) The man has switched companies before.
(c) The woman wants to pursue a different career.
(d) The man considers his commute to be taxing.

해석 두 친구 간의 대화를 들으시오.
W: 전 지금 하는 일이 점점 따분해지고 있어요.
M: 정말이요? 전 항상 당신이 즐기는 줄 알았어요.
W: 처음에는 그랬는데, 지금은 지루한 것 같아요.
M: 어쩌면 당신은 단지 좀 휴식을 취할 필요가 있을지도 몰라요.
W: 아마도요. 그래도 전 새로운 도전이 필요해요.
M: 음, 직업을 바꾸는 것이 효과가 있을지도 몰라요.
Q: 대화에서 추론할 수 있는 것은 무엇인가?
(a) 여자는 은퇴할 계획을 세우고 있다.
(b) 남자는 전에 회사를 옮겼다.
(c) 여자는 다른 직업에 종사하기를 원한다.
(d) 남자는 그의 통근이 아주 힘들다고 생각한다.

해설 대화를 통해 추론할 수 있는 내용을 묻는 문제입니다. 여자가 자신이 지금 하는 일이 점점 따분해지고 있다(My current job is getting too tiresome for me to do)며, 새로운 도전이 필요하다(I think I could use a new challenge)고 했습니다. 이를 바탕으로 여자가 새로운 일을 하고 싶어 한다는 것을 알 수 있습니다. 따라서 '여자는 다른 직업에 종사하기를 원한다'라고 추론한 (c)가 정답입니다.

어휘 tiresome [táiərsəm] 따분한, 성가신
monotonous [mənátənəs] 지루한   time off (일시적) 휴식
do the trick 효과가 있다, 목적을 달성하다
retire [ritáiər] 은퇴하다, 퇴직하다
taxing [tǽksiŋ] (육체적, 정신적으로) 아주 힘든

31

Olympic coach Ray Frank, known for training world-class runners, was accused Friday of giving an anabolic steroids to his athletes to improve their performance. **At the official Olympic inquiry, he admitted his guilt**, claiming that the only reason he provided his athletes with performance-enhancing drugs was because their rivals were surely taking them. **Though he managed to shed some light on the secretive world of steroid use in competitive sports, he has been relieved of his coaching responsibilities.** Furthermore, the National Olympic Commission will hold a meeting to discuss handing down a lifetime ban.

Q: What is mainly being reported about Ray Frank?
(a) His reputation as a highly regarded Olympic trainer
(b) His forthright testimony that cost him his career
(c) How his admission has tainted the image of athletics
(d) How anabolic steroids harmed his athletes' performance

해석 세계 최상급의 달리기 선수들을 훈련시키는 것으로 유명한 올림픽 코치 Ray Frank가 금요일에 그의 선수들의 성적을 향상시키기 위해 선수들에게 근육 증강제를 주었다는 혐의를 받았습니다. 공식 올림픽 조사에서, 그는 자신이 죄를 인정하며, 그의 선수들에게 성적을 향상시키는 약을 준

단 하나의 이유는 그들의 경쟁 상대가 그 약을 틀림없이 먹고 있었기 때문이라고 주장했습니다. 그가 경쟁을 벌이는 스포츠에서의 비밀스러운 스테로이드 사용에 대한 새로운 정보를 주었음에도 불구하고, 그는 코치직에서 해임되었습니다. 그뿐만 아니라, 국제 올림픽 위원회는 종신 파문을 내릴 것인지 의논하기 위해 회의를 열 것입니다.

Q: Ray Frank에 대해 주로 보도되고 있는 것은 무엇인가?
(a) 올림픽 트레이너로서의 매우 높이 평가받는 그의 명성
(b) 직업을 잃게 만든 그의 솔직한 증언
(c) 그의 인정이 운동 경기의 이미지를 어떻게 더럽혔는지
(d) 근육 증강제가 그의 운동 선수들의 성적에 어떻게 해를 끼쳤는지

해설 Ray Frank에 대해 보도되고 있는 것을 묻는 문제입니다. 공식 올림픽 조사에서 Ray Frank는 자신의 죄를 인정했다(At the official Olympic inquiry, he admitted his guilt)는 말에 이어, 그가 경쟁을 벌이는 스포츠에서의 비밀스러운 스테로이드 사용에 대한 새로운 정보를 주었음에도 불구하고 그는 코치직에서 해임되었다(Though he managed ~ his coaching responsibilities)고 했습니다. 이를 '직업을 잃게 만든 그의 솔직한 증언'이라고 종합한 (b)가 정답입니다.

어휘 accuse [əkjúːz] 혐의를 제기하다, 고발하다
anabolic steroid 근육 증강제 inquiry [ínkwəri] 조사
shed light on 새로운 정보를 주다
relieve [rilíːv] 해임하다, 해직하다 hand down 내리다, 언도하다
ban [bæn] 파문, 추방, 금지령
forthright [fɔ́ːrθràit] 솔직한, 거리낌 없는
testimony [téstəmòuni] 증언
cost [kɔːst] ~을 잃게 하다, 희생시키다
admission [ædmíʃən] 인정, 시인 taint [teint] 더럽히다
athletics [æθlétiks] 운동 경기, 육상 경기

해설 종교 단체들이 주 전역에 더 많은 차터 스쿨 설립을 위한 법안 통과 운동을 하며, 이것이 빈곤한 지역의 학생들에게 더 나은 교육 기회를 제공할 것이라고 기대하고 있습니다. 그러나, 지역 교사 연합은 차터 스쿨을 위한 추가 공공 자금은 자금 부족으로 이미 곤란에 처한 학군의 희생에서 나올 것이라고 주장하며 반대했습니다. 연합 대표는 공무원들이 모든 교육 이해 관계자들의 이익을 고려한 균형 잡힌 접근을 할 것을 강력히 촉구했습니다.

Q: 차터 스쿨에 대한 화자의 요점은 무엇인가?
(a) 차터 스쿨의 설립은 교육 평등을 야기했다.
(b) 차터 스쿨에 자금을 제공하는 것의 효과가 논란이 되고 있다.
(c) 공립 학교 교육자들은 차터 스쿨의 발전을 지지한다.
(d) 교사 연합은 차터 스쿨을 위한 주의 계획을 지지할 것이다.

해설 차터 스쿨에 대한 화자의 요점을 묻는 문제입니다. 담화 전체를 통해 차터 스쿨 설립이 더 나은 교육 기회를 제공할 것이라고 기대하는 찬성 입장과 차터 스쿨을 위한 추가 공공 자금이 자금 부족으로 이미 곤란에 처한 학군의 희생에서 나올 것이라는 반대 입장을 대비했습니다. 이를 '차터 스쿨에 자금을 제공하는 것의 효과가 논란이 되고 있다'라고 종합한 (b)가 정답입니다.

어휘 lobby [lάbi] 법안 통과 운동을 하다
charter school 차터 스쿨 <공적 자금을 받아 교사·부모·지역 단체 등이 설립한 학교> impoverished [impάvəriʃt] 빈곤한
funding [fʌ́ndiŋ] 자금, 공급 at the expense of ~을 희생하여
school district 학군, 학구
strap [stræp] ~이 부족하여 곤란하게 하다
stakeholder [stéikhòuldər] 이해 관계자
favor [féivər] 지지하다, 찬성하다
promote [prəmóut] (의안 등을) 지지하다, 촉진하다

32

Religious groups are lobbying for more charter schools around the state, which they hope will provide better educational opportunities for students in impoverished neighborhoods. **The local teacher union is opposed, however, arguing that any additional public funding for charter schools will come at the expense of a school district that's already strapped for cash.** Union representatives are urging officials to take a balanced approach that considers the interests of all educational stakeholders.

Q: What is the speaker's main point about charter schools?

(a) Their establishment has created educational equality.
(b) The effect of funding them is in dispute.
(c) Public school educators favor their development.
(d) Teacher unions will promote the state's plan for them.

33

Scientists know that autism is four times more likely to occur in males than females, but the reason for this has eluded scientists for years. However, researchers are now a step closer to finding the answer. A recent study indicates that **a mutation in a certain gene in the X chromosome may be the culprit behind the difference in incidence across genders**. Although the X chromosome is present in both genders, girls have two copies of it while boys only have one. Thus, **no error-free "backup copy" is available in boys to help protect against the mutation, which results in an uneven distribution of the disorder**.

Q: Why are males more likely to have autism than females?

(a) Their unique behavior causes frequent mutations.
(b) Their X chromosome is more vulnerable.
(c) They inherit too many copies of a certain gene.

(d) They do not have a substitute for an altered gene.

해석 과학자들은 자폐증이 여성보다 남성에게서 4배 더 많이 나타난다는 것을 알고 있지만, 몇 년 동안 이에 대한 원인은 이해하지 못했습니다. 그러나, 연구원들은 이제 답을 찾는 데 한 발짝 더 가까이 다가섰습니다. 최근 연구는 X 염색체 안에 있는 어떤 유전자 돌연변이가 성별 발병률의 차이를 만드는 범인일지도 모른다는 것을 보여 줍니다. 비록 X 염색체가 두 성별 모두에서 존재하지만, 남자는 한 개만 가지고 있는데 반해 여자는 두 개를 가지고 있습니다. 따라서, 남자들에게는 변이를 막도록 돕기 위한 문제없는 '예비 복제본'이 없어서, 이 장애의 고르지 않은 분포를 야기하는 것입니다.

Q: 남성은 왜 여성보다 자폐증을 앓을 가능성이 더 큰가?
(a) 남성 특유의 행동이 잦은 돌연변이를 유발한다.
(b) 남성의 X 염색체가 더 취약하다.
(c) 남성은 특정 유전자의 복사본을 너무 많이 물려받는다.
(d) 남성은 변형된 유전자에 대한 대체물이 없다.

해설 남성이 여성보다 자폐증을 앓을 가능성이 큰 이유를 묻는 문제입니다. X 염색체 안에 있는 어떤 유전자 돌연변이가 성별 발병률의 차이를 만드는 범인일지도 모른다(a mutation in a certain gene ~ incidence across genders)고 한 후, 남자들에게는 변이를 막도록 돕기 위한 문제없는 '예비 복제본'이 없어서 이 장애의 고르지 않은 분포를 야기한다(no error-free "backup copy" is available in boys ~ uneven distribution of the disorder)고 했습니다. 이를 '남성은 변형된 유전자에 대한 대체물이 없다'라고 바꾸어 표현한 (d)가 정답입니다.

어휘 autism [ɔ́:tizm] 자폐증 elude [ilú:d] ~에게 이해되지 않다
indicate [índikèit] 보여 주다, 나타내다
mutation [mju:téiʃən] 돌연변이, 변형
chromosome [króuməsòum] 염색체
culprit [kʌ́lprit] 범인, 장본인 uneven [ʌníːvən] 고르지 못한
inherit [inhérit] 물려받다

34

If you like exploring the outdoors and the open sea, then our latest gadget will delight you. Capture your adventurous moments, whether on the slopes or underwater, with the new Kinetos XS digital camera. **The Kinetos XS can function at depths of 50 meters and in below-freezing weather conditions.** It is also equipped with advanced shock-absorbing technology that can withstand drops and impacts. With the Kinetos XS, you get clear and crisp images anytime, anywhere.

Q: Which is correct about Kinetos XS according to the advertisement?

(a) It comes with a water-resistant case upon purchase.
(b) It allows users to take photos at varying resolutions.
(c) It is designed to endure extreme temperatures.
(d) It is protected from drops of up to 50 meters.

해석 만약 여러분이 야외와 탁 트인 바다를 탐험하는 것을 좋아하신다면, 저희의 최신 기기가 여러분들을 매우 기쁘게 해드릴 것입니다. 새로운 Kinetos XS 디지털 카메라로, 산비탈에서든 물속에서든 당신의 모험적인 순간을 담으세요. Kinetos XS는 50미터 깊이에서도 그리고 영하의 기상 조건에서도 작동할 수 있습니다. 이것은 또한 떨어뜨림과 충격에도 견딜 수 있는 고급 완충 기술을 갖추고 있습니다. Kinetos XS로 언제 어디서나 선명하고 맑은 사진을 찍으세요.

Q: 광고에 따르면 Kinetos XS에 대해 일치하는 것은 무엇인가?
(a) 구매하면 물이 잘 스며들지 않는 케이스가 딸려 온다.
(b) 사용자들이 다양한 해상도에서도 사진을 찍을 수 있게 해준다.
(c) 극도의 온도에도 견디도록 디자인되었다.
(d) 50미터에서 떨어뜨려도 보호된다.

해설 광고에서 Kinetos XS에 대한 내용과 일치하는 것을 묻는 문제입니다. Kinetos XS는 50미터 깊이에서도 그리고 영하의 기상 조건에서도 작동할 수 있다(The Kinetos XS can ~ below-freezing weather conditions)고 했습니다. 이를 '극도의 온도에도 견디도록 디자인되었다'라고 바꾸어 표현한 (c)가 정답입니다.

어휘 gadget [gǽdʒit] 기기, 기구
capture [kǽptʃər] 담아내다, 포착하다
slope [sloup] 산비탈, 경사지 below-freezing 영하의
be equipped with ~을 갖추다
shock-absorbing 완충인
withstand [wiθstǽnd] 견뎌내다
crisp [krisp] (소리, 이미지 등이) 맑은
water-resistant 물이 잘 스며들지 않는
varying [vέəriŋ] 다양한, 가지각색의
resolution [rèzəlú:ʃən] 해상도 endure [indjúər] 견디다
extreme [ikstrí:m] 극도의, 극심한

35

Consuming foods that contain high fructose corn syrup(HFCS) can be bad for your health. HFCS has more sucrose than table sugar, so high intake can lead to diabetes. **Avoiding, or at least moderating, your intake of fast food and artificially-flavored beverages** is one surefireway to lower your risk of getting the disease. An easy method to determine if HFCS is in your food is by reading nutritional labels.

Q: Which is correct according to the talk?

(a) Foods containing HFCS should seldom be consumed.
(b) HFCS sweeteners are healthier than using regular sugar.
(c) Frequent intake of HFCS can lower blood sugar levels.

(d) HFCS content is not clearly indicated on food labels.

해석 액상과당이 들어 있는 음식을 먹는 것은 당신의 건강에 해로울 수 있습니다. 액상과당은 식용 설탕보다 자당을 더 함유하고 있어서, 과다 섭취는 당뇨병을 야기할 수 있습니다. 패스트푸드 혹은 인공적인 맛이 나는 음료의 섭취를 피하거나 적어도 자제하는 것은 당신이 이 병에 걸릴 위험성을 낮추는 한 가지 확실한 방법입니다. 액상과당이 당신의 음식에 있는지 알아내는 쉬운 방법은 영양성분 표를 읽는 것입니다.

Q: 담화에 따르면 일치하는 것은 무엇인가?
(a) 액상과당을 함유한 음식은 좀처럼 먹지 말아야 한다.
(b) 액상과당 감미료는 보통 설탕을 사용하는 것보다 더 건강에 좋다.
(c) 액상과당의 잦은 섭취는 혈당량 수치를 낮출 수 있다.
(d) 액상과당 내용물은 음식 상표에 확실히 나타나 있지 않다.

해설 담화의 내용과 일치하는 것을 묻는 문제입니다. 액상과당이 들어 있는 음식을 먹는 것은 당신의 건강에 해로울 수 있다(Consuming foods ~ bad for your health)는 말에 이어, 패스트푸드 혹은 인공적인 맛이 나는 음료의 섭취를 피하거나 자제하라(Avoiding ~ artificially-flavored beverages)고 했습니다. 이를 '액상과당을 함유한 음식은 좀처럼 먹지 말아야 한다'고 바꾸어 표현한 (a)가 정답입니다.

어휘 HFCS (high fructose corn syrup) 액상과당
sucrose [súːkrous] 자당 <식물에 들어 있는 당류의 하나>
table [teibl] 식용의, 식탁용의   intake [íntèik] 섭취
diabetes [dàiəbíːtis] 당뇨병   moderate [mάdərət] 자제하다
surefire [ʃúərfàiər] 확실한, 틀림없는
seldom [séldəm] 좀처럼 ~ 않는   sweetener [swíːtnər] 감미료
indicate [índikèit] 나타내다, 보여 주다

해석 1991년 12월에, 소비에트 연방은 정치적 변화와 경제적 불안정의 결과로 15개의 독립된 국가들로 분해되었다. 이러한 해체 전에, 이 국가는 중앙 정부 지휘하에 개혁을 몇 번 시도했다가 실패를 겪었다. 이 새 공화국들의 지도자들은 유례 없는 문제에 직면했지만, 많은 지역에서 민주화를 향한 대담한 조치가 취해졌다. 구 소비에트 연방의 개방은 수십 년 간의 냉전 후에 발생하여, 서구는 이것을 전체주의에 대한 자신들의 가장 큰 승리로 보았다.

Q: 강의에서 추론할 수 있는 것은 무엇인가?
(a) 중앙 정치 체계는 민주화로 가는 길을 열었다.
(b) 국가의 분리는 세계 경제를 악화시켰다.
(c) 새 정부 제도에 적응하는 것은 힘들었다.
(d) 소비에트 전체주의 통치의 발생이 냉전을 끝냈다.

해설 강의를 통해 추론할 수 있는 내용을 묻는 문제입니다. 강의의 앞부분에서 소비에트 연방이 15개의 독립된 국가들로 분해된(the Soviet Union disintegrated into 15 separate countries) 후, 새 공화국들의 지도자들은 유례 없는 문제에 직면했다(the leaders of these new republics faced unique complications)고 했습니다. 이를 바탕으로 새 공화국에 적응하는 것이 결코 쉽지 않았음을 알 수 있습니다. 따라서 '새 정부 제도에 적응하는 것은 힘들었다'라고 추론한 (c)가 정답입니다.

어휘 disintegrate [disíntəgrèit] 분해되다, 붕괴시키다
separate [sépərèit] 독립된   instability [ìnstəbíləti] 불안정
dissolution [dìsəlúːʃən] 해체, 해산   go through 겪다
reform [rifɔ́ːrm] 개혁, 개선   complication [kὰmpləkéiʃən] 문제
bold [bould] 대담한, 용감한
democratization [dimὰkrətizéiʃən] 민주화
totalitarianism [toutæ̀litέəriənìzm] 전체주의
adjustment [ədʒʌ́stmənt] 적응, 조정, 수정
struggle [strʌ́gl] 힘든 것, 투쟁, 분투

36

In December of 1991, **the Soviet Union disintegrated into 15 separate countries** as the result of political changes and economic instability. Before this dissolution, the country went through several failed attempts at reform under a centralized government. Although **the leaders of these new republics faced unique complications**, bold steps were taken in many areas towards democratization. Having occurred after the decades-long Cold War, the opening up of the former Soviet Union is seen by the West as its greatest triumph over totalitarianism.

Q: What can be inferred from the lecture?

(a) Centralized political systems pave the way to democracy.
(b) The separation of nations worsens the world's economy.
(c) The adjustment to a new government system was a struggle.
(d) The rise of Soviet totalitarian rule ended the Cold War.

37-38

Good morning, Ms. Reynolds. This is David Baker calling from the Oak Bay Community Center. It's regarding the botany lecture that you signed up for. [37]**We had to postpone this event because of a schedule conflict. The speaker, Janice Mede, is attending a conference in Portland on the original date of the lecture.** So, we have moved it to March 17 at 4:00 p.m. If you still want to participate in this event, please call me at 988-3289 to confirm your attendance. However, [38]**we will gladly return your registration fee if you're unable to make it. In this case, simply stop by our facility and speak to one of the receptionists at the main desk.** You will be asked to fill out a request form, and then your refund will be processed. I apologize for any inconvenience this situation may cause. Please feel free to contact me with any questions you may have.

37. Q: Why has the date of the lecture been changed?

(a) The speaker will attend another event.
(b) Fewer participants than expected signed up.
(c) A conference room is no longer available.
(d) Some audio equipment has malfunctioned.

38. Q: What is Ms. Reynolds instructed to do if she cannot attend the lecture?

(a) Contact Mr. Baker by phone immediately
(b) Provide credit card information
(c) Visit the community center in person
(d) E-mail a refund request to a receptionist

39-40

Honeybees have a sense of smell that is over 100 times more powerful than that of humans. As a result, scientists have begun experimenting with utilizing these types of insects to sniff out bombs and landmines. [39]**Bees can be trained to pick up the odor of the chemical substances used to produce explosives with their antennae. Once this happens, they extend their proboscis**, a long, tongue-like organ that is located in the front of the head. This movement can be detected by portable, handheld monitoring equipment. One benefit of using bees to perform this task is that much of the risk is eliminated. At present, dogs are most commonly employed to find explosives. However, [40]**this can lead to accidents as dogs sometimes step on the devices unintentionally, causing them to detonate**. In contrast, bees have wings attached to their thorax that allow them to fly, so contact rarely occurs.

39. Q: What will honeybees move once explosives are detected?

(a) Their wings
(b) Their antennae
(c) Their proboscis
(d) Their thorax

40. Q: Which is correct according to the lecture?

(a) Only a few of the chemicals used in explosive substances can be detected by dogs.
(b) Dogs sometimes make contact with the explosive devices they are searching for.
(c) Scientists were unsuccessful in their efforts to make use of bees for bomb detection.
(d) A portable electronic device aids bees in recognizing explosives.

만드는 사고로 이어지게 할 수 있습니다. 반대로, 벌은 그들이 날 수 있도록 해주는 흉부에 붙은 날개가 있어서, 접촉이 거의 발생하지 않습니다.

39. Q: 폭발물이 감지되면 꿀벌은 무엇을 움직일 것인가?
    (a) 날개
    (b) 더듬이
    (c) 주둥이
    (d) 흉부

40. Q: 강의에 따르면 일치하는 것은 무엇인가?
    (a) 폭발물에 사용된 화학 물질 중 몇 가지만이 개에 의해 감지될 수 있다.
    (b) 개는 가끔 그들이 찾고 있는 폭발 장치에 접촉한다.
    (c) 과학자들이 폭발물 탐지에 벌을 이용하려고 한 노력은 성공하지 못했다.
    (d) 휴대용 전자 기구는 벌이 폭발물을 인지하는 것을 돕는다.

해설 39. 폭발물이 감지되면 꿀벌이 무엇을 움직일 것인지를 묻는 문제입니다. 벌들은 그들의 더듬이를 이용해 폭발물 제조에 사용된 화학 물질의 냄새를 포착하도록 훈련되고, 일단 감지하고 나면 주둥이를 내민다(Bees can be trained ~ with their antennae. Once this happens, they extend their proboscis)고 했습니다. 따라서 '주둥이'인 (c)가 정답입니다.

40. 강의의 내용과 일치하는 것을 묻는 문제입니다. 개는 가끔 폭발물에 무심코 발을 내디뎌서 그것들이 폭발하게끔 만드는 사고로 이어지게 할 수 있다(this can lead to accidents as dogs sometimes step on the devices unintentionally, causing them to detonate)고 했습니다. 이를 '개는 가끔 그들이 찾고 있는 폭발물에 접촉한다'라고 바꾸어 표현한 (b)가 정답입니다.

어휘 sniff [snif] 냄새를 맡다　landmine [lǽndmàin] 지뢰
pick up 포착하다, 발견하다　substance [sʌ́bstəns] 물질
explosive [iksplóusiv] 폭발물
proboscis [proubásis] (곤충 등의 긴) 주둥이
detect [ditékt] 감지하다, 탐지하다　portable [pɔ́ːrtəbl] 휴대용의
eliminate [ilímənèit] 제거하다, 없애다
unintentionally [ʌ̀nintén∫ənli] 무심코, 아무 생각 없이
detonate [détənèit] 폭발하다　thorax [θɔ́ːræks] 흉부
make use of ~을 이용하다

해커스텝스 HackersTEPS.com

스타강사의
무료 적중예상특강

무료 매일 실전
텝스 문제

무료 텝스 단어시험지
자동생성기

해커스인강 HackersIngang.com

본 교재
인강

교재
무료 MP3

텝스 온라인
실전모의고사

받아쓰기&
쉐도잉 워크북

무료
단어암기자료

해커스텝스와 함께라면 취약영역은 없다!
텝스 취약영역 극.복.비.법!

텝스 리딩 기본기 완성

텝스 1위 설미연 선생님이 알려주는
[텝스 베이직 리딩 무료강의]

혼자 공부하기 어렵다면?
초보자도 텝스 문법/어휘/독해 기본기 4주 완성!

청취력 향상

꾸준한 받아쓰기로 청취력 향상
[AP 뉴스 받아쓰기]

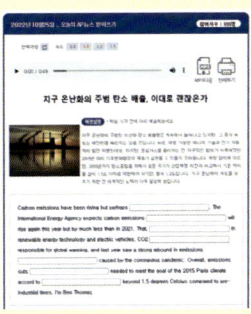

청해 정답 고르기 힘들다?
청취력 향상부터 시사 어휘까지 공부!

기출어휘 암기

텝스 베스트셀러 1위
[해커스 텝스 기출 보카]

해커스 텝스 기출 보카 TEST
★ 난이도별 학습가능

무작정 외우면 될까?
최신 기출, 빈출 단어 중심으로 외우자!

어플로 스마트하게 학습

텝스 학습자를 위한 필수 어플

해커스 텝스 / 해커스 텝스 기출 보카 인터미디엇

▲ 무료 다운로드 / ▲ 무료 다운로드

[강의평가 1위] 해커스어학원 텝스 정규/실전 문법 강의평가 1위(2018년 9월~2019년 3월 기준)
[해커스 텝스 기출 보카] 교보문고 외국어 베스트셀러 텝스 분야 1위(2021.01.19. 온라인 주간집계 기준)

텝스에 대한 모든 정보가 있는 곳 해커스텝스 검색   해커스텝스 바로가기 ▶